21世纪经济管理新形态教材·国际经济与贸易系列

国际贸易学

International Trade

罗双临 张子杰 ◎ 主　编
何　莉　郑后建　戴育琴　李建军 ◎ 副主编

清华大学出版社
北　京

内 容 简 介

本教材适应国际经济与贸易大变革、中国开放经济高质量发展趋势，为培养具有国际化视野的创新型、创业型、复合型、应用型的国际经济与贸易专门人才而编写。教材内容分为导论篇、理论篇、政策篇、拓展篇、协调治理篇，共十六章。导论篇包含国际贸易概述、国际贸易的产生与发展两章，理论篇包含国际分工、世界市场、自由贸易理论、保护贸易理论、国际贸易理论的新发展五章，政策篇包含国际贸易政策、关税措施、非关税壁垒、促进出口和限制出口措施四章，拓展篇包含跨国公司与国际贸易、国际服务贸易、与贸易有关的知识产权三章，协调治理篇包含区域经济一体化、国际经济与贸易组织两章。本教材遵循经济学原理，以及国际经济贸易发展的历史与逻辑，坚持理论联系实际，循序渐进开展教学。教材内容丰富，数据资料翔实，具有理论性、前沿性与实用性。本教材最重要的特色是既介绍评述西方国际贸易理论，又坚持马克思主义经济学，将课程思政元素融入教材内容中。同时，本教材也注重信息化与多样化教学手段与方法，有利于学生进行拓展性学习。

本教材可供高等院校本科国际经济与贸易专业、国际商务专业、跨境电子商务专业，以及其他经济管理类专业本科生或研究生使用，也可供从事开放型经济管理的人员学习参考使用。

本书封面贴有清华大学出版社防伪标签，无标签者不得销售。
版权所有，侵权必究。举报：010-62782989，beiqinquan@tup.tsinghua.edu.cn。

图书在版编目(CIP)数据

国际贸易学 / 罗双临, 张子杰主编. —北京：清华大学出版社，2023.10
21世纪经济管理新形态教材. 国际经济与贸易系列
ISBN 978-7-302-63120-0

Ⅰ.①国… Ⅱ.①罗…②张… Ⅲ.①国际贸易—高等学校—教材 Ⅳ.①F74

中国国家版本馆CIP数据核字(2023)第047567号

责任编辑：胡　月
封面设计：汉风唐韵
版式设计：方加青
责任校对：王荣静
责任印制：沈　露

出版发行：清华大学出版社
网　　址：http://www.tup.com.cn，http://www.wqbook.com
地　　址：北京清华大学学研大厦A座　　　邮　编：100084
社 总 机：010-83470000　　　　　　　　　邮　购：010-62786544
投稿与读者服务：010-62776969，c-service@tup.tsinghua.edu.cn
质 量 反 馈：010-62772015，zhiliang@tup.tsinghua.edu.cn

印 装 者：三河市君旺印务有限公司
经　　销：全国新华书店
开　　本：185mm×260mm　　印　张：23.75　　字　数：541千字
版　　次：2023年10月第1版　　印　次：2023年10月第1次印刷
定　　价：69.00元

产品编号：097384-01

前言 PREFACE

国际贸易学是一门研究国际商品流通的一般规律，即国际贸易的产生、发展和贸易利益，国际贸易理论和政策措施，以及国际贸易治理和协调的学科。

领略理论魅力，探索竞争风云，解读利益角逐；关注大国交锋，实现合作共赢，促进包容增长。本教材是省级线上一流课程（"金课"）配套教材，是国际经济与贸易、国际商务、跨境电子商务本科专业核心课程教材。本教材依据省级国际经济与贸易双一流专业创新型、创业型、应用型、复合型专门人才的培养目标、知识结构和能力素养要求编写而成，可供高等院校国际经济与贸易专业、国际商务专业、跨境电子商务专业及其他经济管理类专业本科学生和研究生使用，也可供从事开放型经济管理人员学习参考。

本教材分为导论篇、理论篇、政策篇、拓展篇、协调治理篇，依次递进，以期从新的视角来分析和反映国际贸易的产生发展历史、理论演进、政策措施的实施及治理协调机制的作用。本教材主要内容包括国际贸易概述、国际贸易的产生与发展、国际分工、世界市场、自由贸易理论、保护贸易理论、国际贸易理论的新发展、国际贸易政策、关税措施、非关税壁垒、促进出口和限制出口措施、跨国公司与国际贸易、国际服务贸易、与贸易有关的知识产权、区域经济一体化、国际经济与贸易组织等内容。本教材理论体系完善、内容丰富、资料数据翔实、逻辑结构合理、实用性强，注重将课程思政引入教学内容中，比较全面、系统、科学地阐述了国际贸易的发展脉络、理论思想、实践规律和发展趋势。

中国加入世界贸易组织已经二十多年，融入经济全球化的步伐加快，目前已稳居世界第一大货物出口国和第二大货物进口国地位。在百年未有之大变局的形势下，中国正在建设社会主义现代化强国，提出新发展理念，努力构建"双循环"新发展格局。为了实现从贸易大国走向贸易强国的目标，迫切需要培养具有国际化视野、国际市场开拓能力强的国际化经营管理人才。本教材编写的目的，是使学生明确国际贸易产生、发展的规律及国际贸易利益分配的特点，夯实国际贸易理论基础，掌握国际贸易政策措施；拓宽学生的学术视野，增强探索创新意识，并熟练地运用国际贸易理论，尤其是马克思主义经济学理论来分析探究国际贸易领域的热点和难点问题，培养学生对国际经济贸易发展变化敏锐的观察与判断能力、分析问题与解决问题的能力，提升专业素质，为学好国际贸易的后续课程打下基础，为将来进行国际贸易领域的深入研究与实践打下基础，提高对未来国际贸易竞争复杂环境的适应性。

本教材集中了国内外多位学者的理论知识和智慧，并根据参编教师多年从事国际贸易教学和实践经验编写，具有以下4个特点：一是结构新颖，概括性强，遵循国际贸易产生发展的脉络；二是理论体系较为完整，重点内容较为突出，数据资料丰富，表述科学合理，将课程思政引入教材中；三是体例多样，不仅有理论讲解，还有专栏阅读、专题、案例等栏目；四是可实现线上与线下教学相融合、多样化教学方法与学习方法相结合，以便学生扩展知识视野，理论联系实际，针对热点问题积极思考，弘扬制度自信与理论自信。

　　本教材由罗双临教授、张子杰博士主编，何莉博士、郑后建教授、戴育琴博士、李建军教授任副主编；罗双临教授负责总策划、总修改和总纂，组织集体讨论了教材体系内容，补充并完善了大部分章节；张子杰博士协助完成总修改，郑后建教授提出了初步框架。本教材共16章，参编人员及分工如下：罗双临教授编写第一章、第二章、第十一章、第十三章、第十四章；张子杰博士编写第六章、第九章；何莉博士编写第十章，何莉博士、罗双临教授合编第五章；郑后建教授编写第十二章；戴育琴博士编写第八章、第十六章；李建军教授编写第十五章，李建军教授、张宏建副教授合编第三章；张宏建副教授、罗双临教授合编第四章；吴学君副教授编写第七章。罗双临教授的研究生蒋旭、张忠甜、吴飒飒、许志耀同学在数据资料查找、制表、绘图排版等方面做了大量的基础性工作。本教材的编写得到了湖南工商大学的大力支持，获得了教材基金的资助。

　　清华大学出版社非常关心本教材的出版工作，有关领导和胡月编辑为本书的编辑出版付出了辛苦的劳动，在此表示衷心的感谢！

　　由于编者水平有限，书中难免有缺点和错误，敬请广大读者不吝批评指正。

罗双临

2023年9月

目录 CONTENTS

导 论 篇

第一章　国际贸易概述 / 2
第一节　国际贸易学课程简介 / 2
第二节　国际贸易学的研究对象和任务 / 5
第三节　国际贸易的分类 / 9
第四节　国际贸易学的基本概念 / 17
第五节　国际贸易与国内贸易的区别与联系 / 24

第二章　国际贸易的产生与发展 / 28
第一节　国际贸易的产生 / 28
第二节　国际贸易的发展历史与特点 / 29
第三节　国际贸易与经济增长 / 38

理 论 篇

第三章　国际分工 / 50
第一节　国际分工的形成与发展 / 50
第二节　当代国际分工的深化发展 / 54
第三节　国际分工与国际贸易 / 64

第四章　世界市场 / 69
第一节　世界市场的产生与发展 / 69
第二节　世界市场价格的形成与波动 / 76
第三节　世界市场的贸易条件及影响因素 / 84
第四节　当代世界市场竞争 / 86

第五章　自由贸易理论 / 92
第一节　绝对优势理论 / 92
第二节　比较优势理论 / 98
第三节　相互需求理论 / 107
第四节　要素禀赋理论 / 116
第五节　里昂惕夫之谜及其解释 / 125
第六节　马克思主义经济学的国际贸易理论 / 132

第六章　保护贸易理论 / 138
   第一节　重商主义学说 / 138
   第二节　幼稚工业保护理论 / 140
   第三节　超保护贸易理论 / 145
   第四节　中心－外围论 / 147

第七章　国际贸易理论的新发展 / 151
   第一节　产品生命周期理论 / 151
   第二节　规模经济理论 / 154
   第三节　产业内贸易理论 / 156
   第四节　产品内贸易理论 / 160
   第五节　国家竞争优势理论 / 163
   第六节　其他贸易理论 / 170

政　策　篇

第八章　国际贸易政策 / 176
   第一节　国际贸易政策类型及作用 / 176
   第二节　自由贸易政策 / 181
   第三节　保护贸易政策 / 183
   第四节　当代国际贸易政策 / 185

第九章　关税措施 / 202
   第一节　关税的作用 / 202
   第二节　关税的类别 / 205
   第三节　关税的计算 / 208
   第四节　关税保护 / 213
   第五节　关税的经济效应 / 215

第十章　非关税壁垒 / 222
   第一节　非关税壁垒的作用 / 222
   第二节　传统的非关税壁垒 / 224
   第三节　新贸易壁垒 / 232
   第四节　非关税壁垒的经济效应 / 243

第十一章　促进出口和限制出口措施 / 251
   第一节　经济外交 / 251
   第二节　促进出口措施 / 252
   第三节　限制出口措施 / 263

拓 展 篇

第十二章　跨国公司与国际贸易 / 270
第一节　国际直接投资与间接投资 / 270
第二节　跨国公司的发展 / 272
第三节　跨国公司理论 / 276
第四节　跨国公司的全球经营战略 / 281
第五节　跨国公司 FDI 对国际贸易的影响 / 289

第十三章　国际服务贸易 / 294
第一节　国际服务贸易的产生与发展 / 294
第二节　当代国际服务贸易发展的特点 / 299
第三节　国际服务贸易理论模型 / 302
第四节　国际服务贸易壁垒与自由化 / 303

第十四章　与贸易有关的知识产权 / 308
第一节　知识产权概述 / 308
第二节　与贸易有关的知识产权 / 310
第三节　与贸易有关的知识产权保护 / 316

协 调 治 理 篇

第十五章　区域经济一体化 / 324
第一节　区域经济一体化概述 / 324
第二节　区域经济一体化的发展 / 326
第三节　主要区域经济一体化组织及协调治理机制 / 329
第四节　区域经济一体化理论 / 335

第十六章　国际经济与贸易组织 / 343
第一节　世界贸易组织 / 343
第二节　其他国际经济与贸易组织 / 359

参考文献 / 366

导论篇

第一章
国际贸易概述

学习目标

通过学习本章，使学生了解国际贸易学的课程性质、教学目标、学习方法；明确国际贸易学的研究对象和任务，提高对国际贸易学在国际经济与贸易专业、国际商务专业、跨境电子商务专业学习中重要性的认识；掌握国际贸易的分类、基本概念及其相关意义，能够联系国际贸易的现实问题开展探索性研究分析。

本章重要概念

对外贸易、国际贸易、国际货物贸易、国际服务贸易、总贸易体系、专门贸易体系、跨境电子商务、市场采购贸易、新型离岸国际贸易、出口贸易、进口贸易、直接贸易、转口贸易、对外贸易额、对外贸易量、对外贸易结构、对外贸易差额、对外贸易的地理方向、对外贸易依存度、碳排放交易

第一节 国际贸易学课程简介

一、国际贸易学的课程性质

国际贸易学是研究货物和服务跨国界交换的应用经济学分支学科，是一门理论紧密联系实际的课程，在国际经济与贸易本科专业、国际商务本科专业、跨境电子商务本科专业课程体系中处于必修课、主干课的地位，其他经济管理类专业通常将其作为专业选修课。

国际贸易学是研究国际贸易产生、发展、贸易利益分配、贸易格局形成和贸易关系协调的一门应用经济学课程。广义的国际贸易把国际服务贸易、跨国公司与国际投资、与贸易有关的知识产权等内容包含在内。

国际贸易是各国经济联系的基础，是促进经济增长的"三驾马车"之一。货物贸易和服务贸易促进了全球经济及各国经济的发展，为各国人民提供了丰富独特的物质产品与服务，使各国企业在国际分工和国际贸易中获得了竞争与合作共赢的机会。国际贸易经历

了保护贸易与自由贸易的博弈，第二次世界大战后贸易自由化推动了经济全球化，并极大地丰富了国际贸易理论及学术研究。但多次全球经济危机的爆发导致新贸易保护主义强化，发达国家与发展中国家、区域贸易集团、各国企业之间的贸易利益在竞争与摩擦中如何实现共赢、共享、包容、协调增长，赋予了国际贸易学课程独特的研究内容与研究视角。

二、国际贸易学的教学目标

国际贸易学作为国际经济与贸易专业、国际商务专业、跨境电子商务专业的必修课、主干课，在人才培养中具有重要作用。通过本课程的教学，将专业培养目标、人才培养模式有效地结合起来，培养学生成为创新型、创业型、应用型、复合型国际化人才，为学生将来从事国际贸易领域的研究和实践打下坚实的基础。通过本课程的教学，须达到以下三个目标。

（1）知识目标。通过教学，使学生奠定国际经济与贸易专业、国际商务专业、跨境电子商务专业的理论基础和知识结构，为学生后续学习其他专业课程打下坚实的基础；使学生系统地掌握国际贸易产生、发展的基本规律、发展趋势、国际贸易利益分配的特点，跟踪理论前沿，熟悉国际贸易政策措施的具体内容；拓展服务贸易、与贸易有关的知识产权、跨国公司投资与贸易、跨境电子商务等新知识、新发展，了解中国与主要贸易伙伴的经济贸易关系，熟悉世界贸易组织与区域经济一体化的主要规则。

（2）能力目标。通过教学，培养学生的专业素质和专业能力，使学生能够理论联系实际分析当代国际贸易的热点和难点问题，提高对国际市场敏锐的判断能力、综合分析能力与解决问题能力，提高自主学习能力和团队合作型学习能力，提高科学研究能力和以赛促学能力。

（3）情感目标。通过教学，培养学生的国际化视野，理解国际贸易是开放合作、共赢包容、不可或缺的资源配置模式，各国都应发挥自己的比较优势、培育竞争优势来获得贸易利益；引导学生树立法律规则、规制、管理、标准意识，遵循"国际游戏规则"，反对贸易保护主义，维护多元稳定的国际经济与贸易格局；明确中国作为世界第一大货物贸易国，积极推动"双循环"互相促进新发展格局，推进高水平对外开放，参与全球贸易治理与协调的责任与担当；促使学生进一步坚定道路自信、理论自信、制度自信和文化自信，为实现贸易强国和中国梦而努力学习、贡献力量。

三、国际贸易学的学习方法

（一）学习国际贸易学的基本知识准备

国际贸易学是应用经济学的重要分支，因此要求学生在学习之前必须具备一定的经济学理论知识，熟悉经济社会发展史及科技发展史等知识。

1. **政治经济学**

政治经济学是经济学类专业学生必修的学科基础课程，是马克思主义经济学的重要组成部分。通过政治经济学的教学，学生可以对商品价值实现、资本原始积累、资本主义生产方式、资本主义经济运行基本规律、垄断资本国际扩张、经济危机等经济理论有一定程度的掌握。在国际贸易学的教学中，要能够运用马克思主义经济学的理论分析国际贸易、世界市场、国际分工、贸易利益的不平衡，揭示国际贸易发展的规律与特征，将课程思政融入国际贸易学的学习中，从而坚定理论自信、道路自信。

2. **西方经济学**

西方经济学包括微观经济学和宏观经济学两部分，是经济学类和管理学专业学生必修的学科基础课程。西方经济学通过对市场经济条件下个体经济单位和总体经济单位的研究，试图揭示市场经济的运行规律以及改善市场经济运行的途径。在国际贸易学的教学中，要学会运用经济学需求、供给基本原理、宏观经济政策等，供求关系、收入分析、弹性分析、均衡分析、生产可能性曲线和无差异曲线等都是国际贸易理论的主要分析工具；一些西方经济学理论，其主要内容就是从国际贸易、开放市场角度提出的，但其从现象入手分析，缺乏实质性和深度，尤其没有触及资本主义深层次的矛盾，因此存在一定的缺陷。

3. **经济社会发展史**

国际贸易是一个历史范畴，是在一定的经济社会背景下产生和发展的。第一次工业革命后，英国成为世界工厂和第一大贸易强国；第二次世界大战后，美国取代英国成为世界第一大贸易强国；21世纪，中国崛起成为新的世界工厂和贸易大国。研究国际贸易的产生与发展趋势、美国对中国发动贸易战和科技战等问题，都必须从经济社会发展的历史出发，多角度、多层次、全方位地考察，只有深刻认识发达国家和发展中国家对外贸易发展的经济社会根源和动力，才能科学地、正确地分析发达国家和发展中国家对外贸易发展的差距、特征和趋势。

4. **科技发展史**

"知识就是力量。""科技是第一生产力。"这些口号无不揭示着科技革命在推动世界经济飞速发展和产业结构优化重构中的重要作用。从第一次科技革命到第三次科技革命，科技推动了纺织、采掘、炼钢、家用电器、汽车、航空航天、电子信息、新材料、新能源、生物医药、互联网等产业的兴起与发展。当前的第四次科技革命将带来人工智能、量子信息、数字经济与贸易、元宇宙等产业的创新与发展。每一次科技革命都深刻地改变着国家、地区、企业、个人之间的经济与贸易联系，给国家崛起、产业创新、企业竞争、个人发展带来新的机遇与挑战。

（二）学习国际贸易学的方法

要学好国际贸易学，不能简单地、片面地认为，只要掌握好西方经济学的研究方法和分析工具就可以了。我们必须坚持实事求是，科学地、合理地运用马克思主义经济学、西方经济学中的研究方法和分析工具。

1. 历史与逻辑、理论与实践相统一

国际贸易学本质上是一门历史的科学。因此应当把历史与逻辑统一的方法作为研究的方法论基础。运用这一方法研究国际贸易问题时，必须把历史与现状联系起来加以考察，从产生背景、现象特征、原因等方面入手开展分析，找出国际贸易的一般性规律。同时，必须把国际贸易理论的研究与实践发展变化辩证地结合起来学习，指出理论的适用性以及局限性，只有这样，才能提出适合各国贸易发展的政策措施，用于指导各国对外贸易实践。

2. 微观与宏观分析相结合

国际贸易学的微观分析主要采用个量分析的方法，考察国际市场的交易行为，研究国际市场的价格、资源配置、收入分配、经济效率和福利等经济个量之间的关系；宏观分析则主要采用总量分析的方法，研究国际贸易与经济发展、经济增长的关系，研究国际贸易与外汇储备、国际收支均衡、国民收入、就业等经济总量问题。

3. 静态与动态分析相结合

国际贸易学的静态分析是指在研究某一因素对过程的影响时，假定其他变量固定不变的一种分析方法。国际贸易学的动态分析则是指对事物变化的过程和各个变量对变化过程的影响加以分析。例如，国际贸易学的静态分析是在假定资本、人口、供求状况等不变的条件下，运用有关贸易模型来研究国民经济变量的自然均衡关系。国际贸易学的动态分析则加入时间因素，通过技术进步、政策干预等从时间变化过程中考察经济结构的相应变化。

4. 局部均衡与一般均衡分析相结合

国际贸易学的局部均衡是指分析一种商品或一种要素市场上供求变动或政府政策对本产品价格、产量以及直接涉及的消费者和生产者的影响。局部均衡的分析工具是供给曲线与需求曲线。一般均衡认为，各种经济现象均可表现为数量关系，这些数量关系相互依存、相互影响，并在一定条件下达到均衡，既包括商品市场上进口与出口部门的一般均衡，也包括商品和要素市场的总体分析。一般均衡的分析工具是生产可能性曲线和社会无差异曲线。

5. 形式多样的学习方法和现代化信息手段相结合

国际贸易学的学习应以课堂为主，学习方法可以是互动式、启发式、案例式，也可以是专题研讨式、现场调研式，更可以是团队合作式、以赛促学式等，并注重将课程思政贯穿于教学全过程；在第一课堂学习基础上加强自学，充分利用现代化信息手段，学习互联网上的相关视频、报道以及期刊网上的优秀论文、各大经济组织发布的国际经济贸易发展报告，阅读相关书籍、报纸，多听讲座与智者对话。

第二节　国际贸易学的研究对象和任务

国际贸易学经过较长时间的发展，已逐步形成了具有特色的学科研究对象和任务，它是世界各国跨国货物和服务交换活动规律的理论总结和反映，同时，它又是指导各国对外贸易实践，制定对外贸易政策、措施，治理和协调各国经济贸易关系的重要理论基础。在学习研究对象和任务前，要先厘清国际贸易与对外贸易的内涵。

一、国际贸易与对外贸易的内涵

（一）对外贸易

对外贸易（foreign trade）是指一国与他国的货物和服务的交换活动，是两国分工的表现形式，反映了两国在经济上的相互依赖和相互联系。由于两国地理特征或习惯的不同，对外贸易有时也被称为"海外贸易"（overseas trade）或"进出口贸易"（import and export trade）。

（二）国际贸易

国际贸易（international trade）是指各个国家（地区）之间货物和服务的交换活动，是国家（地区）之间分工的表现形式，反映了世界各个国家（地区）在经济上的相互依赖和相互联系。

国际贸易又称为世界贸易（world trade）或全球贸易（global trade）。艾兰·基彼（Alan Gilpin）在其1977年出版的《经济术语词典》中将国际贸易定义为："国际贸易或对外贸易，是指各自独立的国家或政府之间进行的商品和服务的交换活动。"戴维·W.皮尔斯在其出版的《现代经济词典》中也将国际贸易定义为："国际贸易是指不同国家之间进行的商品和服务的贸易活动，国内贸易与国际贸易（对外贸易）的本质区别是后者交易涉及不同货币的使用，并且要受关税、配额和外汇干预的管制。"

对国际贸易的内涵和外延的理解，可以从以下六方面入手：

（1）国际贸易是不同国家（地区）之间货物和服务的交换，它的产生与发展是以国家（地区）的存在为前提的。国际贸易是一个历史范畴，是人类社会发展到一定阶段的经济现象。

（2）国际货物贸易是指货物的所有权在不同国家（地区）之间进行的转让交易。根据国际商法，国际贸易交易者的国籍不予考虑，只要是营业地处于不同国家（地区）的当事人之间所发生的商品交换活动，商品的所有权从一国转移到另一国都属于国际贸易；但国际服务贸易一般是在不同国家（地区）之间转让使用权。

（3）国际贸易是着眼于整个世界范围内的货物与服务交换活动，而对外贸易则是一国与他国的货物与服务交换活动。两者考察贸易的角度是不同的。

（4）国际贸易的内涵和外延在不断丰富扩展。国际贸易从早期的有形商品（即货物贸易交换），发展到无形商品（如服务的国际交换），并将国际贸易与国际投资、国际金融、国际物流、国际知识产权等紧密地结合在一起，故而国际贸易有广义和狭义之分。

（5）国际贸易已成为开放经济条件下各国国内再生产过程不可缺少的条件。国际贸易不仅是为了调节余缺、互通有无，更是为了让各国参与国际分工，角逐国际竞争与利益，走上强国富民的必由之路。

（6）国际贸易反映着不同国家、集团、企业之间经济上的相互联系和相互依赖关系。在世界经济体系中，各国经济上的相互联系和相互依赖关系主要表现为各国之间的货物和服务的交换活动；尤其是产业内贸易的发展和公司内贸易的发展，反映了集团、企业之间的经济关系。在当前国际服务贸易、数字贸易发展背景下，也反映了不同国家（地区）人与人之间的经济关系。

二、国际贸易学的研究对象和任务

（一）国际贸易学是经济学的重要组成部分

国际贸易学课程的学科性质：属于应用经济学科。国际贸易学理论的产生具有悠久的历史，是西方经济学的重要分支，是宏观经济分析和微观经济分析在国际经济与贸易关系中的具体运用，因此，供求关系、收入分析、弹性分析、均衡分析、生产可能性曲线和无差异曲线等都是国际贸易理论的主要分析工具。

马克思主义经济学历来重视国际贸易的研究，并把它作为政治经济学的一个重要内容。马克思在《政治经济学批判》导言中曾写道："我按照这个次序来研究资本主义经济制度，资本、土地所有权、雇佣劳动、国家、对外贸易、世界市场。"[①] 马克思在《资本论》等著作中，把对外贸易和世界市场等作为研究资本主义经济制度的重要组成部分，极大地丰富了国际贸易理论和政治经济学理论。

（二）国际贸易学的研究对象

任何一门学科的建立，首要条件是其自身与其他学科有不同的研究对象。国际贸易学有其研究的范畴和领域的特殊性，其研究对象有以下四个方面。

1. 各个历史发展阶段，特别是经济全球化中国际商品流通的一般规律性

国际贸易是一个历史范畴，它是社会生产力发展的必然结果，因而有其内在的规律性。我们要揭示的"规律性"，一是指国际贸易的成因及发展条件的客观规律，二是指国际贸易与世界经济、国别经济发展关系的规律性。

在原始社会末期、奴隶社会、封建社会，由于社会生产力发展水平低下，社会分工不发达，自然经济占主导地位，国际商品交换只是周边国家之间局部的现象，国际商品交换的种类、范围和规模极其有限，以陆路贸易为主，不存在真正的世界市场，也没有真正意义上的国际贸易。

随着地理大发现和资本的原始积累，工场手工业得到发展，海洋贸易的发展使国际交换的区域扩大，区域性的国际商品交换市场逐步形成，国际贸易开始萌芽。第一次工业革命以后，社会生产力得到迅速发展，资本主义生产方式确立，大机器工业促进了大规模生产和世界市场的形成，出现了真正意义上的国际贸易。第二次工业革命后，逐步建立了以工业化国家为主的国际分工体系，各国的社会劳动通过国际交换而成为世界社会劳动的一

---

① 马克思，恩格斯.马克思恩格斯选集：第2卷[M].北京：人民出版社，1972：81.

部分，也导致了世界货币的出现，国际贸易得到发展。第三次科技革命以后，世界生产力尤其是科学技术出现了新的飞跃，广大发展中国家开始积极参与国际分工，国际贸易的规模迅速扩大，世界进入经济全球化时代，导致国际贸易的内涵和外延也不断扩大，服务贸易、国际投资、知识产权等被纳入国际贸易的研究范畴。国际贸易已经成为世界各国经济贸易关系的重要基础和纽带，是世界经济发展最重要的组成部分。第四次科技革命已经到来，在互联网、人工智能、大数据、元宇宙发展的背景下，对国际贸易出现的许多新特点和新规律的研究成为必然。

2. 国际贸易理论与学说

国际贸易对资本主义生产方式的确立起到了十分重要的作用，并促进了资本主义市场经济的发展。因此，西方经济学家一直关注国际贸易的理论研究和探索。在资本原始积累时期，西方经济学家就提出了重商主义，研究国际贸易如何为一国带来财富积累，有早期重商主义和晚期重商主义之分。

在资本主义自由竞争时期，古典经济学派代表人物亚当·斯密和大卫·李嘉图探讨了国际贸易产生的原因和贸易利益，积极主张自由贸易，提出了绝对优势说和比较优势说，这"两说"也成为古典国际贸易理论的重要基础。汉密尔顿和李斯特根据美国和德国的经济发展提出了保护幼稚工业的贸易理论。赫克歇尔和俄林以生产要素禀赋差异和丰缺程度来解释国际贸易的产生和交换，构建了新古典贸易理论的基础。凯恩斯等经济学家研究了贸易差额与国民收入增长之间的关系，提出了对外贸易乘数理论。第二次世界大战以后，国际贸易的迅速发展推动了国际贸易理论研究的进一步深入，丰富了当代国际贸易理论。里昂惕夫通过实证研究对要素禀赋理论提出了质疑，多位经济学家对里昂惕夫之谜进行了解释。弗农的产品生命周期理论将贸易与投资结合起来进行研究，动态地指出了国际贸易流向和投资的变化趋势。以克鲁格曼为代表的经济学家探讨了产品生产规模和生产成本之间的关系，提出了规模经济贸易理论。巴拉萨、格鲁贝尔、劳艾德等经济学家提出了产业内贸易理论，解释了产业内贸易的成因和基础。波特从微观、中观和宏观的竞争机制入手，提出了国家竞争优势的"钻石"理论，等等。

马克思和恩格斯、列宁、布哈林等探讨了国际价值、国际分工、世界市场、世界货币、自由贸易等问题，揭示了国际贸易的基础、国际交换的二重性。普雷维什指出发展中国家参与国际分工存在不平等，提出了中心外围学说。

3. 各国的国际贸易政策与措施

以不同的国际贸易理论指导国际贸易实践，必然会制定出不同的国际贸易政策和措施。从西方经济学理论可知，国际贸易是影响经济增长的重要因素。因此，各国都会制定有利于本国国际贸易发展的政策和措施。当然，在不同的经济发展时期，国际贸易政策和措施会有不同的变化和发展。

（1）国际贸易政策的演变与发展。在资本主义原始积累时期，重商主义提出了"奖出限入"的保护贸易政策。在自由竞争时期，自由贸易政策占主导地位，但出现了保护幼稚工业的贸易政策。在垄断竞争时期，自由贸易政策退出，出现了超保护贸易政策。第二次世界大战以后，在GATT（关税及贸易总协定）和WTO（世界贸易组织）的推动协调下，各国贸易壁垒逐步降低，出现了贸易自由化趋势，且开始实行管理贸易制度，将贸易政策法律化，增强了贸易政策的透明度和可操作性。多次经济危机的爆发导致各国强化了贸易保护主义、单边主义，恐怖事件、地缘政治关系等引起各国的国际贸易政策和措施也在发生变化。

（2）国际贸易的具体措施。国际贸易政策的具体体现就是贸易措施。国际贸易措施一般分为三大类：一是限制进口的措施，主要包括关税措施和非关税措施，贸易限制进口的措施如果阻碍了国际贸易的发展，就称为贸易壁垒；二是促进出口的措施，包括运用法律的、经济的、行政的手段鼓励出口，如运用汇率、税收、补贴、产业基金、经济特区等措施；三是出口管制措施，由于政治、经济、科技、环境、军事、外交、安全等原因，各国会制定一些措施限制或禁止出口。

4. 国际经济贸易的治理与协调

在经济全球化发展中，各国经济贸易联系日益密切，世界贸易组织、国际货币基金组织、世界银行及联合国贸易和发展会议等相关委员会、各区域集团组织（如欧盟、东盟等）、各国首脑会议（如G20、G7、金砖五国等）为了促进世界经济或区域经济与贸易包容、协调、共赢、可持续发展，制定了一系列国际贸易规则，进行全球贸易治理与协调。

（三）国际贸易学的研究任务

国际贸易学是对国际贸易产生与发展的原因、贸易利益的存在与分配、贸易格局的形成与调整、贸易规则制定与治理协调等主要问题进行理论、政策与措施专门研究的一门科学。这就是它的研究任务。

第三节　国际贸易的分类

一、按贸易的标的形态划分

按国际贸易的标的形态划分，国际贸易可分为国际货物贸易和国际服务贸易。广义的国际贸易包含国际货物贸易和国际服务贸易，狭义的国际贸易通常仅指国际货物贸易。

（一）国际货物贸易

1. SITC 分类

国际货物贸易（international trade in goods）是指有形商品的交换活动。各国货物贸易的划分和进出口统计主要是根据联合国国际贸易标准分类（Standard International Trade Classification，SITC）中列出的 10 大类、67 章、262 组、1023 个分组和 2970 个基本项目进行。该标准分类于 1950 年制定，分别于 1961 年、1975 年、1988 年、2006 年修订。具体的 10 大类货物是：

0——食品和活动物（food and live animals）。

1——饮料和烟草（beverages and tobacco）。

2——非食用原料（不包括燃料）（crude materials, inedible, except fuels）。

3——矿物燃料、润滑油及有关原料（mineral fuels, lubricants and related materials）。

4——动植物油、油脂和蜡（animal and vegetable oils, fats and waxes）。

5——未另列明的化学品及有关产品（chemicals and related products, n.e.s.）。

6——主要按原料分类的制成品（manufactured goods classified chiefly by material）。

7——机械和运输设备（machinery and transport equipment）。

8——杂项制品（miscellaneous manufactured articles）。

9——未另分类的其他商品和交易（commodities and transactions not classified elsewhere in the SITC）。

其中，初级产品（0～4类），工业制成品（5～9类）。

初级产品（primary goods），又称原始产品，是指人们通过劳动，直接从自然界获得的、未经加工或略作加工的产品，如天然橡胶、原油、铁矿石等农林牧渔矿产品。初级产品是发展中国家的主要出口商品，其出口与否主要取决于自然条件、自然资源和社会生产力水平的高低。

工业制成品（manufactured goods），是指经过复杂加工的工业产品。一个国家或地区制造业的生产规模、科技水平是工业制成品出口的基础。发达国家主要出口工业制成品，但随着经济的发展，一些新兴的发展中国家也成为工业制成品的出口大国。

2. HS 编码分类

原海关合作理事会，现世界海关组织主持制定了商品名称和编码协调制度（The Harmonized Commodity Description and Coding System，简称 HS 编码）。HS 编码不仅用于海关和贸易统计方面，还用于国际运输、检验检疫、数据传递、国际贸易单证以及普遍优惠制等方面，是一套系统的、多用途的、标准化的国际贸易商品分类体系。目前有 200 多个国家和地区正在使用，涵盖了国际商品贸易总量的 98% 以上。2017 版的 HS 编码把全部国际贸易商品分为 21 类、97 章（其中，第 77 章为保留章）、1222 税目、5387 个子目。各国的 HS 编码一般采用六位数编码。中国海关 1992 年 1 月 1 日后采用 HS 编码，并在此基础上制定《中华人民共和国进出口税则》《中华人民共和国海关统计商品目录》，中国采用八位数编码，前六位数是 HS 编码，后两位数是根据中国关税、统计和贸易管理方面的需要而增设的本国子目，后来又根据实际需要对部分税号拓展为十位数编码。2019 年版《中华人民共和国海关统计商品目录》所列商品分为 22 大类、98 章，共计 8 557 个八位数编码。主要分类为：

第一类活动物；动物产品（第 1～5 章）。

第二类植物产品（第 6～14 章）。

第三类动、植物油、脂及其分解产品；精制的食用油脂；动、植物蜡（第 15 章）。

第四类食品；饮料、酒及醋；烟草、烟草及烟草代用品的制品（第 16～24 章）。

第五类矿产品（第 25～27 章）。

第六类化学工业及其相关工业的产品（第 28～38 章）。

第七类塑料及其制品；橡胶及其制品（第 39～40 章）。

第八类生皮、皮革、毛皮及其制品；鞍具及挽具；旅行用品、手提包及类似容器；动物肠线（蚕胶丝除外）制品（第 41～43 章）。

第九类木及木制品；木炭；软木及软木制品；稻草、秸秆、针茅或其他编结材料制品；篮筐及柳条编结品（第 44～46 章）。

第十类木浆及其他纤维状纤维素浆；回收（废碎）纸或纸板；纸、纸板及其制品（第 47～49 章）。

第十一类纺织原料及纺织制品（第 50～63 章）。

第十二类鞋、帽、伞、杖、鞭及其零件；已加工的羽毛及其制品；人造花；人发制品（第 64～67 章）。

第十三类石料、石膏、水泥、石棉、云母及类似材料的制品；陶瓷产品；玻璃及其制品（第 68～70 章）。

第十四类天然或养殖珍珠、宝石或半宝石、贵金属、包贵金属及其制品；仿首饰；硬币（第 71 章）。

第十五类贱金属及其制品（第 72～83 章）。

第十六类机器、机械器具、电气设备及其零件；录音机及放声机、电视图像、声音的录制和重放设备及其零件、附件（第 84～85 章）。

第十七类车辆、航空器、船舶及有关运输设备（第 86～89 章）。

第十八类光学、照相、电影、计量、检验、医疗或外科用仪器及设备、精密仪器及设备；钟表；乐器（第 90～92 章）。

第十九类武器、弹药及其零件、附件（第 93 章）。

第二十类杂项制品（第 94～96 章）。

第二十一类艺术品、收藏品及古物（第 97 章）。

第二十二类特殊交易级未分类商品（第 98 章）。

例如，0 为第一类（0 类）活动物；动物产品；01 为第一章活动物，0103 为猪税目；0103.9110 表示重量在 10 千克及以上的猪；0103.9120 表示重量在 10 千克及以上、50 千克以下的猪；0103.9200 表示重量在 50 千克以上的猪。

货物进出口要经过海关办理通关手续，反映在海关统计上，是国际收支的主要构成之一。

专栏1-1

根据SITC分类统计的中国进出口货物类别

（二）国际服务贸易

目前，国际服务贸易（international trade in services）的分类主要是按照 WTO 规定，国际服务贸易是指："从一参加方境内向任何其他参加方境内提供服务。一参加方境内向任何参加方的服务消费者提供服务。一参加方在其他任何参加方境内通过提供服务的实体的介入而提供服务。一参加方的自然人在其他任何参加方境内提供服务。"上述四种形式分别称为：跨国提供、国外消费、商业存在、自然人存在。

服务贸易多为无形的、不可储存的,服务提供与消费一般同时进行;服务贸易额在各国的国际收支表中得以部分反映,但在各国海关统计表中得不到反映。2021年各主要贸易国(地区)对外贸易总额中货物贸易和服务贸易占比情况见表1-1。

WTO列出的服务行业包括以下12个部门:商业、通信、建筑、销售、教育、环境、金融、卫生、旅游、娱乐、运输、其他。

表1-1 2021年各主要贸易国(地区)对外贸易总额中货物贸易和服务贸易占比情况

国家/地区	对外贸易总额 (10亿美元)	服务贸易		货物贸易	
		金额(10亿美元)	占比(%)	金额(10亿美元)	占比(%)
美国	6 034.91	1 345.30	22.29	4 689.61	77.71
德国	3 810.33	758.27	19.90	3 052.06	80.10
日本	1 900.20	375.19	19.74	1 525.01	80.26
英国	1 822.42	660.47	36.24	1 161.95	63.76
法国	1 860.20	561.33	30.18	1 298.87	69.82
意大利	1 383.73	215.92	15.60	1 167.81	84.40
中国	6 885.98	833.51	12.10	6 052.47	87.90
西班牙	993.27	192.10	19.34	801.17	80.66
荷兰	2 078.82	484.32	23.30	1 594.50	76.70
印度	1 404.95	436.61	31.08	968.33	68.92
欧盟	17 633.77	4 534.77	25.72	13 099.00	74.28
世界	56 609.89	11 695.09	20.66	44 914.79	79.34

资料来源:联合国贸发组织数据库。

从表1-1可以看出,2021年主要贸易国(地区)的对外贸易总额(广义)中货物贸易的占比都较高,中国的货物贸易占比最高,中国的服务贸易占比最低;英国、印度、法国、欧盟、美国的服务贸易比重分别列前五位,国际服务贸易还有很大的发展空间。

二、按贸易标的的流动方向划分

按国际贸易标的的流动方向划分,国际贸易可分为出口贸易、进口贸易、过境贸易、复出口与复进口贸易、净出口与净进口贸易。

(一)出口贸易

出口贸易(export trade)是指本国生产和加工的货物因外销而运出本国国境。不属于外销的货物不能称为出口。例如,运出本国国境供驻外领事馆使用的货物、旅游者自用带出本国国境的货物均不列入出口贸易。

(二)进口贸易

进口贸易(import trade)是指在外国生产和加工的货物因内销而进入本国国境。不属于内销的货物不能称为进口。例如，运入本国国境供外国领事馆自用的货物、旅游者自用带入本国国境的货物均不列入进口贸易。对旅游者自用带入本国国境的货物，每个国家都有一些不同的规定，如果超过规定则属于私自携带，有可能涉嫌走私，各国海关都会有一定的处罚规定。

（三）过境贸易

过境贸易（transit trade）是指甲国货物出口到丙国，必须经过乙国的国境，对于乙国来说，甲国出口的这批货物可视为过境贸易。货物的所有权不属于乙国。

（四）复出口与复进口贸易

复出口贸易（reexport trade）是指输入本国国境的外国货物未经加工再次出口。例如，外国产品运进保税区储存一段时间后再运出本国国境。复进口贸易（reimport trade）是指输出到外国国境的本国货物未经加工再次进口到本国国境。例如，本国产品出口到外国国境后遭到退货，或者是未在外国国境销售完的货物退回本国国境等。

（五）净出口与净进口贸易

一国在对外贸易中既有出口，也有进口。如果出口量或出口额大于进口量或进口额，称为净出口（net export）；反之，如果进口量或进口额大于出口量或出口额，称为净进口（net import）。

在经济增长理论中，消费增长、投资增长、净出口增长被称为"三驾马车"。净出口对经济增长有很大的拉动作用。如果一国货物或服务贸易在较长的一段时间内为净出口，则表明该国出口贸易具有一定的优势，但某个月、某个季度的净出口并不能表明其具有的优势。

三、按贸易的统计标准划分

由于国际贸易货物通过关境或国境产生了不同的统计标准，故而可分为总贸易体系与专门贸易体系。

（一）总贸易体系

总贸易体系（general trade system）也称一般贸易体系，是以货物通过国境作为统计进出口的标准。货物离开国境就统计成出口，货物进入国境就统计成进口。出口总额和进口总额之和，就称作总贸易额。

（二）专门贸易体系

专门贸易体系（special trade system）也称特殊贸易体系，是以货物经过关境作为统计进出口的标准。凡是通过海关结关出口的货物均统计为出口，凡是通过海关结关进入的货物均统计为进口。

总贸易体系说明一国在国际货物流通中的地位和作用，专门贸易体系说明一国作为生产者和消费者在国际货物贸易中具有的意义。在联合国发布各国和各地区对外贸易额时，一般均要注明采用何种贸易体系。

四、按贸易的参加方划分

按国际贸易的参加方划分，国际贸易可分为直接贸易、间接贸易与转口贸易。

（一）直接贸易

直接贸易（direct trade）是指货物生产国与货物消费国直接买卖货物的贸易行为，贸易双方直接洽谈完成交易。对于生产国而言，是直接出口；对于消费国而言，是直接进口。

（二）间接贸易

间接贸易（indirect trade）是指货物生产国与货物消费国不是直接买卖货物，而是通过第三国贸易商进行货物贸易的行为。货物通过第三国贸易商卖给货物消费国，对货物生产国而言是间接出口，对货物消费国而言是间接进口。

（三）转口贸易

转口贸易（entrepot trade）也称中转贸易，是指货物生产国与货物消费国不直接买卖货物，而是通过第三国贸易商进行货物贸易的行为，对第三国来说就是转口贸易。从事转口贸易的大多是商业发达、港口地理位置优越、运输便利、信息灵通、贸易限制较少、税收优惠的国家或地区，如中国香港、新加坡、迪拜、德国汉堡、荷兰鹿特丹等。

专栏1-2

香港、新加坡、迪拜是世界三大转口贸易中心

转口贸易要有第三国贸易商的参与，而与运输路径无太大关系，也就是说货物可以直接从生产国运往消费国，并不一定经由第三国转运。

五、按贸易创新方式划分

随着全球互联网经济、数字经济与贸易的发展，国际贸易的新方式、新业态不断涌现，出现了跨境电子商务、市场采购贸易、新型离岸国际贸易等。

（一）跨境电子商务

跨境电子商务（cross-border electronic commerce）是指分属不同关境的交易主体，通过电子商务平台达成交易、进行支付结算，并通过跨境物流送达商品、完成跨境交易的一种国际商业活动。跨境电子商务可以分为跨境电商出口与跨境电商进口两个方向。跨境电商平台一般有第三方跨境电商平台、独立站（自建站）等。

1. B2B 模式

B2B 模式（business-to-business）下，企业运用跨境电子商务平台，以广告和信息发布为主，成交和通关流程基本在线下完成，一般采用海运批量运往海外仓库（或批量运往本国保税仓库），已纳入海关一般贸易统计。阿里巴巴国际站就是跨境 B2B 模式。

2. B2C 模式

B2C 模式（business-to-consumer）下，企业运用跨境电子商务平台，进行直接面对海外或国内消费者的商品销售，在线上完成交易，属于跨境零售。国际物流一般采用航空小包、邮寄、快递等方式。亚马逊、全球速卖通、天猫国际等就是跨境 B2C 模式。

3. C2C 模式

C2C 模式（customer-to-customer）是个人与个人之间的跨境电子商务交易，也就是处于不同国家或地区的交易双方都是个人，通过跨境电商平台或其他线上渠道买卖商品。国际物流一般也是采用航空小包、邮寄、快递等方式。C2C 模式越来越多地体现在跨境电商服务提供上，如跨境线上教学、个人服务等。

以跨境电子商务为代表的新型贸易方式，随着互联网经济、数字经济与贸易的发展及新冠病毒疫情引发的"宅经济"的推动，成为各国对外贸易乃至整个经济的新增长点、新动能，也使得中国成为全球跨境电子商务第一大国，美国、英国、德国、日本、法国、印度等跨境电子商务发展形势良好，欧盟、北美、RCEP、拉美等区域跨境电商都将有极大的发展潜力。

（二）市场采购贸易

市场采购贸易方式（market procurement trade mode）是指在经国家商务主管部门认定的市场集聚区采购商品，单票报关单的货值最高限额为 15 万美元，由符合条件的经营者在采购地海关办理出口通关手续的贸易方式。这种贸易方式为"多品种、多批次、小批量"外贸交易方式的创新，具有通关快、便利化、免征增值税等特点。目前中国在一些城市设立了 31 个试点，覆盖东中西部 15 个省（区市）。试点将推动传统商品市场转型升级，带动更多中小微企业参与对外贸易，有助于推动形成国内、国际"双循环"发展新格局。

中国跨境电商进出口通关监管模式汇总解读

（三）新型离岸国际贸易

新型离岸国际贸易（new offshore international trade），是指我国居民与非居民之间发生的，交易所涉货物不进出我国一线关境或不纳入我国海关统计的贸易，包括但不限于离岸转手买卖、全球采购、委托境外加工、承包工程境外购买货物等。

1. 离岸转手买卖

主要指居民从非居民处购买货物，随后向另一非居民转售该货物，但货物始终未实际进出我国关境（含海关特殊监管区域）或不纳入我国海关统计的货物贸易。

2. 全球采购

主要指跨国公司承担地区总部、销售中心、采购中心、结算中心等功能性机构职能，或制造型企业基于生产、制造、销售配套需求等衍生出的全球采购和销售活动。

3. 委托境外加工

主要指境内企业作为委托方，将产品的生产加工环节转移至境外，并从境外（或境内）将原材料运至生产国，加工后产品由生产国直接运至消费国。原材料或产成品不经过我国境内，资金进行跨境收付。

4. 境外承包工程

主要指承接或参与境外建设工程项目的境内企业直接在境外购买用于建设工程的设备、材料等货物，并直接运至海外工程所在地，不进入我国境内，货款由境内企业支付的交易模式。

新型离岸贸易是随跨国公司业务发展演化而来的一种新贸易模式，简单来说就是从境外异地购买货物，随后向境外另一个地方转售同一货物的行为。新型离岸国际贸易有四个典型特征：交易发生在居民和非居民之间、货物不进出国境、贸易不纳入海关统计、单据流以及资金流和货物流"三流"分离。

六、按贸易的清偿工具划分

按国际贸易的清偿工具划分，国际贸易可分为现汇贸易和易货贸易。

（一）现汇贸易

现汇贸易（spot exchange trade）又称自由结汇贸易，是指用国际货币作为清偿手段的国际贸易。货物交易或服务交易的双方按国际市场价格水平进行议价，按国际贸易惯例磋商具体交易条件，合同签订后买方按双方商定的国际货币进行结算。通常采用的国际货币有美元、欧元、英镑、日元等，它们是可以自由兑换的货币。据中国人民银行发布的《2022年人民币国际化报告》显示，2021年，银行代客人民币跨境收付金额合计为36.6万亿元，同比增长29.0%，收付金额创历史新高。环球银行金融电信协会（SWIFT）数据显示，人民币国际支付份额于2021年12月提高至2.7%，超过日元成为全球第四位支付货币，2022年1月进一步提升至3.2%，创历史新高。

如果两国之间签订了贸易支付协定，且协定规定双方贸易经由清算账户办理结算，则一般不允许进行现汇贸易。

案例分析1-1

易货贸易新模式推动中非经贸合作高质量发展

（二）易货贸易

易货贸易（barter trade）是指国际货物买卖双方之间进行的货物等值或基本等值的直接交换，不涉及现汇的收付，以经过计价的商品作为清偿手段，也叫换货贸易。其特点是进口和出口直接关联，以货换货，进出基本平衡，不用现汇，解决了那些外汇匮乏国家开展对外贸易的困难。目前，中国与非洲一些国家的进出口已开展易货贸易，部分国家的边境小额贸易也存在易货贸易。

第四节　国际贸易学的基本概念

国际贸易学的相关概念广泛，这里主要介绍最基本的概念。

一、贸易额与贸易量

贸易额与贸易量是反映一国（地区）对外贸易或国际贸易规模的指标，但贸易量能比较真实地反映贸易规模的实际情况。

（一）对外贸易额与国际贸易额

1. 货物贸易额

货物贸易额（value of foreign merchandise trade）是指一国（地区）在一定时期（月、季、年）内货物进口额与出口额之和。货物贸易额又称对外贸易值、进出口额，各国一般用本国货币表示，但为了进行国际比较，许多国家（地区）也通常用美元表示。

一定时期（月、季、年）内一国（地区）进口货物的全部价值称为进口额，通常用 CIF 计价；一定时期（月、季、年）内一国（地区）出口货物的全部价值称为出口额，通常用 FOB 计价。

2. 服务贸易额

服务贸易额（value of service trade）是指一国（地区）在一定时期（月、季、年）内服务进口额与出口额之和。一定时期内一国（地区）进口服务的全部价值称为进口额；一定时期（月、季、年）内一国（地区）出口服务的全部价值称为出口额。

3. 对外贸易总额

对外贸易总额（total value of foreign trade）是指一国（地区）在一定时期（月、季、年）内货物贸易额与服务贸易额之和。

4. 国际贸易额

国际贸易额（value of international trade）也称世界贸易额，一般指世界货物出口总额，即世界各国（地区）出口贸易额的总和。从世界范围来看，一国的出口即意味着其他国家的进口，而世界总进口额是大于总出口额的（进口额用 CIF 计价，出口额用 FOB 计价），为了避免重复计算，用世界各国（地区）出口贸易额的总和来代表国际贸易额比较合理、科学。

反映国际贸易额的变化趋势通常用同比或环比增长来表示，相关统计见表 1-2。

表 1-2　2009—2021 年世界货物贸易增长情况

年份	货物贸易出口额			货物贸易进口额（10亿美元）
	金额（10亿美元）	货物贸易额增长率（%）	货物贸易量增长率（%）*	
2009	12 564.25	-28.68	-12.0	12 716.437
2010	15 301.04	17.89	13.8	15 439.739
2011	18 336.85	16.56	5.3	18 438.377
2012	18 508.18	0.93	2.3	18 663.062
2013	18 957.88	2.37	2.3	18 970.849
2014	18 999.62	0.22	2.5	19 065.824
2015	16 554.24	-14.77	2.1	16 737.067
2016	16 035.82	-3.23	1.9	16 206.454
2017	17 740.82	9.61	4.6	17 976.786
2018	19 549.26	9.25	3.0	19 818.778
2019	19 014.24	-2.81	0.4	19 337.525
2020	17 648.40	-7.74	-4.9	17 878.604
2021	22 328.09	20.96	8.9	22 586.577

* 扣除汇率和价格因素。

资料来源：WTO 数据库。

（二）对外贸易量与国际贸易量

以现实价格（即可变价格）所计算的贸易额经常受到价格波动的影响，因而不能真实地反映国际贸易或一国（地区）对外贸易的实际规模。所以，国际上常用贸易量来衡量实际的对外贸易规模，通常都用按不变价格计算的贸易额来表示贸易量，以剔除价格变动带来的影响。

1. 对外贸易量

以固定年份为基期计算的进出口价格指数去除一定时期内某国（地区）的进出口额，得出的按不变价格计算的进出口额，称为对外贸易量（quantum of foreign trade）。对外贸易量能比较确切地反映对外贸易的规模，剔除了价格变动因素，将各期对外贸易量进行比较，就可以了解对外贸易规模的实际变化情况。基本计算公式：

$$对外贸易量（报告期）=\frac{报告期进出口额}{进出口价格指数} \quad (1\text{-}1)$$

$$进出口价格指数=\frac{报告期进出口价格指数}{基期进出口价格指数} \quad (1\text{-}2)$$

根据需要，还可以计算一国（地区）出口贸易量或进口贸易量，但要注意公式 1-1 和公式 1-2 的分子、分母进行相应的变化。

例：某国 2010 年的进出口总额为 1 000 亿美元，2020 年的进出口总额为 2 000 亿美元。以 2010 年为基期，2020 年该国的进出口价格指数为 120，试计算该国 2020 年的对外贸易量，并比较进出口贸易额与贸易量的增长率。

$$对外贸易量 = 2\,000/(120/100) = 1\,666.7（亿美元）$$
$$对外贸易量增长率 = [(1\,666.7-1\,000) \div 1\,000] \times 100\% = 66.67\%$$
$$对外贸易额增长率 = [(2\,000-1\,000) \div 1\,000] \times 100\% = 100\%$$

该国 2020 年对外贸易量为 1 666.7 亿美元，对外贸易量与 2010 年相比增长了 66.67%，而对外贸易额增长了 100%。

2. 国际贸易量

国际贸易量（quantum of international trade）一般是用国际货物贸易出口量来衡量。表 1-2 为 WTO 公布的 2009—2021 年世界货物贸易增长情况。

二、对外贸易差额

一定时期（月、季、年）内一国（地区）出口总额与进口总额之间的差额称为对外贸易差额（balance of foreign trade）。它是衡量一国（地区）对外贸易收支状况和国际收支状况的重要指标，也在一定程度上表明该国（地区）对外贸易竞争力状况。既可以反映货物贸易差额，也可以反映服务贸易差额。

（一）贸易顺差、逆差、平衡

贸易顺差（favourable balance of trade）：出口总额超过进口总额，也称为贸易盈余或出超，用正数表示。一般来说，贸易顺差表明一国（地区）在对外贸易收支上处于有利地位，出口规模较大，也是国际收支中经常项目项下贸易收支的组成部分。

贸易逆差（adverse balance of trade）：进口总额超过出口总额，也称为贸易赤字或入超，用负数表示。一般来说，贸易逆差表明一国（地区）在对外贸易收支上处于不利地位，进口规模较大。例如，根据中国海关统计，2021 年中美贸易顺差为 3 963.74 亿美元；根据美国经济分析局统计，美中贸易逆差为 3 527.98 亿美元。

贸易平衡（balance of trade）：出口总额等于进口总额。一般来说，各国（地区）之间的贸易交换通常强调贸易平衡、互利互惠，但不可能出现完全相等的出口总额和进口总额，如果两者相差不大，基本上可以表明贸易平衡。

（二）对外贸易差额的利弊

如果一国（地区）长期存在贸易顺差，则表明该国在对外贸易收支中处于有利地位，有利于增加外汇收入，有较强的国际购买力，扩大就业；有利于扩大先进技术和设备的进口，引进外资；发展对外贸易，带动本国经济的增长。但是，长期的贸易顺差意味着大量的资源、商品或服务外流，会使国内实际经济资源减少，降低国内经济福利；尤其是会造成国家之间的贸易摩擦或引发贸易战，贸易逆差国会实施贸易保护主义，不利于贸易顺差国对外贸易的发展；同时，大国之间的贸易战会对全球经济带来一定的负面影响。

三、贸易的商品结构

（一）广义的对外贸易结构与国际贸易结构

广义的对外贸易结构（composition of foreign trade）是指一国（地区）货物或服务贸易额在该国（地区）对外贸易总额中所占的比重。例如，2019年，美国对外贸易总额为5.61万亿美元，其中，货物贸易额为4.17万亿美元，占对外贸易总额的74.3%；服务贸易额为1.44万亿美元，占对外贸易总额的25.7%。

广义的国际贸易结构（composition of international trade）是指各国（地区）货物或服务出口额在国际贸易额中所占的比重。例如，2019年，国际贸易额为25.22万亿美元，其中，货物贸易出口额19.01万亿美元，占国际贸易额的比重为75.4%；服务贸易出口额为6.21万亿美元，占国际贸易额的比重为24.6%。

（二）狭义的对外贸易结构与国际贸易结构

1. 对外贸易货物结构与国际贸易货物结构

对外贸易货物结构是指一定时期内一国（地区）进出口贸易中各类货物的构成，即某大类或某类、某种货物进出口贸易额占本国进出口贸易总额的比重。基本计算公式：

$$对外贸易货物结构 = \frac{该国某大类或某类、某种货物进出口额}{该国全部货物进出口额} \times 100\% \quad (1-3)$$

国际贸易货物结构是指一定时期内各大类货物或某类某种货物在整个国际贸易中的构成，即各大类货物或某类、某种货物贸易额占国际贸易额的比重。

世界各国均以《联合国国际贸易标准分类》公布对外贸易货物结构，也可以根据各类货物出口额或进口额计算其在总出口额或总进口额中的比重。例如，2019年中国工业制成品进出口额为37 139.7亿美元，进出口贸易总额为45 778.9亿美元，工业制成品在进出口总额中所占比重为81.13%。

2. 对外服务贸易结构与国际服务贸易结构

对外服务贸易结构是指一定时期内一国（地区）进出口中各类服务项目的构成。国际服务贸易结构是指一定时期内国际服务进出口中各类服务项目的构成。例如，2019年世界服务贸易进出口总额为121 413亿美元，其中，运输进出口额22 763亿美元、旅游进出口额28 397亿美元、其他进出口额70 254亿美元，分别占世界服务贸易进出口总额的18.75%、23.39%、57.86%。

（三）影响贸易结构的因素

贸易结构可以反映出该国（地区）经济发展水平、产业结构状况和科技发展水平。

影响一国（地区）对外贸易商品结构的因素主要是：一国（地区）的比较优势状况；一国（地区）经济发展模式；国内（地区内）产业结构状况；世界产业结构的变化；企业

的微观因素（如企业的核心竞争力、技术水平、国际化战略等）。

目前，国际贸易结构的特点是：初级产品的比重降低，中间产品比重增加，制成品的比重不断提高，服务贸易的比重在提高。发展中国家国际贸易结构改善的一个显著特点就是工业制成品比重不断提高，一些新兴工业化国家的高新技术产品贸易比重也在不断提高。而发达国家国际贸易结构的主要特点是工业制成品比重变化不大或呈下降趋势，服务贸易的比重不断提高。

四、贸易的地理方向和地区分布

（一）对外贸易地理方向

对外贸易地理方向（direction of foreign trade）又称国别构成，是指一定时期内各个国家（地区）在一国对外贸易中所占的地位，通常以它们在该国货物或服务进口、出口额或进出口总额中的比重来表示。对外贸易地理方向指明一国（地区）出口货物、服务的去向和进口货物、服务的来源，从而反映一国（地区）与其他国家（地区）之间的经济贸易联系程度。基本计算公式：

$$对外贸易地理方向 = \frac{该国与某国或地区的进出口额}{该国进出口总额} \times 100\% \quad (1\text{-}4)$$

例如，根据美国经济分析局公布，2021 年美国货物进出口总额为 46 130.24 亿美元，其中出口总额为 17 613.64 亿美元，对加拿大、墨西哥、中国、日本和韩国出口分别占 17.51%、15.71%、8.66%、4.27% 和 3.8%，中国是美国出口第三大市场。

（二）国际贸易地区分布

国际贸易地区分布（international trade by region），用以表明世界各洲、各国或各区域集团货物或服务在国际贸易中所占的地位。计算各洲、各国或各区域集团在国际贸易中的比重，既可以计算其货物出口总额在国际货物出口总额中的比重，也可以计算其服务出口总额在国际服务出口总额中的比重。基本计算公式：

$$国际贸易地区分布 = \frac{各洲、各国或各区域集团出口额}{国际出口总额} \times 100\% \quad (1\text{-}5)$$

（三）影响因素

（1）影响对外贸易地理方向的因素主要有：各国（地区）之间经济互补性和竞争性；各国（地区）参与国际分工的形式，如彼此之间是否有产业内分工和公司内分工；贸易政策尤其是国别贸易政策的影响等。

（2）影响国际贸易地区分布的因素主要有：各洲、各地区、各国经济发展水平，地理位置，比较优势，在国际分工中的地位，等等。

五、对外贸易依存度和贡献度

（一）各类贸易依存度

对外贸易依存度（degree of dependence on foreign trade）也叫对外贸易系数，是指一定时期一国（地区）对外贸易额在其国内生产总值或国民生产总值中所占的比重，反映一国国民经济对对外贸易的依赖程度，也是衡量一国（地区）对外开放度的重要指标。有三种表示形式。

（1）贸易总依存度，指一国（地区）对外贸易总额在该国（地区）国民生产总值（或国内生产总值）中所占的比重。

（2）货物贸易依存度，指一国（地区）货物贸易额在该国（地区）国民生产总值（或国内生产总值）中所占的比重。货物贸易依存度可以分为出口依存度和进口依存度两种。出口依存度是指一国（地区）货物出口额在该国（地区）国民生产总值（或国内生产总值）中所占的比重；进口依存度是指一国（地区）货物进口额在该国（地区）国民生产总值（或国内生产总值）中所占的比重。

$$货物贸易依存度 = \frac{货物贸易进出口额}{国内生产总值} \times 100\% \qquad (1-6)$$

（3）服务贸易依存度，指一国（地区）服务贸易额在该国（地区）国民生产总值（或国内生产总值）中所占的比重。

$$服务贸易依存度 = \frac{服务贸易进出口额}{国内生产总值} \times 100\% \qquad (1-7)$$

（二）影响对外贸易依存度的因素

（1）国民经济规模。经济学家研究表明，一国（地区）对外贸易依存度的高低与其国民经济规模呈负相关。例如，在证实分析中，新加坡等小国对外贸易依存度较高，而美国、日本等大国对外贸易依存度较低。

（2）各国对外开放程度。一般来说，实行开放贸易政策的国家相对于开放程度低的国家对外贸易依存度要高。

（3）地理特征。一般来说，地理疆域大的国家对外贸易依存度较低；居于国际交通枢纽的国家对外贸易依存度较高。

（4）国内市场发达程度。国内市场发达，对外需求较少，对外贸易依存度就会低于国内市场不发达的国家。

（5）加工贸易发展。一国贸易中如果加工贸易比重较大，则对外贸易依存度较高。

（6）汇率变化。汇率变化关系对外贸易额的变化，直接影响对外贸易依存度。

据 WTO 和 IMF（国际货币基金组织）的数据测算，1960 年全球对外贸易依存度为 25.4%，1970 年为 27.9%，1990 年升至 38.7%，2000 年升至 41.7%，2010 年升至 57%，2019 年升至 60.3%。1985 年，中国对外贸易依存度为 23.10%，其中，出口依存度为 9.02%，进口依存度为 14.08%；1990 年中国对外贸易依存度首次达到 29.89%，其中，出口依存度为 16.05%，进口依存度为 13.84%。中国对外贸易依存度于 1994 年突破 40%，虽然 1996—1999 年四年内中国的对外贸易依存度有所滑落，但是仍在 35% 左右徘徊，2000 年再次达到 43.9%；2005 年已经高达 63%，2006 年更是接近 70%；但 2006 年后，中国对外贸易依存度开始波动下降，2019 年已降至 40% 以下，2021 年继续降至 34.1%。据有关学者分析，中国已经跻身中等对外贸易依存度国家行列。

（三）对外贸易贡献度

对外贸易贡献度也称为贡献率，主要是指一国（地区）货物和服务贸易净出口对该国经济增长增量的贡献，反映了对外贸易顺差在经济增长中的作用。计算公式为：

$$净出口贡献率 = \frac{净出口}{国内生产总值增量} \times 100\% \quad (1-8)$$

根据国家统计局网站数据，2013—2021 年中国三大需求对国内生产总值增长的贡献率和拉动情况见表 1-3。

表 1-3　2013—2021 年中国三大需求对国内生产总值增长的贡献率和拉动情况

指　标	2021 年	2020 年	2019 年	2018 年	2017 年	2016 年	2015 年	2014 年	2013 年
最终消费支出对国内生产总值增长贡献率（%）	65.4	-6.8	58.6	64.0	55.9	66.0	69.0	56.3	50.2
最终消费支出对国内生产总值增长拉动（百分点）	5.3	-0.2	3.5	4.3	3.9	4.5	4.9	4.2	3.9
资本形成总额对国内生产总值增长贡献率（%）	13.7	81.5	28.9	43.2	39.5	45.7	22.6	45.0	53.1
资本形成总额对国内生产总值增长拉动（百分点）	1.1	1.8	1.7	2.9	2.7	3.1	1.6	3.3	4.1
货物和服务净出口对国内生产总值增长贡献率（%）	20.9	25.3	12.6	-7.2	4.7	-11.7	8.4	-1.3	-3.3
货物和服务净出口对国内生产总值增长拉动（百分点）	1.7	0.6	0.7	-0.5	0.3	-0.8	0.6	-0.1	-0.3

注：1. 三大需求指支出国内生产总值的三大构成项目，即最终消费支出、资本形成总额、货物和服务净出口。

2. 贡献率指三大需求增量与支出国内生产总值增量之比。

3. 拉动指国内生产总值增长速度与三大需求贡献率的乘积。

资料来源：国家统计局网站 2021 年度数据。

六、国际低碳贸易

国际低碳贸易（international low-carbon trade）是指以低碳或绿色经济为背景的国际贸易交换活动，既指在国际交换中实现低能耗、低污染、低排放商品的交换，也指低碳的跨境交易活动，如国际碳排放交易。随着温室气体（二氧化碳、甲烷、氧化亚氮、氢氟碳化物、全氟化碳和六氟化硫等）效应对生态环境造成的不利影响逐渐增大，碳减排的有效机制就是建立国际和国内的碳排放交易机制。

国际碳排放权交易指对二氧化碳等温室气体的排放量所进行的国际交易。国内企业减排的二氧化碳数量可以在国际市场上进行出售，经由世界银行等机构参与的国际碳基金或相关公司购买，进入发达国家市场，国内企业和国际碳排放交易商从温室气体排放交易中获取利润。

欧盟走在世界碳排放交易的前列，已经制定了在欧盟地区适用的温室气体排放交易方案。欧盟通过对特定领域的万套装置的温室气体排放量进行认定，允许减排补贴进入市场，从而实现减少温室气体排放的目标。2020 年 9 月 22 日，国家主席习近平在第七十五届联合国大会上宣布，中国力争 2030 年前二氧化碳排放达到峰值，努力争取 2060 年前实现碳中和目标。2020 年 12 月 31 日，中国生态环境部公布《碳排放权交易管理办法（试行）》，自 2021 年 2 月 1 日起施行。

第五节　国际贸易与国内贸易的区别与联系

一、国际贸易与国内贸易的区别

国际贸易相对于国内贸易来说，具有一些不同的特点。

（一）遵循国际法律和国际惯例

在国际贸易中，如果一国与其他国家订立了与国际贸易相关的国际条约或公约，则这些国际商法是缔约国必须遵守的法律，当然，保留条款除外。例如，中国对《联合国国际货物销售合同公约》口头合同的规定就提出了保留。此外，还要遵守一些国际惯例，如《跟单信用证统一惯例》《国际贸易术语解释通则》等。

（二）参与贸易的国家广泛但经济水平差异大

参与贸易的国家类型广泛，主要有发达国家和发展中国家的基本划分，不同国家有其不同的经济发展水平，对外贸易发展各不相同。

1. 发达国家和地区

发达国家（developed country），又称工业化国家，是指经济发展水平较高，技术较为先进，生活水平较高的国家，一般用人均GDP来界定，但是人均GDP很不稳定，受汇率、物价等影响波动很大，也只代表了经济水平，而不能代表一个国家的全面发展水平。

联合国开发计划署（UNDP）编制了"人类发展指数"，人类发展指数由三个指标构成，即预期寿命、成人识字率和人均GDP的对数。《2010年人类发展报告》中采用人均国民总收入（GNI）取代人均GDP来评估。这三个指标分别反映了人的长寿水平、知识水平和生活水平，相对全面客观，目前的标准是：人类发展指数不低于0.9的即为发达国家。

（1）按人均GDP来界定发达国家。当前公认的发达国家有30多个，包括：

欧洲（18国）：卢森堡、挪威、瑞士、爱尔兰、丹麦、冰岛、瑞典、英国、奥地利、荷兰、芬兰、比利时、法国、德国、意大利、西班牙、希腊、葡萄牙。

美洲（2国）：美国、加拿大。

亚洲（2国）：日本、新加坡。

大洋洲（2国）：澳大利亚、新西兰。

新增发达国家（8国）：塞浦路斯、巴哈马、斯洛文尼亚、以色列、韩国、马耳他、匈牙利、捷克。

（2）按联合国开发计划署编制的人类发展指数界定。当前有44个发达国家和地区，包括：

经济合作与发展组织（OECD）中的发达经济体（28个国家）：澳大利亚、奥地利、比利时、加拿大、捷克、丹麦、芬兰、法国、德国、希腊、匈牙利、冰岛、爱尔兰、意大利、日本、韩国、卢森堡、荷兰、新西兰、挪威、波兰、葡萄牙、斯洛伐克、西班牙、瑞典、瑞士、美国、英国。

非经济合作与发展组织中的发达经济体（16个国家和地区）：安道尔、巴林、巴巴多斯、文莱、塞浦路斯、爱沙尼亚、中国香港、以色列、列支敦士登、马耳他、摩纳哥、卡塔尔、圣马力诺、新加坡、斯洛文尼亚、阿联酋。

2. 发展中国家和地区

发展中国家又称不发达国家或欠发达国家。目前，发展中国家和地区有150多个，分布在亚洲（日本、新加坡、韩国除外）、非洲、拉丁美洲、大洋洲（澳大利亚和新西兰除外）、部分东欧和南欧及地中海地区。在这样一个庞大阵营中，各国的发展水平、历史、文化和制度等诸多方面必定是千差万别的。

世界银行按人均国民总收入划分国家：第一类为低收入国家，第二类为下中等收入国家，第三类为上中等收入国家，第四类为高收入国家，低收入和中等收入国家被称为发展中国家。

在联合国的分类中，所有发展中国家被分为：最不发达国家、非石油输出国发展中国家和石油输出国发展中国家。联合国开发计划署《2010年人类发展报告》发布的最不发达国家（23+1）有：阿富汗、不丹、布基纳法索、布隆迪、中非、乍得、刚果（金）、厄立特里亚、埃塞俄比亚、几内亚、几内亚比绍、海地、基里巴斯、利比里亚、马拉维、马里、莫桑比克、尼日尔、萨摩亚、塞拉利昂、索马里、图瓦卢、瓦努阿图、南苏丹（2011

年新独立国家)。联合国贸易和发展会议《2022最不发达国家报告》显示,最不发达国家数量达到46个,其中非洲33个,亚洲9个,大洋洲3个,北美洲1个。

经济合作与发展组织(OECD)将发展中国家(地区)划分为低收入国家(地区)、中等收入国家(地区)和新兴工业化国家(地区),在其1979年发表的报告中,曾将新加坡、韩国、中国香港、中国台湾、巴西、墨西哥、西班牙、葡萄牙、希腊、南斯拉夫划分为新兴工业化国家和地区。

3. 经济转型国家

经济转型国家是指近几十年来经济制度从计划经济向市场经济转变的国家,主要包括中东欧的国家,也包括中国和其他社会主义国家。

(三)国际贸易方式呈现多样化,贸易难度大

国际贸易的方式呈现多样化的特征。国际贸易方式主要有:一般贸易(general trade)、加工贸易(processing trade,包含来料加工、进料加工、来件组装)、跨境电子商务(cross-border e-commerce)、包销(exclusive sales)、代理(agency)、拍卖(auction)、寄售(consignment)、招标与投标(invitation to tender and submission of tender)、商品期货交易(futures trade)、易货贸易(barter trade)、补偿贸易(compensation trade)、租赁贸易、市场采购贸易(market procurement trade)等。开展国际贸易还要过外国语言关,跨文化交流沟通难度大。

(四)国际贸易环境复杂

国际贸易环境复杂是指各国政治、经济、文化、法律等环境的复杂性,具体表现在文化、语言、法律、风俗习惯、商业、市场、海关、汇兑、度量衡、税收等方面。在经济发生波动时,相关的贸易政策出现多变的特征,尤其是某些国家采取一些隐蔽性的贸易保护手段,甚至将贸易政治化等,都加大了国际贸易的难度,导致交易成本较高。

(五)国际贸易风险大

国际贸易存在较大风险,如存在信用风险、商业风险、汇率风险、运输风险、价格风险、政治风险、自然灾害风险、突发公共卫生事件风险、战争风险等。信用风险是指在国际贸易中买卖双方交易磋商签订了贸易合同,但在履约过程中买卖双方发生财务恶化情况并危及履约。商业风险是指在国际贸易中,因货样质量、交货期、单证不符等原因导致进口商拒收货物。突发公共卫生事件风险是指突然在多国出现的影响人类公共卫生健康甚至危及生命的风险,如埃博拉病毒给非洲经济带来的风险,新冠病毒的出现给全球经济带来的极大挑战。

二、国际贸易与国内贸易的相互联系

国际贸易与国内贸易是有密切关联的,一般来说国内贸易是国际贸易的基础。一国企

业一般先在境内开展商品和服务的交换活动,当交换活动超越国界时就会出现国际贸易;当然,某些企业也会首先与国外企业开展商品和服务的交换活动,然后再从事国内贸易。站在国家和企业的角度,两者的相互联系有以下几个方面:

(1)两者都是货物、服务的交换活动。从贸易的本质上看,两者都是买卖双方在自愿、诚信、公平、公正原则上进行的货物或服务的交换活动。但是国际贸易要比国内贸易更为复杂,难度和风险更大。

(2)两者交换目的具有一致性,均为取得利润。从交换的目的看,两者一般都是通过卖出货物或进行服务交换,取得货物生产、贸易或提供服务的收益;买进货物或接受服务提供,获得货物的所有权或服务的使用权。只有保持国际贸易和国内贸易的盈利,才能为企业、国家创造更多财富,增加资本积累,促进经济高质量发展。

(3)两者都是一国国民经济的重要组成部分。一国国民经济的各个环节,从生产到分配、消费,都离不开流通环节,对外贸易与国内贸易发挥了国民经济内外循环、可持续发展的桥梁作用,从而促进了一国投资、消费、净进出口高质量增长,也促进了全球经济"三驾马车"的包容性增长。

本章思考练习题

一、思考题

1. 试考察近五年中国与美国、中国与德国、中国与法国、中国与英国、中国与韩国、中国与日本、美国与日本之间的贸易差额情况,并分析原因。
2. 试根据 2021 年中国(或美国)对外贸易规模、贸易结构、地理方向、贸易依存度的有关资料,分析其对外贸易发展现状。
3. PPT 分析:中美服务贸易逆差分析(团队研究性学习)。

二、练习题

(一)名词解释题

国际贸易、对外贸易额、对外贸易量、总贸易体系、出口贸易、直接贸易、转口贸易、跨境电子商务、对外贸易结构、对外贸易的地理方向、对外贸易依存度、国际低碳交易。

(二)简答题

1. 国际贸易学研究的主要对象是什么?
2. 影响一国出口商品结构的因素有哪些?
3. 影响对外贸易依存度的因素有哪些?
4. 怎样理解我国提出的"双循环"互相促进新发展格局?

第二章
国际贸易的产生与发展

学习目标

通过学习本章，使学生了解国际贸易产生与发展的历史，主要包括对外贸易产生的条件和基础，地理大发现、资本积累时期的国际贸易，第一次、第二次工业革命后国际贸易的发展特点，重点是第二次世界大战后至今国际贸易的新发展；明确国际贸易对经济增长，以及在中国经济发展中的重要作用。

本章重要概念

社会分工、丝绸之路、地理大发现、资本原始积累、"经济增长的引擎"、进口替代型增长、出口扩张型增长、"一带一路"倡议

第一节 国际贸易的产生

国际贸易是指各国（地区）之间货物和服务的交换活动，是在特定的历史条件下产生和发展的。不同民族和国家的贸易活动可以追溯到原始社会末期，但真正意义上的国际贸易是伴随着国际分工和世界市场的发展，尤其是资本主义生产方式的建立而产生和发展的。

一、国际贸易产生的条件

由于最初的贸易活动只是发生在个别国家之间，所以这里先分析对外贸易的产生。

在原始社会早、中期，社会生产力极其低下，人类处于自然分工状态，所获物品是平均分配，没有剩余产品和私有制。但在原始社会末期，出现了三次人类社会大分工：第一次社会大分工是畜牧业从农业中分离，社会生产力有了发展，出现了剩余产品，在氏族公社的部落之间偶有物物交换；第二次社会大分工是手工业从农业中分离出来，出现了直接以交换为目的的商品生产；在第三次社会大分工中，出现了专门从事商品贸易的商人。在社会生产力不断进步的基础上形成了财产私有制，原始社会末期出现了阶级和国家。于是，

商品经济得到进一步发展，商品流通一旦超出国家的界限，就出现了最早的对外商品交换萌芽，即对外贸易的萌芽。

所以，一国对外贸易的交换活动，是要在一定的社会发展条件下才能产生的，必须具有可供交换的剩余产品，并且出现了各自为政的政治实体，这是对外贸易产生的两个必备前提条件。

二、对外贸易产生的基础

对外贸易产生的前提条件是必须具有可供交换的剩余产品，以及出现各自为政的政治实体。那么，促使这两个条件形成的基础是什么呢？

（1）社会生产力的发展。社会生产力的发展促使生产扩大，有了可供交换的剩余产品，这种交换在不同的国家或地区之间互通有无，因此，相对剩余的产品就出口，用以交换相对短缺的产品。

（2）社会分工的扩大。社会分工是一种劳动分工，是超越一个经济单位的社会范围内的生产分工。社会分工可以充分利用一国之所长，实现生产劳动的专业化，提高劳动效率，扩大生产规模，于是某些国家或地区就具有在某类产品上的生产优势，从而进行优势产品的出口，进口不具有优势的产品。

第二节　国际贸易的发展历史与特点

一、古代对外贸易的特点

古代的对外贸易，可以从原始社会末期进行追溯，原始社会末期出现了对外贸易的萌芽，一直到公元 1500 年前后，其间经历了奴隶社会、封建社会。

（一）奴隶社会的对外贸易

公元前 3000 年前后，奴隶社会制度最早出现在埃及、巴比伦、印度；公元前 21 世纪中国进入奴隶社会；公元前 8 世纪，欧洲的希腊、罗马等国进入奴隶社会。奴隶社会的特征是奴隶主占有生产资料和奴隶本身。在奴隶社会，生产力水平较原始社会前进了一大步，社会文化也有了很大的发展，国别之间的商品交换也有所扩大。

早在公元前 2000 多年，由于水上交通便利，地中海沿岸的各奴隶制国家之间就已开展了对外商品交换，出现了腓尼基（今黎巴嫩境内）、希腊、罗马等贸易中心。例如，古代腓尼基是地中海东岸的一个国家，当时它的手工业已相当发达，能够制造出玻璃器皿、染色纺织品和金属用品，腓尼基人以他们的手工产品同埃及人交换谷物、象牙，从希腊贩运奴隶,从东方贩运丝绸、香料和奢侈品。腓尼基衰落之后,希腊约在公元前 1000 年成为地中海地区的第二个商业国家。到公元前 4 世纪,希腊的手工业已相当发达,其手工业品不仅销售到了北非、西欧和中欧,甚至流传到了遥远的东方。奴隶社会的对外贸易有四个明显的特征:

(1)生产力落后,以落后的自然经济为基础,以手工劳动为主,生产的直接目的主要是为了个人消费。

(2)对外贸易的商品种类少,以奢侈品为主,如王室和奴隶主所喜爱的珠宝、金银饰品、丝绸、香料等;还有一些农产品,甚至贩卖奴隶。奴隶是当时欧洲国家对外交换的一种主要商品,希腊的雅典就是当时贩卖奴隶的一个中心。

(3)对外贸易以陆路贸易为主,以局部性、区域性的贸易为主,空间范围小,贸易规模较小,受到交通、运输工具的制约。

(4)对外贸易基本上是王室垄断与奴隶主私营并存,以王室垄断为主。例如,在印度的孔雀王朝时期,王室销售矿产品、食盐、酒之类物品,奴隶主合伙经营商业,贩卖奴隶、羊毛、香料等。

(二)封建社会的对外贸易

中国大约在战国时期(公元前 3 世纪)向封建社会过渡,其标志就是公元前 221 年,秦始皇统一中国,结束诸侯分立,建立中央集权国家。欧洲大约是 5 世纪向封建社会过渡。尤其是从封建社会的中期开始,实物地租转变为货币地租,商品经济的范围逐步扩大,对外贸易也进一步增长。到封建社会的晚期,随着城市手工业的进一步发展,资本主义因素已经开始孕育和生长,商品经济和对外贸易都比奴隶社会有了明显的发展。

陆上"丝绸之路"与海上"丝绸之路"

中国的封建社会从公元前 3 世纪一直延续到 20 世纪初,其间经历了秦、汉、三国、两晋、南北朝、隋、唐、宋、辽、金、元、明、清等漫长的朝代。中国对外贸易发展的典型时期涉及几个朝代。公元前 2 世纪的西汉时代,张骞出使西域,开辟了经河西走廊、新疆,进入中亚、南亚、西亚到达地中海沿岸的著名陆上"丝绸之路",开创了中国对外贸易的新纪元。明朝永乐三年(1405 年)到宣德八年(1433 年),郑和七次率领船队下西洋,足迹遍及今印度、马来半岛及阿拉伯等地,最远到达非洲东部海岸,这些远航把中国的绸缎、瓷器、茶叶等输往国外,换回香料、象牙、宝石等。以当时的对外贸易的朝贡贸易为特征,中国把四大发明传播出去,同时把欧亚各国的物产输入中国。

习近平主席提出"一带一路"远景,以及中国在推进"一带一路"倡议中取得的成绩

欧洲在 5 世纪到 10 世纪,还是一个不发达的地区,各国政体脆弱,经济上也比较落后。然而,11 世纪到 13 世纪,欧洲天主教士兵通过多次东征占领了地中海,从而使地中海像古代一样再一次成为欧亚大陆贸易的海上通道,对欧洲对外贸易产生了极大的推动作用。"十字军东征"不仅打通了地中海的通道,更重要的是西欧人看到了东方发达的经济和丰富的物产,寻找黄金和获取资源成为非常强烈的动机,从而大大推动了欧洲及欧亚大陆的

贸易发展。11世纪之后，由于意大利北部和波罗的海沿海城市的兴起，对外贸易的范围扩大到了地中海、北海和黑海沿岸国家，使其成为国际贸易中心，城市手工业的发展是推动当时对外贸易扩展的一个重要因素。例如，意大利北部城市佛罗伦萨成为当时毛纺织业的中心，它从英国和西班牙进口羊毛，从荷兰进口粗制呢绒，进行纺织与加工后再输往东方；威尼斯由于经营东西方贸易而盛极一时。到14世纪，欧洲已形成了五个主要的贸易区：以意大利的威尼斯、热那亚和比萨等城市为中心的地中海贸易区；以布鲁日等城市为中心的北海和波罗的海贸易区；包括基辅、诺甫哥罗得、车尔尼哥夫、彼列雅斯拉夫尔等城市的罗斯贸易区；德意志北部和北欧斯堪的纳维亚地区的汉萨贸易区（汉萨同盟），以及不列颠贸易区。这些贸易区不仅有大量的区内交易，相互之间的贸易往来也很密切。

封建社会的对外贸易有四个明显的特征：

（1）从生产力发展水平看，当时世界各国的自然经济仍占统治地位，世界市场尚未形成，对外贸易在经济生活中不占有重要地位。

（2）对外贸易的商品种类有所扩大，有珠宝、金银饰品、丝绸等奢侈品交易，也开始了瓷器、茶叶、地毯、药材等交易；从欧洲向东方出口的产品看，有羊毛、呢绒、金属制品的交易，当然，还有大量的奴隶贩卖。

（3）对外贸易形成了一些主要的区域，在欧洲以地中海、波罗的海、黑海、德意志北部为发达地区，在亚洲以中国、朝鲜、日本为主形成东亚贸易区和以印度为主的南亚贸易区。交通、运输工具有一定的发展，开辟了欧亚海上贸易的通道，如中国的海上"丝绸之路"。

（4）对外贸易基本上是封建王朝垄断，封建地主和贵族私营并存。

二、资本主义萌芽时期国际贸易的特点

15世纪前的对外贸易主要局限于各洲之内和欧亚大陆之间，对外贸易在各国经济中的地位也并不重要，各国间的对外贸易也处于不稳定的状态中。与此同时，欧洲开始了"文艺复兴"，人们的思想发生了深刻的变化，导致了宗教改革和激烈的宗教战争，对"地理大发现"起到了一定的推动作用。"地理大发现"及由此产生的欧洲各国的殖民扩张、资本的原始积累则大大发展了各洲之间的对外贸易，并为真正意义上的"国际贸易"提供了必要的条件。

（一）地理大发现时期的国际贸易

"地理大发现"发生于15世纪末到16世纪初。在14世纪末到15世纪的这段时间里，由于土耳其奥斯曼帝国的崛起和其对小亚细亚、巴尔干半岛及埃及的占领，从欧洲通往波斯、印度和中国的商路几乎中断了。面对这一局面，欧洲国家不得不努力寻找新的贸易通道。传播上帝福音的宗教动力、通过贸易牟利的强烈欲望、开辟新通道的迫切需要，加上新的航海设备与技术，使得欧洲人在15世纪末至16世纪初开始了新的远洋探险活动。欧洲人最早的远洋探险大约是在1431年，当时有一个名叫维尔的葡萄牙航海家成功到达

了大西洋东北部的亚速尔群岛并返回了葡萄牙。此后，意大利人哥伦布率领的西班牙船队于1492年发现了美洲新大陆。达·伽马率领的葡萄牙船队于1497年绕过好望角，到达南亚西海岸，打通了欧洲通往印度的新航路；麦哲伦率领的西班牙船队在1519年经过大西洋，经麦哲伦海峡进入太平洋到达亚洲的菲律宾群岛。随后，欧洲国家又陆续开辟了一系列新航道，发现了大片欧洲人从未到过的美洲新大陆和亚洲。

地理大发现对欧洲经济的发展产生了重要的影响，继而带动了国际贸易的发展。

（1）出现了商业革命，促使欧洲的经济发生了巨大的变化。所谓的商业革命表现为商业性质、经商技术以及商业组织方面的巨大变化。马克思曾经指出："在16世纪和17世纪，由于地理上的发现而在商业上发生并迅速促进了商人资本发展的大革命，是促使封建生产方式向资本主义发展的大革命，是促使封建生产方式向资本主义生产方式过渡的一个主要因素。世界市场的突然扩大，流通商品种类的增多，欧洲各国竭力想占有亚洲产品和美洲资源的竞争，殖民制度，等等，所有这一切对打破生产的封建束缚起了重大的作用。"①

（2）国际贸易的商品种类和数量大大增加，出现了专门的贸易公司。地理大发现后，许多欧洲人从来没有见过的商品如咖啡、烟草、可可等出现在欧洲市场上并且立即成为欧洲人喜爱的商品。国际贸易的扩大促进了工场手工业的发展，为了适应新的大规模的贸易，欧洲建立起专门在全世界从事贸易活动的新型合股公司，最著名的有荷兰、英国的东印度公司和荷兰、法国的西印度公司。这些公司依仗着政府授予的特权，从殖民地获得大量珍贵物产，然后运到欧洲以高价出售，牟取暴利。当时的东印度公司在支付庞大的军事行政开支之后仍能分给股东20%～60%的红利。国际贸易成为一个以牟利为目的的巨大产业。

（3）地理大发现引发了殖民扩张和殖民地贸易，推动了洲与洲之间的贸易，使世界市场初具雏形。从15世纪中期开始，葡萄牙、西班牙、荷兰、英国和法国等殖民者纷纷走上了向亚洲、非洲和拉丁美洲扩张的道路，将所占领的国家变为殖民地，将这些国家变为种植园，在殖民制度的基础上进行资本原始积累。这一时期的国际贸易是殖民主义者用武力、欺骗等超经济手段，实行掠夺的贸易，并把广大的殖民地国家卷入国际贸易中。他们将一些小日用品，如小镜子、小刀、帽子、葡萄酒、腌鱼、乳酪等运到殖民地，然后将殖民地的产品，包括黄金、象牙、钻石、可可、咖啡、丁香、樟木、珠宝、胡椒、肉桂、大米、胡椒、豆蔻、白檀木等运往西欧；不仅如此，西班牙还对美洲土著居民进行杀戮，造成美洲种植园劳动力短缺，于是又将非洲黑人大量贩运到美洲从事劳动。

英国人从16世纪末开始远征印度，进行疯狂的殖民扩张。到18世纪中期，英国先后战胜了葡萄牙、西班牙、荷兰以及法国，占领了北美、西印度群岛、亚洲和非洲的大片土地，成为世界上最大的殖民帝国。为了争夺海上贸易的霸权，还与荷兰进行了四十多年的"商业战争"。英国从印度大量收购香料、棉织品、丝织品以及其他贵重物产和农副产品并运回欧洲高价出售，同时在北美建立奴隶制种植园专门生产烟草、大米、蓝靛和棉花，为英国提供粮食和原料，并贩卖奴隶，仅在1680年后的100年里，英国运往其在北美殖民地的奴隶就超过200万。据统计，在17世纪末，英国贸易所得利润年平均为200万英镑，

---

① 马克思，恩格斯. 马克思恩格斯全集：第25卷[M]. 北京：人民出版社，1972：311-372.

其中,种植园贸易 60 万英镑,与非洲、远东、欧洲的贸易 60 万英镑,有将近三分之二的利润来自殖民贸易。

地理大发现客观上推动了洲与洲之间的贸易,从而初步形成了一个以西欧为中心的世界市场。通过海上贸易,形成了区域性国际商品交换。

(二)资本原始积累时期的国际贸易

地理大发现促进了资本的原始积累。16 世纪初至 18 世纪中叶,西欧资本的原始积累进一步促进了国际贸易的发展,并为资本主义生产方式的建立提供了基础条件。

(1)劳动力的提供。在英国,由于工场手工业的发展和纺织品出口,纺织业需要大量的原料和劳动力,"圈地运动"为纺织品(主要是呢绒)生产提供了大量的劳动力和羊毛原料。

(2)销售市场扩大。由于殖民地的扩张和商业战争,逐步形成了以英国为中心的国际商品交易市场,大量廉价的工场手工业产品销往殖民地,并从殖民地掠夺了大量的原材料、矿产品等。

(3)资本积累。在殖民地掠夺了大量的黄金、白银运往宗主国转化为资本,通过殖民地贸易获得了暴利,因此,西欧积聚了大量的商业资本和工业资本,为资本主义生产方式的建立奠定了基础。

三、第一次、第二次工业革命时期国际贸易的特点

从 18 世纪 60 年代开始,欧美国家逐渐建立了资本主义生产方式,形成了资本主义的生产关系,并先后发生了工业革命。第一次工业革命大约从 1760 年开始到 1870 年,主要发生于英国。第二次工业革命大约从 1870 年到 20 世纪初,主要发生在德国和美国,也包括其他欧洲国家。工业革命极大地推动了生产力的变革,促进了大机器工业的发展,对国际贸易产生了深远的影响,使其成为真正意义上的国际贸易。在资本主义生产方式下,国际贸易不再只是自然经济中的互通有无,而是成为世界经济活动中的必要组成部分;国际贸易作为商品销售和资本积累的方式,促进了资本主义生产方式及工业革命的产生和发展,最终推动了资本主义经济体系和经济秩序的形成。

(一)第一次工业革命时期国际贸易的特点

18 世纪 60 年代,英国率先完成了第一次工业革命,建立起机器大工业的生产体系,成为世界工厂。随后欧洲其他国家和美国也先后发生了第二次工业革命,资本主义进入自由竞争时期。工业革命对国际贸易的影响主要表现在三个方面。第一,工业革命大大提高了劳动生产率,促进了生产规模的扩大和贸易规模的扩大,在满足了本国本地区的消费需求后,可以将大量的剩余工业产品用来与别国进行交换。第二,工业革命大大促进了交通运输的发展,铁路、轮船、汽车及电报电话的应用为国际贸易的发展提供了必要的物质基

础，国际贸易变得更加迅速方便。第三，工业革命使世界从单一的农业社会转向以工业生产为主的工业社会，国际交换的商品数量和种类显著增加，国际范围内的分工和交换即国际贸易逐渐成为资本主义经济发展必不可少的组成部分。

资本主义自由竞争的国际贸易有如下特点：

（1）国际贸易规模迅速扩大，英国成为世界工厂。在1720—1800年的80年间，国际贸易规模总共增长1倍。进入19世纪以后，国际贸易的增长速度明显加快，19世纪的前70年国际贸易就增加了6.7倍。在这一时期，英国凭借第一次工业革命的先机，获得了经济与技术的优势，成为世界上最先进的国家，在世界工业、服务业和国际贸易中取得了垄断地位，成为世界工厂。从1840年到1870年，英国出口额占国民生产总值的比重从9%上升到16%。1870年，英国经济实力达到顶峰，约占世界工业生产的1/3，世界铁和煤生产的1/2，国际贸易总额的1/4；英镑成为一种国际货币，伦敦成为国际金融中心。

（2）国际贸易的商品结构发生了明显的变化。第一次工业革命使得欧洲各国的产业结构发生了很大的变化，农业在国民经济中的比重迅速下降，工业的比重大大上升，改变了国际贸易中的商品结构和流向，其主要表现在：机器纺织品（特别是棉纺织品）成为欧洲最重要的大宗出口产品，成为19世纪国际贸易中最主要的工业制造品；大宗工业原料成为殖民地和半殖民地国家的主要出口产品，棉花、黄麻、生丝、烟草及矿产原料是19世纪初级产品贸易中的重要商品；机器设备和金属制成品在国际贸易中的地位迅速上升；农产品，特别是谷物贸易大大增加。

（3）国际贸易方式有了新发展。一方面，国际定期集市的作用下降，现场看货交易逐渐转变为样品展览会和商品交易所，根据样品来签订合同。1848年，美国芝加哥出现了第一家谷物交易所；1862年，伦敦成立了有色金属交易所。期货交易出现，小麦、棉花等常常在收获之前就已经售出，交易所里的投机交易应运而生。另一方面，国际信贷关系也逐步发展，各种票据及汇票等交易工具开始使用。

（4）在对外贸易中减少政府干预，实行自由贸易政策。英国大幅削减关税，通过签订贸易条约协调国家间的贸易关系，使得国际贸易规则逐步形成。

（二）第二次工业革命时期国际贸易的特点

19世纪末20世纪初，各主要资本主义国家从自由竞争阶段过渡到垄断资本主义阶段，其基本特征是出现了垄断资本，并开始了垄断资本输出。国际贸易也随之出现了一些新特征，这主要表现在以下两个方面：

（1）垄断开始对国际贸易产生重要影响。19世纪中叶以后，美国、德国、法国等先后完成了工业革命，这些国家和英国一起逐渐垄断了国际贸易。当时，仅英、美、法、德四国就占世界出口总额的50%以上。在这一时期，还出现了国际垄断组织瓜分世界市场的局面，这些垄断组织是国际卡特尔、辛迪加、康采恩等。到第一次世界大战之前，资本主义国家大约建立了100多个国际卡特尔组织。它们通过相互缔结协定，按比例分割世界市场，确定各自的销售范围，规定垄断价格、出口数量，攫取高额垄断利润。

（2）通过资本输出带动商品出口。为了确保原料的供应和对市场的控制，英国和法国开始向落后国家输出资本。通过资本输出带动了本国商品的出口，还能以低廉的价格获得原料，同时资本输出也是在国外市场上排挤其他竞争者的有力手段。

从1914年第一次世界大战爆发到1945年第二次世界大战结束的这段时间，世界经济和国际贸易经历了近30年的波动和萧条。第一次世界大战后，国际贸易缩减了40%，直到1924年才略超过第一次世界大战前水平；1929—1933年经济危机，在萧条的情况下各国又实行贸易保护政策，国际贸易一直处于萎缩状态。1937年，世界出口总额只有254.8亿美元，尚未恢复到1929年的水平（327.5亿美元），这种状态直到第二次世界大战结束才得到改变。

四、第二次世界大战后国际贸易发展的动因与特点

第二次世界大战后，国际贸易进入发展的新阶段，国际贸易规模和速度快速增长，贸易范围、内容、方式日益扩展和多样化，国际贸易成为各国对外经济关系的重要基础和纽带，不仅带动了各国经济增长，也拉动了世界经济的增长。

（一）第二次世界大战后国际贸易发展的动因

第二次世界大战结束后，各国亟须恢复生产，重建家园，西方国家在美国的推动下加强经济合作，美国实行了著名的马歇尔计划，也即欧洲复兴计划（European Recovery Program）。这是第二次世界大战结束后，美国对被战争破坏的西欧各国进行经济援助、协助重建的计划，该计划于1947年7月正式启动，并持续了整整4个财政年度之久。西欧各国通过参加经济合作与发展组织（OECD），共接受了美国金融、技术、设备等各种形式的援助合计131.5亿美元，其中90%是赠予，10%为贷款，这对欧洲国家迅速恢复生产、消除第二次世界大战期间长期存在的西欧各国之间的关税及贸易壁垒、实现经济与贸易增长和以美国为主导的世界政治经济格局形成产生了深远的影响。

苏联为了应对欧洲复兴计划带来的挑战，也出台了莫洛托夫计划（Molotov Plan）。该计划主要包括了苏联对东欧社会主义国家的经济援助，以及发展东欧国家对苏联的贸易，并以当时苏联外长维亚切斯拉夫·莫洛托夫的名字来命名。在此基础上，1949年1月5日—8日，苏联、保加利亚、匈牙利、波兰、罗马尼亚、捷克斯洛伐克等六国宣布成立经济互助委员会，后来阿尔巴尼亚、民主德国等十一个社会主义国家加入，中国作为观察员国列席会议（1956年列席会议，1961年停止列席会议）。经济互助委员会是社会主义国家在苏联的支持下开展经济与贸易合作的组织，对加强经济贸易金融合作、技术转让、提高工业化水平起到了推动作用。1991年6月28日，经济互助委员会正式宣布解散。

从第二次世界大战后国际贸易迅速发展的历史来看，国际贸易发展有其重要的动因：

（1）第三次工业革命和科技革命的推动。第二次世界大战后科技革命极大地推动了经济的恢复与增长，促进了国际贸易商品创新、生产、流通和制度的变革。计算机、原子能的利用催生了很多新产业的崛起以及新商品的生产与贸易。

（2）各国经济发展水平、科技水平差异加大。第二次世界大战后发达国家迅速恢复生产，实现了经济增长，有科技含量的制成品贸易迅速打开全球市场。

（3）各国经济资源禀赋差异。第二次世界大战后一批殖民地相继独立，开始发展工业化，但绝大多发展中国家由于拥有丰富的自然资源依然从事资源性产品的生产与贸易，初级产品的贸易条件处于恶化状态。

（4）生产要素国际流动障碍。第二次世界大战后各国生产要素极为匮乏，国际资本流动受到严格的限制，但关税与贸易总协定（GATT）开始了各国货物贸易的降税谈判，客观上为货物贸易规模的扩大提供了有利条件。

（5）各国需求偏好、价格差异。国际贸易最基本的动因就是各国之间的收入存在差距，从而导致需求存在偏好，价格存在相对差异，所以国际贸易交易规模迅速扩大。

（6）经济全球化推动贸易与投资自由化。以美国和西方国家为首的发达国家在第二次世界大战后签订了关税与贸易总协定（GATT），致力于各国间货物进口关税的减让谈判和削减贸易壁垒，经过8轮谈判建立了世界贸易组织，达成了一揽子贸易与投资自由化协议。经济全球化有力地促进了各国市场开放、经济贸易增长。

（二）第二次世界大战后至20世纪末国际贸易发展的主要特点

这个时期的国际贸易发展主要有以下六个特点。

（1）国际贸易发展速度绝大多数年份都高于世界GDP的增长速度。国际贸易的增长速度1870—1913年为3.4%，1913—1950年为0.9%，1959—1973年为7.88%，1973—1998年为5.07%，1980—1990年为6.0%，1990—2000年为6.7%。第二次世界大战后的国际贸易增长速度虽然在一些年份有所下降，但都快于第二次世界大战前国际贸易增长的速度；在绝大多数年份，也快于国内生产总值的增长速度，有力地拉动了世界经济的增长。

（2）国际贸易中工业制成品的比重提高，并向高科技发展，但发达国家和发展中国家存在差距。1950年，工业制成品出口占世界全部商品出口额的34.9%；20世纪60年代提高到50%以上；70年代国际贸易中工业制成品的比重在50%～60%；80年代中期以后，工业制成品在贸易中的比重又开始攀升。一些新兴工业国和地区实现了工业化，制成品贸易的比重迅速提升；但有些发达国家开始将落后或污染产业转移到发展中国家，集中投资高新技术产业，导致其科技含量高的产品不断占领国际市场。例如，汽车、手机、摄像机等贸易规模不断扩大。

（3）国际服务贸易迅速发展，成为国际贸易中的重要组成部分。随着发达国家服务业在经济中的比重不断提高，国际服务贸易也相应地得到了发展。1970年世界服务业出口总值为800多亿美元，1980年增加到3 650亿美元，1990年增加到7 804亿美元。1995年WTO成立后，《服务贸易协议》的签订打开了发达国家的服务市场，也促使发展中国家逐步开放其服务贸易市场。

（4）发达国家是国际贸易的主体，发达国家之间的贸易成为主要的贸易流向。发达国家是国际贸易的主体，在国际贸易中的比重1950年为60.7%，1980年为65.3%，1990年为72.0%。第二次世界大战后随着制成品贸易的发展，发达国家之间的贸易量和占国际贸易的比重也在不断提高。20世纪60年代初，北美、西欧和日本相互之间的贸易量占当时世界总贸易量将近40%，1983年比重增加到41%，1993年为47%左右；20世纪末，发达国家之间的贸易比重有所提高。

（5）跨国公司成为国际贸易的主要力量。第二次世界大战之后，跨国公司逐渐成为国际贸易的主导力量，在全球建立了生产、营销、服务网络，推动了贸易与投资的一体化，对国际贸易格局产生了重要影响。其在全球整合经济资源，导致国际竞争加剧，以产业内和公司内贸易为主，创造了全球60%以上的贸易额，在国际贸易中占主导地位。

（6）区域性贸易集团迅速发展。第二次世界大战后尤其是20世纪90年代以来，各种形式的区域性经济一体化组织出现，如欧洲联盟（EU）、北美自由贸易区（NAFTA）、亚太经济合作组织（APEC）、南美共同市场（MERCOSUR）、东南亚国家自由贸易区（AFTA）等，其合作程度在不断加深。例如，西欧已经从关税同盟、共同市场逐步发展成经济同盟。再如，1999年在马尼拉召开的第三次中国—东盟领导人会议上，中国提出愿加强与东盟自由贸易区的联系。区域经济一体化在20世纪90年代达到高潮。

五、21世纪以来国际贸易的发展特点

进入21世纪以来，全球经济与贸易处于动荡发展之中。"9·11"恐怖袭击导致出现突发性世界经济危机，中国加入WTO给世界贸易带来了新格局的变化，逆经济全球化的思潮开始出现。在经历了2008年金融危机引发的全球经济危机后，以大数据、人工智能、物联网、元宇宙等支撑的第四次科技革命悄然兴起，各国经济结构与产业结构的转型升级、制度变迁等给世界经济与贸易带来了新的变化。21世纪以来，国际贸易的主要特点表现在：

（1）国际贸易与世界GDP的增长开始出现分化趋势。1960—2019年间的59年中，总体上国际贸易增长速度（年平均增长7.3%左右）超过了同期世界实际GDP增长的速度，2000—2005年为10.0%，2005—2010年为8.0%，2010—2015年为1.5%，2015—2020年为2.6%。但在2001年、2002年、2008年、2009年、2011年、2015年、2016年、2020年等年份都出现了国际贸易增长速度低于世界经济增长速度的现象。例如，在2008年全球经济危机后，根据IMF数据，2009年国际贸易增长率为-10.9%，但世界GDP的增长是-0.6%；2020年受新冠病毒疫情的严重影响，世界贸易增长率为-5%，但世界经济增长为-3.4%。国际贸易在拉动经济增长中的作用有减弱的趋势。

（2）高新技术产品贸易、服务贸易比重不断提高。21世纪以来，国际贸易中工业制成品的比重有所下降。2000年，国际贸易中工业制成品的比重为74.85%，2019年比重降到70%，但总体上看，发展中国家的工业制成品比重呈上升趋势。在工业制成品贸易中，机器设备、新材料、电子信息等高新技术产品的比重在不断提高，高新技术产品在世界工业制成品出口中的比重已达到20%以上。

各国扩大服务市场开放推动了服务贸易规模与比重的提升。2000年，世界服务贸易额为1.48万亿美元，2021年增加到6.1万亿美元。服务贸易占国际贸易的比重也从20世

纪80年代的17%左右增加到2021年的21.4%。

（3）发达国家之间的贸易占主导，但发展中国家的贸易地位不断提高。21世纪以来，发达国家在世界贸易总额中的比重维持在50%以上，2006年比重为63.1%，2020年比重仍达到56%。与此同时，发展中国家，尤其是金砖五国（中国、印度、俄罗斯、巴西、南非）在世界经济与贸易发展中的作用逐渐提升，2021年金砖五国贸易额占世界贸易总额的17.9%；2021年金砖五国GDP占全球经济的比重已升至24.8%，大约占全球经济比重的1/4。金砖国家合作17年来，已成为维护和平与稳定、带动全球经济增长、参与全球治理的重要力量。

（4）国际分工向广度和纵深发展，促进贸易方式多样化。21世纪以来，随着国际分工向纵深发展，产业内分工、公司内分工将全球产业链、价值链布局在世界各地，促使发展中国家参与到发达国家的深度国际分工中，也导致贸易方式发生变化。例如，出现了零部件外包或者服务外包的形式，以及原始设备制造商向原始设计制造商和原始品牌制造商转变，出现了产业内贸易、公司内贸易、中间产品贸易、加工贸易等，互联网的兴起也催生了跨境电子商务快速发展，数字贸易在全球经济中的作用逐步加大。

（5）新贸易保护主义层出不穷，严重影响国际贸易。进入21世纪以来，世界经济由于受到恐怖袭击、次贷危机，以及公共卫生事件如新冠病毒疫情等的影响，发生经济危机的风险加大，所以各种新贸易壁垒如环境壁垒、追溯体系、技术性贸易壁垒、高科技出口管制、边界控制、社会责任壁垒、知识产权壁垒广泛运用等严重影响了国际贸易的发展。

专栏2-4

2021年世界经济运行情况

第三节　国际贸易与经济增长

关于国际贸易与经济增长相互关系的理论分析和基本观点大致可以分为两类：一类是在论述国际贸易产生的原因和贸易利益时，阐述了国际贸易对一国经济增长的促进作用及其实现机制，主要包括传统贸易理论和新贸易理论；另一类是专门分析国际贸易与经济增长关系的理论，主要包括新经济增长理论。

传统贸易理论从贸易促进分工、增加资本积累、提高要素配置效率的角度分析了贸易促进经济增长的思想。新贸易理论从不同的角度分析第二次世界大战后国际贸易产生的原因、贸易格局和贸易利益的形成，其中也包含了经济发展的观点，因为不管是规模经济、市场不完全竞争，还是产品异质、需求偏好，各国按照新的分工格局进行生产、贸易的结果都会使贸易各方的资源配置效率提高、产业结构升级、收入水平和社会福利提高，各国都能从贸易中直接或间接地获得利益，从而使各国的经济发展水平得到提高。

新经济增长理论从国际贸易可以加速技术、知识和人力资本在世界范围内的传递，使技术、知识和专业化人力资本能够在贸易伙伴国内迅速积累的角度探讨了国际贸易促进经济增长的深刻内涵。新经济增长理论认为，知识、技术、专业化人力资本是经济实现持续增长的决定因素，而国际贸易又是实现技术外溢、知识溢出、专业化人力资本溢出进而促进经济增长的重要途径。因为一方面国际贸易可以通过引进新技术来提高其劳动生产率；另一方面技术引进还可以节省研究与开发费用，避免许多重复劳动，也间接增加了国内的资本积累。所以新经济增长理论所揭示的经济增长机制表明，在开放经济条件下，国际贸易产生的知识和技术溢出效应不仅可以加速技术、知识和专业化人力资本在世界范围内的传递，使知识和专业化人力资本能够在贸易伙伴国内迅速积累，而且通过新技术的引进可以提高发展中国家的生产效率，使贸易各国的总产出水平提高，加速经济增长，促进各国经济发展。

一、国际贸易促进经济增长

（一）"对外贸易是经济增长的引擎"

20世纪30年代美国经济学家罗伯特逊首先提出了"对外贸易是经济增长的引擎"这一重要命题。20世纪50年代纳克斯得出结论：19世纪的对外贸易不仅是简单地把一定数量的资源加以最适当的配置的手段，而且是外围国家和地区经济增长的发动机。中心国家是指19世纪出现的一批工业化国家，而外围国家则是当时的殖民地国家，其路径是：中心国家的经济增长—对外围国家的原料和食品需求增加—外围国家出口贸易额增长—外围国家收入增加—外围国家实现经济增长。

从具体国家和地区来说，第二次世界大战以后实现经济起飞并步入新兴工业国家和地区行列的新兴工业经济体，它们的经济腾飞与其迅速增长的对外贸易有不可分割的因果联系。对外贸易一方面反映了经济发展的水平，另一方面也作为增长的动力推动了经济的增长。

但"对外贸易是经济增长的引擎"理论也有其局限性，夸大了对外贸易的作用。

（二）对外贸易开放度与经济增长

纵观历史，不难发现，一国参与国际贸易的程度与其经济发展水平有密切关系。从整个世界来说，第二次世界大战之后是国际贸易发展最快的阶段，经济增长最快的时期。联合国贸易与发展会议1992年的《贸易与发展报告》研究了国际贸易与经济增长的关系。研究报告根据贸易开放程度将34个国家分成三组，并对每一组的经济增长状况进行了比较。结果表明：对外贸易最开放的国家，出口增长最快，经济增长率最高（见表2-1）。

表2-1 不同开放程度国家的对外贸易与经济增长（1973—1989年）

组别	开放程度	平均出口增长率	年平均GDP增长率
Ⅰ	低关税和非关税比例	8.5%	5.1%
Ⅱ	中等或高关税，低非关税比例	7.8%	4.6%
Ⅲ	中等或高关税，高非关税比例	3.5%～3.7%	3.6%～4.4%

资料来源：联合国贸易与发展会议《贸易与发展报告》（1992）。

美国经济学家杰弗里·萨克斯（J. Sachs）和安德鲁·沃纳（A. Warner）在 1995 年的一项实证研究表明，在决定经济增长的诸多要素中，开放是最重要的因素之一。萨克斯和沃纳将"开放"定义为对贸易和国际收支的不干预和对本国经济的放松管制。国际贸易又是经济开放中的重要组成部分，国际贸易并非只是出口，更包括开放市场扩大进口。如果用一国的进出口额与该国 GDP 的百分比来衡量一国贸易开放程度的话，那么实证显示，贸易开放程度高的国家经济增长速度较快。

在 1970—1984 年期间，贸易开放程度接近 20% 的国家 GDP 年平均增长率超过 3%；贸易开放度在 15% 左右的国家 GDP 平均增长速度在 1%～3% 之间；而贸易开放度在 10% 左右的国家 GDP 平均增长速度则低于 1%。1984—1995 年的数据也显示了类似的结论，但 20 世纪 80 年代后期以来，经济增长对贸易开放程度的要求更高了，贸易开放程度在 15% 左右的国家经济增长速度并不快；而保持 3% 以上高速度增长的国家，平均贸易开放程度则达到 30%。萨克斯和沃纳的研究结果还发现，在所研究的 78 个发展中国家里，开放经济比封闭经济的增长速度平均高出 3 个多百分点，封闭经济中人均 GDP 的年平均增长率为 0.7%，而开放经济中人均 GDP 的年平均增长率可达 4.5%。同样，开放的发达国家的人均 GDP 增长率（2.3%）也高于较封闭的发达国家（0.7%）[①]。由此可见，国际贸易不仅是国际的商品交换，而且在促进经济增长中也起着极为重要的作用。

专栏2-5

中国对外贸易与经济增长

二、经济增长对国际贸易的影响

经济增长对国际贸易具有影响。一方面，经济增长通过生产的变动对国际贸易产生影响；另一方面，经济增长使人们收入提高从而引起需求变动，也会影响国际贸易。由于各部门增长速度的不平衡，且各部门在国际贸易中的地位不一样，所以经济增长对国际贸易的影响会不同。根据经济增长在生产方面对国际贸易的影响，并根据各生产部门增长速度的不同将经济增长分成进口替代型增长（import replacing growth）和出口扩张型增长（export expansion growth）两类。在每一类中，再根据一国在国际贸易中的地位分成"小国"和"大国"加以讨论。

（一）进口替代型增长

经济增长的主要源泉是技术发展、资本积累和劳动力增加。一般来说，各部门生产技术的发展不会是同步的，有的行业技术发展快，生产率提高得快；一国的各种生产要素的增长也不会同步，资本的增长有时可以达到很快的速度；劳动力的增长在另一些国家可能很缓慢；可利用的土地和其他自然资源增长有极限。因此，生产技术革新和要素增长的不

---

① SACHS J, WARNER A. Economic Reform and the Process of Global Integration[J]. Harvard Institute of Economic Research Working Papers, 1995, 35（1）：1-118.

平衡必然导致一国生产能力发展的不平衡。如果一国某种生产要素增长速度太快,超过其他要素的增长,该国密集使用这种要素部门的生产能力就会比其他部门提高得快。这种增长称为"不平衡增长"。

进口替代型增长和出口扩张型增长都属于不平衡增长。进口替代型增长指的是进口行业的生产能力增长得比较快,从而使得国内生产增加,一部分原来进口的商品被国内的产品替代了。出口扩张型增长则指的是出口行业生产能力的增长超过其他行业,使得生产和出口都得到了进一步扩张。

进口替代型增长产生的重要原因之一是进口产品生产所需要的主要资源(生产要素)的增加。例如,中国进口钢铁,而钢铁是资本密集型产品,现在假定其他资源不变而资本增加了,额外增加的资本使中国生产钢铁的能力提高了,结果必然会对生产和贸易有所影响。不过,资本增长对中国的具体影响还取决于中国在国际钢铁市场上的地位。

由于经济规模、生产能力及发展水平的不同,各国在国际市场上的地位也不同。简单来说,由于在国际商品贸易中所占的份额不同,各国对各种商品国际价格的影响也不同。通常根据对商品国际市场价格的影响程度将参与贸易的国家分成"小国"和"大国"。

所谓"小国",指的是那些在国际市场上份额很小,其进出口变动不会影响国际商品市场价格的国家。对于小国来说,国际市场价格是给定不变的。所谓"大国",则是指那些会影响国际商品市场价格的国家。由于这些国家在国际市场上所占的份额很大,其进出口的变动会引起国际市场价格的升跌。

1. 对小国的影响

假设某国是一个资本稀缺的国家,该国进口资本密集型产品。如果该国资本增长,对该国来说,是一种进口替代型增长。该国资本增长的结果是,提高了资本密集型产品(钢铁)的生产能力,表现在生产可能性曲线上就是更多地向钢铁方面外移(图 2-1)。如果该国在国际市场上只是小国,那么该国的进出口任何变化对国际市场价格不会有任何的影响,钢铁和大米的相对价格都不会改变,该国的贸易条件也不会发生变化。图 2-1 中的国际相对价格曲线(TOT)只是平行地向外移动。

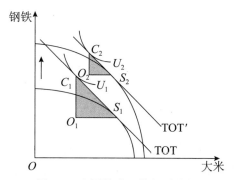

图 2-1 小国的进口替代型增长

但在短期内,资本的增加使得使用资本的成本降低。由于钢铁生产是资本密集型,使用资本较多;大米是劳动密集型,使用资本较少,因此钢铁生产成本降低的幅度会大于大米生产成本的下降幅度,即钢铁生产的机会成本下降。在价格不变的情况下,降低成本就是增加利润。只要存在利润，生产自然会扩大。从长期来看，不仅新增的要素会投入钢铁工业，大米种植业中的一部分资源也会转移出来去从事钢铁生产，从而造成大米生产量绝对下降。只要钢铁生产的机会成本低于钢铁的相对价格，钢铁生产的扩张就不会停止，直到生产钢铁的机会成本重新上升到与钢铁相对价格相同。在图 2-1 中，这一点便是国际相对价格曲线与新的生产可能性曲线相切的点 S_2。英国经济学家罗勃津斯基（T. M. Rybczyski）论证了这一现象，提出了"罗勃津斯基定理"。

罗勃津斯基定理认为：在商品相对价格不变的情况下，某种生产要素的增长会使密集使用该要素的商品生产扩大，使密集使用其他要素的商品生产缩小。换句话说，中国资本的增加会使资本密集型产品（如钢铁、汽车、高技术产品）的生产增加，使劳动密集型产品（如大米、服装、鞋类等）的生产减少。在这里，商品价格不变是一个重要条件，因此，这一理论只适用于国际贸易中的"小国"。

在图 2-1 中，新的贸易三角（$O_2S_2C_2$）比原来的贸易三角（$O_1S_1C_1$）要小。

但经济增长的结果仍使整个社会的收益增加。在新的消费均衡点（C_2）上所代表的社会经济福利水平（U_2）高于增长前的福利水平（U_1）。

2. 对大国的影响

假设某国是国际上的钢铁进口大国，那么同样的资本增长对国内国际经济所产生的影响会大大不同。

首先，国际商品市场价格会受到该国生产和贸易变动的影响。由于该国在国际钢铁市场上占有重要地位，该国的资本增长使国内钢铁生产能力加强而减少进口，国际钢铁市场的价格会由于该国需求的减少而下跌。钢铁价格的下降会影响该国的贸易条件。钢铁是该国的进口产品，进口产品价格的降低使得该国出口产品（大米）的相对价格上升。用同样数量的大米出口，现在可以比以前交换到更多数量的钢铁，该国的贸易条件得到改善。

其次，进口替代型增长对大国生产和贸易的影响也会与小国不同。一方面，由于资本增加，钢铁生产成本相对降低而扩大钢铁生产；另一方面，由于钢铁价格下降，大米相对价格上升而增加大米生产。整个社会生产的最终选择取决于国际市场钢铁与大米新的价格比率的变化程度。如果大米的相对价格涨幅不大，罗勃津斯基定理仍有可能成立，与增长前相比，钢铁生产增加但大米生产仍然减少。但如果大米相对价格上升很多，有可能两种商品的生产都会扩大，罗勃津斯基定理就不再有效。因此，资本增长对大国各种商品生产的影响不会像小国那样确定。

对于生产影响的不确定也造成对贸易量影响的不确定。在需求不变的情况下，如果两种商品的生产都增加，既会减少进口又有可能增加出口。

最后，大国进口替代型增长所带来的社会经济福利水平也会比小国更大。从图 2-2 可以看到，由于贸易条件没有改变，小国的新的社会经济福利水平只在 U_2 上，而大国的新的社会经济福利水平则可达到 U_2'，高于 U_2。其主要原因是，大国不仅得到了本国经济增长的好处，而且还得到了国际贸易条件改善的好处。从整个社会收益来看，在生产和贸易大国中发生的进口替代型经济增长显然比小国有更大的好处。

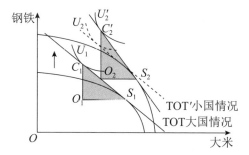

图 2-2　大国的进口替代型增长

（二）出口扩张型增长

假设某国增长的要素是劳动力而不是资本，或者说，该国的劳动力增长速度高于资本增长的速度，那么该国生产大米（劳动密集型产品）的能力会提高得更快。大米是该国的出口产品，由此出现的经济增长称为出口扩张型增长。出口扩张型增长对该国的影响也会因其在国际大米市场的地位轻重而不同。

1. 对小国的影响

该国劳动力的增长会使该国的生产可能性曲线的外移偏向于大米。如果该国是小国，那么，这种要素的增长和由此产生的生产和贸易的变化不会影响商品国际市场的价格。该国的贸易条件也不会出现变化，在图 2-3 中，新的贸易条件或相对价格曲线与原来的具有同样的斜率，只是向外平移。

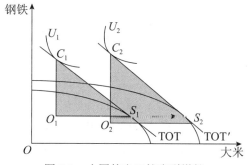

图 2-3　小国的出口扩张型增长

出口扩张型增长对小国生产的影响同样可以用罗勃津斯基定理来说明。由于商品相对价格不变，该国劳动力的增长使劳动密集型产品（大米）生产扩大，资本密集型产品（钢铁）生产缩减。新的生产点会在 S_2。该国本来就具有生产大米的比较优势，出口扩张型增长则使这种优势得到加强。出口部门比较优势的增强更加提高了该国的出口能力，进口部门生产的下降则增加了对国外产品进口的需求。无论出口量还是进口量都比以前增加，该国的"贸易三角"比以前扩大。

该国的社会经济福利水平也会提升。在新的消费均衡点，U_2 高于 U_1，即经济福利高于增长前的水平。这种福利的增加虽然主要来自经济增长进一步提高了该国出口产品的比较优势这一因素，但自由贸易使增加的比较优势及时得到发挥也是重要原因。

2. 对大国的影响

跟进口替代型增长一样，出口扩张型增长对大国生产贸易的影响与小国不同。如果该国是国际大米市场上的出口大国，其出口能力的提高和出口量的增加会造成国际大米市场供给的增加。在需求不变的情况下，该国大米出口的增加会造成国际大米市场价格的下跌。在图2-4中，新的大米国际相对价格曲线（TOT′）比原来的（TOT）斜率要小。由于大米是该国的出口产品，大米价格下跌标志着该国贸易条件的恶化。为了换回同样数量的钢铁，现在必须出口更多的大米，这一点显然对该国不利。

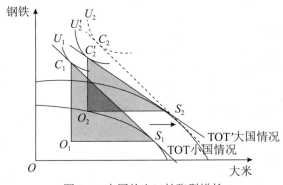

图2-4 大国的出口扩张型增长

大国劳动力增长对大米生产的影响会有两重性：一方面，由于劳动力成本降低使大米生产的机会成本下降而促进大米生产和出口的扩大；另一方面，大国出口增加造成大米相对价格的下跌，又对生产造成负面影响，从而降低了大米生产的增长幅度。同样，钢铁的生产既会因为其机会成本的提高而减少，也会因为钢铁相对价格的提高而增加。一般情况下，大米生产会增加，而钢铁生产会减少，但也有可能两种产品的生产都增加。

出口扩张型增长对大国贸易量的影响也是不确定的：一方面，大米生产的增加会增加出口；另一方面，贸易条件恶化和可能出现的国内钢铁生产的增加会减少对钢铁的进口。

由于贸易条件的恶化，出口扩张型增长给大国带来的经济福利的增加会小于小国。一部分经济增长的成果会被贸易条件恶化所抵消。在图2-4中，大国的消费只能沿着新的国际相对价格曲线（TOT′）作选择，在均衡点 C_2' 上，社会的经济福利水平 U_2' 虽然高于增长前的 U_1，但比贸易条件不变下的 U_2 要低。

经济增长对国际贸易的影响如表2-2所示。

表2-2 经济增长对国际贸易的影响

增长类型	小 国	大 国
进口替代型增长	国际价格不变 进口行业生产扩张 出口行业生产萎缩 贸易（进出口）量下降 福利水平提高	进口品的国际相对价格下降，贸易条件改善 进口行业生产增加 出口行业生产变化不确定 贸易（进出口）量变化不确定 福利改善大于小国

续表

增长类型	小 国	大 国
出口扩张型增长	国际价格不变 出口行业生产扩张 进口行业生产萎缩 贸易（进出口）量增加 福利水平提高	出口品的国际相对价格下降，贸易条件恶化 出口行业生产增加 进口行业生产变化不确定 贸易（进出口）量变化不确定 福利改善小于小国

资料来源：海闻，P. 林德特，王新奎 . 国际贸易 [M]. 上海：上海人民出版社，2003.

三、对外贸易在中国经济发展中的作用

1933 年 2 月，中华苏维埃共和国中央临时政府在瑞金设立了中央对外贸易总局，并于 1938 年派出地下党到香港建立了贸易公司（1948 年更名为华润公司），从事根据地与国外的对外贸易。1945 年 4 月，毛泽东主席在党的七大政治报告中明确提出了与各国在互相尊重国家的独立和平等地位及互利基础上互相通商和投资。

新中国成立后，受到了以美国为首的西方国家参加的巴黎统筹委员会的禁运，只能与苏联等社会主义国家进行经济与贸易往来。中国在 1955 年的万隆会议上提出了和平共处五项原则。1956 年 4 月，毛泽东主席发表《论十大关系》的讲话，提出了探索适合中国国情的社会主义建设道路的任务。通过没收官僚资本，改造私营进出口商，建立起了国营对外贸易企业的垄断地位，在全国实行计划经济，对对外贸易实行指令性计划管理、统负盈亏。1950 年中国对外贸易总额仅为 11.35 亿美元，1978 年达到 206 亿美元，在世界货物贸易中排名第 34 位，所占比重不足 1%；主要出口劳动密集型和资源密集型初级产品，20 世纪 50 年代初级产品出口占全部出口的比重在 90% 以上，70 年代降到 70% 左右。到 20 世纪 70 年代中国已与 100 多个国家和地区建立了贸易关系。

在 1978 年党的十一届三中全会上，邓小平提出在坚持四项基本原则的基础上实行对外开放，并于 1984 年党的十二届三中全会把实行对外开放确定为基本国策。对外贸易发展从计划经济转向有计划的商品经济，再到中国特色社会主义市场经济。国家的对外贸易发展战略是：大力发展对外贸易尤其是出口贸易，积极引进外资和先进技术、设备，实行经济特区政策。2001 年中国加入 WTO 后，积极融入经济全球化，对外开放向全方位、多层次、宽领域发展，在货物贸易、服务贸易、吸引外资和对外投资、国际经济合作、人民币国际化、参与全球经济贸易治理、贸易法律制度改革创新、国际化人才培养等方面取得了巨大成绩，成为世界第一大货物贸易国和第二大经济体，在世界贸易中的地位不断提升。

新中国发展对外贸易 70 多年的历史证明，对外贸易在中国经济发展中具有重要的战略地位和作用。

（一）发展对外贸易，促进了中国经济增长和开放经济的高质量发展

对外贸易、投资、消费增长是促进经济增长的"三驾马车"，是开放经济高质量发展

的重要保证。中国加入WTO后积极参与国际分工与国际交换，充分利用"两个市场"和"两种资源"，发挥比较优势扩大产品生产与出口，扩大进口满足生产与消费需求，除个别年份外实现了对外贸易的长期增长，对拉动中国经济增长作出了重要贡献。近年来，中国虽面临中美贸易战和新冠病毒疫情等，但2021年，中国货物进出口总额为391 009亿元，其中，出口217 348亿元，进口173 661亿元，货物进出口顺差43 687亿元，比2020年增加7 344亿元。2021年，中国服务进出口总额为52 983亿元，其中，服务出口25 435亿元，服务进口27 548亿元，服务进出口逆差2 113亿元。机电产品、高新技术产品规模不断扩大，机电产品和高新技术产品出口占比分别达到59.02%、29.11%。中国货物和服务净出口对国内生产总值增长贡献率达到20.9%，拉动国内生产总值增长1.7个百分点。在中国建设社会主义现代化强国进程中，对外贸易的高质量发展是中国开放经济高质量发展的重要基石，提高商品质量、实现科技创新、加强品牌建设、提升服务质量，将进一步提升中国的国际竞争力，最终实现开放经济从粗放型发展向高质量发展。中国已成为140多个国家和地区的主要贸易伙伴，货物贸易总额居世界第一，形成了更大范围、更宽领域、更深层次对外开放格局。

（二）发展对外贸易，提高了中国经济的综合实力

通过扩大出口贸易以及积极引进外商直接投资，为中国的外汇储备作出了重要贡献，使中国成为全球第一大外汇储备国，2021年年末国家外汇储备32 502亿美元。新中国成立时，我国刚刚开始工业化发展，资本和外汇严重匮乏，经过70多年的发展，中国吸引外资和对外投资居世界前列，从一个资本匮乏的吸引外资国成为发展中国家最大的对外投资国。2021年外商直接投资（不含银行、证券、保险领域）新设立企业47 643家，比2020年增长23.5%；实际使用外商直接投资金额1 735亿美元，比2020年增长20.2%；对外非金融类直接投资额1136亿美元，比2020年增长3.2%。大量国有、外资、民营企业积极投入经济全球化的大潮中，为国家创造了大量的税收，使得中国经济实力不断增强，有效抵御了多次全球经济危机的威胁，在发展与逆境中不断提升本国经济的综合实力。

（三）发展对外贸易，促进了经济结构和产业结构的调整与优化

在很长的时期内，中国经济增长是粗放型增长模式，对外贸易消耗了大量的自然资源，造成了环境污染和生态破坏。单纯追求出口数量、规模和劳动力成本低的粗放型外贸增长模式已经严重影响了开放经济的可持续发展，必须转向以质量和效益为主的高质量集约型增长模式。实施供给侧结构性改革，加强经济结构、产业结构的调整与优化，不仅要立足于中国的实际，也要依托国际市场，积极参与国际分工，尤其是产业内分工、公司内分工，构建有利于提升国际竞争力的全球产业链、供应链、价值链，既要加强先进技术、设备的引进，也要加大科技自强自立，加强研发投入，创新自主知识产权和品牌。对外贸易作为连接国内经济与国际经济的桥梁与纽带，对经济结构和产业结构的调整与优化起到了积极的推动和导向作用。例如，中国通过引进国外的高新技术与设备、引进外资和学习创新，

大力发展通信产业、汽车产业、家用电器产业等，有效改善优化了产业结构，使得这些产业具有了规模经济效益。

（四）发展对外贸易，培育了企业的国际竞争力

中国实施了经济特区政策、自由贸易试验区、自由贸易港政策，鼓励"引进来"和"走出去"，通过进出口贸易，通过国际工程承包、劳务合作、对外投资等鼓励企业走出去，开放了金融、保险、旅游、教育、商业零售等12大类的服务贸易领域，提出共建"一带一路"倡议，签署RCEP、中国—东盟等自由贸易区协议等；在开放竞争的国内外环境中，一批优秀的国有企业和民营企业逐渐壮大，培育了国际品牌，具备了国际竞争力。据2022年8月《财富》世界500强企业排行榜显示，中国大陆（含香港）公司数量已达到136家，加上中国台湾地区企业，中国共有145家企业上榜，全球500强企业数量位居各国之首，而美国退居第二，有124家上榜。中国大陆（含香港）企业的平均营业收入达到809.8亿美元，平均总资产3 580亿美元，平均净资产431.8亿美元，均超过世界500强企业的平均水平。企业创新能力不断增强，据2022年国家知识产权局数据显示，中国《专利合作条约》PCT国际专利申请量连续三年位居世界首位，表明中国正在从知识产权引进大国向知识产权创新大国转变。知识产权使用费进出口额由2017年的2 265.1亿元增长到2022年的3 783.0亿元，其中，出口年均增速达23.8%，是进口增速的2.03倍。中国在世界知识产权组织发布的《全球创新指数报告》中的排名，从2017年的第22位提升至2021年的第12位，稳居中等收入经济体之首，是世界上进步最快的国家之一。

（五）发展对外贸易，扩大了就业和消费需求

通过大力发展货物贸易和服务贸易，引进外资和对外投资，吸引了大量的农村剩余劳动力转移和大量的国际化人才转移。据统计，对外经济与贸易领域吸纳的就业人员超过9 000多万，人们普遍提高了收入水平。进出口贸易的增长、跨境电商等新型贸易方式的高速发展，为就业提供了机会。据测算，每出口1亿元工业品就可为1.2万人提供就业机会。近年来，国家通过免税、减税等措施进口了大量国内稀缺的消费品、奢侈品，在上海举办了全球最大的进口博览会，为国内消费者提供了大量优质的商品、首发商品，满足了人们追求美好生活的需求。

本章思考练习题

一、思考题

1. 为什么说工业革命后才形成了真正意义上的国际贸易？
2. 国际贸易与经济增长的分析对你有何启发？
3. PPT：实施"一带一路"倡议对中国汽车产业（或某产业）出口的影响（团队研究性学习）。

4. PPT：国际贸易在金砖五国经济发展中的作用比较分析（团队研究性学习）。

二、练习题

（一）名词解释题

地理大发现、资本原始积累、进口替代型增长、出口扩张型增长。

（二）简答题

1. 新冠病毒疫情暴发后，国际贸易出现了哪些变化趋势？
2. 出口扩张型增长如何影响国际贸易？
3. 自由竞争时期的国际贸易有何特点？
4. 21世纪后国际贸易发展面临的主要障碍有哪些？

理 论 篇

第三章 国际分工

学习目标

通过学习本章,使学生了解国际分工产生和发展的历史、国际分工体系的形成,掌握影响国际分工发展的各种因素,理解当代国际分工的主要形式与特点;认识全球产业链、价值链、供应链格局发展变化趋势,掌握国际分工对国际贸易的影响,思考中国在全球价值链重构中的作用。

本章重要概念

国际分工、垂直型国际分工、水平型国际分工、混合型国际分工、协议型国际分工、产业间国际分工、产业内国际分工、产品内国际分工、外包型分工、全球价值链、全球产业链、全球供应链、OEM、ODM、OBM

第一节 国际分工的形成与发展

国际分工(international division of labor)是指世界上各国(地区)之间的劳动分工,是国际贸易和各国(地区)经济联系的基础。它是社会生产力发展到一定阶段的产物,是社会分工超越国界的结果,是生产社会化向国际化发展的趋势。

国际贸易是在国际分工的基础上形成和发展起来的,是国际分工的表现形式。

一、国际分工的形成与发展阶段

一般来说国际分工发展分为四个阶段。

(一)萌芽阶段

15世纪末16世纪初到18世纪中叶的萌芽期,形成了以宗主国生产工业品和殖民地生产甘蔗、烟草等农业品为特点的早期国际分工。这个时期伴随着地理大发现,资本进入原始积累时期，工场手工业得到发展，扩大了工业品的生产和出口；而宗主国在殖民地开发矿山，建立农作物种植园，为本国提供原料，因此形成了宗主国与殖民地的垂直型国际分工。

（二）形成阶段

18世纪60年代到19世纪60年代，以第一次工业革命为标志，表现为以先进技术为基础的工业国与以自然条件为基础的农业国之间的分工。18世纪中叶开始的第一次工业革命，由于机器的发明及其在生产上的应用，生产力空前提高，分工空前加深。这次工业革命首先在英、法等国进行，它们发展为工业国，而其他广大国家则处于农业国、原料国的地位，形成了工业国与农业国之间的分工。这是资本主义国际分工的形成阶段，最终确立了资本主义生产方式，资本主义经济体系得以确立。

这一时期国际分工的特点是：大机器工业为国际分工的发展奠定了物质基础；英国成为国际分工的中心；大宗商品交易促进了各国产业间的国际分工。

（三）发展阶段

从19世纪中叶到第二次世界大战，表现为宗主国与殖民地半殖民地之间的分工、工业发达国家与初级产品生产国之间的分工，以及工业国不同工业部门之间的国际分工。19世纪末至20世纪初开始的第二次工业革命，特别是发电机、电动机、内燃机的发明及其广泛应用，生产力进一步提高，分工更加精细。这次工业革命是在英、美、德等国进行的，其他国家在引进技术与机器设备的推动下，某些基础设施与某些轻工业和采矿业有一定发展，但仍不同程度上处于初级产品供应国的地位。这次工业革命进一步推动了生产力的发展，对于农、矿原料的需求迅速扩大，使越来越多的国家和地区卷入国际分工之中，形成了国际分工体系。

（四）深化阶段

第二次世界大战结束至今，表现为发达国家之间的国际分工发展迅速，并在现代国际分工中居主导地位。但广大发展中国家在摆脱了殖民统治后也大力发展工业化，积极参与国际分工。20世纪40年代和50年代开始的第三次科技革命导致了一系列新兴工业部门的诞生，如高分子合成工业、原子能工业、电子工业、宇航工业等，使国际分工的形式从过去的部门间专业分工向部门内专业化分工方向迅速发展。

部门内专业化分工主要表现在：不同型号规格的产品专业化；零配件和部件的专业化；工艺过程的专业化。任何一个专业发达技术进步的国家也不可能生产出自己所需的全部工业产品。当今世界，少数经济发达国家成为资本（技术）密集型产业国，广大发展中国家成为劳动密集型产业国，它们各自内部及相互之间又形成更细致的分工。这是资本主义国际分工的深化阶段。

二、国际分工形成与发展的原因

社会经济条件和自然条件是国际分工形成和发展的决定性、基础性因素。社会经济条件主要包括各国生产力发展水平（尤其是科技水平）、国内市场规模、人口规模和社会经济结构等。社会生产力的发展是促使国际分工发生和发展的决定性因素，科技的进步是国际分工得以发生和发展的直接原因。自然条件（主要包括自然资源状况、气候、地质条件、地形、国土面积等）为国际分工提供了自然基础。

（一）社会生产力是国际分工形成和发展的决定性因素

科学技术是第一生产力，科学技术水平高的国家往往处在国际分工的金字塔顶端。首先，社会生产力是国际分工形成和发展的决定性因素，突出表现在科学技术的重要作用上。大机器工业的建立，促使英国建立了新的国际分工，英国也由此成为大机器工业的中心；第二次工业革命，一批工业化国家相继出现，由此支配着国际分工的发展。第二次世界大战后出现的第三次科学技术革命，使生产力的发展日益超越国家的界限，形成了生产力的国际化和生产的国际化，出现了大量的跨国公司，推动国际分工发展成为世界分工。其次，各国社会生产力水平决定了其在世界分工中的地位。第二次世界大战后，一些新兴的工业化国家经济发展迅速，它们过去在国际分工中的不利地位已在逐步改善。最后，社会生产力的发展对国际分工的形式、广度及深度起着决定性的作用。随着社会生产力的发展，各种经济类型的国家都加入国际分工行列，国际分工已把各国紧密地结合在一起。另外，社会生产力的发展决定了国际分工的产品内容，如导致各国分别提供不同的劳动密集型产品、资本密集型产品、技术密集型产品和服务密集型产品。

（二）自然条件为国际分工提供了自然基础

自然条件包括一个国家的气候、土壤、国土面积、矿藏资源、地理位置等，是一切经济活动的自然基础，没有一定的自然条件，进行任何经济活动都是困难的，甚至是不可能的。最初的宗主国与殖民地之间的国际分工就是建立在自然条件基础上的。但随着科学技术的进步、生产力的迅速发展，替代品大量出现，自然条件在国际分工中的作用逐渐下降，尤其是发达国家，对自然条件的依赖逐步减小。

（三）人口、劳动规模和市场影响国际分工的规模

（1）人口分布状况。人口分布不均衡是影响国际分工的条件之一。欧洲中世纪以后，城市化的兴起导致人口聚集，需求发生变化，工场手工业发展并由此产生大机器工业，出现国际分工。一般来说，人口稀少、土地广阔的国家往往在农业、牧业、矿业等初级产业具有比较优势，而人口多、资源贫乏的国家在劳动密集型产业则具有比较优势。于是，在国家间就有分工和交换产品、进行国际分工和国际贸易的必要。

（2）劳动规模制约和影响着国际分工。随着劳动规模不断扩大，分工的专业化程度

越来越高,分工越来越细,任何一个国家都不可能涉及生产的各个方面,必须进入国际分工体系之中。在规模经济的作用下,发达国家因主要生产工业品而进入良性循环,相对落后国家因主要生产农产品或初级产品而进入恶性循环。发达国家凭借规模经济获得垄断高价和垄断利润,相对落后国家的贸易条件则越来越恶化。

(3)国际分工的实现受制于国际商品市场规模和交易数量。国际分工的发展史是同国际贸易和国际商品交换的发展史齐头并进的。若一国生产力发展较快、分工比较细致,往往就会成为国际商品交易的中心和大宗商品的集散地。国际商品市场规模取决于投入交换的商品品种和数量、有支付能力的人口密度和数量、交换距离。个人支付能力越高的国家和地区,市场规模就越大,从而参与国际分工的广度和深度就越高。同样,交换距离也制约着市场规模,间接地影响着国际分工。在商品交换的其他条件相同的情况下,一个国家和地区的运输条件越好、交换距离越近、运费越低,市场规模就越大,该国参加国际分工和国际贸易的可能性也就越大。

(四)资本流动是国际分工深入发展的重要条件

资本的国际化是国际分工深入发展的关键。19世纪末20世纪初,资本输出成为世界经济的重要现象。第二次世界大战后,跨国公司广泛兴起,国际资本流动日益频繁,规模空前扩大。对外直接投资是跨国公司在世界范围内进行企业内部分工的重要手段。跨国公司通过对外直接投资,借助内部转移价格,按照规模经济和生产要素优化配置的原则,实施全球战略,对跨国公司生产体系的各个环节加以全面的安排,把生产过程分散、渗透到全球各地。而且跨国公司主要投资到发达资本主义国家,"水平型"的国际投资成为主要形式,由此国际分工逐步发展成为"水平型"的国际分工,使世界分工主要在发达国家主体间进行。但发展中国家也日益成长,尤其随着"金砖五国"的崛起,逐渐改变了世界分工格局。在吸引外资中,应重视区域聚集对利用外资的作用。这里的区域聚集指专业产品聚集区(industrial cluster)。专业产品聚集区由经营同一产业的相关企业在地理区域上聚集而成,因为区域内配套工业发达,劳动分工细密,对资本具有强大的吸引力。如美国的硅谷、意大利的箱包专业镇。我国广东、浙江等沿海省份专业镇现象也大量出现,如广东东亮清溪镇是一个外资主导型的电子信息专业镇。

(五)经济贸易政策可以推进或延缓国际分工的形成和发展

经济基础决定上层建筑,政府制定的各项经济贸易政策对本国对外贸易呈现推动作用还是阻碍作用,在不同时期有不同的结果。例如,英国在发展殖民地贸易、自由贸易时期,以及欧洲在实现区域经济一体化时期都采取了不同的经济与贸易政策,主要表现在:

(1)通过殖民地独占贸易政策,强迫殖民地建立符合国际分工的经济结构,向英国出口种植园产品和矿产品等。

(2)发动商业战争,签订不平等条约,使战败国接受自由贸易政策。英国经过与荷兰40年的商业战争,控制了海上贸易的霸权。

(3)制定自由贸易政策、法令,推行自由贸易,加速国际分工的步伐。在亚当·斯密、大卫·李嘉图等经济学家的自由贸易思想的影响下，英国大幅降低关税，将殖民地、农业国纳入国际分工之中。

（4）政治独立的发展中国家正确认识国际分工的两面性，积极参与国际分工。以拉丁美洲、亚洲的发展中国家为代表，经济上实行开放政策，建立工业化国家和地区。

（5）建立超国家的经济组织，调节相互的经济贸易政策，促进国际分工的发展。区域经济一体化在第二次世界大战后得到发展，欧洲共同体升级为欧洲联盟，美国、加拿大和墨西哥建立了自由贸易区，实行零关税政策等，在区域内开放合作与竞争，在国际分工中发达国家始终处于中心地位。

在经济全球化，特别是由于全球要素分工引起的全球贸易失衡的条件下，如何制定适当的货币与汇率政策、国际投资政策，也是当代国际分工理论面临的重要课题。

（六）国际生产关系影响着国际分工的性质和作用。

国际分工是生产力发展的结果，它反映了生产力发展的水平，同时它与生产关系也有着密切的联系。因为国际分工是社会分工超出国家界限的结果，所以社会生产关系也会超出国界形成国际生产关系。国际生产关系主要包括：生产资料所有制形式、各国在国际分工中的地位，以及它们在国际分配、国际交换和消费中的各种关系。现代的国际生产关系是复杂的，既包括资本主义生产关系，也包括社会主义生产关系，还有一些其他形式的生产关系，呈现出国际分工的多元化和复杂化。但总的来看，在当代国际分工中，资本主义生产关系占据支配地位。

第二节 当代国际分工的深化发展

一、国际分工深化发展的背景

第二次世界大战以后，为了恢复战争的破坏，以美国为代表的西方国家加强了经济联系，客观上要求各国开放市场，通过各国之间的谈判达成大幅度的关税减让，促进生产与贸易的恢复和发展，由此推动了国际分工的深化。首先，第三次科技革命促进了计算机、原子能的和平利用，促进了一系列新兴产业的创新发展，新的国际分工领域被发达国家所主导。其次，殖民体系瓦解，很多殖民地、半殖民地国家相继独立，有些转向社会主义国家实行计划经济，有些学习西方国家走市场经济道路。再次，战后西方的各种垄断组织转变成为跨国公司，在全球进行生产经营活动，通过对外直接投资将资本与生产国际化。最后，经济全球化、区域经济一体化趋势加强，各国消除贸易与投资壁垒，积极参与国际分工，促进了其深化和广化发展。

二、当代国际分工的类型

（一）按参加国际分工的国家的自然资源和原材料供应、生产技术水平和工业发展情况的差异进行划分

1. 垂直型国际分工

经济技术发展水平悬殊的国家（如发达国家与发展中国家）之间的国际分工，主要分为两种：一种是指部分国家供给初级原料，而另一部分国家供给制成品的分工形态，如发展中国家生产初级产品、发达国家生产工业制成品，这是不同国家在不同产业间的垂直分工；另一种是指同一产业内技术密集程度较高的产品与技术密集程度较低的产品之间的国际分工，或同一产品的生产过程中技术密集程度较高的工序与技术密集程度较低的工序之间的国际分工，这是相同产业内部因技术差距所引起的国际分工。从历史上看，19世纪形成的国际分工是一种垂直型的国际分工，当时英国等少数国家是工业国，其他绝大多数国家是农业国，工业国按自己的需求强迫落后的农业国进行分工，形成工业国支配农业国，农业国依附工业国的国际分工格局。迄今为止，垂直型的国际分工仍然是发达国家与发展中国家之间的一种重要的分工形式。

2. 水平型国际分工

经济发展水平相同或接近的国家（如发达国家及部分新兴工业化国家）之间在工业制成品生产上的国际分工。发达国家之间的制成品贸易是建立在水平型国际分工的基础上的。水平分工可分为产业内水平分工与产业间水平分工。产业内水平分工又称为"差异产品分工"，是指同一产业内不同厂商生产的产品虽有相同或相近的技术程度，但其外观设计、内在质量、规格、品种、商标、牌号或价格有所差异，从而产生的国际分工和相互交换，它反映了寡占企业的竞争和消费者偏好的多样化。随着科学技术的进步和经济社会的发展，工业部门内部专业化生产程度越来越高。部门内部的分工、产品零部件的分工、各种加工工艺间的分工越来越细。这种部门内的水平分工不仅存在于国内，而且广泛存在于国与国之间。产业间水平分工是指不同产业所生产的制成品之间的国际分工和贸易。由于发达资本主义国家的工业发展有先有后，侧重的工业部门有所不同，各国技术水平和发展状况存在差别，因此，各类工业部门生产方面的国际分工日趋重要。各国以其重点工业部门的产品去换取非重点工业部门的产品。工业制成品生产之间的分工不断向纵深发展，由此形成水平型国际分工。

3. 混合型国际分工

混合型国际分工是把垂直型国际分工和水平型国际分工结合起来的国际分工方式。德国是混合型国际分工的典型代表。它与发展中国家是垂直型国际分工，即从发展中国家进口原料，出口工业品，而与发达国家则是水平型国际分工。

4. 协议型国际分工

协议型国际分工是指国家或集团、企业之间通过内部达成协议进行的国际分工。这种分工的特点是达成协议的各方需依照"双赢"的原则彼此进行生产的国际化，更强调合作

协调、共赢。例如，在区域经济一体化组织内部、跨国公司内部都存在协议型国际分工。

（二）按分工是否在产业之间、产业内及公司内部进行划分

1. 产业间国际分工

产业间国际分工是指不同产业部门之间生产的国际专业化。第二次世界大战以前，国际分工基本上是产业间的国际分工，表现在亚洲、非洲、拉丁美洲部分国家专门生产矿物原料、农业原料及某些食品，而欧美国家则专门进行工业制成品的生产。

2. 产业内国际分工

产业内国际分工是指相同生产部门的内部各分部门之间生产的国际专业化，也就是同一产业内产品的"差别化"分工和产品生产工序的分工。这主要是由于科技进步使各产业部门之间的级差化不断加强，不仅产品品种规格变得更加多样化，而且产品的生产过程也进一步复杂化。产业内国际分工主要有三种形式：

（1）同类产品不同型号规格专业化分工。在某些部门内，某种规格产品的国际生产专业化，是部门内国际分工的一种表现形式。

（2）零部件专业化分工。许多国家为其他国家生产最终产品而生产的配件、部件或零件的专业化。目前，这种国际生产专业化在许多种产品的生产中广泛发展。

（3）工艺过程专业化分工。这种专业化过程不是生产成品而是专门完成某种产品的工艺，即在完成某些工序方面的专业化分工。以化学产品为例，某些工厂专门生产半制成品，然后将其运输到一些国家的化学工厂去制造各种化学制成品。

3. 产品内国际分工

20 世纪 80 年代以来，随着经济全球化进程的加快，世界制造业生产体系在全球出现了前所未有的垂直分离和重构，在此过程中，国际分工中也出现了一个令人瞩目的新现象，即产品制造过程中的不同工序和环节被分散到不同国家进行，越来越多的国家参与到特定产品生产过程的不同环节或区段活动，从而形成了以工序、环节为对象的产品内国际分工（intra-product specialization）。

在产品内国际分工条件下，一国的竞争优势将不再体现在某个特定产业或某项特定产品上，而是体现在产品内国际分工链条中所占据的环节或工序上。在由跨国公司主导的产品内国际分工体系中，发达国家日益集中在高端环节，而将高竞争性的低端制造环节转移到发展中国家。这一分工的结果往往使得发达国家的企业在收益分配中处于主导地位而获益颇丰，发展中国家的企业由于所处的从属地位而收益微薄。

（三）外包型国际分工

外包型国际分工是指企业将把某些业务从内部剥离出来，实现跨越国界的分工。从供应链管理的角度看，任何一个企业都不可能在所有方面独揽全包，通过供应链环节外包，可以使企业集中精力发展核心竞争力，保持独特的竞争优势。从价值链的角度看，如果能够控制价值链上增值最大的环节，则可以保持或获得企业的核心竞争力。外包型国际分工可以分为：

1. **国际制造业外包**

制造业企业将部分附加值较低的生产制造环节外包给其他海外企业，企业自身仅保留附加值较高的研发或核心部件的生产环节。

2. **国际服务外包**

企业将基础性的、共性的、非核心的服务业务从"在岸"服务到"离岸"服务外包。目前主要有三种形式的服务外包。

（1）信息技术服务外包（information technology outsourcing，ITO）是指服务外包发包商委托服务外包提供商向企业提供部分或全部信息技术服务功能，主要包括信息技术的系统、应用管理及技术支持的服务。

（2）商务流程外包（business pro-cess outsourcing，BPO）是指将商务流程中的部分或全部的非核心流程交由外方操作。通过将公司的部分或全部非核心管理及运营中流程转移到服务商，将公司有限的资源从非核心业务中解放出来，集中到核心业务上，从而提高客户流程自动化的能力。

（3）知识流程外包（knowledge process outsourcing，KPO）是围绕对业务诀窍的需求而建立起来的业务，指把通过广泛利用全球数据库以及监管机构等的信息资源获取的信息，经讨即时、综合的分析研究，最终将报告呈现给客户，作为决策的借鉴。知识流程外包可以简单归纳为：获取数据—进行研究、加工—销售给咨询公司、研究公司或终端客户。KPO的核心是通过提供业务专业知识来为客户创造价值。

三、全球产业链、供应链、价值链格局

（一）全球产业链的内涵及形成

全球产业链是指在全球范围内为实现某种商品或服务的价值而连接生产、销售、回收至处理过程的跨企业网络组织，它包括所有参与者和销售活动的组织及其价值利润的分配。随着贸易和投资全球化的不断深入，国际分工格局开始加快，并由产业间分布向产业内分布转化，以产业链的纵向分离和协调为重要特征的全球一体化的生产流通逐渐形成。全球产业链的产品及服务的价值创造活动分布在不同国家和地区，从而为这些国家和地区嵌入该产业链，实现产业调整和自主创新能力提供了机遇。

国际分工所导致的全球生产网络的形成与发展是为了追求利益最大化，这使许多以前在一个地方完成的最终产品的生产，被分解为若干个独立步骤或模块，而每一个步骤或模块都在那些能够以最低成本完成的地方生产，从而使国际贸易和对外直接投资从原来的最终消费品的交换和生产，转变为产品零配件的交换和生产。这就在全球范围内形成了一个庞大的产业链条，也就是全球产业链。因此，全球产业链的形成是生产全球化的必然结果，而全球产业链的形成与完善又促进了国际分工与合作，更加推动了生产全球化的发展。

20世纪80年代末，由于国家或地区间自然禀赋和其他资源的差异，各国或地区相互之间通过国际贸易分享因国际分工专业化所取得的利益。一个国家或地区通过对自身资源

的分析与其他国家或地区进行相互比较,总能找到自身具有"比较优势"的产品。产业在全球范围内根据"比较优势"进行分布,与产品相关的完整产业链相应地在一个国家或地区内形成。进入20世纪90年代以后,逐步形成了全球范围内的产业链,从不同产业的全球分工,到产业内全球分工,又发展到企业内的全球分工。以跨国公司为载体,资金、人才、技术的全球流动正深刻地改变着世界经济格局,跨国公司数量剧增,控制了世界总产值的1/3,掌握全世界70%的对外直接投资,2/3的世界贸易,70%以上的专利和其他技术转让。众多跨国公司实施了全球制造战略,大规模的产业转移使得制造业产业链的区域范围从一个国家或地区发展到了全球范围,形成了全球范围内的产业链上游、中游及下游环节,而产业链的关键环节如关键技术、关键设备都掌握在发达国家的跨国公司手中,发展中国家也可以通过加工贸易组装或代工最终产品。

(二)全球供应链的内涵及形成

全球供应链是指在全球范围内组合各种供应链,它要求以全球化的视野,将供应链系统延伸至整个世界范围,根据企业的需要在世界各地选取最有竞争力的合作伙伴,联结成利益相关者。供应链系统涵盖从供应商到制造商,再到最终客户,是包含信息流、物流、商流、资金流的复杂动态系统。

全球供应链管理强调在全面、迅速地了解世界各地消费者需求的同时,对其进行计划、协调、操作、控制和优化,在供应链中的核心企业与其供应商以及供应商的供应商、核心企业与其销售商乃至最终消费者之间,依靠现代网络信息技术,实现供应链的一体化和快速反应,达到商流、物流、资金流和信息流的协调通畅,以满足全球消费者需求。见表3-1重点国家在全球汽车供应链上的优势产业。

表3-1 重点国家在全球汽车供应链上的优势产业

国 家	全球汽车供应链上的优势产业
中国	车身内外饰件、冲压零部件、电池、电机、电气设备等
美国	芯片、计算平台、计算机储存、电喷系统、精密件等
德国	精密件、发动机与控制系统、电喷系统、汽车主被动安全、高端变速箱、工业设备等
法国	精密件、发动机与控制系统、电喷系统、汽车主被动安全、高端变速箱等
日本	汽车动力系统、变速箱、光学仪器、电子电器、纯电技术、总成技术、集成电路、供应链信息系统等
韩国	液晶装置、光学仪器、电子电器、电池、总成技术、集成电路等

资料来源:Wind;海关总署;广发证券;盖世汽车研究院。

(三)全球价值链的内涵及形成

1. 价值链与全球价值链

(1)价值链理论。价值链理论由哈佛大学商学院教授迈克尔·波特于1985年提出。他认为,"每一个企业都是在设计、生产、销售、发送和辅助其产品的过程中进行种种活动的集合体。所有这些活动可以用一个价值链来表明。"企业的价值创造是通过一系列活动构成的，这些活动可分为基本活动和辅助活动两类，基本活动包括内部后勤、生产作业、外部后勤、市场和销售、服务等；而辅助活动则包括采购、技术开发、人力资源管理和企业基础设施等。这些互不相同但又相互关联的生产经营活动构成了一个创造价值的动态过程，即价值链。波特的价值链理论揭示了企业与企业之间的竞争不只是某个环节的竞争，还包括整个价值链的竞争，而整个价值链的综合竞争力决定了企业的竞争力。企业的核心竞争力取决于控制价值链上增值最大的环节，增值小的环节可以转移到其他国家。

（2）全球价值链。随着贸易自由化和投资自由化的进展与跨国公司的增强，商品的生产过程越来越多地被分解为不同阶段并分别在不同的国家完成，国际贸易中的中间产品所占比重不断提高。因此，围绕某种产品的生产形成一种跨国生产体系，分布在世界各地不同规模的企业被组织在这个一体化的生产网络中。在此背景下，美国学者杰里菲（Gereffi）1994年提出全球商品链（global commodity chain）的概念：通过一系列国际网络将围绕某一商品或产品而发生关系的诸多国家作坊、企业和政府等紧密地联系到世界体系中。这些网络关系一般具有社会结构性、特殊适配性和地方聚集性等特性；商品链的具体加工流程或部件一般表现为通过网络关系连接在一起的节点或一些节点的集合；商品链中任何一个节点的集合都包括投入（原材料和半成品等）组织、劳动力供应、运输、市场营销和最终消费等内容①。

进入21世纪，全球价值链取代了全球商品链。斯特恩（Sturgeon）从组织规模、地理分布和生产性主体三个维度来界定全球价值链。从组织规模看，全球价值链包括参与某种商品或服务的生产性活动的全部主体；从地理分布看，全球价值链必须具有全球性；从生产性主体看，有一体化企业、零售商、领导厂商、交钥匙供应商和零部件供应商。同时，斯特恩还对价值链和生产网络进行了区分：价值链主要描述了某种商品或服务从生产到交货、消费和服务的一系列过程；生产网络强调的是一群相关企业之间关系的本质和程度②。

联合国工业发展组织（UNIDO）在2002—2003年度产业报告中给出了全球价值链的概念："全球价值链是指在全球范围内为实现商品或服务价值而连接生产、销售、回收处理等过程的全球性跨企业网络组织，涉及从原料采集和运输、半成品和成品的生产和分销直至最终消费和回收处理的过程。它包括所有参与者和生产销售等活动的组织及其价值利润分配，并且通过自动化的业务流程和供应商、合作伙伴以及客户的链接，以支持机构的能力和效率。"③它强调全球价值链不仅由大量互补的企业组成，而且是通过各种经济活动连接在一起的企业网络的组织集，关注的焦点不只是企业，还有契约关系和不断变化的联结方式。美国学者安塔斯（Antras）认为全球价值链有四个特征：定制化生产、从买家到供应商的序贯生产中的决策、高缔约成本，以及商品、服务、生产团队和想法的全球匹配④。价值链、供应链和产业链的区别见表3-2。

---

① GEREFFI G. Commodity chainsand global capitalism[M].Westport, Connecticut：Praeger Publishers, 1994.
② STURGEON T J. How do we define value chains and production networks[J]. Institute of Development Studies Bulletin, 2001, 32（3）：9-18.
③ UNIDO. Industrial development Report 2002-2003: competing through innovation and learning[R]. Vienna:U.N. I. D. Organization, 2002.
④ POL A. Global production: firms, contracts and trade structure[M]. Princeton: Princeton University Press, 2015.

表 3-2　价值链、供应链和产业链的区别

比　较	价值链	供应链	产业链
侧重点	如何有效地创造价值	如何有效地降低供应成本	如何在有效地创造价值的同时降低供应成本
主要目标	通过满足消费者需求来使价值最大化	通过提高供应流程的效率，降低成本	满足消费者需求创造价值的同时提高供应流程效率，降低成本
关注环境	产品的设计研发与销售环节	产品的生产环节	产品设计研发、生产、销售环节
链"流"	从消费者流出的价值流	从供应商到消费者的供应流	价值流与供应流的结合

资料来源：胡亦盛，楼儒铠，章豪锋. 价值链、供应链与产业链的概念辨析 [J]. 现代物业（中旬刊），2010，9（06）：22-23+105.

2. 全球价值链的分解与外包

随着经济全球化的推进和信息技术的普及应用，产业价值链的结构不断变化。比较突出的一个趋势是价值链的分解或纵向解体。以计算机行业为例，在 20 世纪 80 年代以前，一家生产计算机的企业需要自己生产芯片、计算机硬件、操作系统和应用软件，然后由自己的销售人员进行销售并提供售后服务。由此，该企业的业务范围覆盖了完整的产业价值链，这种方式被称为"纵向一体化"。它要求企业必须对产业价值链的所有环节都精通，实际上很少有企业能够做到。同时，它也不利于行业的技术进步，因为对价值链的每个环节进行研发和流程改进需要投入大量的资金与人力，企业可能承担不起。

进入 20 世纪 90 年代以后，计算机逐步出现"模块化"的架构。它是指将产品分解成若干个子系统（模块），设计者事前先确定产品结构由哪几个子系统（模块）组成，每个子系统的功能有哪些，不同子系统之间如何交换信息和相互作用等规则或标准，然后每个子系统可以分别交由不同的企业去完成。在统一规则下，每家企业可以专注于一个模块的生产，并进行该模块的研发与创新；同一模块内的不同企业的产品可以进行互换，彼此之间的竞争可以使产品性能不断提高，而价格不断下降，顾客的选择余地更大。在此基础上，出现了企业将价值链环节产品从企业本身生产转向以契约形式给其他企业生产的情况，即出现了"外包"。

通过外包，企业可以专注于核心竞争力的提高，利用外部资源，获得规模经济与范围经济效应，分担风险和提高灵活性，实现利润最大化。

在全球价值链背景下，国际化代工厂成长为国际品牌企业，一般会经历以下三个阶段：

（1）原始设备制造商（original equipment manufacturer，OEM），是指受托厂商按来样厂商的需求与授权，依特定的条件而生产。所有的设计图等都完全依照来样厂商的设计来进行制造加工。品牌生产者不直接生产产品，而是利用自己掌握的关键核心技术负责设计和开发新产品，控制销售渠道，具体的加工任务通过合同订购的方式委托同类产品的其他厂家生产。原始设备制造商又叫定牌生产和贴牌生产，或者代工。

（2）原始设计制造商（original design manufacturer，ODM），是指某制造商设计出某产品后，在某些情况下可能会被另外的某企业看中，要求配上后者的品牌名称来进行生产，或者稍微修改一下设计进行生产。

（3）原始品牌制造商（original brand manufacture，OBM），是指代工厂经营自有品牌，或是生产商自行创立产品品牌，并生产、销售拥有自主品牌的产品。

3. 全球价值链治理方式

格里菲（Gereffi）等结合价值链理论、交易成本经济学、技术能力与企业学习等理论提出五种典型的全球价值链治理方式，按照链中主体之间的协调和力量不对称程度从低到高依次排列为：市场型、模块型、关系型、领导型和等级制。

（1）市场型。生产通用性质的商品，不需要为特定交易对生产设备进行专用投资，因此客户和供应商之间对另一方均可以有无数的选择。他们主要通过开放的现货市场交易以肩并肩的关系联系在一起。而且，通用商品的采购也不需要在合同各方之间交换详细的产品规格信息，因为关键信息大多简化为预设价格，可以从目录中找到。改变商业伙伴的交易成本几乎可以忽略不计。由于价格弹性大，价值链处于一个恒定的流动状态，不需要过多的协调与管理。

（2）模块型。模块通常指由多个组件组合构成的综合体，被按照所生产最终产品的功能类型分组。通过组合差异化模块，生产者能够设计出具有多种形态的产品。同样，通过调整多用途设备的组合，一个供应基地能够允许某个复杂交易的实现，供应商将不必产生交易的专用投资，因此可以让广泛的潜在客户使用该设备。交易各方相互提供的信息量是可观的。这种类型的全球价值链能够通过标准化契约来降低交易成本，供应商能够全面掌控自身的生产过程，需要调节的成本也不高。

（3）关系型。当生产工序涉及专门设备（如特定形状的产品模具），交易变得资产专门化，缔约方之间开始变得相互依赖。特定产品专门设备的其他用途范围有限，在其他情况下使用该设备，生产率将小幅下降。因此，服务供应商（专门设备的持有者）没有动力寻找其他潜在客户。同样，该客户也较难，或至少必须以较高成本才能从不拥有这些专用设施的其他地方供应商那里获得相同质量水准的产品供给。因此，双方都没有动力去寻找其他商户关系。此外，为提高生产率而进行的专门设备再投资会深化交易的资产专用性，交易各方将被锁定为更加相互依赖的关系。

（4）领导型。这种类型的交易各方在行使权力上具有压倒性的差异，正如在一个具有全球品牌的主导企业与地方小型分包企业之间的业务关系中所能看到的那样。服务供应商遵守客户的要求，并受到严格的监督，以保证产品质量和交货时间。不同于市场型全球价值链，领导型价值链中的服务供应商既没有足够的生产能力来实现大规模生产的规模优势，也没有专门的生产设施（如关系型全球价值链）来保证其在生产中的唯一性。由于生产能力水平有限，寻找替代业务关系的机会也大大减少，供应商成为"专属型"供应商。

（5）等级型。这种类型的产品很复杂，外部交易成本很高，而供应商的能力很低。因为交易可能涉及领导厂商的核心能力，如隐性知识、知识产权等，领导厂商无法通过契约来控制机会主义行为，只能纵向一体化的公司内部生产，如跨国公司。

全球价值链类型的比较见表3-3。

表 3-3　全球价值链类型的比较

类　　型	交易的复杂性	交易信息的可编码性	供应商能力	权力不对称性
市场型	低	高	高	低
模块型	高	高	高	较前者高
关系型	高	低	高	较前者高
领导型	高	高	低	较前者高
等级型	高	低	低	高

资料来源：GEREFFI G，HUMPHREY J，STURGEON T. The Governance of Global Value Chains[J]. Review of International Political Economy，2005，12（1）：78-104.

各国企业融入全球价值链的形式取决于其特有的因素。它们包括自身的地理位置、邻国的大小和相对收入、本国的相对收入、经济结构、贸易协定的范围和性质、物质资本和人力资本的禀赋等。通常，参与领导型的国家升级难度较大，可能成为价格竞争（保持低工资）或者商品价格异常波动的牺牲品。随着全球价值链的发展，上述方式在行业中会发生转变，如自行车从等级型到市场型，服装从领导型到关系型，电子商品从等级型到模块型，新鲜蔬菜从市场型到关系型。

专栏3-1

全球价值链分工

四、当代国际分工的特点

（一）当代国际分工不断深化，使得国际价值作用的范围扩大

在李嘉图、马克思所处的时代，国际贸易分工格局主要以比较优势为基础，以最终产品分工为主。依靠资本的强权，发达国家向欠发达国家输出工业制成品，从发展中国家输入初级产品。国际价值规律的作用范围主要集中在产成品领域。但在当代，科学技术和经济全球化的发展极大改变了国际贸易分工的格局，已从产业间分工发展到产业内分工、产品内分工，从以产业和产品为界限的国际分工发展到以生产要素为界限的国际分工，使分工由最终产品交换领域发展到产品生产过程、生产环节，由产品分工发展到要素分工。一方面，科学技术的发展使得一个完整产品的生产过程不断细化为众多的生产环节，产品生产的迂回环节增多、过程延长，而国际交易成本的降低使得迂回生产环节的全球部署成为可能。另一方面，经济全球化的发展使得国际竞争特别是跨国公司之间的竞争日趋激烈，为了在竞争中获胜，跨国公司纷纷实行了全球复合一体化战略，借助信息技术在全球范围内布置价值链中的各个环节，以充分利用各个国家和地区在各个环节上的要素优势，从而使以要素为界限的产业内或产品内的环节、工序分工成为当今国际分工的重要形式。

在传统的国际商品交换领域，商品的国际自由流动相对容易，国际价值规律作用的制度与技术障碍相对较小，作用的程度较为彻底。但在要素分工格局下，资本、技术等要素国际流动相对容易，而劳动要素，特别是简单劳动由于制度原因国际流动程度较低，难以形成统一的国际劳动力要素市场，因而国际价值规律在该领域的作用受到抑制。要素分工的发展主要表现为资本、技术等流动要素对劳动、自然资源等非流动要素的追逐，非流动要素的国际价格主要决定于资本对非流动要素的国际需求。这使得发展中国家处于比较被动的地位。例如，在加工贸易中，当国际市场需求旺盛时，发展中国家加班加点，劳动力价格上升，有时甚至造成劳动力的局部紧张。而当国际需求疲软时，发展中国家加工能力过剩，劳动力闲置而价格下降。要素分工的发展使国际价值规律作用的范围由产品领域扩展到要素领域，与此同时，国际价值规律在要素领域的作用形式就成为一个需要研究的新课题，这直接关系到要素提供国的分工利益。

（二）当代国际要素分工由跨国公司主导，对国际价值产生深刻影响

要素分工的主体是跨国公司，实质是跨国公司在全球范围内的要素整合。在跨国公司的全球产业链条整合中，由于各个环节的增值能力不一，总体上研发和销售服务两端的增值能力大大高于中间生产环节，上游关键零部件与中间产品环节的增值能力又高于下游的生产与组装环节。跨国公司往往专注于核心的产品研发与销售服务环节，以及采用垂直一体化的方式从事部分关键零部件的生产，而把非核心的生产加工环节采用虚拟一体化的方式"外包"给其他生产厂商或实行全球采购。这样，跨国公司既可以充分发挥自己的要素优势，创造技术领先的核心竞争优势，又可以利用全球范围内生产环节的低成本要素优势，从而确保自己的国际竞争力。跨国公司的竞争战略使国际价值的实现环节从原先的最终产品交换领域延伸到中间产品生产环节。一个国家在国际价值创造和价值实现中的地位不仅取决于其在最终产品领域的比较优势，还取决于其企业的竞争优势，取决于企业在生产环节整合全球要素的能力。由于当代跨国公司主要集中在发达国家，国际要素分工主要表现为发达国家跨国资本对全球要素的整合，发展中国家的劳动和自然资源则处于被整合的地位。不仅在国际资本领域发展中国家无力与发达国家开展充分竞争，而且为了吸引短缺资本流入，发展中国家还竞相采取优惠政策，因此，发达国家的跨国资本在生产环节获取了较多的国际价值。

（三）生产要素的范围在不断扩充，国际价值的创造具有新特点

人类的生产活动是多种要素协同作用的结果。资本是一种生产要素，但是资本不创造价值，只是参与价值的分配。但是，随着科学技术的发展，创造价值的劳动要素的范围正不断扩充，这也是事实。商品价值是由劳动创造的，这无须争论。但是，劳动的含义已经扩展到技术、管理、研究与开发、人力资本等方面，而且技术、人力资本、研究与开发等现代要素在国际价值创造中的地位更加重要。对此，马克思在19世纪就有精辟的预见："随着大工业的发展，现实财富的创造较少地取决于劳动时间和已耗费的劳动量，较多地取决于在劳动时间所运用的动因的力量。而这种动因自身（它们的巨大效率）又和生产它所花费的直接劳动时间不成比例，相反地却取决于一般的科学水平和技术进步，或者说取决于一般的科学技术在生产上的运用。"

从国际范围来看，现代生产要素的发展可以降低单位商品所耗费的劳动时间（和资源消耗），降低单位商品的国际价值，但在资源不变的前提下，会增加世界商品价值总量；从一国角度来看，现代生产要素发展带来的生产效率的提高如果使之领先于他国，则能在国际市场上交换到更多的价值。因此，商品国际价值的变动与世界平均科技水平和劳动生产率成反比，与单个国家的科技水平和劳动生产率成正比。

（四）规模经济、垄断竞争和差别化需求影响当代国际分工，并改变国际价值

根据马克思的国际价值理论，商品国际价值的决定和交换是价值规律即市场机制作用的结果。在自由竞争条件下，将形成生产价格和国际生产价格，厂商只能获得平均利润。国际市场上的交换是等价交换，贸易对各方都是有利的。但是，在当代国际分工中，由于规模经济、产品差别、需求差别的存在，完全自由竞争并不存在，垄断竞争，甚至垄断是国际市场结构的常态。这样国际交换就会对后进国家不利，不等价交换因而或多或少地存在。根据克鲁格曼的分析，从国家角度看，由于规模经济的原因，在国际分工始初阶段，发达国家多生产工业品，相对落后的国家多生产农产品或初级产品。在规模经济的作用下，最终发达国家主要生产工业品而进入良性循环，相对落后的国家主要生产农产品或初级产品而进入恶性循环。发达国家凭借规模经济而获得垄断高价和垄断利润，相对落后的国家的贸易条件则越来越恶化；从企业角度来看，发达国家跨国公司凭借规模经济、产品差别带来的垄断力量，不仅可以将产品国际价格定得高于国际价值，而且可以借助国际直接投资中的转移价格人为地压低东道国出口产品的价格，使之低于正常的国际价值，从而使相对落后的国家在国际交换中遭受双重损失。

另外，在经济全球化条件下，各国货币币值的变动也与国际分工态势和国际贸易状况密切相关，从而影响到产品的国际价值。因此，在经济全球化，特别是由于全球要素分工引起的全球贸易失衡的条件下，如何制定适当的货币与汇率政策、国际投资政策，也是当代国际价值理论面临的重要课题。

第三节　国际分工与国际贸易

一、国际分工与国际贸易的相互关系

国际分工是国际贸易发展的基础，各国参与国际分工的形式和格局，决定了该国参与国际贸易的结构。与此同时，国际贸易又是国际分工利益实现的途径和枢纽，各国国际贸易的模式与措施影响着国际分工的发展。由此，国际分工与国际贸易相辅相成，互为因果关系。国际分工与国际贸易的关系体现在两个方面：

（1）国际分工、国际贸易、国际市场，都意味着国际竞争。国际竞争与国内市场竞争相比，更加激烈。激烈的竞争，对各国企业来说，是一种巨大的外部压力，迫使它们通过提高技术水平，改进经营管理，以提高生产率，降低成本，改善产品质量，不断推出新产品。而在国内，这种强制的外在力要小得多，特别是在国家实行保护政策的情况下就更是如此。

（2）国际分工、国际贸易、国际市场，要求在世界范围内，实行生产要素的流动，包括资金、技术、劳动力、人才、原材料、能源、信息、知识等的流动。这就意味着资源有可能在流动中接近最有效的配置，从而有利于生产效率的提高、资源的节约和生产力的发展。

总之，国际分工的形成和发展，对促进世界生产力和世界经济的发展、促进生产现代化和人类社会的进步，具有无可比拟的巨大积极作用，成为国际贸易发展的基础。

二、国际分工对国际贸易的影响

国际分工是国际贸易的基础，它对参加国际分工的各国经济以及整个国际经济关系与世界经济格局都有重大影响。国际分工促进国际贸易的发展，是国际贸易发展的基础。生产的国际专业化分工不仅提高劳动生产率、增加世界范围内的商品数量，而且增加了国际交换的必要性，从而促进国际贸易的迅速增长。

（一）国际分工促进国际贸易增长

国际贸易的发展速度同国际分工的发展速度呈正方向变动关系，历史事实证明了这一点。例如，20世纪60年代，日本、德国经济复兴和发展，使得两国在国际分工中占据重要地位，因而日本、德国成为当时全球第二大、第三大贸易强国；20世纪70年代，新兴工业经济体的崛起使得以亚洲"四小龙"为代表的新兴经济体对外贸易迅速发展；20世纪90年代以来，中国经济和"东盟"经济高速增长，在"10+1"区域内，产业内分工、公司内分工得以深化，2020年以来，东盟已成为中国最大的贸易伙伴。

（二）国际分工促进国际贸易商品结构优化

国际分工的深度和广度不仅决定国际贸易发展的规模和速度，而且决定国际贸易的结构和内容。第一次工业革命以后，形成以英国为中心的国际分工。在这个时期，由于大机器工业的发展，国际贸易商品结构中出现了许多新产品，如纺织品、船舶、钢铁和棉纱等。第二次工业革命以后，形成了国际分工的世界体系，使国际分工进一步深化，使国际贸易的商品结构也发生了相应的变化。首先是粮食贸易大量增加。其次是农业原料和矿业材料，如棉花、橡胶、铁矿、煤炭等产品的贸易不断扩大。此外，机器、电力设备、机车及其他工业品的贸易也有所增长。第二次世界大战后发生的第三次科技革命，使国际分工进一步向深度和广度发展，国际贸易商品结构也随之出现新的特点。

首先，随着第二次世界大战前以垂直型分工为主到第二次世界大战后水平型分工的发展，国际贸易总量中也由以初级产品的比重为最大转变为战后的工业制成品的比重超过初级产品。

其次，战前发展中国家以出口初级产品为主，战后发展中国家出口贸易中工业制成品的比重不断增长，初级产品的比重不断下降。

再次，工业内部、公司内部贸易额大幅度增加，中间性产品在整个工业制成品贸易中的比重也不断提高。随着经济全球化纵深发展程度增加，传统意义上以商品贸易为基础的国际分工格局正被打破，国际分工逐步深入企业内部，分工方式由产业间分工向产业内部产品分工和要素分工延伸，呈现出产业间分工、产业内产品分工和要素分工并存的新模式。

最后，服务贸易、技术贸易得到迅速发展。伴随着世界产业结构的调整与升级，国际产业转移的重心从制造业向服务业迁移。目前，服务业逐渐成为产业转移的新热点，服务业跨国投资增长迅猛，尤其是国际服务外包异军突起。服务业离岸外包和跨国转移势头迅猛发展，欧美一些企业相继把非核心的服务业务转移到成本相对低廉、又具备合格劳动力的国家和地区。其中，金融、保险、咨询、管理和法律等专业服务更是成为产业转移的热点行业。对于国际产业转移的承接国而言则可以带动国内工业发展，并成为国际产业转移的新主流。

（三）国际分工影响国际贸易的地区分布与地理方向

各国对外贸易地理方向与各国相互分工协作程度呈正方向变动关系。例如，19世纪，宗主国和殖民地国家间垂直分工，第二次世界大战后发达国家同发展中国家贸易比重下降，从1913年的52%下降至1984年的17.1%；发达国家间贸易比重上升，从1913年的43%上升至1984年的52%。世界各国的对外贸易地理分布与它们的经济发展及其在国际分工中所处的地位是分不开的。第一次工业革命后，以英国为核心的国际分工，使英国在世界贸易中居于垄断地位。此后，法国、德国、美国在国际贸易中的地位也显著提高。第二次世界大战后，由于第三次科技革命，发达国家工业部门内部分工成为国际分工的主导形式，因而西方工业发达国家相互间的贸易得到了迅速发展，而它们同发展中国家间的贸易则处于下降趋势。

（四）国际分工决定国际贸易利益

国际分工使各国能充分发挥自己的优势（绝对优势和比较优势），在互利贸易中增进各国的福利。然而具体到某个国家（地区）来说，国际贸易获利在国家间的分配是不均衡的。一般地说，在国际分工中处于有利地位的发达国家从国际贸易中获取的利益远高于处于不利地位的发展中国家。只要国际分工格局不发生大的变化，这种差距短期内难以改变。

（五）国际分工促进国际贸易方式多样化

第二次世界大战后，随着国际分工的日益深化，国际相互依赖性增强，跨国公司的兴起，国际投资大规模地发展，出现了新的贸易方式，如租赁贸易。其特点是出租人根据合同购买承租人所需要的商品，出租给承租人使用并收取租金。出租的物品包括飞机、船舶、车辆、计算机、机电设备乃至机场、港口设施和工厂成套设备等。租赁贸易可以使承租人及时利用先进设备，又可以使生产厂商扩大设备出口。此外，还表现在加工贸易、补偿贸易、服务外包等方式的出现。

（六）国际分工影响各国对外贸易政策制定

国际分工状况如何，是各个国家制定对外贸易政策的依据。第一次工业革命后，英国工业力量雄厚，其产品竞争能力强，同时它又需要以工业制品的出口换取原料和粮食的进口，所以，当时英国实行了自由贸易政策。而美国和西欧的一些国家工业发展水平落后于英国，它们为了保护本国的幼稚工业，便采取了保护贸易的政策。第二次工业革命后，资本主义从自由竞争阶段过渡到垄断阶段，国际分工进一步深化，国际市场竞争更加剧烈，在对外贸易政策上，便采取了资本主义超保护贸易政策。第三次工业革命后，在 GATT 和 WTO 框架内，各国积极参与国际分工，在贸易自由化政策推动下，国际贸易额增长迅速。西方国家贸易政策的演变，和世界国际分工深入发展是分不开的，也与各国在国际分工中所处地位的变化密切相关。

三、国际贸易发展新趋势对国际分工的影响

国际贸易的发展可以促进技术创新，而技术创新可以提高生产要素使用效率，降低生产成本，从而降低产品的价格。技术创新的发展最终将改变产业结构并促使国际分工不断深化。不断加快的技术创新将导致生产过程专业化。以零部件生产为例，过去许多发达国家主要从事零部件生产，而今，随着技术创新的不断加快，发展中国家已成为零部件生产的专业化国家。而发达国家转向了服务贸易、数字贸易，并占据绝对优势。面对日益严峻的国际贸易新方式、新业态的竞争，加强技术创新是实现企业转型升级、实现企业长远发展的关键。技术创新是今后发展的重点。总体而言，技术创新推动产业结构转型升级、促进社会分工与国际分工不断深化，创新集群与运营型集群的国际分工格局日益形成。

本章思考练习题

一、思考题

1. 国际分工的决定性因素是什么？
2. 全球产业链、供应链、价值链有何区别与联系？
3. PPT：波音飞机供应链的特点及存在的问题分析（团队研究性学习）。
4. 中国众多代工厂如何实现价值链攀升，从而加快转型升级？

二、练习题

（一）名词解释题

国际分工、垂直型国际分工、水平型国际分工、混合型国际分工、协议型国际分工、产业内国际分工、产品内国际分工、外包型分工、全球价值链、OEM、ODM、OBM。

（二）简答题

1. 什么是国际分工？主要类型有哪些？
2. 影响国际分工产生与发展的因素有哪些？
3. 国际分工对国际贸易的影响有哪些？

第四章 世界市场

学习目标

通过学习本章，使学生了解世界市场产生与发展的特点、世界市场形成的标志、开拓世界市场的主要方法和交易方式、影响世界市场供求的主要因素、世界市场价格形成与波动的基本规律、世界市场价格波动趋势指数，理解当代世界市场发展及市场竞争的基本特征，掌握一国国际竞争力评价指标。

本章重要概念

世界市场、国际价值、世界市场价格、大宗商品贸易、商业模式、世界"自由市场"价格、转移价格、贸易术语、直接出口、契约进入方式、股权进入方式、跨国经营方式、出口量指数、CRB 指数、RJ/CRB 指数、BDI 指数、贸易条件、净贸易条件、收入贸易条件、单要素贸易条件、双要素贸易条件、TC 指数、RCA 指数

第一节 世界市场的产生与发展

一、世界市场的主要类型与构成

世界各国参与国际分工的形式表现为在世界市场上的交换活动。并不是所有国家的市场总和构成了世界市场。世界市场（world market）是各国商品包括货物、服务、生产要素交换的场所或领域，由国际分工联系起来的各个国家内部以及各国之间开放市场综合构成，是国际分工和国际贸易的基础。

（一）世界市场的类型

世界市场发展到今天，可以按不同的标准进行分类。

（1）按照不同类型国家划分，世界市场可分为发达国家市场、发展中国家或地区市场、转型国家市场等。

（2）按照不同地区划分，世界市场可分为欧洲市场、北美市场、亚洲市场、非洲市场和拉丁美洲市场等。这些地区性市场还可以进一步划分，如欧洲市场可分为西欧市场、北欧市场和东欧市场。

（3）按照垄断与否和垄断程度划分，世界市场可分为垄断市场、不完全竞争市场、自由竞争市场和封闭市场等。

（4）按照经济集团划分，世界市场可分为欧盟市场、北美自由贸易区市场、亚太经合组织市场、RCEP市场等。

（5）按照商品结构划分，世界市场可分为制成品市场、初级产品市场、服务市场等。这些大类商品又可进一步细分，如制成品市场又可分为机械产品市场、纺织品市场等。

（6）按照交易对象划分，世界市场可分为货物和服务市场、要素市场等。同时，世界服务市场中的金融市场还可以进一步分为货币市场、资本市场、证券市场、外汇市场等。

（7）按照消费者划分，世界市场可按性别、年龄、收入、职业、宗教、爱好等划分，如妇女用品市场、儿童用品市场、劳保用品市场等。

（8）按照交易是否实时完成划分，世界市场可分为现货市场、期货市场等。期货市场是现货市场的指示器，是市场经济不可或缺的市场。

（9）按照交易在线上或线下达成划分，世界市场可分为线下交易市场、线上交易市场等。随着全球互联网的联通，世界各国人民可以在线上平台、线上商城购物，享受各种线上服务。

（二）世界市场的构成

世界市场既然是各国商品包括货物、服务、生产要素交换的场所，那么它必须满足一定的基础条件。

（1）需要有一个规定组织形态的场所。例如，需要建立国际商品交易所、国际拍卖所、国际博览会和展览会等，要在规定的时间和地点交易规定的商品、遵守相关的交易规则等。

（2）需要按照国际通行的交易方式进行交易。例如，双方选择一般贸易、加工贸易、代理、拍卖、招投标、展销会、补偿贸易、租赁贸易、跨境电商等方式交易。

（3）需要进出口销售渠道。例如，传统的出口国渠道、中介渠道、进口国渠道，或者跨境电商线上渠道。

（4）需要遵循国际市场组织管理和制度规则。例如，世界三大经济组织、联合国贸易和发展会议及相关委员会、国际商会等制定的货物和服务交换的一系列制度规则，以保证世界市场竞争的公开、公平和有序进行。

（5）有提供保障交易的各种基础设施和服务。例如，国际航线提供物流运输，国际银行提供货款结算，国际保险提供保险服务，国际通信网络提供信息服务，跨境交易平台提供线上交易服务，等等。

二、世界市场的形成原因与发展进程

世界市场发端于15世纪末16世纪上半叶的地理大发现,形成于19世纪中叶。世界市场形成的历史,就是资本主义从欧洲扩张到全世界的历史,就是把所有国家和地区的经济,纳入资本主义国际分工体系的历史。

(一)世界市场的形成原因

(1)工业革命导致的国际分工是世界市场形成的基础。工业革命极大地提高了资本主义生产力和资本主义征服世界的能力。第一次工业革命后,机器生产在英国得到普及,法国、美国、德国等开始转型工业化这驱使资本主义工业国到世界各地抢占商品销售市场和原料产地以满足工业发展的需要。其结果是,资本主义工业国用廉价的商品征服了许多资源丰富、市场潜力较大的国家和地区,形成了宗主国与殖民地的国际分工、工业国与农业国的国际分工。第二次工业革命进一步提高了资本主义生产力,垄断组织的产生、跨国公司的发展、资本的国际流通加速促成世界经济联系更为紧密,国际分工体系形成。可见,工业革命推动的国际分工的深化和广化,加快了资本主义世界市场形成与发展的速度。

(2)殖民扩张与掠夺是世界市场形成的主要途径。16—18世纪的荷兰、法国、英国等早期殖民扩张将非洲沿海、美洲大部、亚洲沿海地区强行纳入资本主义世界市场。19世纪中期的英国、法国、美国等殖民扩张迫使亚洲绝大部分国家和地区卷入资本主义世界市场。19世纪末期,列强掀起瓜分世界的狂潮,亚、非、拉美绝大多数国家和地区成为资本主义的附庸。总之,殖民扩张使得世界各地逐步纳入资本主义市场体系。

(3)资本主义开放和扩张的本性是世界市场形成的推动力。资本主义经济是高度发达的商品经济,随着其产生、发展,原有的区域性市场不能满足其需求,资本主义的内在矛盾必然促使资产阶级走向世界且不断地开拓世界市场。

(4)科学技术的进步特别是交通、通信工具的发展为世界市场形成提供了必要的技术条件。这在19世纪以后尤为明显,蒸汽机车和轮船、汽车的出现和发展使世界各地商品流通速度日益加快、贸易范围不断扩展。电报、电话的出现,使世界各地商业信息的交流与传播更加便捷。

(二)世界市场发展进程

1. 世界市场的萌芽阶段

15世纪末和16世纪初的地理大发现促进了西欧各国的经济发展,使世界市场进入萌芽状态,形成了一些区域性市场,各个区域性的市场不断扩大,并彼此联系起来。这一时期的特点是世界市场上流通的商品是小生产者和工场手工业者所生产的产品,商品数量有限,商人资本在世界市场上占据主导地位。

2. 世界市场的迅速发展阶段

第一次工业革命后,资本主义生产方式成为占据统治地位的生产方式,世界市场进入迅速发展的时代。

（1）大机器工业需要不断扩大的销售市场和原料供应来源。

（2）大机器工业造就了诸多国际销售中心。工业和人口向城市集中，不仅推动了世界人口流动，又形成大机器工业中心和食品销售市场。

（3）运输业，尤其是海洋运输业的发展把世界市场联系在一起。

（4）作为世界货币的黄金和白银职能增强，商品的世界价格形成，价值规律的作用显现出来。

世界市场上的主导角色由商业资本转移到产业资本，世界市场上流通的商品是大机器生产的产品和工业所需的原料及粮食。

3. 世界市场的形成阶段

垄断代替自由竞争，第二次工业革命发生，资本输出加强，国际分工进一步发展。与此同时，资本输出、殖民统治、金融寡头巨大的经济实力与产业革命形成合力，从根本上推动了统一的世界市场的最终形成。世界市场形成的标志主要有以下六个方面：

（1）多边贸易和多边支付体系形成；

（2）国际金本位制度建立和世界货币形成；

（3）形成了比较健全且固定的销售渠道；

（4）资本主义经济规律制约世界市场的发展；

（5）国际价值规律作用于世界市场，形成世界价格；

（6）商品具有多样性和大宗商品贸易发展。

垄断资产阶级占据主导地位，世界市场的范围和容量不断扩大，许多殖民地和落后国家不仅被进一步卷入国际商品流通之中，而且被卷入资本主义大工业生产中，从而形成了统一的、无所不包的世界市场。

4. 当代世界市场的发展

第二次世界大战以后，世界市场进入一个前所未有的大发展时期。第三次科技革命推动了计算机、原子能利用、汽车、航空航天等新兴产业的发展，以美国为首的战胜国发起成立了世界银行组织、国际货币基金组织，签订了 GATT，即《关税与贸易总协定》，逐步降低关税壁垒和非关税壁垒，世界市场呈现诸多新特点。

（1）世界市场的货物、服务交易规模巨大。

（2）世界市场交易主体多样化，竞争格局多元化。

（3）世界市场的交易对象内涵、外延不断扩大。

（4）世界市场垄断与竞争加剧，跨国公司竞争力强。

（5）世界市场基础设施条件不断完善，全球交易网络形成。

（6）世界市场相互依赖性日益增强，经济周期波动和影响频繁。

（7）世界市场进入数字经济与贸易时代，流通渠道和商业模式不断创新发展。

进入 21 世纪以来，世界市场竞争出现了很多新趋势，尤其是互联网经济的发展带来了线上零售大规模交易，平台经济快速发展，供给方、卖家直接面对各国消费者，跨境交易、跨境服务、跨境支付更加便捷，降低了世界市场的交易成本；小批量、柔性化定制和生产导致的线上零售以及新零售商业模式给大规模生产方式下的批发以及实体商店零售模式带来了严峻的挑战；云计算、区块链、元宇宙等新技术在世界市场交易和服务中的应用更是带来了新的机遇，只有大力发展数字经济与贸易才能在未来世界市场发展中获得更多利益。

三、开拓世界市场的方法和交易方式

经济全球化促进了世界市场的不断扩大和区域统一，使国际分工更加深化，各国可以充分发挥自身优势，从事能获得最大限度比较优势的产品生产，扩大生产规模，实现规模效益，世界市场规模得以进一步扩大。世界市场发展成为相互竞争，又相互融合渗透的全球市场，从而使世界市场的参与者主要包括发达国家（地区）、发展中国家（地区）、新兴工业化国家（地区），并由此形成多元化的竞争格局。这种竞争主要表现在：发达国家之间的竞争、发达国家与发展中国家之间的竞争、发展中国家之间的竞争、区域经济集团之间的竞争、跨国公司之间的竞争等。因此，知晓如何开拓世界市场极为重要。

（一）开拓世界市场的方法

1. 贸易式进入

在贸易式进入中，企业的最终产品或中间产品是在目标国家之外生产的，然后运往目标国家销售。贸易式进入方式可具体分为两种：一是间接出口，出口企业一般通过所在国中间商出口到目标国销售其产品；二是直接出口，通过目标国家的中间商（代理商或经销商）销售产品或通过出口企业在目标国家的分支机构或子公司销售产品。

2. 契约式进入

契约式进入是指国际企业通过和目标国家的法人之间在转让技术、工艺和管理、销售体系等方面订立长期的、非投资性的合作契约，而进入国际市场。契约进入方式包括：许可证制造、特许经营、国际技术转让协议、服务合同、管理合同、海外承包工程、产品加工合同、分包合同、合作生产等。

3. 股权式进入

股权式进入一般是指国际企业拥有在目标国家的制造工厂和其他生产经营系统的所有权，它包括两种主要形式：一种是独资，即国际企业拥有海外子公司全部股权；另一种是合资，即国际企业拥有海外子公司的部分股权。一般而言，股份要达到控制海外公司的比例。

4. 跨国经营方式

在跨国公司全球战略下，企业在不同国家或地区设立子公司或分支机构，从事国际化生产、经营活动，包括研发设计、原材料、加工、组装、管理、销售、服务、人才培养等一系列国际化生产经营活动，包含了一揽子国际投资、技术转让、建厂、管理、销售、服务的综合性经营管理。这是投资进入的高级阶段，母公司对子公司一般实行直接控制，以实现成本最小化、利益最大化地在全球范围内配置资源。

专栏4-1

2021年第一季度中企海外并购大幅增长

（二）世界市场的主要交易方式

1. 一般贸易（general trade）

是指买卖双方自由选择交易对象，通过函电往来或当面谈判，就买卖商品的品名、质量、数量、价格、支付、运输、保险、装运、通关、检验检疫、索赔、仲裁等一系列条款达成一致，签订合同所进行的进出口交易活动。这是国际贸易最普遍的一种交易方式。

2. 加工贸易（processing trade）

是指把加工装配与扩大出口或收取劳务报酬相结合的一种贸易方式，企业进口全部或部分原材料、零部件、元器件、包装物料等，经加工或装配后，将制成品出口到国际市场的贸易方式，包括来料加工、进料加工、来件组装等。加工贸易也称为"两头在外"，也就是原材料、零部件等从国外进口，而制成品出口到国外。

（1）来料加工（incoming processing）通常是指由外商提供全部或部分原料、辅料和包装材料，按照双方商定的质量、规格、款式等要求由国内生产方加工成制成品，生产方仅收取加工费，不需要对原材料、辅料等进口付汇，制成品在国外的销售由外商负责。

（2）进料加工（processing with imported materials）是指国内生产企业付汇进口国外的原材料、辅料等进行生产加工，制成品出口由企业自行销往国际市场，进口原材料与出口制成品是两笔独立的交易。

（3）来件组装（assembly of incoming parts）是指由国外提供装配所需设备、技术和有关元件、零件等，由国内生产企业装配成制成品后，交由外方出口销售。

3. 国际代理（international agency）

是指某国企业在国际市场指定代理商，在一定地区范围、一定期限、一定权限内，由代理商代理其在海外从事商务活动（如销售该企业商品或提供某种服务）的交易方式，代理商获得代理佣金，不拥有代理商品的所有权，并运用被代理人的资金开展销售业务。有总代理、独家代理、一般代理3类。

（1）总代理（general agency）是获得被代理人全权代表的代理商。这种代理商在某国有权处理被代理人的所有商务事务，也可进行一些非商业性的活动。

（2）独家代理（exclusive agency）是指规定代理商在特定地区、特定时期内享有代理销售某种商品的专营权。除非另有约定，被代理人与其他公司达成的交易，独家代理都享有佣金的权利。

（3）一般代理（general agency）是指在同一地区、同一时期内，被代理人可以选定一家或几家代理商作为一般代理人，根据各自销售业绩支付规定的佣金。被代理人与其他公司达成的交易，一般代理无权享有佣金的权利。

4. 国际展销会（international trade fair）

是指在世界各地举办定期或不定期的、长期或短期的、有固定地点或无固定地点的各种类型的展销会、博览会、交易会等，为本国和其他国家的商品、服务展出和交易提供场所，达到展销结合、以展促销，推动各国会展经济发展和文化交流。例如世界博览会、国际消费类电子产品展览会、科隆国际博览会、巴黎车展、中国进出口商品交易会、中国国际进口博览会等。目前，世界各国都在积极推广云展会，打破时间与地点的限制。

5. 国际期货交易（international futures trading）

是指在国际商品期货交易所买卖标准化期货合约，在交易时间内进行套期保值或投机的一种特殊交易方式。期货市场是现货市场上的指示器，其交易活动必须根据期货交易的法律和交易所规定进行，具有规避风险、降低成本和价格发现功能，是现代商品经济高度发展的产物。期货交易需要提供一定比例的保证金，如果不能在规定的期货合约到期前完成反向交易（对冲或平仓），则买卖合约双方必须完成货物交割。

套期保值（hedging）是指交易人在现货市场买进（或卖出）实际货物的同时，在期货交易所卖出（或买进）一定期限的、同等数量的期货交易合约，也即在两个不同的市场上进行反向交易或者对冲，以规避现货市场价格风险，达到锁定利润，实现保值的作用。

投机（speculation）是指根据对期货交易市场趋势的判断，利用市场出现的价差进行买卖从中获得利润的交易行为，投机者可以先买进合约再卖出合约，也可以先卖出合约再买进合约，以此获利。

6. 国际拍卖（international auctions）

是指经过专门组织，在一定地点，定期举行的一种公开竞争的交易方式。在国际贸易中，拍卖出售的商品一般为现货，多为茶叶、烟草、皮毛、生丝、鲜花、香料、绘画、文物等品质规格非标准化的商品、试销商品、易腐烂变质的商品等。国际拍卖主要有增价拍卖（苏格兰式）、减价拍卖（荷兰式）、密封递价等方式。主要的国际拍卖中心有：纽约、伦敦、阿姆斯特丹、加尔各答、悉尼、横滨等。

7. 国际招标与投标（international bidding and tendering）

是一种国际上普遍运用的、有组织的市场交易行为，是一种贸易方式的两个方面。国际招标是指在本国或外国媒体上发布公告，提出有关招标标的、质量、数量、支付等交易条件，邀请国外投标人参加投标的行为。国际投标是指国外投标人根据招标公告提出的各项交易条件，制作标书，在规定的时间内向招标人递盘的行为。国际贸易各国买卖重要的商品、技术、劳务，或者承建工程项目等通常都进行国际招投标。国际招标与投标的一般程序是：发招标通告、资格预审、编制投标书和落实担保、递送投标文件、开标、评标和决标、中标签约、履约等。国际招标主要有竞争性招标、谈判招标、两段式招标等方式。

8. 补偿贸易（compensation trade）

在外汇短缺的情况下，买方通过信贷支持，从国外厂商进口机器、设备、技术、某些原材料等，约定在一定期限内用该设备及技术生产的产品、其他产品或劳务偿还的一种贸易方式。补偿贸易将进出口与信贷相结合，既引进了先进设备和技术，也有效地解决了出口产品销售问题。补偿贸易主要有回购和互购等方式。

9. 租赁贸易（leasing trade）

是指一国承租人在一定时期以支付一定租金的方式向他国出租人租用所需生产设备、计算机、飞机、船只、汽车等的交易活动。是利用外资的方式之一，某国租赁公司垫付资金，购买设备等，租给其他国家承租人使用，但国外承租人只有设备等使用权，无所有权。租赁贸易涉及租赁出口设备，也涉及租赁进口设备等，海关都会对这些进出口设备等进行不同的监管。

第二节　世界市场价格的形成与波动

一、世界市场价格的形成基础

价格因素一直是影响市场发展、运作的主要因素，虽然在经济发达国家中非价格因素对市场的影响越来越大，但对整个世界市场来说，价格仍是一个敏感问题，因为它直接关系着市场供给量、需求量的多少和利润的高低，反映着各国在国际贸易中的贸易条件优劣及贸易规模的大小，也反映着国际竞争力的高低。

（一）国别价值与国际价值

商品的价值是由凝结在商品中的抽象社会劳动决定的。而当这种社会劳动发展为世界劳动后，即商品交换由国内变为世界性交换时，这种社会劳动便具有普遍的国际性质，商品的国别价值便成为国际价值。

（1）国别价值。商品的国别价值与国际价值都是人类劳动的凝结，在本质上是一致的，而在量上则有较大的差异性。国别价值量是由该国生产该商品的社会必要劳动时间所决定的。

（2）国际价值。商品的国际价值是指商品在国际市场上的价值量，其价值量是由世界劳动的平均单位决定的。商品的国际价值是在国别价值的基础上形成的。它不仅是作为个别国家的劳动，而且是作为世界上一切国家的劳动。当商品交换变成世界性交换的时候，社会劳动便具有普遍的国际性质。使国民劳动具有世界劳动的性质最重要的条件就是以国际分工为联系的世界市场的发展和形成。"国家不同，劳动的中等强度也就不同；有的国家高些，有的国家低些。于是各国的平均数形成了一个阶梯，它的计量单位是世界劳动的平均单位。"①这个平均单位就是在一般条件下生产某种商品时所需的社会必要劳动时间。

在资本主义生产方式建立前，商品交换是以价值为基础进行的，而在资本主义生产方式建立后，特别是在世界市场中，商品交换则是以其生产价格为基础进行的。两者的不同之处在于：商品的国际价值取决于生产商品时所消耗的特殊的国际社会必要劳动时间，而商品的国际价格则取决于各国商品的生产成本和各国平均利润之和，两者的变动因素不同。

在世界市场上活动的商人在出售产品时更多地考虑到产品的成本及其可能得到的利润，价格的确定直接受到商品生产价格的影响，但最终还是取决于商品的国际价值。国际价值和国别价值在表现形式上是不同的：商品的国别价值是以该国货币表示的，商品的国际价值形态是直接以世界货币表示的。

---

① 马克思，恩格斯. 马克思恩格斯全集（第23卷）[M]. 北京：人民出版社，1972：52，614.

（二）影响国际价值量变化的各种因素

1. **国际分工与世界市场的深度与广度**

通过国际分工将国内国际市场联系在一起，形成真正的世界市场，更多国家参与到全球市场的开放中，获得经济全球化中的贸易、投资、技术引进、经济合作等利益，促进各国经济效率提升和经济增长，从而减少各国生产商品时耗费的社会必要劳动时间。一国参与更加专业化、精细化的国际分工，将获得细分的、专业化的市场机会，从而在差异化的商品生产上获得更高的劳动生产率，如果能够获得规模经济效益，将对国际价值产生重要的影响。

2. **劳动生产率**

国际价值量随国际社会必要劳动时间的变化而变化。国际社会必要劳动时间是随着世界各国的社会必要劳动时间变化而变动的。而各国生产商品的社会必要劳动时间是随着劳动生产率的改变而改变的。劳动生产率越高，单位商品的国际价值量便越小。反之，劳动生产率越低，单位时间内生产的商品越少，则生产单位商品所需要的社会必要劳动时间便越多，单位商品的国际价值量便越大。因而，劳动生产率和劳动创造的价值成反比。

3. **劳动强度**

国际价值量还受各国劳动强度的影响。劳动强度是指劳动的紧张程度，也就是指同一时间内劳动力消耗的程度。一般说来，劳动强度越大，商品价值量越高。劳动强度与价值量呈正比例变化。

单位时间内同等复杂劳动创造的价值量往往是简单劳动创造出的价值量的几倍甚至几十倍，劳动中的知识技术含量则是复杂劳动的体现。劳动过程需要的知识技术含量越多，生产出的产品价值量就越高。

4. **货币自由兑换程度**

对外贸易重要的制约因素就是一国货币是否能够自由兑换，如本国货币能够自由兑换成国际支付或结算货币，在国际商品市场上价格有一定的影响力，则该国国别价值将对国际价值产生重要影响。中国人民币国际化进程加快，将对中国在商品国际价值的影响或决定上起到重要作用。

5. **贸易参加国的贸易量**

（1）如果绝大多数国际贸易商品是在大致相同的正常的国家社会必要劳动时间下生产出来的，则国际社会必要劳动时间就是该商品各个国家的社会必要劳动时间。在这种情况下，商品国别价值与国际价值基本上是一致的。

（2）假定投到国际市场上的该商品的总量仍旧不变，然而在较差条件下生产的商品大大多于在最好和中等条件下生产的商品，国际价值就由较差条件下生产而出口的大量商品来调节。

（3）假定在高于中等条件下生产的商品的出口量，大大超过在中等条件和较差条件下生产商品的出口量，国际价值就由在最好条件下生产的那部分商品来调节。

二、世界市场价格的形成机制

（一）世界市场的供求关系决定世界市场价格

世界市场价格的基础是商品的国际价值，商品的国际市场价格围绕国际价值上下波动，而商品国际市场价格又是由国际市场上的供求关系确定的。供需各方竞争的结果，使得国际市场价格接近国际生产成本。

（二）影响世界市场供求的主要因素

1. 垄断

垄断组织为了最大限度获得利润，采取各种办法控制世界市场价格。

（1）直接的方法：瓜分销售市场，规定国内市场的商品销售额，规定出口份额减产；降低商品价格，使竞争者破产，然后夺取这些市场并规定这些商品的垄断价格；用夺取原料产地的方法垄断原料市场；开采原料并按垄断价格出售原料，获取国家订货；直接调整价格，即规定一定的价格，低于这一价格便不出售商品；跨国公司内部采用转移价格，公司内部约定出口、采购商品和劳务所规定的价格。

（2）间接的方法：限制商品生产额和出口额；限制开采矿产和妨碍新工厂的建立；在市场上收买"过多"商品并出口"剩余"产品。

2. 经济周期

在经济周期的不同阶段，商品的市场价格和利润率一般都随着经济周期的变化而变化。尤其是经济危机爆发严重影响供求，从而影响世界市场价格。在经济危机期间，价格会下跌；经济危机过去后，价格又开始上涨。

3. 各国政府采取的政策措施

一般来说，经济与贸易大国采取价格支持政策、出口补贴政策、进出口管制政策、关税政策、外汇政策、税收政策、投融资政策、科技政策等，都会影响世界市场的供求。

4. 商品销售的各种因素

这些因素包括：商品的质量、数量与包装，付款条件，运输交货，销售淡旺季，使用货币，客户偏好，地理位置远近，广告宣传，服务质量，等等。

5. 非经济因素

自然灾害、政治动乱、战争、罢工及突发重大事件，如重大公共卫生事件等。

三、世界市场价格的类别

世界市场价格按其形成条件、变化特征可分为两种。

（一）世界"自由市场"价格

世界"自由市场"价格是指在国际市场不受垄断组织或国家垄断力量干扰的条件下，

由独立经营的买者和卖者之间进行交易的价格。国际供求关系是这种价格形成的客观基础。"自由市场"是由较多的买主和卖主集中在固定的地点，按一定的规则，在规定的时间进行的交易。这种市场在一定程度上也会受到国际垄断和政府干预的影响，但是这时的价格毕竟是通过买卖双方公开竞争形成的，所以它能够比较客观地反映商品供求关系的变化。

1. **交易所价格**

交易所价格是指在商品交易所买卖商品时所形成的价格，分期货价格和现货价格两种。期货价格是指商品在期货交易中的成交价格。期货交易是预买、预卖、预期交割的交易形式。现货价格是指商品在现货交易中的成交价格。现货交易是一经成交立即交换的买卖行为，一般是买主即时付款，但也可以采取分期付款和延期交付的方式。商品交易所是世界市场大宗产品交易的场所。许多初级产品的交易都是通过这个渠道进行的。由于交易所价格是由公开竞争形成的，因此交易所价格在国际贸易中具有很大的参考价值，是许多国家签订合同确定价格的主要依据。世界主要的交易所有芝加哥商品交易所、纽约商品交易所、伦敦金融商品交易所等。例如，玉米、小麦等谷物价格可参照芝加哥商品交易所的价格；铜、铅、锌等金属交易可参照伦敦金融商品交易所价格。

2. **拍卖价格**

拍卖是国际市场上出售商品的一种方式。拍卖价格是指通过拍卖方式出售商品的价格。它是通过公开竞争形成的实际成交价格，并且是现货成交价格，因此它能反映某些商品市场行情的变化和水平。目前，国际上较著名的拍卖价格主要有：伦敦的茶叶、猪鬃拍卖价格，加尔各答、科伦坡的茶叶拍卖价格，悉尼的羊毛拍卖价格，等等。

3. **开标价格**

开标价格是指通过招标、投标形式而成交的价格。国际招标人为了购买货物或是工程发包，预先招徕一批各国供货人或承包人进行投标，然后与递价及各方面条件对招标人最有利的投标人达成的价格。

4. **贸易术语下的成交价格**

交易双方，一般指进出口商通过交易磋商达成的价格，以表明成交价格的构成、风险转移、费用划分等，在国际贸易中通常用贸易术语表示。目前正在执行的是国际商会制定的《2020年国际贸易术语解释通则》，分为四组贸易术语：

（1）E组：EXW，ex works 工厂交货

（2）F组：FCA，free carrier 货交承运人

　　　　　FAS，free alongside ship 装运船港边交货

　　　　　FOB，free on board 装运船港上交货

F组的特点是：主运费未付，出口地交货。

（3）C组：CFR，cost and freight 成本加运费

　　　　　CIF，cost insurance and freight 成本、保险加运费

　　　　　CPT，carriage paid to 运费付至

　　　　　CIP，carriage insurance paid to 运费、保险费付至

C组的特点是：主运费已付，出口地交货。

（4）D 组：DPU，delivered at place unloaded 卸货地交货

　　　　　DAP，delivered at place 目的地交货

　　　　　DDP，delivered duty paid 完税后交货

D 组的特点是：由卖方来承担运输风险，进口地交货。

（二）世界"封闭市场"价格

世界"封闭市场"价格是买卖双方在一定的约束关系下形成的价格。一般受商品供求关系影响较小。它包括以下四种：

（1）转移价格，是指跨国公司为了最大限度地减轻税负、逃避东道国的外汇管制等，在公司内部规定的商品、服务和技术的交换价格。

（2）垄断价格，一般是指政府或跨国公司对产品、技术、市场、服务、品牌等的垄断价格。

（3）区域性经济贸易集团内的价格。第二次世界大战后，随着地区经济贸易集团的成立，形成了集团内部价格。如欧盟在建立农产品统一市场时实行的农产品共同价格。

（4）商品协定下的协定价格。国际商品协定通常采用最低价格和最高价格的办法来稳定商品价格，当有关商品价格降到最低价格以下时，就减少生产或出口，或用缓冲基金收购商品；当市场价格超过最高价格时，则扩大生产、出口或抛售缓冲存货，使价格维持正常水平。

四、世界市场的价格波动趋势指数

世界商品价格指数是反映国际商品市场价格水平的指标。但由于各种工业品品种规格非常复杂，同一种商品各国的出口价格并不一样，因而很难编制能反映世界范围商品市场价格水平变化的总指数。现在的世界商品价格指数，实际只是反映国际市场上那些重要的初级产品的综合价格指数。这些商品在国际市场上一般都有交易所通过公开交易形成的交易价格。国际上的主流商品指数以商品期货价格为基础进行编制，能够有效地反映商品的价格波动和趋势特征。与此同时，以商品指数为标的的衍生品，如指数基金、指数期货和期权等，也可以丰富商品投资标的，满足机构投资者参与商品市场的需求。从全球市场来看，现阶段被广泛认可的商品指数主要有以下三种。

（一）出口量指数和进口量指数

世界市场价格变化趋势通常用价格变动指数表示。

1. 出口量指数

出口量指数（export volume index）是指扣除价格变动因素，按不变价格计算的出口价格变化指数。从表 4-1 可以看出，以 2015 年为基期，2008—2021 年在剔除价格波动因素后各国出口价格变化不尽相同，法国最为典型，出口量指数从 2008 年的 103.2 下降至

2021年的93.2；而中国、印度、韩国出口量指数分别从2008年的66.6、67、62.7上升至2021年的139.1、126.9、114.4，价格变化呈上升趋势。

2. 进口量指数

进口量指数（import volume index）是指扣除价格变动因素，按不变价格计算的进口价格变化指数。如表4-2所示，各国进口量指数变化也不尽相同，2021年，法国是进口价格下降最显著的国家之一，而俄罗斯、中国、巴西则是进口价格上涨最显著的国家。

表4-1　各国商品出口量指数（2015=100）

国家	2008	2009	2010	2011	2012	2013	2014	2015	2016	2017	2018	2019	2020	2021
巴西	91.7	82.2	89.9	92.3	91.9	91.9	92.2	100	103	111.9	114.6	113.6	115.2	119.4
中国	66.6	59.6	76.4	83.1	87.7	95.1	100.6	100	101.4	108.6	113.1	115.3	118.5	139.1
法国	103.2	87.7	96.1	99.1	98.9	98	98.3	100	100.2	101.4	102.5	103.2	86.2	93.2
德国	97.3	79.9	91.4	97.3	96.7	96.1	97.6	100	100.5	103.7	104.5	101.7	91.7	98.1
印度	67	63	79.2	91.1	89.5	97	101.9	100	101.7	108.8	112.8	116.7	103.4	126.9
日本	104.1	78.2	99.6	99.2	98.2	96.3	97.9	100	102.3	108.4	111.2	109.2	100.3	112.3
韩国	62.7	63.3	75.7	86.1	88.5	91.7	96	100	99.9	106.2	108.1	106.1	107.1	114.4
俄罗斯	87.8	86	92.2	90.4	90.2	93	93.9	100	103.9	107.9	112.9	109.4	109.1	112.7
南非	102.4	80.3	85.8	90.6	88.6	92.9	96	100	98.7	100.7	102.3	98.7	94.4	106.3
英国	92.4	82.5	91	96.8	95.9	95.2	96.4	100	100.7	107.6	107.8	112.1	96.2	94.9
美国	86.2	74.2	85.6	91.9	95.5	97.9	101	100	99.8	103.8	108.1	107.6	96	103.8

资料来源：WTO网站。

表4-2　各国商品进口量指数（2015=100）

国家	2008	2009	2010	2011	2012	2013	2014	2015	2016	2017	2018	2019	2020	2021
巴西	93.6	77.2	106.3	114.4	112.3	120.9	117.7	100	88.3	96.7	105.4	109.9	102.1	127.3
中国	63.4	65.2	79.6	86.6	90.7	99.1	102.1	100	103.7	112.9	120.2	120.2	126.1	135.8
法国	109.5	95.1	101.7	104.5	101.3	99.1	99	100	100.2	101.7	102.2	101.7	89.2	97.4
德国	94	82.7	93.2	97.8	93.4	93.9	96.7	100	102.6	105.3	107.5	106.5	99.9	106.4
印度	58.8	60.9	74.4	82	86.7	86.5	89.5	100	99.5	109.6	113.3	113.4	96.2	113.4
日本	91.1	80.1	88.2	91.9	95.3	95.8	97.3	100	100.8	103.6	105.6	106.1	102.1	104.6
韩国	77.8	70.5	80.1	84.9	86.1	89.6	94.9	100	99.8	107.5	110.1	108.7	112	121.6
俄罗斯	137.4	91.6	116.7	139.3	148.3	147.2	135.3	100	101.9	118.9	121	128	123.7	141.5
南非	79	62.8	71.4	84.3	91.3	93.3	95	100	95.4	96.6	102	102.2	88.3	96.8
英国	85.1	78.2	86.1	88.6	90.2	93.2	96.7	100	103.6	106.2	106.4	109.1	94.6	98.9
美国	86.6	72.4	83.1	86.2	88.7	89.3	93.6	100	100.5	104.5	110.1	109.5	105.2	117.9

资料来源：WTO网站。

（二）国际市场商品价格指数

1. CRB 指数（路透商品研究局指数）

路透商品研究局指数（commodity research bureau index，CRB index）是最早创立的商品指数，诞生于 1957 年，最早由 28 种商品组成，其中 26 种在美国和加拿大上市。1986 年该指数在纽约商品交易所开始交易（现已并入到 NYBOT）。路透社拥有该商品指数的所有权。CRB 指数以一揽子的商品价格为组成成分，赋予了各构成商品同等权重。

路透 CRB 指数从设立至今已经历 10 次调整，整体权重分布较为均衡。目前指数包含 19 种大宗商品，分别是：铝、可可、咖啡、铜、棉花、原油、黄金、燃料油、生猪、活牛、天然气、镍、橘子汁、白银、大豆、白糖、无铅汽油、小麦与玉米。

2. RJ/CRB 指数（路透/Jefferies 商品期货指数）

2005 年 6 月 20 日，路透集团（Reuters）与 Jefferies 集团旗下的 Jefferies 金融产品公司进行合作，调整路透商品研究局（CRB）指数，更名为路透/Jefferies 商品研究局指数（RJ/CRB 指数）。商品指数将所有商品分成四个权重等级，最高的原油权重为 23%，最低的橘子汁、镍、小麦权重为 1%。该指数每个月调整一次，选择的商品价格采用期货合约的近期月份，而不是以前采用的 6 个合约月份的平均价格。不仅能够较好地反映出生产者物价指数（PPI）和消费者物价指数（CPI）的变化，甚至比 CPI 和 PPI 的指示作用更为超前和敏感，可以看作是通货膨胀的指示器。

3. 标普高盛商品指数（S&P GSCI）

标普高盛商品指数由高盛公司创建于 1991 年，被认为是国际交易市场跟踪量最大的商品指数。目前，标普高盛商品指数包括 24 种商品：6 种能源产品、5 种工业金属、8 种农产品、3 种畜牧产品、2 种贵金属，每种商品的权重每年调节一次。标普高盛商品指数最显著的特点是其对能源价格赋予很高的权重，能源行业占了该指数 75% 的权重，这个特点提升了该指数的波动性（由于能源产品所占比重极大，而能源的波动性又很高，从而决定了标普高盛商品指数的活跃性），标普高盛商品指数期货合约在芝加哥商业交易所（CME）上市交易。

商品指数基金从 2003 年开始实现跨越式发展，目前全球商品指数基金总规模约 2 400 亿美元，以标普高盛商品指数为标的的基金及其指数衍生品规模总量已超过 1 200 亿美元，占比超过 50%，远远领先于其他商品指数。标普高盛商品指数在商品选择、权重设定、指数计算和调整规则等方面均具有明显的优越性，这些设计优势使得标普高盛商品指数成为全球指数基金跟踪量最大的指数标的。

4. 道琼斯－瑞银商品指数（DJUBSCI）

道琼斯－瑞银商品指数创建于 1998 年，主要在机构投资者中受到欢迎，跟踪的资金量较大。目前，道琼斯－瑞银商品指数包括 19 种商品，各种商品的权重是将最近 5 年全球平均产量与全球平均贸易量相结合，权重每年调整一次。该指数设计最明显的特点是多样性，指数中没有一种商品的权重超过 33% 或者小于 2%。目前道琼斯－瑞银商品指数在芝加哥商品交易所上市。

5. 彭博商品指数（BCOM）

彭博商品指数的编制目标与标普高盛商品指数类似，同样强调高流动性与可投资性，由此成为国际市场资金跟踪量第二的商品指数，同时也兼具了路透 CRB 指数对宏观经济指导意义的重视，是对两者兼容并包的平衡版本。

彭博商品指数的四大编制原则可归纳为：重要性、多样性、动态性、流动性。从权重分配结果看，彭博商品指数包含 23 种商品，权重分配在三大指数中最为均衡：路透 CRB 指数号称全面，但对能源与农产品仍有所侧重，标普高盛商品指数 60% 以上权重归属能源，而彭博商品指数各细分品类之间的权重差距最小，对两大指数配置极低的贵金属也赋予了接近 20% 权重，近年的贵金属涨势中获益较大。从权重分配方式看，一方面与标普高盛商品指数"和而不同"，以流动性与总产值 2∶1 的比例赋予目标商品权重。另一方面学习路透 CRB 指数引入了一系列多样化要求与权重限制。

6. 罗杰斯国际商品指数（RICI）

罗杰斯国际商品指数的编制目标是成为国际大宗商品投资的通用工具，目前覆盖了 4 种货币计价、9 家交易所上市的 38 种商品，覆盖广和国际化是其最鲜明标签，有时会带给投资者意想不到的收获。

7.《金融时报》世界敏感性商品价格指数

以 1952 年 7 月 1 日为基期。构成该指数的也是 12 种商品，为小麦、玉米、咖啡、可可、棉籽油、棉花、羊毛、黄麻、天然橡胶、铜、锌和锡，但不设加权比重。该指数的商品具有较高的代表性，对商品价格变化较为敏感，可用于观察短期商品行情变化。

8.《经济学人》商品价格指数

英国《经济学人》学刊编制的每周商品价格指数，包括总指数、食品指数和工业指数。该指数以 1975 年为基期，共涉及商品 27 种，其权重依前一年工业国家平均进口额而逐年调整。为减少汇率波动的影响，该指数以美元和英镑、特别提款权计算。

（三）波罗的海综合航运指数

货物运输价格的波动是影响国际货物运输和国际贸易的最重要的因素。货物的运价也和商品的生产价格一样，随着市场供求关系变化而围绕着价值上下波动，是反映国际贸易趋势的领先指数。

BDI 指数（Baltic dry index，波罗的海干散货指数）代表国际干散货运输走势，目前是世界衡量国际海运情况的权威指数，由波罗的海航交所发布。该指数包含了以下三种指数。

（1）BPI 指数：巴拿马船型（Panamax），5 万～8 万吨，主要运输民生物资及谷物等大宗物资，占 BDI 指数权重 1/3。

（2）BHI 指数：轻便极限型（Handymax），5 万吨以下，主要运输磷肥、碳酸钾、木屑、水泥等，占 BDI 指数权重 1/3。

（3）BCI 指数：海岬型（Capesize），8 万吨以上，主要运输焦煤、燃煤、铁矿砂、磷矿石、铝矾土等工业原料，占 BDI 指数权重 1/3。

专栏4-2

WTO全球贸易景气指数（World Trade Outlook Indicator，WTOI）

第三节　世界市场的贸易条件及影响因素

一、贸易条件概念及计算

贸易条件（terms of trade）又称贸易比价或交换比价，表示一国单位进口商品与其所需出口用以交换的商品数量的比率，或单位出口商品换回进口商品的比率，或出口商品的价格与进口商品的价格比值，一般用指数表示。贸易条件是衡量一国进出口的贸易利益、进出口价格变化以及竞争力状况的重要指标，它是一个相对概念。如果当期贸易条件指数大于100，表明当期比基期的贸易条件优化；小于100，则表明当期比基期的贸易条件恶化。

经济增长影响国际贸易的理论认为，大国实行出口扩张型增长会使其贸易条件恶化，大国实行进口替代型增长则会改善其贸易条件。

（一）净贸易条件

也称为商品贸易条件，是指一国出口价格指数与进口价格指数之比，其计算公式为：

$$N = (P_x/P_m) \times 100 \tag{4-1}$$

式中，P_x 为出口价格指数，P_m 进口价格指数。

例：某国净贸易条件以2000年为基期是100，2021年时出口价格指数下降5%，进口价格指数上升10%，求该国的净贸易条件。

解：$P_x=100-5=95$　$P_m=100+10=110$
$N=(P_x/P_m)\times 100=(95/110)\times 100=86.36$

结果表明：该国净贸易条件2021年与2000年相比，贸易条件恶化了13.64。

（二）收入贸易条件

也称为出口购买力贸易条件，是指净贸易条件与出口量指数的乘积，其计算公式为：

$$I = (P_x/P_m) \times Q_x \tag{4-2}$$

式中，Q_x 为出口数量指数。

例：商品贸易条件指数变化与上例相同，而该国出口量指数从2000年的100上升到2021年的120，求该国收入贸易条件指数为多少？

解：$I=(95/110)\times 120=103.63$

结果表明：尽管该国净贸易条件恶化，但因出口能力提高和出口收入增加，该国2021年收入贸易条件还是比2000年提高了3.63，也就是收入贸易条件得到了一定程度的改善。表4-3为2010—2019年中国贸易条件指数增长情况。

表4-3　2010—2019年中国贸易条件指数增长情况

年　　份	2010	2011	2012	2013	2014
指　　数	100.00	96.34	97.20	98.29	101.09

年　　份	2015	2016	2017	2018	2019
指　　数	112.78	112.53	106.39	103.14	104.51

资料来源：联合国贸发会议数据库。

（三）单要素贸易条件

单要素贸易条件是在净贸易条件基础上乘以出口商品劳动生产率指数，其计算公式为：

$$S = (P_x/P_m) \times Z_x \tag{4-3}$$

式中，Z_x 为出口商品劳动生产率指数。

例：该国商品贸易条件指数变化状况与上例相同，而该国出口部门生产率从2000年的100上升到2021年的130，则该国单项要素贸易条件指数为多少？

解：$S = (95/100) \times 130 = 112.27$

结果表明：随着该国2021年出口商品劳动生产率的提高，有效地改善优化了单要素贸易条件。

（四）双要素贸易条件

双要素贸易条件既要考虑出口商品劳动生产率指数，也要考虑进口商品劳动生产率指数，其计算公式为：

$$D = (P_x/P_m) \times (Z_x/Z_m) \times 100 \tag{4-4}$$

式中，Z_m 为进口商品劳动生产率指数。

例：承前例，进口商品劳动生产率指数从2000年的100上升到2021年的105，则该国双要素贸易条件指数为多少？

$$D = (95/100) \times (130/105) \times 100 = 106.92$$

结果表明：如果一国出口商品劳动生产率指数提高幅度大于进口商品劳动生产率指数，提高幅度就可能抵消净贸易条件恶化，从而使双要素贸易条件得到改善。

从上述四个贸易条件的计算结果来看，扩大出口量、提高出口商品劳动生产率都能够改善和优化贸易条件，获得较好的贸易利益；但前者是属于粗放型的贸易增长，而后者是属于集约化、质量效益型的贸易增长。

二、影响贸易条件的因素

影响贸易条件的因素很多，不同国家影响因素也有差异，但主要有以下五个影响因素：

（一）经济发展水平

经济发展水平是影响一国贸易条件变化最重要的因素。一般而言，发达国家经济发展水平高，在国际市场处于主导或垄断地位，因此能够影响国际市场价格。一旦进出口价格发生变化，不仅会导致发达国家也会导致发展中国家的贸易条件发生变化。

（二）商品的供求状况及弹性

进出口商品的供求变化通过影响进出口商品的价格从而影响贸易条件。国际市场供过于求或者供不应求时，都会导致国际市场价格变化，以至于会影响出口国的贸易条件，当然也会影响进口国的贸易条件。某国出口商品供不应求使得出口价格上涨，有利于改善和优化贸易条件，获得较大的贸易利益。但需求弹性大于1的商品，出口大幅增加会大幅降低出口价格，反而会导致贸易条件向恶化方向发展。

（三）产业结构和贸易结构

一般来说，发展中国家存在较为落后的产业结构，一次产业比重较高，生产初级产品，贸易结构中初级产品的出口比重高；即使制造业比重在提高，但技术含量低属于劳动密集型产品，国际市场卖价低；而发达国家产业结构先进，出口制成品尤其是高新技术产品，具有技术、品牌、市场、价格垄断优势，因此当进口商品或出口商品的构成发生变化时，会导致一国的贸易条件发生变化。

（四）劳动生产率

出口国促进技术进步，加大研发创新，更新装备、设备，采用智能化、数字化生产，培育国际品牌；重视人才培养，提高劳动者素质，尤其是提高产业大军的劳动效率；加强企业的现代化管理，提升管理效率；等等，都会促使出口企业劳动生产率的大幅提升，在此基础上单要素贸易条件将获得极大改善和优化。

（五）选择基期年份

由于贸易条件是一个相对概念，在四种贸易条件的计算中，都要设定一个固定年份为基期，从而判断各年份进出口价格的变化。所以选择不同的年份为基期，进出口价格指数都会发生变化，进而影响到各种贸易条件的具体数值。例如，表4-3中以2010年为基期，收入贸易指数为100。

第四节 当代世界市场竞争

一、全球化背景下的国际市场竞争新特点

世界在向多极化发展过程中，竞争越来越激烈。经济全球化下国际竞争的实质是以经济和科技实力为基础的综合国力的较量。能否增强以经济、科技为基础的综合国力，最终

将决定本国在国际市场上的地位。全球化背景下，国际市场竞争呈现以下新特点：

（1）经济与贸易领域的国际竞争仍居重要地位，但日益发展成全方位的竞争；
（2）国际竞争依靠质量、科技、品牌、服务获得新优势；
（3）国际竞争与合作战略日益受到重视；
（4）高科技领域与现代服务产业成为各国竞争的焦点；
（5）发达国家获得更多市场利益，分配不公平；
（6）跨国公司成为国际竞争的主角，竞争激烈；
（7）国际竞争受到各主权国家的干预和保护。

二、国际竞争力的评价指标

（一）国际竞争力内涵

自 20 世纪 80 年代以来，当代国际竞争力理论与评价体系逐步形成与发展。由于国际竞争力主体的多元性、构造的复杂性和空间的广泛性，关于国际竞争力的概念仍存在不少争议，对其内涵也有不同的理解和诠释。1985 年，世界经济论坛（World Economic Forum，WEF）首次提出了国际竞争力的概念，它认为国际竞争力是"一国企业能够提供比国内外竞争对手更优质量和更低成本的产品与服务的能力"。1991 年，瑞士洛桑国际管理发展学院（International Institute for Management Development，IMD）和世界经济论坛将国际竞争力的概念定义为"在世界范围一国企业设计、生产和销售产品与服务的能力，其价格和非价格特性比国内外竞争对手更具有市场吸引力"。1994 年，瑞士洛桑国际管理发展学院和世界经济论坛修改了国际竞争力的定义和评价准则，认为"国际竞争力是指一国或公司在世界市场上均衡地生产出比其竞争对手更多财富的能力"。1996 年，世界经济论坛将国际竞争力定义为"一国实现人均国内生产总值持续高速增长的能力"。2003 年，瑞士洛桑国际管理发展学院认为国际竞争力是"一国创造与保持一个使企业持续产出更多价值和人民拥有更多财富的环境的能力"。因此，该研究机构的国际竞争力研究注重于一个国家提供环境与财富创造过程之间的关系，而经济运行、政府效率、企业效率和基础设施四大要素的交互作用则决定了一国创造财富的总体环境。经济合作与发展组织（OECD）把国际竞争力定义为"一国能在自由和公正的市场条件下生产产品和服务，而这些产品和服务既能满足国际市场的检验标准，同时又能长期保持和扩大该国人民的实际收入的能力"。美国竞争力政策委员会的国际竞争力定义与之相似，认为"国际竞争力是一国能提供满足国际市场检验标准的产品和服务，同时又能长期地持续提高国民生活水平的能力"。

从国际竞争力概念的演进看，早期的国际竞争力实际上是指企业的国际竞争力。随后，国际竞争力概念从微观层次向中观层次乃至宏观层次发展，国际竞争力逐渐成为一个多层次和综合性的概念。按照参与竞争主体不同可分为国家竞争力、产业竞争力、企业竞争力和产品竞争力。由于竞争力的主体不同，其相应的理论定义、概念内涵与外延以及测度指标均不相同。

（二）国家竞争力评价指标

1. 瑞士洛桑国际管理发展学院（IMD）的国际竞争力评价体系

该体系指标自1989年起每年发布，IMD每年出版的《世界竞争力年鉴》是目前国际上有关国际竞争力最权威的年度报告之一。IMD的国际竞争力评价体系最初由十大要素指标构成，1992—2001年期间，将十大要素指标调整为八大要素指标，分别是国内经济实力、国际化、政府管理、金融体系、基础设施、企业管理、科学技术、国民素质的竞争力。从2001年开始，IMD提出了新的国际竞争力评价体系，由四大要素指标构成，分别是经济运行竞争力、政府效率竞争力、企业效率竞争力和基础设施竞争力，子要素指标有20个，如表4-4所示。

表4-4 IMD的国际竞争力评价体系

四大要素指标	子要素指标
经济运行竞争力	国内经济实力、国际贸易、国际投资、就业、价格
政府效率竞争力	公共财政、财政政策、组织机构、企业法规、社会结构
企业效率竞争力	生产效率、劳动市场、金融、企业管理、价值系统
基础设施竞争力	基本基础设施、技术基础设施、科学基础设施、健康与环境基础设施、教育

资料来源：IMD的国际竞争力评价体系。

这20个子要素共包含300多个指标，根据统计方法和来源不同，这些指标分为硬指标和软指标两大类，硬指标来源于国际、国家或地区的机构和非官方机构统计数据，软指标来源于高级管理人员的问卷调查结果。其中，硬指标约占总指标的2/3，软指标约占总指标的1/3。目前，IMD的国际竞争力评价已涵盖了60多个国家和地区。它通过世界各国竞争力的排名突出了国家之间的竞争力差距，指出各国国际竞争力的强项和弱项，向决策者提出提升国际竞争力的政策建议。

根据其竞争力年报，2022年在被评估的63个经济体中，世界竞争力前10强依次为丹麦、瑞士、新加坡、瑞典、中国香港、荷兰、中国台湾、芬兰、挪威、美国，中国内地排第17名。

2. 世界经济论坛（WEF）的国际竞争力评价体系

1986年，WEF发表了国际竞争力的研究报告。从1989年起，WEF开始与IMD合作出版《世界竞争力年鉴》。自1996年开始，WEF独自出版《全球竞争力报告》，并于1998年、2000年、2003年对全球竞争力的指标体系进行了调整。2018年其最新采用的全球竞争力指数（GCI）4.0是一套综合性指标，评估范围涵盖全球141个经济体，占世界GDP的99%。GCI4.0指标体系构建遵循三个原则：一是生产率（竞争力）的复杂性，将竞争力水平高低的因素归为12类，并称为竞争力的12个支柱；二是发展阶段的差异，借鉴波特的思想，将经济发展分为要素驱动阶段、效率驱动阶段和创新驱动阶段，以帮助处于不同发展阶段的国家找到自己应该优先关注的领域；三是过渡性，随着经济发展阶段平缓地转入下一个阶段，每个子指数所占的权重也会相应地进行平稳调整。GCI4.0中的12个"支柱"分别为制度、基础设施、信息及通信技术（ICT）的采用、宏观经济稳定、健康、技能、产品市场、劳动力市场、金融体系、市场规模、商业活力和创新能力。世界经济论坛发布《2020—2021年度全球竞争力报告》，瑞士、美国、新加坡、荷兰、德国、中国香港、瑞典、英国、日本、芬兰位列前10位，中国内地排第27位。

（三）产业和产品国际竞争力评价指标

1. 工业竞争力指数

联合国工业发展组织（UNIDO）发布的各国工业竞争力指数（the Competitive Industrial Performance Index，CIP），反映一国生产工业制成品的竞争能力。2002年，UNIDO发表了第一部《工业发展报告2002/2003：通过创新和学习参与竞争》，第一次公布了世界各国工业竞争力指数排行榜。UNIDO工业竞争力评价体系是由体现一国工业制成品生产和出口能力的指标构成，综合反映一国生产工业制成品的竞争能力。各国工业竞争力指数由人均制造业增加值、人均制成品出口额、制造业增加值的中高技术产品比重、制成品出口的中高技术产品比重等四大指标构成，涵盖了87个国家和地区。2004年，各国工业竞争力指数由人均制造业增加值、人均制成品出口额、制造业增加值占GDP的比重、制成品占总出口比重、制造业增加值的中高技术产品比重、制成品出口的中高技术产品比重等6大指标构成，涵盖的国家和地区增至155个。在工业竞争力评价体系中，每个指标的取值范围都标准化为0（最差）~1（最好），6个基本指标值也没有特别的权重，综合指数就是它们的算术平均数。

2. 显示性比较优势指数

显示性比较优势指数（revealed comparative advantage index，RCA指数）由美国经济学家巴拉萨提出，是衡量一国产品或产业国际市场竞争力最具说服力的指标，它定量地描述一个国家内各个产业（产品组）相对出口的表现。通过RCA指数可以判定一国的哪些产业更具出口竞争力，从而揭示一国在国际贸易中的比较优势。

RCA指数表示j国i产品的出口额占本国总出口额的比重与世界i产品的出口额占世界总出口额的比重之比。在进行产业或产品的国际竞争力测度时，该指标运用较多，计算公式为：

$$\text{RCA}_{ij} = \frac{X_{ij} / \sum_i X_{ij}}{\sum_j X_{ij} / \sum_i \sum_j X_{ij}} \tag{4-5}$$

式中，RCA_{ij}为j国i产品的显示性比较优势指数；X_{ij}为j国i产品的出口额；$\sum_j X_{ij}$为世界i商品的全部出口额；$\sum_i \sum_j X_{ij}$为世界所有产品的出口总额。

一般认为，若$\text{RCA}_{ij} > 2.5$，则表明j国i产品（或产业）具有极强的国际竞争力；若$1.25 < \text{RCA}_{ij} < 2.5$，则表明$j$国$i$产品（或产业）具有较强的国际竞争力；若$0.8 < \text{RCA}_{ij} < 1.25$，则表明$j$国$i$产品（或产业）具有中等程度的国际竞争力；若$\text{RCA}_{ij} < 0.8$，则表明$j$国$i$产品（或产业）的国际竞争力较弱。

3. 贸易竞争力指数

贸易竞争力指数（trade specialization coefficient，TC指数）也称为贸易竞争力系数，常用于测定一国（地区）出口产业、出口产品的国际竞争力强弱，计算公式为：

$$\text{TC} = \frac{X_{ij} - M_{ij}}{X_{ij} + M_{ij}} \tag{4-6}$$

式中，TC 为一国（地区）贸易竞争力指数；X_{ij} 代表某类产品出口额，M_{ij} 代表进口额。

一般认为，若 TC ≥ 0.8，则表明该产品国际竞争力很强；若 0.5 ≤ TC<0.8，表明产品具有较强竞争力；若 0 ≤ TC<0.5，则具有中等竞争力；若 TC=0，表明该国或该地区此类产品与国际生产效率水平相当；若 -0.5 ≤ TC<0，则产品具有低竞争力；若 -0.8 ≤ TC<-0.5，则具有较低竞争力；若 TC ≤ -0.8，则表明该产品国际竞争力很低；若 TC=1，则完全出口专业化；若 TC=-1，则完全进口专业化。

4. 出口业绩相对指数

出口业绩相对指数反映了某出口国某产品在世界的地位，计算公式为：

$$\text{IREP}_{ij} = \frac{X_{ij} / \sum_j X_{ij}}{\sum_i X_{ij} / \sum_i \sum_j X_{ij}} \tag{4-7}$$

式中，分母为 j 国出口额在世界出口额中所占的比例；分子为 j 国 i 产品出口额在世界 i 产品总额中所占的比例。

5. 国际市场占有率

国际市场占有率是用来评价国际竞争力最重要的指标，它既可以用一国全部出口商品在世界出口总额中的比率来表示，也可以用一国特定产业或者某类商品的出口总额与世界特定产业或商品出口总额的比率来表示。一般而言，比率越高，该国（或该特定产业或该类商品）在国际市场上的竞争力越强，反之则竞争力较弱。计算公式为：

$$\text{某国全部商品国际市场占有率} = \frac{\text{某国出口总额}}{\text{世界出口总额}} \times 100\% \tag{4-8}$$

$$\text{某类商品国际市场占有率} = \frac{\text{某类商品出口总额}}{\text{世界该类商品出口总额}} \times 100\% \tag{4-9}$$

$$\text{某特定产业国际市场占有率} = \frac{\text{某特定产业出口总额}}{\text{世界该特定产业出口总额}} \times 100\% \tag{4-10}$$

6. 相对国际竞争力指数

相对国际竞争力指数是指某产品国内生产和消费之比，与该国所有产品的生产之和与消费之和之比。其计算公式为：

$$R_i = \frac{Q_i / C_i}{\sum Q_i / \sum C_i} \tag{4-11}$$

R_i 反映了 i 产品在国内外市场上的相对竞争力，Q_i 为 i 产品的国内生产额，C_i 为其国内消费额，$\sum$ 表示产业内或国家内所有产品的生产之和或消费之和。

$\sum Q_i / \sum C_i$ 大于 1，表示该产业或该国的生产大于消费，是存在净出口的产业或国家。

若 R_i 大于 1 说明不但满足了国内需求，而且有净出口，其相对竞争力较强；若 R_i 小于 1 说明该产品国内生产不能满足国内消费，需要进口，其相对竞争力较弱。总体来看，该指标值越高，说明该产品在国内和国外市场上的地位越重要。

7. 出口产品品质指数

出口产品品质指数是用以衡量产品质量竞争力的指标，计算公式为：

$$Q_i = \frac{E_i / N_i}{I_p} \tag{4-12}$$

式中，Q_i 表示产品品质，E_i 表示 i 产品的出口额，N_i 表示 i 产品的出口数量，I_p 表示出口价格指数。

如果产品的出口价格高于出口价格指数，则反映出口商品品质好，技术含量高，指数提高则表明商品品质向高级化发展。

8. 竞争优势变化指数

竞争优势变化指数是指将某国某一类产品（产业）的出口增长率与全部产品（产业）的出口增长率进行比较，从而得到该产品（产业）出口竞争力的变化趋势。其计算公式为：

$$g = (G_i - G_o) \times 100\%$$

式中，G_i 为 i 产品（产业）出口增长率，G_o 为总出口增长率。

如果 g 为正，则表明其增长率高于整体的出口增长率，具有一定的竞争优势。

专栏4-3 主要大国的服务贸易竞争力分析

本章思考练习题

一、思考题

1. 世界市场中哪些区域市场较为发达？
2. 影响当代世界市场发展的因素有哪些？
3. 发展中国家如何改善贸易条件恶化的现状？
4. PPT：猪周期变化规律对国际贸易的影响分析（团队研究性学习）。
5. PPT：近几年全球石油价格波动及影响因素分析（团队研究性学习）。
6. PPT：中国某类产业或产品的国际竞争力分析（团队研究性学习）。

二、练习题

（一）名词解释题

世界市场、国际价值、国际市场价格、世界"自由市场"价格、世界"封闭市场"价格、转移价格、贸易术语、贸易式进入、契约式进入、股权式进入、跨国经营、BDI 指数、一般贸易、加工贸易、国际期货贸易、贸易条件、收入贸易条件、国际竞争力。

（二）简答题

1. 简述世界市场形成的标志。
2. 国际市场价格的种类有哪些？
3. 影响世界市场供求的主要因素有哪些？
4. 全球化背景下国际市场竞争新特点是什么？
5. 提高出口商品的国际竞争力有何现实意义？

课后学习资源清单

第五章 自由贸易理论

学习目标

通过学习本章，使学生理解亚当·斯密、大卫·李嘉图、赫克歇尔、俄林等古典和新古典经济学家国际贸易思想的核心内容，由此认识自由贸易理论在指导现实的经济发展中的重要意义，理解这些自由贸易理论的缺陷以及对发展中国家的适用性，加深对国际贸易理论中一些基本概念的认识。

本章重要概念

绝对优势、比较优势、机会成本、相对成本、相对劳动生产率、要素禀赋、资本密集型产品、劳动密集型产品、熟练劳动、人力资本

第一节 绝对优势理论

国际贸易理论起源于市场经济商品交换和生产分工的思想，只是研究的对象从一国内的分工和交换扩大到不同国家之间的分工和交换。

一、绝对优势理论产生的背景

（一）斯密经济思想的核心——自由放任

重商主义时代国际贸易的大发展，客观上刺激了西欧各主要殖民国家的对外贸易发展，促进了各国纺织业、冶炼业、采矿业、造船业和其他各类制造业的迅速发展。同时，对外贸易带来的丰厚报酬和大量的金银财富也通过各种商业流通阶段迅速地向一部分制造业主、实业家、造船商、银行家集中。这无疑为资本主义的生产方式奠定了坚实的资本基础。到17世纪中后期，资本主义在西欧各国得到了很大的发展，经济增长十分迅速，资本主义生产方式越来越成为社会的主流趋势。到18世纪中叶，英国进入第一次工业革命，英国"世界工厂"的地位已经确立并得到巩固，新兴的资产阶级形成了强大的生产力。于是，

他们一方面需要来自世界各地的原材料,另一方面又迫切地需要广阔的世界市场来消化自身强大的生产能力。他们认为,自由贸易的思想和政策已经成为资本主义发展道路上的必然。

斯密将新兴的资产阶级关于人人都享有生而具之的自由、生活和拥有财产的"天赋权力"的政治主张引入经济学研究领域,提出了"自由放任"(allowing unrestrained freedom)的经济思想。在斯密看来,在每个社会成员都有其自身的物质利益,且都为实现个人物质利益最大化而孜孜追求的社会里,政府对经济的管制与垄断不仅没有必要,而且是有害的。倘若政府反其道而行之,推行自由放任的经济政策,则国民财富自然会极大地涌流出来,个人利益与社会公众的利益不仅没有矛盾,反而还会完美和谐地结合在一起。这是因为有一只"看不见的手"(invisible hand)在起着具有决定意义的支配作用。

专栏5-1

亚当·斯密对重商主义的清算

(二)斯密对重商主义的评判

(1)对重商主义财富观的批评。斯密首先批评了重商主义者将金银等贵金属同财富等同起来的错误财富观,斯密认为"一个国家的财富并不仅仅由黄金和白银构成,而是还应该包括该国拥有的土地、房产和各种可供消费的商品"[①]。开展海外贸易固然可以获得黄金和白银,但海外贸易更具意义的作用在于开拓国际市场,增强本国的生产能力,增加商品生产,进而增加"一个国家拥有的真正的财富"(real wealth of the nation)。由此可见,斯密已经正确地认识到了商品与货币的关系,所谓"真正的财富",其实就是一国所掌握的与别国交换商品的能力。

(2)对重商主义借贸易顺差聚敛财富观点的批评。斯密依据大卫·休谟提出的"硬币流量调整机制"(specie-flow adjustment mechanism)的原理,批评重商主义者希望通过持续的贸易顺差聚敛金银财富的企图是一厢情愿、徒劳无益的。建立在货币数量论基础上的"硬币流量调整机制"认为,一国商品交换中,商品的一般价格水平恰为该国金银货币的存量同商品总量的比值[②]。据此可以看到,倘若重商主义者真能如愿以偿地从海外贸易中取得大量金银,在社会商品总量不变的前提下,势必引起本国物价上涨。本国商品将丧失同外国商品竞争的价格优势,不仅本国的贸易顺差难以为继,还必须对外支付金银货币以弥补随之而来的贸易入超。

(3)对重商主义"零和游戏"规则的批评。斯密指责重商主义者大力倡导的"零和游戏"不能成立。因为按照"天赋权力"的主张,各国都有权通过海外贸易获取利益。但如果真是如此,"一国于贸易之所得,恰为他国于贸易之所失"的"零和游戏"规则就必须改一改了。其实说到底,重商主义的贸易理论根本就无所谓互利互惠,只是体现着重商主义者极端利己主义的心态。诚如斯密所批评的那样,"重商主义最为强调的与其说是

[①] 亚当·斯密. 国民财富的性质与原因的研究 [M]. 郭大力,王亚南,译. 北京:商务印书馆,1972.

[②] 货币数量论的价格决定公式为:$P = \dfrac{G}{W}$。其中,P 为一定时期内社会一般的价格水平;G 为一定时期内全社会的金银货币存量;W 为一定时期内全社会的商品总量。

财富,还不如说是强权①。"贸易的真正经济基础只能是某种普遍的贸易利益,即"只要各国按照拥有的特定优势开展贸易,则双方通过这种自愿基础上的贸易,都能从中获取贸易利益"②。正是因为"一国具有这种优势,另一国无此优势,后者向前者购买,总比自己制造有利",才使各国都普遍具备了参与国际贸易的动因③。

(4)对重商主义贸易政策的批评。从"自由放任"的经济思想出发,斯密严厉批评了重商主义的保护贸易政策,大力倡导自由贸易,主张政府应该减少甚至放弃对对外贸易的垄断与管制。因为在斯密看来,即便是在国际贸易领域中,那只神奇的"看不见的手"依然在冥冥之中支配着人们的经济行为,对于如何通过对外贸易实现自身的经济利益,"每一个人从其所处的地位出发所能做出的判断,显然比任何政治家或法典制定者为他们做出的判断要高明得多④。"政府只有改弦易辙,推行自由贸易的政策,才能加快本国生产与对外贸易的发展,并从中获取最大的贸易利益。

斯密站在新兴的产业资产阶级的立场上,坚持自由放任的经济思想,从批评重商主义的财富观入手,揭示了重商主义国际贸易理论的虚妄性和重商主义国际贸易政策的经济利己主义本质。在此基础上,斯密提出了自己的贸易思想,并且旗帜鲜明地倡导自由贸易政策,搭建起了古典国际贸易理论和政策体系的基本框架,为国际贸易理论的发展掀开了新的一页。

二、绝对优势理论的基本假设

为了进一步理解绝对优势贸易理论,用一个简单的模型来说明。

1. 基本假设

绝对优势贸易模型的基本假设如下:

(1)两个国家和两种可贸易商品。

(2)两种可贸易商品的生产都只有一种要素投入——劳动。

(3)两国在两种产品上的生产技术不同,存在着劳动生产率上的绝对差异。

(4)给定生产要素(劳动)供给。要素可以在国内不同部门之间流动,但不能在国家之间流动。

(5)规模报酬不变。

(6)完全竞争市场。各国生产的产品价格都等于产品的平均生产成本,无经济利润。

(7)无运输成本。

(8)两国之间的贸易是平衡的。

2. 生产和贸易模式

根据绝对优势贸易理论,各国应该专门生产并出口其具有绝对优势的产品,不生产但

---

① 西德尼·J. 韦尔斯:《国际经济学》,乔治·阿伦—安文出版公司,1969年版,第24页。
② 约翰·威廉斯、克利斯·米勒:《世界经济》,哈夫斯特·惠特谢夫出版公司,1991年版,第20页。
③ 亚当·斯密:《国民财富的性质与原因的研究》,麦休因出版公司,1904年版,第423-424页。
④ 亚当·斯密:《国民财富的性质与原因的研究》,麦休因出版公司,1904年版,第421页。

进口其不具有绝对优势（或有绝对劣势）的产品。

那么，怎样确定一国在哪种产品上具有绝对优势？绝对优势的衡量有两种办法。

（1）用劳动生产率，即用单位要素投入的产出率来衡量。j产品的劳动生产率可用$\left(\dfrac{Q_j}{L}\right)$来表示，其中$Q_j$是产量，$L$是劳动投入。一国如果在某种产品上具有比别国高的劳动生产率，该国在这一产品上就具有绝对优势。

（2）用生产成本，即用生产一单位产品所需的要素投入数量来衡量。单位j产品的生产成本（劳动使用量）可用$a_{Lj}=\dfrac{L}{Q_j}$表示。如在某种产品的生产中，一国单位产量所需的要素投入低于另一国，该国在这一产品上就具有绝对优势。

为了更清楚地说明这一模型，假设有 M 和 H 两个国家，两国都生产大米和小麦，但生产技术不同。劳动是唯一的生产要素，两国有相同的劳动力资源，都是 100 人。由于生产技术的不同，同样的劳动人数，可能的产出是不同的。如果两国所有的劳动都用来生产大米，假设 M 国可以生产 100 吨，H 国只能生产 80 吨。如果两国的劳动都用来生产小麦，假设 M 国能生产 50 吨，而 H 国能生产 100 吨。两国的生产可能性如表 5-1 所示。

表 5-1　M 国和 H 国的生产可能性

	大米 / 吨	小麦 / 吨
M 国	100	50
H 国	80	100

从劳动生产率的角度说，M 国每人每年可以生产 1 吨大米，而 H 国每人每年只生产 0.8 吨，M 国具有生产大米的绝对优势。H 国每人每年可以生产 1 吨小麦，而 M 国每人每年只能生产 0.5 吨，H 国具有生产小麦的绝对优势。表 5-2 列出了 M 和 H 两国在大米和小麦生产中的劳动生产率。

表 5-2　M 国和 H 国的劳动生产率（Q_j/L）　　　　　　　　　　　　单位：吨 / 年

	大米（人均产量）	小麦（人均产量）
M 国	1.0	0.5
H 国	0.8	1.0

注：Q_j是产量，L是劳动投入；其中$j=$大米、小麦。

从生产成本的角度来说，每吨大米在 M 国只要 1 个单位的劳动投入，在 H 国则要 1.25 个单位。相反，每吨小麦在 M 国需要 2 个单位的劳动投入，在 H 国只要 1 个。在表 5-3 中，我们分别用a_{LR}和a_{LW}来表示 M 和 H 两国单位大米和单位小麦生产中的劳动要素投入，即生产成本。

表 5-3　M 国和 H 国的生产成本（a_{Lj}）

	大米（a_{LR}）	小麦（a_{LW}）
M 国	1.0	2.0
H 国	1.25	1.0

显然，a_{LR}（M国）<a_{LR}（H国），而 a_{LW}（M国）>a_{LW}（H国）。通过生产成本的比较，可以得出与以上比较劳动生产率时同样的结论。

根据绝对优势理论，M国应该专门生产大米（100吨），然后用其中的一部分去跟H国交换小麦。H国则应专门生产小麦（100吨），然后用一部分小麦去交换M国的大米。

3. 贸易所得

这种专业化的分工和交换有什么好处呢？如果没有贸易的话，两国都是封闭经济，自给自足，因此，为了满足不同的消费需求，每个国家都要生产两种产品。为了方便起见，假设每个国家都将自己的劳动资源平均分布在两种产品的生产上。那么，M国的大米产量是50吨，小麦是25吨；H国的大米产量是40吨，小麦是50吨。在封闭经济中，各国的生产量也是各国的消费量。

在两国开放自由贸易和专业化分工之后，M国生产100吨大米，H国生产100吨小麦。假设M国仍然保持自给自足时的大米消费量（50吨），拿出另外的50吨大米去跟H国交换小麦，而H国也是如此，保证原来的小麦消费量（50吨），将余下的50吨小麦去交换大米。这样，M国与H国用50吨大米换50吨小麦。贸易的结果是，M国现在有50吨大米（自己生产的）和50吨小麦（进口的），比自给自足时多了25吨小麦。而H国也有50吨小麦和50吨大米，比自给自足时多了10吨大米，两国都比贸易前增加了消费，都得到了在自给自足时不可能达到的消费水平。这就是贸易所得。

在这个例子中，M国大米与H国小麦的交换比例是1∶1，而实际中这一比例会有变动。究竟以什么样的比例（即价格）进行交换，取决于国际市场上两种产品的供给与需求。但有一点非常明确，M国用1吨大米换取的H国小麦不能少于0.5吨，否则不如自己生产；进口1吨M国大米，H国愿意支付的小麦不会超过1.25吨，否则无利可图。两国都能从分工和贸易中获利的小麦/大米交换比例（大米的相对价格）应在0.5至1.25之间。

三、绝对优势理论的核心思想

斯密于1776年写出了奠定古典政治经济学理论体系的著作《国民财富的性质和原因的研究》（简称《国富论》）。在这部著作中，斯密第一次把经济科学所有主要领域的知识归结成一个统一和完整的体系，而贯穿这一体系的基本思想就是自由放任的市场经济思想。斯密的贸易思想是其整个自由竞争市场经济体系的一个有机组成部分。斯密认为，自由竞争和自由贸易是实现自由放任原则的主要内容。他极力论证实现这一原则的必要性与优越性，并通过对国家和家庭进行对比来描述自由贸易的必要性。他认为，既然每个家庭都认为只生产一部分它自己需要的产品而用那些它能出售的产品来购买其他产品是合算的，同样的道理应该适用于每个国家：

如果一件物品的购买费用小于自己生产的成本，那么就不应该自己生产，这是每一个精明的家长都知道的格言。裁缝不想自己制作鞋子，而向鞋匠购买。

如果每一个私人家庭的行为是理性的，那么整个国家的行为就很难是荒唐的。如果一个国家能以比我们低的成本提供商品，那么我们最好用自己有优势的商品同他们交换[①]。

在这里，斯密首次从消费者（裁缝）的角度强调进口（从鞋匠那里购买鞋子）的利益（比自己在家生产便宜），他从分工交换的好处来分析贸易所得。在国际贸易中，不仅出口带来利益，进口也同样给一国带来好处。因此，在斯密的体系中，无论是进口还是出口，都应是市场上的一种自由交换。这种自由交换的结果是，双方都会得到好处。国际贸易只是自由市场经济的一部分，不应加以任何限制。

斯密进一步认为，国际贸易的基础是各国之间生产技术的绝对差别。他用一国中不同人的劳动生产率和职业分工来解释国际贸易的原因：裁缝之所以自己不去制作鞋子，是因为从鞋匠那里购买鞋子比自己在家生产要便宜；而裁缝擅长做衣服，在做衣服方面裁缝比鞋匠能干，裁缝应该用衣服来换鞋子。一个国家之所以要进口别国的产品，是因为该国生产这种产品的技术处于劣势，自己生产比购买别国产品的成本要高；而一国之所以能够向别国出口产品，是因为该国在这一产品的生产技术上比别国先进，或者说具有绝对优势。因为该国能够用同样的资源可以比别国生产出更多的产品，从而使单位产品的生产成本低于别国。

因此，斯密认为，国际贸易和国际分工的原因和基础是各国间存在的劳动生产率和生产成本的绝对差别。一国如果在某种产品上具有比别国高的劳动生产率，该国在这一产品上就具有绝对优势；相反，劳动生产率低的产品，就不具有绝对优势，即具有绝对劣势。绝对优势也可间接地由生产成本来衡量：如果一国生产某种产品所需的单位劳动比别国生产同样产品所需的单位劳动要少，该国就具有生产这种产品的绝对优势，反之则具有劣势。各国应该集中生产并出口其具有劳动生产率和生产成本绝对优势的产品，进口其不具有绝对优势的产品，其结果比什么都自己生产更有利。在贸易理论上，这一学说被称为绝对优势理论（absolute advantage）。

各国之间劳动生产率的差异以及由此产生的国际分工又是怎样形成的呢？斯密的解释是"自然"形成的。哪个国家最擅长生产什么东西、最具有哪个产业的优势不仅是由历史条件造成的，而且是由各国的地理环境、土壤、气候等自然条件造成的。斯密的这些观点在后来的国际贸易理论中得到了进一步发展。

四、对绝对优势理论的评述

绝对优势理论解释了产生贸易的部分原因，也首次论证了贸易双方都可以从国际分工与交换中获得利益的思想。国际贸易可以是一个"双赢"的局面而不是一个"零和游戏"。可以说，斯密把国际贸易理论纳入了市场经济的理论体系，开创了对国际贸易的经济分析。但是，绝对优势贸易理论的局限性很大，因为在现实社会中，有些国家比较先进发达，有可能在各种产品的生产上都具有绝对优势，而另一些国家可能不具有任何生产技术上的绝对优势，但是贸易仍然在这两种国家之间发生，而斯密的理论无法解释这种绝对先进和绝对落后国家之间的贸易。

[①] 引自 Adam Smith, *The Wealth of Nations*（Book Ⅳ Chapter Ⅱ P401）, London & Toronto Published by J·M Dent & Sons LTD. & In Newyork by E·P·Dutton & Co., 1910。

斯密的贸易学说"虽然明确、有力，但不够尖锐。虽然精辟，但深度不够。他在未作论证的情况下，假定国际贸易要求出口商品的生产具有绝对利益；那就是说，生产出口商品的产业用一定量的资本和劳工必须能生产出比任何一个对手都多的产品"[①]。斯密的那个"未作论证情况下的假定"就是著名的"斯密假定"（Adam Smith's assumption）。

根据斯密假定，如果某个国家连一个具有绝对优势的产品都没有，处于全面的绝对劣势（absolute disadvantages），那么这个国家是否会在外界有力的竞争压力下被迫与世隔绝？在这种情况下是否还应该进行贸易？如果还进行贸易，是否还存在普遍的贸易利益？各国是否还应该坚持自由贸易的政策取向呢？这样的一系列尖锐的理论问题和实践问题都不能从亚当·斯密的绝对优势贸易理论中求得答案。

为了说明绝对优势理论的局限性，对前面的例子作以下改动：假设 H 国的劳动力都用来生产大米的话，每年的生产能力不是 80 吨，而是 150 吨；M 国的生产能力不变，如表 5-4 所示。

表 5-4 M 国和 H 国的生产可能性

	大米/吨	小麦/吨
M 国	100	50
H 国	150	100

在这种情况下，H 国小麦和大米的劳动生产率都比 M 国高，在大米和小麦上都有绝对优势。根据斯密的绝对优势贸易理论，H 国应该出口小麦和大米，而 M 国不但没有任何产品可以出口，而且还应该进口小麦和大米。可是，如果 M 国不能出口的话就没有能力来支付进口产品的价格，也就无法进口，国际贸易也就没有可能。

由此可见，亚当·斯密的绝对优势贸易理论还只是停留在或者说还只是局限于对国际贸易实践中的某个特例（其实主要是针对当时英国这一特例）展开的研究，带有极大的局限性，还不是一种具有普遍指导意义的贸易理论。

第二节 比较优势理论

在亚当·斯密之后的另一位著名的古典经济学家是大卫·李嘉图（David Ricardo），李嘉图的贸易学说是他整个经济理论中的一个重要组成部分。以下主要介绍李嘉图的比较优势理论。

一、比较优势理论产生的背景

1815 年，英国政府为维护土地贵族阶级利益而修订实施了《谷物法》，由于限制谷

---

① P. T. 埃尔斯沃斯，J. 克拉克·利思. 国际经济学 [M]. 王兆基，李宏祥，等译. 北京：商务印书馆，1992：54.

物进口，引起英国国内粮价上涨，地租猛增，从而起到保护贵族地主利益的目的。昂贵的谷物迫使工业资产阶级提高工人的工资，使成本上升，利润减少，产品竞争力削弱。同时，粮价的上涨也增大了居民的粮食开支，从而居民相应地减少了对工业品的购买。在对外贸易方面，由于《谷物法》限制外国粮食进口，也必然招致外国对进口英国工业品的报复。这些都极大地伤害了英国工业资产阶级的利益，他们迫切要求废除《谷物法》，而与土地贵族阶级展开了激烈的斗争。从理论上看，比较优势理论是对绝对优势贸易理论的不断完善。李嘉图针对斯密的绝对优势理论关于贸易的各方至少必须有一种具有绝对优势的低成本商品可以在国际销售的所谓"斯密假定"，指出即使一个国家的各个行业的生产都缺乏效率，处于绝对劣势的地位，没有低成本商品，但由于决定一国国内商品相对价值的规律，因各种原因并不能同时决定两国或多国贸易中商品的相对价值，所以，通过国际贸易，交易双方还是能够获得贸易利益。比较优势理论回答了经济不发达国家生产的各种产品的成本都高、都处于劣势，而发达国家生产的产品成本都低、都处于优势的情况下国际贸易的发生情况。

作为古典政治经济学的重要人物，李嘉图与斯密一样，主张自由贸易。李嘉图认为每个人在自由追求个人利益的同时会自然而然地有利于整个社会。与重商主义不同，李嘉图认为国际贸易给社会带来利益并非因为一国商品价值总额的增加，而是因为一国商品总量的增长。国际贸易之所以对国家极为有利，是因为"它增加了用收入购买的物品的数量和种类，并且由于商品丰富和价格低廉而为节约和资本积累提供刺激"①。同斯密一样，李嘉图强调了进口带来的利益。不过，李嘉图并非只是重复斯密关于自由贸易的好处，而是提出了更加系统的自由贸易理论，他从资源的最有效配置（使用）角度来论证自由贸易与专业分工的必要性。

在斯密的理论中，鞋匠有制鞋的绝对优势，裁缝有做衣服的绝对优势，两者的分工比较明确。但假如两个人都能制鞋和做衣服，而其中一个在两种职业上都比另一个人强，那么应该怎样分工呢？或者说，怎样的分工（资源配置）是最有效的呢？根据李嘉图的理论，这要看两人在两种职业上的劳动生产率相差多少。如果一个人比另一个人在制鞋上强三分之一，而在做衣服上只强五分之一，那么这个较强的人应该制鞋而那个较差的人应该去做衣服。这样的分工对双方都有利，也是资源的最佳配置。

二、比较优势模型

（一）基本假设和生产贸易模式

比较优势模型的假设与绝对优势模型基本一样，除了强调两国之间生产技术存在相对差别而不是绝对差别。

在比较优势模型中，生产和贸易的模式是由生产技术的相对差别，以及由此产生的相对成本差别决定的。各国应该专门生产并出口其拥有比较优势的产品，进口其不具有比较

---

① 大卫·李嘉图. 政治经济学及赋税原理 [M]. 北京：商务印书馆，1979：531.

优势（或有比较劣势）的产品。

怎样才能知道一国是否有生产某种商品的比较优势呢？产品的比较优势可以用相对劳动生产率、相对生产成本、机会成本来确定。

（1）用相对劳动生产率衡量。相对劳动生产率是不同产品劳动生产率的比率，或两种不同产品的人均产量之比。用公式表示则可写成：

$$\frac{\text{产品A的相对劳动生产率}}{\text{（相对于产品B）}} = \frac{\text{产品A的劳动生产率（人均产量：}Q_{AL}\text{）}}{\text{产品B的劳动生产率（人均产量：}Q_{BL}\text{）}} \quad (5\text{-}1)$$

如果一个国家某种产品的相对劳动生产率高于其他国家同样产品的相对劳动生产率，说明该国在这一产品上就拥有比较优势。反之，则只有比较劣势。表 5-5 中的数字是根据前面假设的例子（表 5-1）所计算的相对劳动生产率。

表 5-5　M 和 H 两国的相对劳动生产率

	大米 / 小麦	小麦 / 大米
M 国	2	0.5
H 国	0.8	1.25

M 国大米 / 小麦的相对劳动生产率是 2，H 国大米 / 小麦的相对劳动生产率是 0.8，2 > 0.8，M 国大米的相对劳动生产率高于 H 国，M 国具有生产大米的比较优势。两国小麦的相对劳动生产率则正好相反：M 国为 0.5 吨小麦 /1 吨大米，H 国为 1.25 吨小麦 /1 吨大米，H 国具有生产小麦的比较优势。

（2）用相对成本衡量。所谓相对成本，指的是一个产品的单位要素投入与另一产品的单位要素投入的比率，用公式表示为

$$\text{产品A的相对成本（相对于产品B）} = \frac{\text{单位产品A的要素投入量（}a_{AL}\text{）}}{\text{单位产品B的要素投入量（}a_{BL}\text{）}} \quad (5\text{-}2)$$

如果一国生产某种产品的相对成本低于别国生产同样产品的相对成本，该国就具有生产该产品的比较优势。表 5-6 反映了两国生产每吨大米和小麦的相对成本。

表 5-6　M 和 H 两国的相对成本

	大米（a_{LR}/a_{LW}）	小麦（a_{LW}/a_{LR}）
M 国	0.5	2.0
H 国	1.25	0.8

M 国大米的相对成本比 H 国低，而 H 国小麦的相对成本比 M 国低。因此，结论与用产品的相对劳动生产率来衡量是一致的：M 国有生产大米的比较优势，H 国有生产小麦的比较优势。

（3）用机会成本衡量。所谓机会成本指的是为了多生产某种产品（如小麦）而必须放弃的其他产品（大米）的数量。用大米来衡量的每单位小麦产量的机会成本为：

$$\text{小麦的机会成本} = \frac{\text{减少的大米产量（}\Delta Q_R\text{）}}{\text{增加的小麦产量（}\Delta Q_W\text{）}} \quad (5\text{-}3)$$

式中，Q_R 表示大米产量，Q_W 表示小麦产量。

在前面的计算中可以看到，在给定的时间（或土地）里，每个 M 国农民可以生产 1 吨大米，也可以生产 0.5 吨小麦，但不能同时生产 1 吨大米和 0.5 吨小麦。也就是说，在 M 国，一个农民要想多生产 1 吨小麦，就不得不少生产 2 吨大米。每吨小麦的机会成本是 2 吨大米。在 H 国，一个农民要想多生产 1 吨小麦，就必须少生产 0.8 吨大米。每吨小麦的机会成本是 0.8 吨大米。同样，可以算出大米的机会成本（小麦机会成本的倒数）：M 国为 0.5 吨小麦，H 国为 1.25 吨小麦。M 国生产大米的机会成本低，具有比较优势。H 国小麦的机会成本低，具有生产小麦的比较优势。

由此可见，三种方法的结论是相同的，都能确定本国产品的比较优势。

李嘉图的比较优势理论认为贸易的基础是生产技术相对差别以及由此产生的相对成本的不同。一国之所以能够出口获利，只需在该产品的生产上有比较优势而不一定要有绝对优势。一国可能会在所有的产品上都不具有绝对优势，但一定会在某些产品上拥有比较优势。因此，任何国家都可以有出口的产品，都有条件参与国际分工和国际贸易。

（二）贸易影响与贸易所得

在绝对优势理论中，人们对贸易所得比较容易看得清楚，因为一国出口产品的绝对生产成本一定比别国低而且进口的也一定是自己生产成本绝对比别国高的产品，所以贸易一定能够赚钱或省钱。但在比较优势理论中，贸易所得就不是那么直观。一国有可能出口比别国生产成本高的产品，也有可能从别国进口生产成本不如本国低的产品。在这种情况下，一国参与国际贸易的利益（所得）何在呢？

1. 总体均衡分析

比较优势理论可以用图形和曲线来说明。在总体均衡的分析中，我们使用生产可能性曲线说明供给，用社会无差异曲线表示需求。在上例中，M 国和 H 国都只生产两种产品：大米和小麦。因此，在总体均衡分析中，也只分析大米和小麦两种产品。图 5-1 中的（a）、（b）两图分别说明 M 和 H 两国的生产消费情况，两图中的纵坐标都表示小麦的生产量，横坐标都表示大米的生产量。如果各国都将所有的人力用于生产小麦，不生产大米（表 5-1），小麦的生产总量分别为 50 吨（M 国）和 100 吨（H 国）；或两国将全部资源投入大米生产，可分别生产 100 吨（M 国）和 80 吨（H 国）大米。这是两个极端的情况。各国也都可以生产一部分大米和一部分小麦。如果 M 国将一部分劳动力用来生产大米，M 国的小麦产量就不可能再保持在 50 吨，新的生产组合可能是 40 吨小麦和 20 吨大米，或者是 30 吨小麦 60 吨大米，等等。这种可能的生产组合会有很多。如果将各种可能的组合都表示出来即可获得各国的生产可能性曲线。由于在李嘉图的比较优势模型中劳动是唯一的生产要素投入，而劳动生产率又是固定的，因此，产品的机会成本也就固定不变了。各国的生产可能性曲线都是直线，用 PPC 表示。

图 5-1 中，M 和 H 两国对小麦和大米这两种产品的需求分别用各自的社会无差异曲线（CIC）表示。在各国的社会无差异曲线图中，CIC_1 都比 CIC_0 具有更高的社会福利水平。

M 和 H 两国在发生贸易之前，各自根据社会的需求偏好（社会无差异曲线 CIC_0）和生产能力（生产可能性曲线 PPC）选择 S_0 点作为生产的均衡点，C_0 作为消费的均衡点。无国际贸易的情形下，如果社会福利达到最大化，本国生产的产品完全用于本国消费，即 S_0 与 C_0 重合。在 S_0 点上各国大米的机会成本（在封闭经济中也是大米的相对价格）都用 P_0 来表示。M 国生产每吨大米的机会成本为 0.5 吨小麦；H 国生产 1 吨大米的机会成本是 1.25 吨小麦。图 5-1 中大米是在横轴上，因此，大米生产的机会成本正好是生产可能性曲线的斜率。M 国大米的相对成本低，M 国拥有生产大米的比较优势；H 国则拥有生产小麦的比较优势。

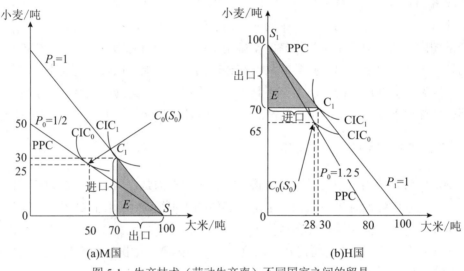

图 5-1　生产技术（劳动生产率）不同国家之间的贸易

如果两国发生贸易，根据比较优势的原理，H 国会专门生产小麦并向 M 国出口一部分小麦以换取大米，M 国则集中生产大米并用一部分大米出口跟 H 国换小麦。各国的生产点都会从原来没有贸易时的 S_0 点转移到 S_1 点（M 国生产 100 吨大米，H 国生产 100 吨小麦），然后再根据国际价格进行交换。

国际价格是双方都接受的交换价格。国际价格的形成会在分析各种具体的商品市场时进行讨论，在此先假定为 1（P_1），即每吨小麦可以交换 1 吨大米。对于 M 国来说，自己生产 1 吨小麦要牺牲 2 吨大米，现在只要用 1 吨大米即可换取 1 吨小麦，无疑是愿意的。对于 H 国来说，每吨大米的生产原来要花费 1.25 吨小麦的代价，现在只需用 1 吨小麦就可从 M 国得到 1 吨大米，当然也有贸易的意愿。

在给定的国际价格下，各国根据自己的社会消费偏好进行最优选择。各国都会在自己的社会无差异曲线（CIC）与国际价格曲线相切的点（C_1）上决定两种产品的消费。假设 M 国在这一点上需要消费 70 吨大米，M 国就可用余下的 30 吨大米去跟 H 国人交换小麦。在国际价格为 1∶1 的情况下，M 国可以获得（进口）30 吨小麦，总的消费量为 70 吨大米和 30 吨小麦。H 国也根据同样的道理选择他们的消费，在国际价格下出口一部分小麦（30 吨）以换取大米（30 吨）。在均衡点上，H 国进口的大米量与出口的小麦量，正好等于 M 国相应的出口量和进口量。生产（S_1 点）与消费（C_1 点）之间的差别就是国际贸易量，

C_1、E、S_1 三点所组成的三角被称为"贸易三角"。

根据比较优势形成的专业化分工和国际贸易使 M 国的消费从无贸易时的 50 吨大米、25 吨小麦增加到 70 吨大米、30 吨小麦，H 国的消费也从原来的 28 吨大米、65 吨小麦，提高到 30 吨大米、70 吨小麦。两国的生产能力（由生产可能性曲线 PPC 表示）都没有变化，而消费水平却都提高了，两国都从国际分工和国际贸易中获得了利益，达到了比贸易前更高的社会福利水平（用 CIC_1 表示）。需要说明的是，在总体均衡分析中，衡量福利水平的是社会无差异曲线的水平而非产品的绝对消费量。如果 M 国特别偏好大米的话，贸易后的消费水平也可能是 80 吨大米、20 吨小麦。与贸易前相比，大米消费量增加了，但小麦消费量却减少了，但总的社会福利水平仍是提高了。因此，贸易后两种产品的消费都增加的情况可以用来说明整个国家的贸易所得，但说明贸易所得并不一定需要两种产品的消费都增加。

如果再进一步分析的话，可以看到贸易中的社会福利分别来自交换所得与分工所得两个部分。交换所得是产品在消费领域的重新配置所得，分工所得是资源在生产领域的更有效配置所得。在总体上，都可称为配置所得（gain from allocation）。

为了说明交换所得，可以假设 M 国在与 H 国发生贸易时并不改变生产结构，即仍然生产 100 吨大米和 50 吨小麦，但 M 国大米的相对价格是 0.5，而 H 国大米的相对价格是 1.25。在这种情况下，M 国愿意将 100 吨大米中的一部分与 H 国交换小麦。仍然假定其交换比例（或称国际价格）为 1∶1。交换的结果使得 M 国大米消费减少小麦消费增加，并达了新的更高的社会福利水平。在图 5-2 中，消费从 A 点移到 B 点，社会福利水平从 CIC_0 提高到 CIC_0'。

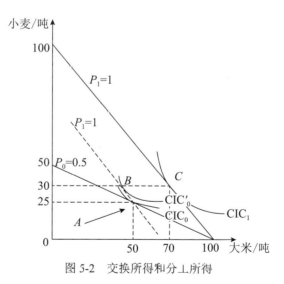

图 5-2 交换所得和分工所得

现在进一步假设，在新的国际价格下 M 国的生产发生了变化。国际大米的相对价格是 1，M 国大米生产的相对成本为 0.5。M 国有生产大米的比较优势，出口大米有利可图。这样，M 国将全部资源用于生产大米而不生产任何小麦，H 国则正好相反：只生产小麦，不生产大米。然后两国再进行交换。这种生产资源的重新配置使得 M 国有能力将消费点

进一步从 B 点移到 C 点,并使社会福利水平由 CIC_0' 提高到 CIC_1。这一部分的提高主要来源于生产资源的重新配置,即分工所得。参与国际贸易的总收益包括分工所得和交换所得两部分。

通过以上总体均衡分析,现在来概括比较优势模型中贸易对一国经济的影响和所得:

(1) 发生贸易后各国出口具有比较优势的产品,进口没有比较优势的产品,造成具有比较优势产品(出口产品)的相对价格上升(或没有比较优势的进口产品的相对价格下降)。

(2) 相对价格的变化促进各国实行专业分工,专门从事本国具有比较优势的产品的生产,不生产不具有比较优势的产品。

(3) 在新的生产贸易下,各国的社会福利水平提高。贸易所得来自产品的消费和生产两个方面的有效配置。通过贸易,一国可以消费超出其生产能力的产品。

2. 局部均衡分析

与总体均衡分析不同,局部均衡分析只讨论某个产品市场而非整个经济的情况。局部均衡分析有助于我们了解在某个具体产品市场上的价格、生产、消费,以及这一产品的生产者和消费者的利益变动,也有助于厘清商品均衡价格是如何决定和变动的。

图 5-3 是根据图 5-1 假设的数据推导出来的贸易前后 M 和 H 两国大米市场情况。在 M 国,大米生产的相对成本为 0.5。如果大米的相对价格低于 0.5 的话,M 国将不会生产大米,供给量为零。大米相对价格等于 0.5 时,等于相对成本,这时 M 国有可能生产,也有可能不生产,产量可以从 0 一直到 100(最大产量)。如果相对价格大于 0.5 时,M 国就会将全部资源用来生产大米,但供给量不会超过其生产能力(100 吨),所以这一段的供给曲线在 100 吨处垂直。H 国的大米市场情况类似,如果大米的相对价格低于 1.25,H 国不会生产任何大米。在相对价格等于 1.25 时,H 国就可能生产大米,产量在 0 到 80 吨之间,供给曲线为水平直线。但是相对价格超过 1.25 时,供给曲线在 80 吨处垂直。

在没有贸易时,各国大米的相对价格等于其相对成本,生产多少则由国内的需求(用"需求曲线 0"表示)决定。根据假定,在自给自足的情况下,M 国大米生产量为 50 吨,H 国为 28 吨。

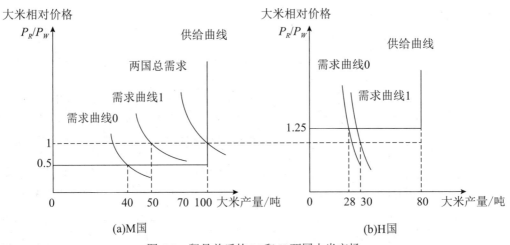

图 5-3 贸易前后的 M 和 H 两国大米市场

由于 M 国大米的相对价格低于 H 国，因此，一旦发生贸易，两国的大米相对价格就会趋同：M 国大米相对价格上升，H 国的大米相对价格下降，从而造成 M 国的大米产量变为 100 吨，而 H 国则降低为 0。这时，M 国成了唯一的大米生产者，M 国所面对的也是两国对大米的总需求，大米的国际价格由 M 国的供给与两国总需求来决定。在这一例子中，假定这一最终的均衡价格为 1。

值得指出的是，这里的"两国总需求"并非两国贸易前对大米的需求（用"需求曲线 0"表示）的简单相加，而是自由贸易下两国对大米的需求（由"需求曲线 1"表示）之和。那么，自由贸易会使各国对大米的需求发生什么样的变化呢？

首先，各国对大米的需求量会受到价格变动的影响。根据需求规律，大米价格上升的国家，对大米的需求量下降；而价格下降的国家，需求量会上升。这种影响称为"价格效应"。价格效应表现在需求量沿原有的需求曲线上下滑动。

其次，各国对大米的需求还会受到通过贸易而产生的收入变动的影响。由于参与贸易，各国不仅通过出口直接增加了收入，而且还由于进口便宜产品节省了原来用于消费同量产品的开支，各国总的消费量都增加了。

国际贸易使各国按实物衡量或按原来物价计算的总收入增加。由于大米是一种正常品（收入的需求弹性为正），收入增加，需求就会增加，表现为需求曲线向右移动。这是"收入效应"。

在例子中，M 国出口大米，国内的大米相对价格上升，通过"价格效应"，人们降低大米的消费量，顺着原来的需求曲线向左上方移动（假定消费量下降到 40）。同时，由于 M 国集中生产大米并能用大米换取比封闭经济中更多的小麦，整个国家用实物衡量的收入增加，导致大米需求曲线外移（从需求曲线 0 移到需求曲线 1），总需求量增加甚至有可能超过由于价格效应所产生的需求量下降幅度。在图 5-3 中，M 国大米需求的价格效应是消费量下降 10（从 50 到 40），而收入效应是增加 30（从 40 到 70），净增加为 20。但是 M 国对大米的最终需求量究竟是增加还是减少则取决于价格变动和收入变动中哪一个影响更大。

对于 H 国来说，情况就比较明确，因为 H 国进口大米的"价格效应"和"收入效应"对大米需求量的影响是一致的：（1）大米价格下降，需求量增加；（2）用同样量的小麦现在可以换取更多的大米使得 H 国劳动力用实物衡量的收入增加，导致大米需求曲线外移（从需求曲线 0 移到需求曲线 1），在同样的价格下也增加大米的需求量。H 国对大米的最终消费量增加多少我们无法确定，但一定不会比进口以前少，除非大米是劣等品。

三、比较优势理论的核心思想

李嘉图用"比较成本"的概念来分析国际贸易的基础，建立了"比较优势理论"（comparative advantage）。比较优势理论认为，国际贸易的基础并不限于劳动生产率上的绝对差别。只要各国之间存在着劳动生产率上的相对差别，就会出现生产成本和产品价格的相对差别，从而使各国在不同的产品上具有比较优势，使国际分工和国际贸易成为可能。因此，每个国家都应集中生产并出口其具有比较优势的产品，进口其具有比较劣势的产品。

在说明"比较优势"国际贸易理论的时候，李嘉图用了一个葡萄牙跟英国进行葡萄酒和棉布贸易的例子。这个例子后来成为对"比较优势"原理最有权威的阐述：英国的情形可能是生产棉布需要100个人劳动一年，而如果酿制葡萄酒则需要120人劳动同样长的时间。因此，英国发现通过出口棉布来进口葡萄酒对自己比较有利。葡萄牙生产葡萄酒可能只需要80人劳动一年，而生产棉布却需要90个人劳动一年。因此，对葡萄牙来说，出口葡萄酒以交换棉布是有利的。虽然葡萄牙能够以90个人的劳动生产棉布，但他宁可从英国进口棉布。因此，英国将以100个人的劳动产品棉布交换葡萄牙80个人的劳动产品葡萄酒。

四、对比较优势理论的评述

1. 比较优势理论的普遍适用性

尽管李嘉图提出比较优势理论至今已逾二百年，但仍不失为指导一般贸易实践的基本原则。不仅如此，比较优势理论的原理除了可以用于对国际贸易问题的分析，还有较为广泛的一般适用性。例如，企业的高级资深管理人员除了可以全面打理公司业务，还能非常熟练地处理公司的日常业务档案，但他们同样要专门聘请秘书和打字员。究其原因，无非是因为劳动分工中，普遍存在着绝对优势或绝对劣势中的比较优势。可见"两优择其甚，两劣权其轻"不仅是指导国际贸易的基本原则，在社会生活的其他诸多方面，都应该成为指导社会进行合理分工，以取得最大社会福利与劳动效率的原则。

2. 比较优势理论的缺陷

然而，比较优势理论也存在着理论上的"硬伤"，或者说，存在理论分析上的"死角"。这是因为，在李嘉图的理论分析中，比较优势理论之所以能够成立，全然取决于两国间两种商品生产成本对比上"度"的差异。但是，如果只是考察经过高度抽象的"2×2贸易模型"，势必存在着这样一种情况，即两国间在两种商品生产成本对比上不存在"度"的差异。表5-7所示即为"等优势或等劣势2×2贸易模型"（equal advantage or equal disadvantage model）。

案例分析5-1

中国正从制造业大国向制造业强国迈进

表5-7 等优势或等劣势2×2贸易模型

	A国	B国
F商品	1	3
C商品	2	6

一旦出现此种等优势或等劣势的情况，即便具有相当的普遍适用性，李嘉图的比较优势理论及其基本原则"两优择其甚，两劣权其轻"就不再适用了。人们惊异地看到，李嘉图陷入了"此优为彼优，无甚可择！"或"彼劣即此劣，何以权轻？"的尴尬境地。

第三节　相互需求理论

一、相互需求理论

古典国际贸易理论批判了重商主义的理论谬误，揭示了贸易天生的互利互惠性质，第一次将贸易理论建立在了科学的基础之上。李嘉图说明基于各国生产不同商品时的生产效率（即劳动成本的相对差异）进行国际分工，相互提供各自具有比较优势的商品，即便是处于全面劣势的国家也能从贸易中获取可观的利益。但无论斯密还是李嘉图在论及贸易利益时，都没有从正面回答涉及贸易双方根本利益的国际交换比率即国际贸易条件（terms of trade）究竟如何确定，总体贸易利益究竟如何在贸易双方间分割的问题。直到约翰·斯图亚特·穆勒提出"相互需求原理"（principle of reciprocal demand），才有了较为明确的答案。

（一）国际贸易理论研究上的"需求派"

约翰·斯图亚特·穆勒（John Stuart Mill，1806—1873）出生于经济学世家，从小就受到其父、著名经济学家詹姆斯·穆勒（James Mill）的悉心教诲，接受了古典经济学基本理论的严格训练，打下了扎实的经济学理论基础。穆勒在东印度公司供职三十多年，在从事海外贸易方面又积累了丰富的实践经验，晚年当选英国下议院议员。在穆勒为数众多的学术著作中，1848年出版的《政治经济学原理》（Principles of Political Economy）最负盛名，在这以后的半个多世纪里，这部著作一直都是欧、美各大学经济类专业的标准教科书[1]。

穆勒完全赞成李嘉图的比较优势理论，穆勒认为"有些商品自己是完全可以生产出来的，为什么也要进口呢？这是因为从国外进口比自己生产便宜"。正是基于这样一个"真正的原因"，"尽管英国同波兰相比，在毛呢和玉米生产上都具有优势，英国还是应该用它生产的毛呢从波兰进口玉米；尽管葡萄牙同英国相比可以用较少的劳动与资本生产棉布，英国还是应该用它的棉布交换葡萄牙的葡萄酒[2]。"各国"进口其优势最小的商品可以使他们把更多的资本和劳动用于生产其优势最大的商品"[3]。

与亚当·斯密和大卫·李嘉图强调供给之于贸易的作用不同，穆勒对需求在对外贸易中的作用给予了充分关注。在穆勒看来，"所谓商业贸易实际上只是使生产成本更为便宜的一种手段。不论在什么情况下，消费者都是最终的受益者。作为消费者对立面的商人当然也会获得贸易利益，这必须以消费者愿意花多少钱购买他们的商品为前提"[4]。由此可以看到，穆勒实际上是将对进口商品的消费需求提高到了决定消费者和从事对外贸易业务的商人们能否获得贸易利益的关键因素的地位。这充分反映了穆勒对需求研究的高度重视。

---

[1] 约翰·S. 穆勒. 政治经济学原理 [M]. Longmans, Green, and Co.，1909：579.
[2] 约翰·S. 穆勒. 政治经济学原理 [M]. Longmans, Green, and Co.，1909：574.
[3] 约翰·S. 穆勒. 政治经济学原理 [M]. Longmans, Green, and Co.，1909：576.
[4] 约翰·S. 穆勒. 政治经济学原理 [M]. Longmans, Green, and Co.，1909：580.

重视需求、强调需求对贸易的作用也正是穆勒的国际贸易理论的一个鲜明的特点。因此也可以把穆勒的贸易思想归于国际贸易理论研究上的"需求派"。在他看来，从重商主义开始，包括斯密和李嘉图等人，历来都只是看重出口的作用，比较多地从供给的角度考察国际贸易，基本上忽略了需求的作用，"认定贸易利益仅从出口而来，当然是完全错误的"。

（二）对外贸易的利益寓于进口之中

具体说来，穆勒认为，一个国家可以从国际贸易中获得两大利益：第一，国际贸易可以使一个国家获得它自己完全不能生产的那些商品，因而提高了该国的总体消费水平和社会福利；第二，国际贸易可以使全世界各个国家的生产力都得到更为有效的利用。穆勒分析说："如果开展贸易的两个国家都转而勉强地生产本应自对方进口的那些商品，两国的劳动和资本的生产力一定不如它们各自既为自己生产也为对方生产其劳动具有最大相对效益的商品时那么高。"①

看来，任何国家都不能置客观存在着的由生产成本方面的相对差异决定的比较优势于不顾，勉为其难地生产本应进口的商品。这是一种典型的不经济的、非理性的行为。正确的做法是，各国生产的商品在满足国内市场消费需求（为自己生产）的同时，还都应该努力满足国际市场的消费需求（为自己的贸易伙伴生产），并以此作为从后者进口商品的支付手段，各国乃至全世界的消费水平才能够最大限度地提高。据此，穆勒得出了一个明显不同于前人的结论："对外贸易唯一的直接利益寓于进口之中，通过进口，一个国家得到了要么它自己不能生产的商品；要么它必须耗费更多资本和劳动才能获得，而它本来可以用耗费较少成本生产出来的东西与之交换而来的商品。"②

"对外贸易唯一的直接利益寓于进口之中"，这是穆勒区别于斯密和李嘉图的一个重要的理论观点，这也是穆勒论述相互需求原理的基础。

（三）国际贸易条件

从"对外贸易唯一的直接利益寓于进口之中"和"消费者是国际贸易最终受益者"的基本观点出发，穆勒强烈地主张出口只是实现进口中蕴含着的贸易利益的手段，即"进口商品的价值等于为了获得它们而支付的出口商品的生产成本"。"这就是说，在任何一个国家，外国商品的价值取决于为了交换这些商品，本国必须让渡给外国的本国商品的数量。换句话说就是，外国商品的价值取决于国际交换条件（terms of international exchange）。"③

值得指出的是，在穆勒的著作中，穆勒使用的专业术语是"terms of international exchange"。在穆勒看来，这一术语的含义就是，"The quantity of home produce which must be given to the foreign country in exchange for a given amount of foreign commodity"。由此可见，穆勒所指的"terms of international exchange"其实就是人们通常所说的"terms

---

① 约翰·S. 穆勒. 政治经济学原理 [M]. Longmans, Green, and Co.，1909：578.
② 约翰·S. 穆勒. 政治经济学原理 [M]. Longmans, Green, and Co.，1909：579.
③ 约翰·S. 穆勒. 政治经济学原理 [M]. Longmans, Green, and Co.，1909：583-584.

of trade",即"国际贸易条件"。

如上所述,所谓国际贸易条件指的是用本国出口商品数量表示的进口商品的相对价格,其水平高低取决于两方面因素:其一,外国对本国商品需求的数量及其增长同本国对外国商品需求的数量及其增长之间的相对关系;其二,本国可以从服务于本国消费需求的国内商品生产中节省下来的资本数量。换句话说就是,外国对本国商品的需求越是大于本国对外国商品的需求,本国可以节省下来用于为国外生产商品的资本越是小于外国可以节省下来用于为本国市场生产商品的资本,本国的国际交换条件越有利。也就是说,这个国家用一定量的本国商品可以交换到更多的外国商品。据此,穆勒认为,"在国际贸易中享有最为有利的贸易条件的国家正是那些外国对它们的商品有着最大需求,而它们自己对外国商品的需求最小的国家"①。

(四)国际需求恒等式

在穆勒看来,贸易双方实际上是互为供求的关系,即"本国从外国进口商品的需求为外国对本国的出口供给","外国从本国进口商品的需求亦为本国对外国的出口供给"。国际贸易要能够顺利进行,客观上要求"双方的需求都必须足以支付对方的供给"。因此,为了使各国都能够按照比较优势基础上的国际分工开展贸易,并从中获取正常的贸易利益,"对于贸易双方说来,商品的交换价值应该根据双方消费者的消费偏好和具体情况作自动的调整。通过这种调整,各国向其邻国进口商品的需求量恰好足以相互支付"。"当然,建立在这一交换比率基础上的贸易利益在两国间的分配也就会相应地发生改变。"②

总之,"众所周知,商品的价值总是自我调整以使需求恰好等于供给水平",所以,"一国产品在同另一国产品相互交换时,其价值水平必须使本国的出口总值正好能够用以支付它的进口总值"③。穆勒在此强调的"所谓价值将自我调整,以使需求等于供给,实际上说的是,价值的自我调整将使一国的需求等于另一国的需求"④。这就是被穆勒称之为"国际需求恒等式"(equation of international demand)的决定国际贸易条件的规律,即所谓"相互需求原理"(principles of reciprocal demand)。

例如,在 A、B 两国就 F、C 两种商品展开的互利贸易中,如果用 D_c^a 或 M_c^a 表示 A 国 C 商品的进口需求,用 S_f^a 或 X_f^a 表示 A 国 F 商品的出口供给,用 D_f^b 或 M_f^b 表示 B 国 F 商品的进口需求,用 S_c^b 或 X_c^b 表示 B 国 C 商品的出口供给,有以下国际需求恒等式:

$$D_c^a = S_c^b, \quad D_f^b = S_f^a \tag{5-4}$$

或

$$M_c^a = X_c^b, \quad M_f^b = X_f^a \tag{5-5}$$

---

① 约翰·S. 穆勒. 政治经济学原理 [M]. Longmans, Green, and Co.,1909:603-604.
② 约翰·S. 穆勒. 政治经济学原理 [M]. Longmans, Green, and Co.,1909:586-587.
③ 约翰·S. 穆勒. 政治经济学原理 [M]. Longmans, Green, and Co.,1909:592.
④ 约翰·S. 穆勒. 政治经济学原理 [M]. Longmans, Green, and Co.,1909:593.

（五）相互需求原理的理论要点

（1）国际贸易条件，即用本国出口商品数量表示的进口商品的相对价格，其水平高低取决于两方面因素：一方面，外国对本国商品需求的数量及其增长同本国对外国商品需求的数量及其增长之间的相对关系；另一方面，本国可以从服务于本国消费需求的国内商品生产中节省下来的资本数量。因而，在国际贸易中，享有最为有利的贸易条件的国家正是那些外国对它们的商品有着最大需求，而它们自己对外国商品的需求最小的国家。[①]

（2）一个国家向其他国家出口商品的意愿取决于它从外国获得的进口商品的数量，即一国的出口规模随其国际贸易条件的变化而变化。基于国际贸易条件由两国间的相互需求决定，在某一特定贸易条件下，一国愿意提供的出口商品的数量正好等于其贸易伙伴国在同一贸易条件下所愿意购买的进口商品的数量，或一国的出口总额恰为它愿意支付的进口总额。也就是说，某一特定的贸易条件被贸易双方共同遵守。在这样的贸易条件下，两国的进口需求与出口供给两两对等，国际贸易处于均衡状态。

（3）在双边贸易中，对对方出口商品的需求，以及贸易双方共同遵守的国际贸易条件，随着由各国消费者的消费偏好等因素决定，对对方出口商品的需求强度的相对变动而发生变化。倘若外国对本国出口商品的需求高于本国对外国出口商品的需求，外国的相对需求强度较大，本国的相对需求强度较小，则外国在同本国的竞争中就不得不做出某些让步，本国就可以享有比较有利的国际贸易条件。

具体说来，对对方出口商品相对需求强度较小的国家，在贸易双方的相互竞争中占有较为有利的位置，最终决定的国际贸易条件比较靠近外国的国内交换比率，因而本国可以获得相对较大的贸易利益。简言之，贸易双方之间的相对需求强度决定着国际贸易条件的最终水平，进而决定了国际贸易总利益在交易双方间的分割。

（六）相互需求原理例解

穆勒的相互需求原理可以以下假设的相互需求表得到比较直观的说明（见表5-8）。

表5-8实际上反映了国际贸易中在两种商品的一定价格水平上，A、B两国对F、C两种商品供求关系的变化情况。从第一栏 R_i 可见，随着C商品的相对价格上升和F商品的相对价格下降，A国C商品的进口需求（M_c^a）由20 000单位逐渐减至0，A国F商品的出口供给（X_f^a）由30 000单位逐渐减至0；反观B国则不然，B国C商品的出口供给（X_c^b）从0逐渐增至16 000单位，B国F商品的进口需求（M_f^b）从0逐渐增至32 000单位。致使一国退出贸易的国际交换比率即为该国的国内交换比率，从表5-8可见。

$$R_a = 10C : 20F \qquad (5\text{-}6)$$

$$R_b = 10C : 15F \qquad (5\text{-}7)$$

[①] 约翰·S. 穆勒. 政治经济学原理 [M]. Longmans, Green, and Co., 1909: 603-604.

表 5-8　A、B 两国对 F、C 两种商品的相互需求[①]

国际交换比率 R_i	A 国		B 国	
	M_c^a	X_f^a	X_c^b	M_f^b
10C:15F	20 000	30 000	0	0
10C:16F	13 000	20 800	6 000	9 600
10C:17F	10 000	17 000	10 000	17 000
10C:18F	8 000	14 400	11 000	19 800
10C:19F	4 000	7 600	13 000	24 700
10C:20F	0	0	16 000	32 000

资料来源：根据约翰·S. 穆勒的《政治经济学原理》第 18 章有关资料编制。

随着国际市场上两种商品相对价格的变动，两国间的相互需求同时也是两国间相互向对方提供（Offer）本国出口商品数量的相对变化明白无误地说明了这样一个道理：国际交换比率越接近本国的国内交换比率，本国参与贸易的积极性越低，反之，国际交换比率越远离本国的国内交换比率，本国参与贸易的积极性越高。然而，国际贸易要求互利互惠，因此，在国际市场现实的贸易中，两国间围绕贸易利益展开的竞争必然使国际交换比率 R_i 进入一个自动调整的过程，在这一过程中，必有某一个国际交换比率的实际水平，使 A 国对 B 国出口 F 商品的意愿恰好等于 B 国从 A 国进口 F 商品的意愿；同时使 A 国从 B 国进口 C 商品的意愿恰好等于 B 国向 A 国出口 C 商品的意愿。一旦国际交换比率的自动调整使两国的进口需求和出口供给两两对等，国际贸易处于均衡状态，这一自动调整过程即告结束。

如表 5-8 所示，当 R_i 自 10C：15F 和 10C：20F 自动调整至 10C：17F 时，A 国愿意按此价格"购买"的 C 商品的数量恰为 B 国愿意按此价格"售卖"的数量；B 国愿意按此价格"购买"的 F 商品的数量恰为 A 国愿意按此价格"售卖"的数量。A、B 两国的相互需求（Reciprocal Demand）两两对等。有以下国际贸易恒等式：

$$M_c^a = X_c^b = 10\,000C \tag{5-8}$$

$$M_f^b = X_f^a = 17\,000C \tag{5-9}$$

由贸易双方的相互需求决定的均衡的国际贸易条件给 A、B 两国都带来了可观的贸易利益。同它们各自的国内交换比率相比，A 国进口 10 单位 C 商品可以少支付 3 单位 F 商品，或者说只需出口 17 单位 F 商品就能换回 10 单位商品；B 国进口 17 单位 F 商品只需要支付 10 单位 C 商品，或者说 B 国出口 10 单位 C 商品可以多换回 2 单位 F 商品。

二、国际供需理论

（一）马歇尔的"纠偏"使命

穆勒摆脱了古典国际贸易理论仅从供给角度研究国际贸易问题的传统格局，把对需求的研究纳入了研究框架。穆勒认为国际贸易条件的最终决定要取决于贸易双方的相互

[①] 约翰·S. 穆勒. 政治经济学原理 [M]. Longmans, Green, and Co., 1909：582-606.

需求，且贸易双方相互需求的相对强度决定着贸易利益的分割。这样，穆勒就弥补了斯密和李嘉图的贸易理论之不足，发展了国际贸易理论。但是，穆勒在特别强调需求因素对国际贸易条件的决定作用的时候，又从一个极端走向了另一个极端，未能对供给因素予以同等的重视。主张对外贸易的一切利益都寓于进口之中，同进口相比出口处在从属地位，出口供给只是被看作实现进口的支付手段①。在穆勒看来，在国际贸易问题的研究上，需求是本源，供给只是由需求派生而来，处于从属的地位。这就难免从一个极端滑向了另一个极端。

在对国际贸易产生的原因、国际贸易的结构和商品流向、国际贸易利益的来源及其分割等重大问题的研究上第一次将供给方面的因素和需求方面的因素综合起来，加以全面而系统考察的是英国著名经济学家马歇尔。

阿尔弗雷德·马歇尔（Alfred Marshall, 1842—1924）担任剑桥大学经济学教授时间长达23年，是剑桥学派的创始人和新古典学派的主要代表人物。在1890年出版的巨著《经济学原理》（*Principles of Economics*）中，马歇尔创立了"均衡价值理论"，提出了一整套经济学新概念和崭新的研究方法，对后世产生了巨大影响，一直被各国经济学家沿用至今。因而经济学理论界将马歇尔尊为近现代经济学的鼻祖②。

马歇尔对国际贸易理论给予了极大的关注。马歇尔早年出版了《国际贸易纯理论》（*The Pure Theory of International Trade*, 1879），1923年在他81岁高龄（亦即马歇尔逝世前一年）又出版了长篇新著《货币、信用与商业》（*Money Credit and Commerce*）。马歇尔将他创立的均衡价值理论用于对国际贸易问题的分析与系统研究，提出了国际供求关系决定商品的国际交换均衡价值或曰均衡国际贸易条件，并据此决定国际贸易利益在贸易双方间分割的理论——"国际供需理论"（international supply-demand theory）。马歇尔在论述"国际供需理论"的时候还运用他所提出的经济学新概念和经济研究的新方法建立起了一套相对完整的"国际供需曲线分析方法"（analysis method of international supply-demand curves）。这一方法经后世众多经济学家的补充、发展与完善，形成了现仍广泛采用的提供曲线（offer curve）分析体系。

古典经济学家在讨论国际贸易问题时，要么如亚当·斯密和大卫·李嘉图，十分关注对外贸易可以为英国这样的国家剩余的生产能力开辟更为广阔的市场，通过扩大出口供给获取贸易利益。要么如穆勒，强调需求的作用，认为"贸易利益寓于进口之中"。在马歇尔看来，以他尊崇的学术地位，他肩负着在贸易理论上"纠偏"的重要使命。因此，在对国际贸易问题的讨论中，马歇尔对国际贸易中的供给因素与需求因素给予了同样的重视。马歇尔的观点十分明确，即"一个国家的贸易条件不仅受到需求的影响，而且同时又受到该国为了满足外国市场对本国商品的需求而调整其供给能力的影响"③。

---

① 约翰·S. 穆勒. 政治经济学原理 [M]. Longmans, Green, and Co., 1909: 586-587.
② David W. Pearce ed.. The Dictionary of Modern Economics[M]. The MIT Press, Cambridge, Massachusetts, 1983: 275-276.
③ S. J. Wells. International Economics[M]. London, 1969: 57-58.

（二）需求与供给共同决定国际贸易条件

马歇尔并没有着力分析比较优势及其由来，只是将贸易中各国的比较优势作为既定前提。马歇尔强调，在这一既定前提下，供给和需求在决定国际贸易条件和国际贸易结构的问题上具有同等重要的地位。"国际贸易中每一个国家的需求源于其国民想要从国外获得某些商品的意愿，每一个国家的供给源于该国生产别国居民想要获得的产品的能力。"也就是说，需求导致了贸易仅仅是因为这种需求是建立在该国为别国供给适宜产品的基础之上，而该国之所以积极地向别国供给商品，也仅仅是因为它对外国商品也存在需求。

据此可以认为，"一国的需求刺激了另一国的供给，而且各国的需求只有通过它自己的供给才能成为现实"。如此说来，"把国际贸易问题描绘成'国际需求'问题是正确的，其实，国际贸易问题本来也可以说成是'国际供给'问题"。因此，"国际需求的变化可能是影响国际贸易的决定因素，但是供给导致了需求和实际需求引起供给同样是理所当然的"。

最后，马歇尔将自己关于如何决定国际贸易条件的观点归结为一句话，"国际贸易条件可以是由国际需求关系来决定，这没有错。但是，认为国际贸易条件是由国际供给关系来决定，同样也是正确的。看来最好是说国际贸易条件由国际需求和国际供给共同决定"①。

这样，马歇尔的国际贸易理论既区别于斯密和李嘉图的"供给派"，又不同于穆勒的"需求派"，而是将供给和需求两个相互关联的方面加以综合研究，故而国际经济学理论界将马歇尔的国际贸易理论称为"国际供需理论"。

（三）独特的"2×2 贸易模型"

在分析国际贸易均衡时，马歇尔使用的也是"2×2 贸易模型"。同古典经济学家们的相同之处是，马歇尔也是讨论的以物易物的贸易模型，因为，"尽管货币为同一国家生产的各种商品的实际相对成本提供了一个很好的衡量尺度，但是，对资本和劳动不能大量自由流动的两个地方生产的商品的实际成本进行相互比较，就不能以货币作为衡量尺度了"。因为，使用货币势必涉及两国货币的兑换比率问题，会使对贸易问题的研究变得相对复杂化。②

马歇尔使用的"2×2 贸易模型"也有其独到之处，那就是他不再如古典经济学家们那样，只是限于讨论两种特定的商品，如葡萄酒和毛呢或亚麻布和细棉布等，而是独创了一个全新的概念。马歇尔将其称之为"有代表性的商品包"（representative bales）。在马歇尔看来，一个国家在一定时期内的出口或进口绝不仅仅是某一种商品，而是表现为一个由一系列商品形成的商品组合，其中每一个这样的商品组合"代表着该国不同素质的各种资本和劳动相同的投入量"③。马歇尔认为，可以将这样的一些商品组合看作具有相同价值的"有代表性的商品包"。从物物交换的角度考察，各国之间的交换实际上就是它们各自的"有代表性的商品包"之间的交换。

---

① Alfred Marshall. Money Credit and Commerce[M]. MacMillan & CO., Limited, London, 1923: 161.
② Alfred Marshall. Money Credit and Commerce[M]. MacMillan & CO., Limited, London, 1923: 156.
③ Alfred Marshall. Money Credit and Commerce[M]. MacMillan & CO., Limited, London, 1923: 157.

（四）国际供需、国际贸易均衡与贸易利益

马歇尔在提出并界定了"有代表性的商品包"的概念以后，以 E 国和 G 国的相互贸易为例，精心设计了一个贸易供求表，并以此展开了对国际供需关系决定国际贸易均衡的分析，见表5-9。

表5-9　E、G 两国的贸易供求

（Ⅰ）E 国的出口/G 国的进口	（Ⅱ）E 国对贸易条件的要求	（Ⅲ）E 国在一定贸易条件下的进口总量	（Ⅳ）G 国对贸易条件的要求	（Ⅴ）G 国在一定贸易条件下的出口总量
10 000	10	1 000	230	23 000
20 000	20	4 000	175	35 000
30 000	30	9 000	143	42 900
40 000	35	14 000	122	48 800
50 000	40	20 000	108	54 000
60 000	46	27 600	95	57 000
70 000	55	38 500	86	60 200
80 000	68	54 400	82.5	66 000
90 000	78	70 200	78	70 200
10 0000	83	83 000	76	76 000
110 000	86	94 600	74.5	81 950
120 000	88.5	106 200	73.75	88 500

资料来源：根据 A. 马歇尔：《货币信用与商业》，麦克米兰出版公司1923年伦敦版，第162页所列资料编制。

表5-9 中第一栏：E 国出口的商品包数量或 G 国进口的商品包数量；第二栏：E 国出口第一栏所示之数量时，每100包出口商品要求交换到的 G 国出口商品包数量；第三栏：E 国出口第一栏所示之数量时，能够从 G 国换得的 G 国出口商品包数量（Ⅲ）=（Ⅰ）÷100×（Ⅱ）；第四栏：G 国进口第一栏所示之数量时，每进口100包 E 国商品愿意支付的本国出口商品包数量；第五栏：G 国进口量为第一栏所示之数量时，愿意支付的本国出口商品包的总量（Ⅴ）=（Ⅰ）÷100×（Ⅳ）。

如果用 B_E 和 B_G 分别表示两国的出口商品包，从表5-9 可见，当 E 国的贸易条件从 $100B_E：10B_G$ 逐渐改善为 $100B_E：88.5B_G$ 时，E 国的出口供给随之从 $10\,000B_E$ 增至 $120\,000B_E$，与此同时，E 国自 G 国的进口需求从 $1\,000B_G$ 增至 $106\,200B_G$；当 G 国的贸易条件从 $100B_E：230B_G$ 逐渐改善为 $100B_E：73.75B_G$ 时，G 国自 E 国的进口需求随之亦从 $10\,000B_E$ 增至 $120\,000B_E$，与此同时，G 国对 E 国的出口供给亦从 $23\,000B_G$ 增至 $88\,500B_G$。

由此可以看出，E 国和 G 国的进口需求同它们各自的进口商品的相对价格水平成反比，E 国和 G 国的出口供给同它们各自的出口商品的相对价格水平成正比。在这样一个贸易模型中，E 国之出口供给为 G 国之进口需求，反之，G 国之出口供给亦为 E 国之进口需求。因此，按照供求关系决定商品价格的一般原理，只有当 E 国的进口商品的价格或 G 国的

出口商品的价格，恰使在这一价格水平上 E 国的进口总额等于 G 国的出口总额，或者说，只有当 G 国的进口商品的价格或 E 国的出口商品的价格，恰使在这一价格水平上 G 国的进口总额等于 E 国的出口总额，国际贸易才能达到均衡，这样的价格才是国际均衡价格。

从表 5-10 可以看到，按照一般的供求规律，在本国出口商品相对价格变动的过程中，E、G 两国的出口供给与进口需求总是在不断调整，只有国际贸易条件为 $100B_E : 78B_G$ 时，E 国愿意出口 $90\,000B_E$，同时愿意从 G 国进口 $70\,200B_G$；G 国愿意出口 $70\,200BG$，同时愿意从 E 国进口 $90\,000B_E$。如果用 X_E 表示 E 国的出口供给，用 M_E 表示 E 国的进口需求，用 X_G 表示 G 国的出口供给，用 M_G 表示 G 国的进口需求，有两国的贸易均衡如下式：

$$X_E = M_G = 90\,000B_E \tag{5-10}$$

$$X_G = M_E = 70\,200B_G \tag{5-11}$$

在均衡国际贸易条件为 $100B_E : 78B_G$ 时，同它们各自主观要求的最起码的贸易条件相比（E 国出口 100 包商品要求至少交换 10 包 G 国的出口商品，G 国自 E 国进口 100 包商品最多愿意支付 230 包本国出口商品），E、G 两国都获得了相当可观的贸易利益。按照均衡的国际贸易条件，E 国每出口 100 包商品从 G 国多交换回 68 包商品，G 国自 E 国每进口 100 包商品可以少支付 152 包本国出口商品。

三、对相互需求理论的评述

（一）贡献

（1）探讨了国际贸易给双方带来利益的范围，并指出这个范围就是双方国内交换比的上下限，超出这个界限，国际贸易就不会发生。

（2）研究了贸易利益分配问题，认为贸易条件越接近本国国内交换比，其获得的利益就越少；反之，贸易条件越接近对方国家国内交换比，其所获利益就越多。

（3）以等量劳动的不同产出来比较生产的相对优势。这种把成本固定，比较某国生产某种产品的利益的大小，也称为比较利益论。这一理论为西方经济学家普遍接受，具有一定的领导性。

（二）缺陷

（1）相互需求理论从供求关系上说明商品国际交换价值的决定，认为国际贸易中一种进口商品的价值，不是由生产这种商品的成本决定的，而是由为支付进口输出商品的生产成本决定。这种商品的价值取决于他国对该商品的需求弹性的论点，受到马克思主义劳动价值论的猛烈批判。穆勒也由此一直被划入庸俗经济学家行列。

（2）穆勒的国际需求方程式的假定前提是物物交换下的供给等于需求。实际上，出口与进口不是以物物交换的形式同时出现的，而是彼此分离的，因此，认为相互需求强度决定贸易条件在现实中存在很大的缺陷。这是因为在国际市场中，贸易的发生并不总是在两国经济规模相当并对国际市场价格影响显著的国家中进行，如果两国力量悬殊，小国的相对需求强度远远小于大国的相对需求强度，在这种情况下，大国的交换比也就是国际间的贸易条件。

第四节　要素禀赋理论

一、要素禀赋理论

（一）要素禀赋理论产生的背景

要素禀赋理论（赫克歇尔-俄林理论）的产生始于对斯密和李嘉图贸易理论的质疑。在斯密和李嘉图的模型中，技术不同是各国在生产成本上产生差异的主要原因。可是，到了20世纪初，各国尤其是欧美之间的交往已很普遍频繁，技术的传播已不是一件非常困难的事。许多产品在不同国家的生产技术已非常接近甚至相同，但为什么成本差异仍然很大？赫克歇尔认为，除了技术差异，一定有其他原因决定各国在不同产品上的比较优势，而其中最重要的是各国生产要素的禀赋不同和产品生产中使用的要素比例不同。

赫克歇尔和俄林克服了斯密和李嘉图贸易模型中的某些局限性，认为生产商品需要不同的生产要素而不仅仅是劳动。资本、土地，以及其他生产要素也在生产中起了重要作用并影响到劳动生产率和生产成本。而且，他们注意到不同的商品生产需要不同的生产要素配置。有些产品的生产技术性较高，需要大量的机器设备和资本投入。这种在生产中所需的资本投入比例较高的产品可以称为资本密集型产品。有些产品的生产则主要是手工操作，需要大量的劳动投入。这种在生产中所需的劳动投入比例较高的产品则称为劳动密集型产品。这里的"密集型"是一个相对概念，如果钢铁生产中所需要的资本/劳动的比率高于大米生产中所需要的资本/劳动的比率，那么钢铁就是资本密集型产品，大米就是劳动密集型产品。反之，钢铁是劳动密集型产品，大米是资本密集型产品。

另外，各国生产要素的储备比例也是不同的。有的国家资本相对雄厚，被称为"资本充裕"国家；有的国家人口众多，被称为"劳动充裕"国家。这里的"充裕"也是一个相对概念，用资本/劳动的比率（人均资本）来衡量。如果美国的人均资本高于中国，美国就是资本充裕的国家，中国则是劳动充裕的国家。但如果中国与柬埔寨或孟加拉等国相比，中国又是"资本充裕"的国家。

由于产品的生产需要使用多种要素，产品的相对成本不仅可以由技术差别决定，也可以由产品生产中要素比例和一国资源储备稀缺程度的不同而决定。一般来说，劳动力相对充裕的国家，劳动力价格会偏低，因此，劳动密集型产品的生产成本会相对低一些。而在资本相对充足的国家，资本的价格会相对低，生产资本密集型产品可能会有利。因此，劳动力相对充裕的国家，一般拥有生

专栏5-2

赫克歇尔和俄林的理论贡献

产劳动密集型产品的比较优势，而资本充裕的国家，则具有生产资本密集型产品的比较优势。根据赫克歇尔－俄林理论，各国应该集中生产并出口那些能够充分利用本国充裕要素的产品，以换取那些需要密集使用其稀缺要素的产品。换句话说，如果中国是劳动力充裕的国家，中国就应该多生产和出口劳动密集型产品，进口资本密集型产品。这种国际贸易的基础是生产要素的禀赋和使用比例上的相对差别。

（二）赫克歇尔－俄林资源禀赋贸易模型

赫克歇尔－俄林的"资源禀赋"（亦称"要素比例""资源配置"）学说可以通过以下的简单贸易模型得到进一步说明。

1. 基本假设

赫克歇尔－俄林模型（简称 H-O 模型）的基本假设如下：

（1）两种生产要素：假定为劳动和资本。

（2）两种可贸易商品：假定为大米和钢铁。无论生产大米还是生产钢铁，都要使用劳动和资本，但使用的比例不同。假定大米是劳动密集型产品，钢铁为资本密集型产品。

（3）两个国家：假定为 M 国和 H 国。M 国是劳动充裕的国家，H 国是资本充裕的国家。

（4）每个国家的生产要素都是给定的。劳动和资本可以在国内各部门自由流动，但不在国际流动。一方面，各国的资源禀赋和生产可能性曲线不变，但劳动和资本在国内可以自由地从低收益的地区和产业流向高收益的地区和产业，直到该国所有地区和所有产业的劳动收益相同，资本收益相同。另一方面，若没有国际贸易，两国的两种要素之间将存在收益上的差异。

（5）生产技术假定相同。为了集中分析资源禀赋差别的作用，各国的生产技术假定是相同的。假如大米在 M 国是劳动密集型产品，那么大米在 H 国也是劳动密集型产品，即不存在"生产要素密集型逆转"的情况。如果一定的人均资本在 H 国生产出某个产量的产品，同一资本劳动比例会在 M 国生产出相同产量的产品。

（6）生产规模报酬不变。这意味着任何一种商品生产中的劳动量和资本量一同增加，则该商品的产出也以相同比例增加。如果劳动和资本量同时翻倍，则产出也翻倍。

（7）两国的消费偏好相同。这意味着表现两国需求偏好的无差异曲线的形状和位置是完全相同的。当两国的商品相对价格相同时，两国以相同的比率消费大米和钢铁。

（8）完全竞争的商品市场和要素市场。两国都有许许多多的大米和钢铁的生产者和消费者，没有任何单个的生产者和消费者能够左右商品的价格，也没有任何单个的厂商或要素的拥有者能够决定要素市场的价格。完全竞争也意味着商品价格等于其生产成本，没有经济利润。

（9）无运输成本，无关税，或其他阻碍国际贸易自由的障碍。这一假设也是为了简化分析，以便于集中讨论贸易的原因及结果。运输成本和关税的多少只是在最终产品价格上的单调增减。

在以上这些基本假设中，后面4个在古典贸易模型也同样存在，而最前面的5个是 H-O 模型中特有的。其中第（1）到第（4）个假设强调了两国和两种产品的差异所在（资源禀赋和使用比例），第（5）个假设是为了简化分析，有别于古典贸易模型。这并不意味着赫克歇尔和俄林认为技术的差别不存在。

为了集中说明理论，赫克歇尔和俄林用了最简单的两种产品两种要素模型。后人则在这一基础上扩展为多要素或多产品模型。首先是杰罗斯拉夫·凡耐克于1968年将H-O模型扩展为多要素生产模型，从而使这一模型又被称为"赫克歇尔-俄林-凡耐克模型"。接着，罗纳德·琼斯又于1974年将两种商品扩展为多种商品。但是，这些扩展的结果并不影响赫克歇尔和俄林从两种产品两种要素模型中得出的基本结论。

2. 生产与贸易模式

根据以上基本假设，两国的生产和贸易模式简述如下：

劳动充裕的国家拥有生产劳动密集型产品的比较优势，资本充裕的国家拥有生产资本密集型产品的比较优势。如果两国发生贸易，劳动充裕的国家应该生产并出口劳动密集型产品，进口资本密集型产品；资本充裕的国家应生产并出口资本密集型产品，进口劳动密集型产品。

由于M国是一个劳动充裕的国家，且大米是劳动密集型产品，M国生产大米的相对成本和相对价格低，具有生产大米的比较优势。H国则相反，H国是一个资本充裕的国家，生产钢铁（资本密集型产品）的相对成本和相对价格低，因此，美国具有生产钢铁的比较优势。

如果两国发生贸易，M国会增加大米生产减少钢铁生产，并向H国出口大米进口钢铁。H国会减少大米生产增加钢铁生产，并从M国进口大米，向M国出口钢铁。决定两国生产与贸易模式的基础仍然是生产成本方面的比较优势，而这一比较优势是由要素配置而不是生产技术的差异决定的。

3. 贸易影响与贸易所得

国际贸易的产生是由于各国之间存在着生产、消费，以及商品价格的差异。国际贸易的结果又反过来影响各国商品的价格、商品的生产和消费以及经济发展。

我们首先分析贸易对价格、生产、消费以及贸易利益等方面的影响。在对贸易利益的分析中，我们将分别对生产者利益、消费者利益，以及整个社会利益变动进行分析。这种分析包括静态的和动态的、局部的和整体的。在本章我们使用的仍然只是静态的总体均衡分析和局部均衡分析。

（1）总体均衡分析

我们仍然用生产可能性曲线和社会无差异曲线来对贸易影响进行总体均衡分析。

与古典贸易模型相比，H-O模型对一国生产可能性的假设有两个方面的不同：

第一，关于两国生产各种商品能力不同的原因。古典贸易模型解释为生产技术上的不同，H-O模型则强调要素的禀赋不同。M国的劳动力资源相对充裕而资本相对不足。因此，M国生产劳动密集型产品（大米）的能力比生产资本密集型产品（钢铁）要强，其生产可能性曲线偏向大米。H国则相反，生产钢铁的能力强于生产大米的能力，生产可能性曲线向钢铁倾斜。

第二，关于产品生产机会成本的假定。古典模型假设劳动是唯一的生产要素，每单位劳动投入的产出是不变的。因此，每单位产品的机会成本是固定的，生产可能性曲线是一条直线。赫克歇尔－俄林理论假设有两种要素投入，产品生产的机会成本是递增的。也就是说，当一国将其生产资源从某个产品的生产中转移去生产另一产品时，所必须放弃的该产品的数量越来越大。从另一角度说，如果一国继续不断地将其有限的资源投向一种产品生产时，每个新增加的投入所能得到的产出会越来越少。这种"成本递增"或"收益递减"的生产可能性曲线具有外凸的形状（机会成本等于生产可能性曲线的斜率，递增的斜率形成外凸的曲线）。

图 5-4 中，M 国和 H 国的生产可能性曲线反映了以上两个方面的特征。

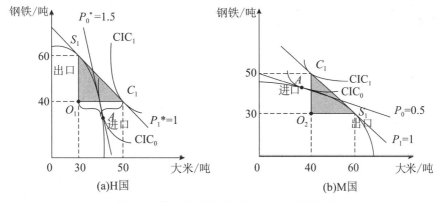

图 5-4　生产要素比例不同国家之间的贸易

与在比较优势贸易模型中分析的一样，图 5-4 中两国在没有贸易时都选择将 A 点作为生产和消费的均衡点，假定 M 国生产 38 吨大米、42 吨钢铁，H 国生产 25 吨大米、35 吨钢铁，各国都只消费本国生产的产品。在 A 点上，M 和 H 两国大米的相对价格（大米价格 P_r / 钢铁价格 P_s）都等于本国生产大米的相对成本，分别用 P_0 和 P_0^* 来表示。由于 M 国拥有充裕的劳动力，M 国生产大米的相对成本比较低，P_0 假定为 0.5；H 国劳动力相对缺乏，大米生产的相对成本比较高，P_0^* 假定为 1.5。而两国的钢铁生产的相对价格（大米相对价格的倒数）则正好相反，M 国是 2，H 国是 2/3。如果两国发生贸易，根据比较优势的原理，H 国会向 M 国出口钢铁以换取大米，M 国则出口大米用来跟 H 国换钢铁。

自由贸易对各国经济的第一个直接影响是产品价格的变动。在总体均衡分析中，表现为产品相对价格的变化。在封闭时，M 国大米的相对价格低于 H 国。对于 M 国来说，出口大米会使国内大米的价格（P_r）上升，进口钢铁又会使国内钢铁市场的价格（P_s）下降，从而使大米的相对价格上升（从 P_0 到 P_1）。对 H 国来说，情况正好相反，出口钢铁、进口大米，大米的相对价格下降（从 P_0^* 到 P_1^*）。在自由贸易的情况下，只要 M 国大米的相对价格低于 H 国，M 国的大米就会不断地出口到 H 国，H 国的钢铁就会出口到 M 国，直至两国大米的相对价格相等为止。这一相等的相对价格也是两国进行贸易的国际相对价格。

两国进行交换的国际相对价格的最终确定取决于"国际市场"上的相对供求关系。在决定大米的相对价格过程中，M 国是相对供给方，H 国是相对需求方。从 M 国方面来说，希望大米的相对价格越高越好,至少不能低于封闭时的 0.5,否则就没有动力去从事国际贸易。对 H 国来说,希望大米的相对价格越低越好,至少要比自给自足时的 1.5 低,否则也没有必要去跟 M 国交换。因此,至少可以知道国际大米相对价格的两个边界分别是 M 和 H 两国在没有贸易时的国内相对价格。也就是说,这一最终进行交易的国际相对价格一定高于 0.5 低于 1.5,而最终价格则取决于双方相对供给量和需求量的大小。

产品相对价格的变化会进而影响两国的生产和消费。为了继续讨论贸易对各国生产和消费的影响,在此我们先假定自由贸易后的国际相对价格为 1($P_1=P_1^*=1$),即 1 吨大米可以交换 1 吨钢铁。在 M 国,大米相对价格的上升(钢铁相对价格下降)使得 M 国大米生产增加钢铁生产减少。而在 H 国,更多的资源则会被用来生产钢铁,同时减少大米的生产。各国的生产点都会从原来没有贸易时的 A 点向 S_1 点转移,在新的生产均衡点 S_1 上,国际相对价格曲线与各国的生产可能性曲线相切,大米的相对成本等于大米的国际相对价格。

国际贸易所产生的价格变化会引起生产的变动,形成 M 国多生产大米 H 国多生产钢铁的"国际分工"局面。但与绝对优势贸易模型和比较优势贸易模型不同的一点是,H-O 模型中的分工不是完全的。各国的生产只是"多"生产本国拥有比较优势的产品,而非"完全"生产这种产品。主要原因是,在 H-O 模型中,机会成本是递增的。如果完全生产一种产品而放弃另一种产品的话,该产品的机会成本将会变得相当大。

M 国多生产大米少生产钢铁并不意味着 M 国愿意多消费大米少消费钢铁,而是愿意用大米来换取更多的钢铁。两国的生产虽然都移到了 S_1 点上,但自由贸易使得各国可以在国际相对价格曲线上的任何一点上进行消费。M 国愿意出口一部分大米用来进口钢铁,H 国则希望用钢铁换大米,但各国究竟用多少大米或用多少钢铁来交换则取决于本国的社会无差异曲线的偏向和水平。M 和 H 两国都会沿着国际相对价格曲线找到一个社会福利水平最高的点进行消费。在图 5-4 中,新的消费点都在 C_1 点。在这一点上,社会无差异曲线与国际相对价格曲线相切。两国生产与消费之间的差额就是进出口。在图 5-4 中,我们假设 M 国出口了 20 吨大米进口了 20 吨钢铁。H 国进口大米和出口钢铁的量正好等于 M 国的出口量和进口量。在没有借贷的两国模型中,两国的贸易必须是平衡的。

在图 5-4 中,贸易后 M 国的大米消费为 40 吨,钢铁为 50 吨,H 国消费 50 吨大米和 40 吨钢铁,与封闭经济中的消费点 A 相比,两种产品的消费显然都增加了。但在最终的消费点不一定两种产品的消费都增加,也有可能一种产品增加而另一种产品减少,具体的消费量取决于相对价格变动的幅度和社会的偏好。

与封闭时的情况相比,贸易对生产和消费的最根本影响是造成两者的分离。任何一国不再只消费自己生产的产品,本国生产的产品也不需要完全由自己来消费。两者之间的差异就是国际贸易的数量。具体来说,本国生产量超过本国消费量的部分为出口,生产量低于本国消费量的部分为进口。从生产点(S_1)到消费点(C_1)之间所形成的三角形($S_1O_1C_1$)被称为"贸易三角"。在两国的贸易模型中,两个贸易三角是全等的。

谁都知道贸易一定是因为有利可图才进行的,可是这个利究竟有多大?怎样来衡量?衡量国际贸易收益,既可以从整体上作抽象说明,也可以从个别商品上作具体计算。从整体上,仍用生产可能性曲线和社会无差异曲线来说明一国的贸易收益。

图 5-5 显示的是 M 国对外贸易前后的情况。在没有对外贸易的情况下，M 国的生产和消费都在 A 点。在有限的生产资源限制下，A 点是最佳的选择，因为在 A 点上的消费组合使整个社会的福利水平达到最高。如果用社会无差异曲线来表示社会效用或福利水平的话，没有进行对外贸易时，M 国社会的福利水平是 CIC_0。

根据假定，M 国拥有生产大米的相对优势和钢铁的相对劣势，因此，一旦进行对外贸易，M 国会出口大米，进口钢铁。进出口的结果会使国内大米相对价格上涨（从 P_0 上涨到 P_1），从而增加大米生产和减少钢铁生产。生产点由 A 点转移到 S_1 点。而 M 国的消费组合却不必跟着转移到 S_1 点。M 国可以按照国际市场的价格高价出口大米和低价进口钢铁，使大米和钢铁的消费都超过没有对外贸易时的水平而达到 C_1 点。

在 C_1 点上，两种产品都比原来消费得多，而且会在生产可能性曲线以外的水平上进行消费。如果我们用社会无差异曲线离原点远近来表示社会福利程度高低的话，C_1 点所达到的社会福利（CIC_1）显然高于 A 点的 CIC_0。整个社会的对外贸易利益可以用社会福利水平的提高来衡量：对外贸易使一国可以消费超出其生产能力的产品，使社会满足程度得到提高。

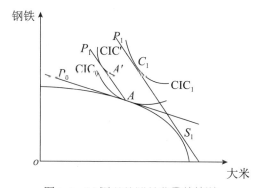

图 5-5　M 国对外贸易前后的情况

在以上贸易利益的分析中，有两点必须说明一下。第一，从 A 点到 C_1 点表示的是最终的消费变化和全部的贸易利益。如果进一步分析的话，贸易利益主要来自两个方面：一方面来自商品的交换，另一方面来自对生产的调整。对外贸易前，M 国的大米便宜而钢铁昂贵，而 H 国正好相反：钢铁便宜而大米昂贵。M 国即使不改变原来的生产结构，仅仅将生产出来的一部分大米用来出口换取 H 国的钢铁，就可以获得利益。在图 5-5 中，这种单纯交换使 M 国的消费点从 A 点移到 A' 点从而使社会福利增加（从 CIC_0 到 CIC_0'）。事实上，为了发挥大米生产中的比较优势，M 国则会进一步调整生产结构，将生产点从 A 点移到 S_1 点，多生产大米用来交换钢铁，从而使消费从 A' 点移动到 C_1 点，收益也会更大（从 CIC_0' 到 CIC_1）。

第二，M 国的最终消费选择不一定非要在两种商品都比贸易前更多的 C_1 点上。新的价格线上的任何一点都是可行的。最终的消费组合取决于该国的需求偏好，贸易利益的衡量是由社会福利程度来衡量而不一定非要两种产品都比以前消费更多。换句话说，如果 M 国偏爱钢铁，即使其最终的大米消费比对外贸易前减少，M 国的社会福利仍会提高，对外贸易仍然给 M 国带来利益。社会福利由社会无差异曲线水平高低来衡量而不是由所有产品消费的增减来表示。

（2）局部均衡分析

在没有对外贸易的情况下，各国商品的价格是不同的。一般来说，同样的商品在有生产比较优势的国家价格比较低，在没有生产比较优势的国家价格比较高。根据前面所用的例子，我们假设每吨大米的机会成本在 M 国是 0.5 吨钢铁，在 H 国是 1.5 吨钢铁。如果我们用货币单位来衡量，并假设每吨钢铁等于 1 000 元，那么 M 国每吨大米的机会成本是 500 元，H 国是每吨 1 500 元。为了简化分析，我们进一步假定在封闭经济中产品的市场均衡价格等于其机会成本。也就是说，在没有贸易时，M 国大米的市场价格是每吨 500 元，而 H 国是每吨 1 500 元。

如果两国发生贸易，H 国看到 M 国的大米便宜，就想从 M 国进口。但是 H 国必须支付每吨至少 500 元的价格，M 国农民才会将大米卖给 H 国。H 国当然愿意支付，但不能等于或超过 H 国自己生产大米的价格（1 500 元），否则 H 国就没有必要从 M 国进口。作为 M 国，想尽量抬高交易价格使出口有钱可赚；作为 H 国，想尽量压低交易价格，使进口有利可图。那么两国最终以什么价格成交呢？从更广泛的范围来讲，单个商品的国际市场价格是怎样形成的？

还是用两国大米贸易的例子来说明单个商品国际市场价格的形成，并假设没有运输成本和贸易障碍。大米的国际价格由国际市场的供求均衡来决定（见图 5-6）。

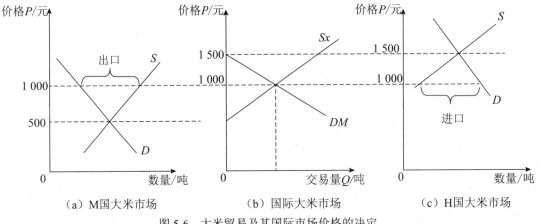

图 5-6 大米贸易及其国际市场价格的决定

在这一例子中，M 国是大米出口国，只要价格高于 500 元，M 国就愿意出口大米，国际市场上的供给曲线（Sx）是 M 国的出口曲线。当价格等于 500 元，M 国国内的供给量正好等于需求量，出口为零。当价格超过 500 元以后，供给量超过需求量，其间的差额就可以用来出口，出口量随着价格的上升而增加。H 国是大米进口国，只要价格低于 1 500 元，H 国就进口，价格越低，进口越多。国际市场上的需求曲线（DM）就是 H 国的进口曲线。同理，当大米价格等于 1 500 元时，H 国国内市场上供求达到均衡，无须进口。只有在价格低于 1 500 元时，H 国国内市场才会出现短缺，需要靠进口来弥补。所以 H 国的进口需求曲线从 1 500 元开始。

在国际大米市场上，如果 M 国的出口量小于 H 国的进口量，供不应求，国际市场价格就会上升；反之国际市场价格则下跌。只有在进口量等于出口量的时候，国际市场上的均衡价格才会形成。在我们的例子中，这一价格假设为 1 000 元，交易量为 20 吨。

当然，这一价格不一定是 1 000 元，可能是大于 500 元小于 1 500 元的任何数，国际价格的波动的范围可以表示为：

$$\text{没有对外贸易时出口国的国内市场均衡价格} < \text{国际市场价格} < \text{没有对外贸易时进口国的国内市场均衡价格}$$

二、要素价格均等化理论

要素价格均等化理论旨在说明国际贸易是如何通过商品价格的变动，引起生产要素的再配置，最终达到要素价格的均等化的。要素价格均等化理论有两点重要的寓意：第一，证明了在各国要素价格存在差异，以及生产要素不能通过在国际自由流动来直接实现最佳配置的情况下，国际贸易可替代要素国际流动，"间接"实现世界范围内资源的最佳配置；第二，说明了贸易利益在一国内部的分配问题，即说明了国际贸易如何影响贸易国的收入分配格局。

（一）商品价格与要素价格

国际贸易因相对价格差异而产生，反过来，国际贸易又促使各贸易国的商品相对价格趋于均等。在确定国际贸易如何影响要素价格之前，以 X 产品相对价格的上升为例，考察一下商品相对价格变动是如何影响要素价格的。

在完全竞争条件下，生产要素在每一部门的报酬等于其边际产品价值，即等于其边际产出与商品价格的乘积。在均衡时，生产要素在所有部门的报酬应当是相同的。此时，如果 X 产品的相对价格上升，那么，X 生产部门的资本和劳动报酬与 Y 生产部门就不再保持一致，X 生产部门的资本和劳动可获得比 Y 生产部门更多的报酬，于是资本和劳动就会从报酬低的 Y 生产部门流向报酬高的 X 生产部门。由于 X 生产部门是资本密集型的，所以 X 生产部门生产扩张需要相对较多的资本与较少的劳动相配合。但因 Y 生产部门是劳动密集型的，Y 生产部门只能释放出相对较少的资本和较多的劳动，于是在生产要素重新配置的过程中，对资本新增加的需求（X 生产部门生产所需增加的资本）超过了资本新出现的供给（Y 生产部门所释放的资本），而劳动新增的供给则超过了对劳动新增的需求，从而在要素市场上，资本价格将会上涨，而劳动价格将会下跌。

另外，随着生产要素价格的重新调整，每个部门中的厂商在生产中所使用的资本－劳动比例也将发生变化。由于资本变得相对越来越昂贵，劳动变得相对越来越便宜，所以每个部门的厂商都会调整其要素使用比例，尽量多使用变得便宜了的劳动，来替代一部分变得昂贵了的资本，最后，每个部门所使用的资本－劳动比例都要低于 X 相对价格变化之前的资本－劳动比例。

由以上分析可知，X 相对价格上升会导致它所密集使用的生产要素－资本名义价格的上升，以及另一种生产要素－劳动名义价格的下降。但要素名义价格的变化说明不了要素实际价格的变化，只有将要素名义价格的变化与商品价格的变化加以对比，才能确定要素实际价格的变化。

在均衡状态下，劳动和资本的价格分别为：

$$w = P_X \cdot MP_{L_X} = P_Y \cdot MP_{L_Y} \tag{5-12}$$

$$w = P_X \cdot MP_{K_X} = P_Y \cdot MP_{K_Y} \tag{5-13}$$

上面两个表达式表示在均衡条件下，资本和劳动价格的决定。其中，w、r 分别表示劳动、资本的价格（或报酬）；MP_{L_X}、MP_{L_Y} 分别表示劳动在 X、Y 生产中的边际产出，MP_{K_X}、MP_{K_Y} 分别表示资本在 X、Y 生产中的边际产出。由式（5-12）和式（5-13）两式，可以得到

$$\frac{w}{P_x} = MP_{L_X}, \quad \frac{w}{P_y} = MP_{L_Y} \tag{5-14}$$

$$\frac{r}{P_x} = MP_{L_X}, \quad \frac{r}{P_y} = MP_{L_Y} \tag{5-15}$$

上述各等式的左边均表示要素的实际价格或报酬，即用各生产要素的名义价格或报酬分别用于购买 X、Y 时，所能购买到的 X、Y 的数量。上述表达式表明要素的实际报酬等于其边际产出。由于在规模收益不变的条件下，生产要素的边际产出只取决于两个要素的使用比例，与两个要素投入的绝对量没有关系，因此商品相对价格的变化对要素实际收入的影响只取决于两种商品所使用的要素比例的变化。

（二）国际贸易与要素价格均等化

对外贸易前，由于两国要素禀赋的差异，所以两国的要素价格也不一致。但对外贸易开始后原来 A 国相对价格较低的 X 产品，由于对方国家的需求刺激，其相对价格趋于上升。X 产品所密集使用的生产要素资本的价格将上涨，而劳动的价格将下跌，于是原来在 A 国比较廉价的资本，现在变得不那么廉价了，而原来在 A 国比较昂贵的劳动，现在也因贸易变得不那么昂贵了。

在 B 国，贸易后 X 产品的相对价格处于下降趋势，于是 B 国资本的价格将下降，劳动的价格将上升。这意味着在 B 国，原来比较昂贵的资本现在变得不那么昂贵了，原来比较廉价的劳动现在也变得不那么廉价了。

随着对外贸易的开展，两国 X 产品的相对价格差异会不断缩小，并最终达到均等。在这个过程中，两国丰富要素的价格不断上升，稀缺要素的价格则不断下降，于是两国要素价格朝着差异缩小的目标，趋向于一个共同的水平。随着商品价格的统一，两国要素价格水平也将达到均等。

需要强调的是，要素价格的均等是以商品价格的均等为先决条件的。现实中，由于运

输成本和一些贸易壁垒的存在，各国的商品价格难以达到完全一致，因此，国际要素价格均等化在现实中一般难以实现。另外，要素价格均等化还要求各国的生产技术条件必须相同，这也是一个比较苛刻的条件。

第五节　里昂惕夫之谜及其解释

自从 20 世纪初赫克歇尔与俄林提出了资源禀赋模型后，在很长一段时间，H-O 模型成为解释工业革命后国际贸易产生原因的主要理论。人们普遍认为，各国资源禀赋和生产中的要素使用比例的不同是产生国际贸易的主要原因，但是，这一理论在实证检验中遇到了挑战。

对 H-O 理论的第一次实证检验是在 20 世纪 50 年代初。在 1953 年出版的一篇论文中[1]，经济学家瓦西里·里昂惕夫用美国 1947 年进出口行业所用的资本存量与工人人数数据来检验赫克歇尔—俄林理论，其结果引发了持续一代人的富有成效的争论。

一、里昂惕夫之谜

（一）里昂惕夫的实证检验

里昂惕夫想要通过美国的数据来检验赫克歇尔-俄林理论：各个国家都应出口密集使用其充裕要素的产品，而进口密集使用其稀缺要素的产品。更确切地说，他想要同时验证两个命题：①赫克歇尔-俄林理论是正确的；②正如大家所认为的那样，与它的贸易伙伴相比，美国是一个资本充裕的国家，美国应该出口资本密集型产品进口劳动密集型产品。

里昂惕夫计算了 1947 年美国出口行业与进口竞争行业的资本存量与工人人数比率。他的计算不仅算出这两类行业（每个行业都有数十个产业）所使用的资本和劳动量，而且计算出各种产品所使用的购自其他产业的产品中所包含的资本和劳动量。作为投入－产出分析的主要先驱之一（他为此在 1973 年获得诺贝尔经济学奖），里昂惕夫用资本和劳动投入、出口值和进口值的向量去乘美国经济的投入－产出矩阵，进而得出所需的出口及与进口竞争行业的资本量和劳动量比率的估计值。里昂惕夫的逻辑是：如果赫克歇尔-俄林理论的预测是正确的，而且美国是资本相对更充裕的，那么在弄清楚所有投入品行业的份额之后，作为总体的美国出口行业的资本劳动比率（K_x/L_x），应该高于美国进口竞争行业的资本劳动比率（K_m/L_m）。

然而，里昂惕夫的计算结果向他和其他人提供了一个令人困惑的"谜"：在 1947 年，

---

[1] LEONTIEF W W. Domestic Production and Foreign Trade: The American Capital Position Re-Examined[J]. Proceedings of the American Philosophical Society, 1953, 97（1）: 331-349.

美国向世界其他国家出口的是劳动密集型产品，而换取的是相对资本密集的进口产品！关键比率 $\frac{K_x/L_x}{K_m/L_m}$ 只有 0.77，而根据赫克歇尔－俄林理论，它应该远大于 1。这就是著名的"里昂惕夫之谜"或"里昂惕夫悖论"。

（二）其他学者的资本劳动比率（K/L）研究

里昂惕夫的文章发表后在国际经济学界引起了不小的争论。从理论上说，赫克歇尔－俄林模型的假设是合理的，逻辑是严谨的，H-O 模型本身并没有发现什么问题。里昂惕夫的研究方法被复查了好几次，他自己也反复核对了这一研究的结果，无论方法和数据都被证明是准确无误的。更有意思的是，里昂惕夫本人在 1956 年又对美国 1947—1951 年的数据进行了检验，结果与 1953 年的研究一样。其他经济学家对美国其他年份的进出口产品的资本劳动比率（K/L）也作了分析。表 5-10 列出了其中的一些检验结果。

在表 5-10 中，用 1899 年和 1972 年的数据检验时，美国出口产品中的资本劳动比率（K_x/L_x）高于进口产品中的资本劳动比率（K_m/L_m），基本符合美国是一个资本充裕国家的假设和 H-O 模型的预测。但是，用第二次世界大战后到 1971 年这段时间的数据来检验，美国出口产品与进口产品的资本劳动比率之比都小于 1，"里昂惕夫之谜"仍然存在！

表 5-10　赫克歇尔—俄林模型的实证检验：美国数据

学　　　者	数据年份	关　键　比　率
威特尼（Whitney，1968）	1899	1.12
里昂惕夫（Leontief，1954）	1947	0.77
里昂惕夫（Leontief，1956）	1947/1951	0.94（或不包括自然资源行业，1.14）
鲍德温（Baldwin，1971）	1958/1962	0.79（或不包括自然资源行业，0.96）
斯特南德和马斯克斯（Sternand & Maskus，1981）	1972	1.05（或不包括自然资源行业，1.08）

更有意思的是，对 20 世纪 50 年代加拿大和日本的对外贸易数据分析发现，这两个国家出口的资本密集型产品要比进口的多，而且这两个国家的主要贸易是跟美国进行的！换句话讲，与美国相比，加拿大和日本都不能算是资本充裕的国家，但他们却向美国出口资本密集型产品进口劳动密集型产品。这一发现实际上进一步证明了"里昂惕夫之谜"的存在。

对同期印度贸易的研究结果发现，在印度对世界所有其他国家的贸易中，出口的主要是劳动密集型产品，进口则主要是资本密集型产品；但在与美国的双边贸易中，印度主要出口产品中的 K/L 高于其从美国进口的产品。印度的情况一方面支持赫克歇尔－俄林理论（印度作为劳动充裕的国家主要出口劳动密集型产品），另一方面又使"里昂惕夫之谜"在更大的范围里得到证实。

二、对里昂惕夫之谜的解释

事实上，这个"谜"之所以能继续存在，是因为人们用的是跟里昂惕夫相同的方法。

只要计算的是简单的资本劳动比率，美国就会继续看起来像劳动密集型商品的出口国，"谜"就会存在。经济学家在里昂惕夫取得的结果推动下，已提出能说明这些实证检验结果的一系列重要的因素。同时，他们也对赫克歇尔-俄林模型的原有简单解释作了许多改进。按照重要性的次序，从最不重要的到最重要的，经济学家对这个"谜"有以下 5 种主要解释。

（一）劳动熟练说

里昂惕夫当年曾经试图用美国的劳动要素具有比外国更高的生产效率来解释他的发现，所谓更高的生产效率当然有可能源于美国劳动要素的较高技能。美国经济学家季辛（Donald Keesing）针对要素禀赋理论关于各国拥有同质的生产要素的基本假定，认为一个国家的劳动要素很难说是同质的，而是可以分为若干个具有不同生产技能的组别[①]。一个国家尚且不能说有同质的劳动要素，那么，就国与国之间劳动要素的相互比较而言，就更谈不上所谓的同质性了。

季辛根据美国 1960 年的人口统计资料，将美国的各类就业人员划分为八大类，并将前 7 类统称为"高技能劳动"（the high skilled labor），将最后一类称为"低技能劳动"（the low skilled labor）：①科学家和工程师；②技术员和制图人员；③其他专业人员；④经营管理人员；⑤技术工人；⑥其他熟练手工操作工人；⑦销售人员；⑧半熟练工人和非熟练工人。

季辛认为，由于每一个就业者接受的教育和所具备的专业技术特长不同，因而在他们之间客观上存在着劳动技能的高低差异。通过研究，季辛发现，美国各行业的出口数量同该行业总产量的比率，即该行业的出口在全行业生产总量中所占的比重，同按以上序列划分的美国就业人员劳动技能的高低呈现正相关关系；某一行业就业人员的劳动技能越高，该行业的出口占全行业生产总量的比重越大。同时，季辛还发现，在美国的工业制成品出口中，如按以上序列将其中包含着的劳动要素加以细分，前 7 类高技能劳动大约占 55%，而在美国的工业制成品进口中，这一比重只有 43%。也就是说，美国出口的是"高技能劳动密集型商品"（the high stilled labor intensive goods），进口的是"低技能劳动密集型商品"（the low skilled labor intensive goods）。

此外，季辛还就 13 个工业发达国家劳动要素的技能构成进行了比较研究，得出了美国的各类高技能专业技术人员或者说高技能劳动要素相对丰裕的结论。

因此，在季辛看来，里昂惕夫对他自己的验证结果所作的解释是合理的。正是由于美国在技术要求相对较高的产业中具有国际比较优势，才致使美国各行业的"出口/总产量比率"同该行业就业人员的劳动技能高低呈现正相关的关系，进而导致美国作为一个高技能劳动要素相对丰裕，而低技能劳动要素相对稀缺的国家，大量出口其具有比较优势的高技能劳动密集型商品，进口低技能劳动密集型商品。美国的对外贸易结构和商品流向同要素禀赋理论的基本原理并没有矛盾。

---

① 参见季辛. 劳动技能和比较优势 [J]. 美国经济评论，1966（2）.

（二）人力资本说

人力资本说的主要代表人物有克拉维斯（Irving Kravis）、凯南（Peter Kenen）等。他们认为，一个国家或某一个人为其未来的长远发展所进行的投资，并不仅仅局限于企业、厂房、机器、设备、技术发明等物质形态，同时在很大程度上也表现在教育、训练、医疗、保健、卫生、社区服务等各种人力资源开发（development of human resources）上的投入。前者为物质形态的实物资本（physical capital），后者可以概括为人力资本（human capital）。

人力资本投资也要取得相应的投入回报。因此，对劳动要素的基本构成单元——每一个从业人员来说，他所得到的工资收入并非完全是就其眼下的劳动付出支付的报酬，其中必有一个部分是就其过往进行的人力资本投资给予的相应回报。如果一国出口商品生产使用的人力资本要素大于该国进口商品包含的人力资本要素，该国实际上是在出口人力资本密集型商品（human capital intensive goods）。倘若如里昂惕夫那样，对人力资本要素完全忽略不计，就极有可能出现里昂惕夫之"谜"表现出来的"反常"现象[①]。

综合起来看，美国劳动力的受教育程度普遍地高于其他国家，美国的平均工资也高出其他国家。这在相当程度上反映了美国同其他国家相比，在人力资源投资及其回报上存在相对差异，进而也证明了美国是一个人力资本要素相对丰裕的国家。美国出口商品中理所当然地包含着相对密集程度较高的人力资本要素。因此，从这个意义上说，将美国出口商品中劳动要素的密集程度相对较高，笼而统之地理解为美国是在出口劳动密集型商品，不符合现实情况，显然是不正确的。

当然，要相对准确地测算人力资本投资的数量的确存在技术上的困难。较为粗略的方法是直接将从事较为复杂劳动的"白领员工"的平均收入同从事较为简单的劳动的"蓝领员工"的平均收入的差额作为人力资本投入的参考指标；较为精细的方法是将实际发生的教育费用、职业培训费用、医疗保健费用、社区服务费用等加以汇总，测算出人力资本投资的约数。无论采取何种测算方法，人力资本在美国的对外贸易中都占有相当重要的地位，已经成为决定美国发挥比较优势，进而决定美国对外贸易结构和商品流向的重要因素。

波斯特纳（Harry Postner）采用美国、加拿大两国的统计资料，研究了两国双边贸易中两国的劳动力受教育程度的相对差异，为人力资本说提供了较有说服力的佐证。1970年加拿大对外贸易中的劳动要素见表5-11。

表5-11　1970年加拿大对外贸易中的劳动要素

受教育程度	全部对外贸易 进口（M）/出口（X）	对美双边贸易 进口（M）/出口（X）
接受过初等教育	0.91	1.06
接受过中等教育	1.07	1.17
接受过高等教育	1.14	1.14
合　计	1.02	1.12

资料来源：根据波斯特纳《加拿大国际贸易中的要素构成》有关资料编制。

[①] 参见克拉为斯.决定贸易商品结构的可能性因素及其影响 [J]. 政治经济学杂志，1965（64）. 凯南.自然、资本和贸易 [J]. 政治经济学杂志，1965（73）.

波斯特纳的研究结果表明，在整个加拿大的对外贸易中，进口商品中包含着相对较多的受教育程度较高的熟练劳动要素，出口商品中包含着相对较多的受教育程度较低的简单劳动要素。究其原因，主要是因为加拿大最大的贸易伙伴——美国，是一个人力资本要素丰裕的国家。考察加拿大同美国的双边贸易，就能更加清楚地看到，美国主要是在向加拿大出口熟练劳动相对密集的商品，从加拿大进口简单劳动相对密集的商品。但如果不是参照受教育程度从而注意到形成熟练劳动要素过程中大量人力资本要素的投入，看起来加拿大就是在从美国进口劳动要素相对密集的商品，向美国出口的商品中劳动要素的相对密集程度反而较低。于是就出现了里昂惕夫之"谜"那样的假象。其实，作为一个"人力资本要素相对丰裕的国家"（a country relatively abundant in human capital），美国是在向加拿大出口"人力资本要素密集型商品"，美国的对外贸易符合要素禀赋理论的基本原理，不存在里昂惕夫之"谜"。

（三）生产要素密集性逆转

赫克歇尔-俄林理论对要素密集型的基本假定是：如果按生产要素价格的某一比率，某一商品的资本密集度比另一商品高，那么，在所有的生产要素价格比率下，这一商品的资本密集度都比另一商品高。换句话说，如果在中国的相对工资下，玩具是一种劳动密集型商品的话，那么，在美国的相对工资下，玩具也是一种劳动密集型商品（尽管美国的相对工资比中国的高）。但是，真实的情况可能并不是这样。假定在美国由于资本充裕而劳动力相对稀缺，导致资本便宜和劳动力昂贵，美国可能会在玩具生产中使用更多的资本而非劳动力。这样的话，玩具在美国变成了资本密集型商品，而在世界其余国家，由于资本较贵而劳动力比较便宜，玩具仍然是劳动密集型商品。这就是生产要素密集性逆转（factor-intensity reversal）的一种情况。在这种情况下，其结果可能是：美国出口商品A，商品A在别的国家是资本密集型的但在美国是劳动密集型的；同时，美国进口商品B，商品B在外国是劳动密集型的而在美国是资本密集型的。

里昂惕夫在计算美国进出口商品的资本劳动比率时，用的都是美国的投入产出数据。对于美国进口的商品，他用的也是美国生产同类产品所需的资本劳动比率而不是这一商品在出口国国内生产时实际使用的资本劳动比率。这样一来就有可能出现美国进口"资本密集型产品"、出口"劳动密集型产品"的情况。

"生产要素密集性逆转"在现实中出现的概率有多大？这又是一个需要实证检验的问题。最早对生产要素密集性逆转进行实证检验的是明哈斯（B. S. Minhas）。他在1962年发表的研究结果中表明，大约有1/3的研究样本出现生产要素密集型逆转的情况[①]。明哈斯的研究结果受到了里昂惕大的质疑，他认为明哈斯的数据来源有偏差，在纠正了这些偏差之后，出现生产要素密集型逆转情况的只剩下8%[②]。

另一位经济学家鲍尔（Ball）也对明哈斯的研究结果重新进行了检验[③]，其结果也认

---

① 见 Minhas, "The Homophypallagic Production Function, Factor Intensity Reversals and the Heckscher-Ohlin Theorem"。
② 见 Leontief, "An International Comparison of Factor Costs and Factor Use: A Review Article"。
③ 见 D.P.S.Ball, "Factor Intensity Reversals: An International Comparison of Factor Costs and Factor Use"。

为生产要素密集型逆转的情况在现实中鲜有发生。由此可见,将生产要素密集型逆转用来解释里昂惕夫之谜理论上可行但实践中并不有利。

(四)贸易壁垒

里昂惕夫之谜的产生也有可能是美国贸易保护的结果。在赫克歇尔-俄林理论中,对外贸易被假定为自由的,而在现实中,几乎所有国家(包括美国)都或多或少实行了一定程度的贸易保护,尤其在第二次世界大战后初期。对美国来说,保护程度较高的是劳动密集型商品。

贸易政策的制定会受到许多利益集团的影响。一方面,在美国,各个利益集团会通过院外游说影响国会的经济政策,而代表美国非熟练的和半熟练的工会组织劳联-产联就是这样一个强大的游说集团。克莱维斯1956年的一项研究指出①,美国进口中的劳动密集型商品的确要比劳动密集度低的商品受到更高的进口壁垒的限制。罗伯特·鲍德温为美国劳工部所作的研究也表明,美国对产值中劳动力含量(或称为就业含量)高于平均水平的产品,尤其是对包含非农业非熟练劳动的产品的进口限制是最多的。

另一方面,别的国家也可能对他们的缺乏竞争力的资本密集型商品进行较高的贸易保护,从而使得美国资本密集型商品的出口受到一定程度的影响。因此,有人认为,如果是自由贸易,美国就会进口比现在更多的劳动密集型商品,或出口更多的资本密集型商品,里昂惕夫之谜就有可能消失。

(五)自然资源

里昂惕夫之谜中只计算了对外贸易中的资本和劳动的比率而没有包括自然资源。没有充分注意到各国自然资源的不同以及它们与资本和劳动力的关系,就不能完全揭开资本劳动比率计算结果中出现的大部分奥秘。各国的天赋资源的种类和数量有很大不同。阿拉伯半岛盛产石油但几乎没有其他什么资源;日本只有很少的耕地并且实际上没有矿产或森林;美国拥有充裕的耕地和森林;加拿大拥有除热带特有的资源外的所有自然资源;英国有煤和近海石油及天然气,但几乎没有什么别的矿藏。

为了判断自然资源在一国比较优势中的作用和对贸易模式的影响,首先应该对每一产业部门中所用耕地的地租、消耗矿藏量的价值以及森林立木的价值等进行估计。而后,应把这些资源地租的部分通过投入-产出系统过滤一下,以找出出口商品生产和与进口竞争的商品生产中的自然资源量。但在实践中,自然资源地租是很难计量的。因此,有些经济学家试图通过鉴定某些部门是资源密集并把它们同其他部门分开,来判断自然资源在对外贸易中的作用。

关于自然资源在对外贸易中作用的研究,的确有助于解释为什么会出现里昂惕夫之谜。里昂惕夫发现,美国进口产品是资本密集型的一个原因,就是美国是大量矿产的进口国。这些产品既使用大量的自然资源,也使用大量的非人力资本。在出口方面,美国出口的农

---

① 克莱维斯(I. B. Kravis)在其1956年的研究中发现,美国的劳动密集型产业是受保护最严重的行业。

产品相对来说主要使用的是土地和大量劳动力。从这个意义上来说，里昂惕夫之谜更像是一种幻景：美国进口的自然资源产品碰巧是资本劳动比率较高的产品，而出口的自然资源产品碰巧是资本劳动比率较低的产品，从而形成了美国进口资本密集型产品、出口劳动密集型产品的现象。自然资源在贸易中的重要性也可从表5-11中进一步得到证实，当自然资源行业被排除之后，美国出口行业的资本密集型产品比重都增加。用同样的数据（1947年和1951年的美国数据）检验，里昂惕夫之谜不复存在。美国出口行业的资本劳动比率（K_x/L_x）高于进口竞争行业的资本劳动比率（K_m/L_m）。

自然资源的作用看来也有助于解释美国与其他国家对外贸易中所得出的某些令人困惑的资本劳动比率。加拿大看起来像是向美国出口资本密集型产品，但这主要是由于它出口的也是资本劳动比率高的矿产品。日本看起来像是在出口其资本密集度比它进口产品要高的产品，但这主要是因为它进口大米，大米在日本是以劳动密集的方式产生的。印度也从美国进口粮食，与印度对美国出口的产品相比，作为土地密集型产品的粮食中的资本劳动比率是较低的。

由里昂惕夫引起的对赫克歇尔-俄林理论的检验是非常有启发性的。它引出了我们将要在第五章中说明的一个重要论点：要说明现实中的贸易模式，仅仅依靠各国的要素储备不同或只有两种生产要素的观点是不够的。赫克歇尔-俄林理论强调一国相对充裕的生产要素的重要性仍然是正确的，但如果把生产要素仅仅归并为资本和劳动或劳动和土地，分析的结果则很可能使人误解。

在正确分析美国出口商品和与国内生产竞争的美国进口商品中的生产要素含量时，至少必须区分耕地、矿产、熟练劳动力、非熟练劳动力和非人力资本这些生产要素的贡献。图5-7为美国出口产品与进口相竞争产品要素构成的简图，它提供了生产要素在美国出口产品总值与进口竞争的产品总值间分配的概貌。劳动力收入在出口商品的商品值中所占的比重比在与进口竞争商品的国内商品值中所占的比重要大。出口商品的这种劳动密集性，一部分原因是出口商品生产中的就业机会要比同等价值的与进口竞争商品的国内商品生产中的就业机会多，一部分原因是出口产业的平均技能水平和平均工资水平较高。如果划分熟练劳动力和非熟练劳动力的话，其结果会是：出口商品含有的熟练劳动力比进口竞争商品含有的熟练劳动力要多，而含有的非熟练劳动力则比进口竞争商品含有的熟练劳动力要少。

图5-7也以独特的形式提出了解开里昂惕夫之谜的另一种方法：是的，美国出口产品中的资本劳动比率的确是较低的，但这是因为，与世界其他国家相比，美国并不是资本最充裕的国家，相反，美国最充裕的生产要素却是熟练劳动力和耕地。而且正如赫克歇尔-俄林理论所预测的，美国的确是密集使用这些要素的产品的净出口国。因此，赫克歇尔和俄林强调生产要素禀赋是贸易模式的主要决定因素这一点并没有错，里昂惕夫的检验也没有错，错的是人们对美国生产要素的禀赋情况的判断。

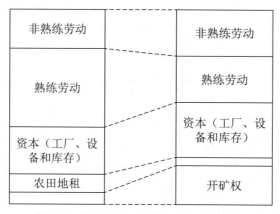

图 5-7 美国出口产品与进口相竞争产品要素构成（简图）

在介绍了从 20 世纪 50 年代的里昂惕夫开始到 90 年代的经济学家对赫克歇尔－俄林理论的各种检验结果为止之后，客观地评论一下这一理论的意义和重要性。首先，赫克歇尔－俄林理论的确解释了各国不同比较优势是产生贸易的主要原因之一，即资源禀赋上的差异。即使在工业制造品成为主要贸易产品和发达国家之间的贸易成为世界贸易最主要组成部分的 21 世纪，仍然存在着以资源差异为基础的贸易，尤其是发展中国家和发达国家之间的贸易。从这点上来说，赫克歇尔－俄林理论是正确的，且没有完全过时。对于发展中国家来说，充分利用其充裕资源的比较优势仍是扩大贸易发展经济的主要途径。其次，赫克歇尔－俄林理论也的确存在局限性。在现实中，有许多国家参与贸易的原因不一定是因为资源禀赋上的差异。尤其是在战后的国际贸易模式中，技术的差异或经济规模的不同都是产生贸易的因素。这一点我们会在第五章做详细介绍。最后，赫克歇尔－俄林理论中关于贸易对生产、消费和收入分配的影响对于我们理解国际贸易仍然非常重要。

第六节 马克思主义经济学的国际贸易理论

一、马克思、恩格斯对国际贸易、国际分工的论述

马克思、恩格斯虽然没有专门的著作研究国际贸易，但在《资本论》《共产党宣言》等相关著作中对国际贸易、国际分工、世界市场、自由贸易等都作了深入研究与阐述，学习这些论述具有重大理论与现实意义，这些理论的核心思想构成了中国特色社会主义政治经济学对外开放理论的基础。马克思、恩格斯从以下三个方面阐述其国际贸易、国际分工、世界市场、自由贸易的思想。

（一）国家发展对外贸易的利益

1. 解决社会再生产的继续

对外贸易在社会再生产中处于"中间环节"。在社会再生产的四个环节中，生产是起点，消费是终点，分配和交换是中间环节，交换是生产、分配和消费的媒介。生产决定交换，交换对生产有反作用。①

2. 实现社会产品的价值与使用价值

（1）实现两大部类平衡。进口、出口生产资料或消费资料，解决由第一部类社会产品（生产资料）和第二部类社会产品（消费资料）过剩（或不足）带来的不平衡发展。当国内的生产资料供给过剩时，可以通过出口加以平衡；当国内的消费资料供给不足时，可以通过进口加以平衡。

（2）在国际市场实现商品价值和使用价值。资本主义对外贸易扩大了市场，使生产和消费成为世界性的活动。如果大机器工业的产品没有国际市场，商品价值、使用价值就很难实现。马克思、恩格斯在《共产党宣言》中指出："资产阶级，由于开拓了市场，使一切国家的生产和消费都成为世界性的了。""工业所加工的，已经不是本地的原料，而是来自极其遥远的地区的原料；它们的产品不仅供本国消费，而且同时供世界各地消费。"②

3. 降低价格、提高劳动生产率

对外贸易可以获得国外廉价的原材料、零部件、设备，从而降低成本，提高劳动生产率。马克思指出："产业资本家总是面对着世界市场，不仅把自己的成本价格同国内市场价格相比较，而且同全世界的市场价格相比较。"③

"劳动生产力是由多种情况决定的，其中包括：工人的平均熟练程度、科学的发展水平和它在工艺上应用的程度、生产过程的社会结合、生产资料的规模和效能，以及自然条件。"④ 马克思充分肯定了发展对外贸易在降低生产成本和价格的作用，认为资本家通过进行价格的国内国际比较来开拓世界市场，并对劳动生产力的影响因素进行了分析，尤其指出科技发展水平的影响作用，包含科学发展水平在工艺上应用的程度、生产资料的规模和效能，工人的平均熟练程度也反映了教育的水平。

（二）国际分工的形成与决定因素

1. 国际分工形成

18世纪中叶，第一次产业革命建立了大机器工业，促进了世界市场与国际分工的形成。而英国成为国际分工、国际贸易的中心，成为世界工厂。马克思、恩格斯指出：大工业"首次开创了世界历史，因为它使每个文明国家以及这些国家中的每一个人需要的满足都依赖于整个世界，这消灭了以往自然形成的各国的孤立状态"⑤。

---

① 马克思，恩格斯.马克思恩格斯全集（第12卷）[M].北京：人民出版社，1962：739.
② 马克思，恩格斯.马克思恩格斯选集（第1卷）[M].北京：人民出版社，1972：254.
③ 马克思，恩格斯.马克思恩格斯全集（第25卷）[M].北京：人民出版社，1962：367.
④ 马克思，恩格斯.马克思恩格斯全集（第23卷）[M].北京：人民出版社，1962：53.
⑤ 马克思，恩格斯.马克思恩格斯选集（第1卷）[M].北京：人民出版社，1995：114.

"由于机器和蒸汽的应用,分工的规模使大工业脱离了本国基地,完全依赖于世界市场、国际交换、国际分工。"①

"过去那种地方和民族的自给自足和闭关自守状态,被各民族各方面的相互往来和相互依赖所代替。物质生产如此,精神生产也是如此。"②

马克思、恩格斯认为因大机器工业的建立、分工规模的扩大而形成的国际分工将各国生产、交换、消费、市场连结起来,使各国相互依赖。国际分工促进了国际交换,对外贸易促进了资本主义生产方式的建立。

2. 英国成为"世界工厂"和国际分工的中心

恩格斯曾形象地描述:"英国应该成为世界工厂,其他一切国家对于英国应当同爱尔兰一样,成为英国工业品的销售市场,同时又供给它原料和粮食。英国是农业世界伟大的工业中心,是工业的太阳,日益增多的生产谷物和棉花的卫星都围着它运转。"③

"一种和机器生产中心相适应的新的国际分工产生了,它使地球的一部分成为从事农业的生产地区,另一部分成为主要从事工业生产的地区。"④因此,第一次工业革命以后,形成了以英国为中心的工业国与农业国、宗主国与殖民地的垂直型国际分工。英国生产并出口大机器生产的产品,进口原料、粮食等产品,周边的其他国家则进口其工业品,出口农产品。

3. 国际分工的决定因素

一切分工,包括国际分工都是社会生产力发展的结果,它突出反映了在科学技术的重要作用下,自然条件是形成国际分工的基础。

马克思反对抽象地研究国际分工,主张把国际分工纳入一定的历史条件下,以明确它的性质与影响。马克思指出资本主义生产方式下的国际分工与以前分工的性质与作用是不同的。

"14、15世纪殖民地尚未出现,对欧洲来说美洲还不存在,要想同亚洲交往只有通过君士坦丁堡这一个地方,贸易活动以地中海中心,那时候分工的形式和性质与17世纪西班牙人、葡萄牙人、荷兰人、英国人和法国人在世界各处拥有殖民地时的分工完全不同。"⑤资本原始积累时期以宗主国与殖民地的垂直型国际分工为主,宗主国向殖民地出口工场手工业产品,从殖民地进口种植园的原料、矿产品等。

苏联经济学家布哈林指出:"国际分工需要两种前提:一种是由各生产机体生存和自然环境不同所产生、决定的自然前提,另一种是由各国文化程度、经济结构,以及生产力发展水平不同所决定的社会前提。"⑥

马克思也认为,自然条件的差异性和多样性是"形成社会分工的自然基础"。

---

① 马克思,恩格斯.马克思恩格斯选集(第1卷)[M].北京:人民出版社,1995:166.
② 马克思,恩格斯.马克思恩格斯选集(第1卷)[M].北京:人民出版社,1995:276.
③ 马克思,恩格斯.马克思恩格斯全集(第22卷)[M].北京:人民出版社,1958:375.
④ 马克思,恩格斯.马克思恩格斯全集(第23卷)[M].北京:人民出版社,1972:494-495.
⑤ 马克思,恩格斯.马克思恩格斯全集(第4卷)[M].北京:人民出版社,1962:156-160.
⑥ 布哈林.世界经济与帝国主义[M].北京:中国社会科学出版社,1983:2.

（三）马克思、恩格斯对世界市场与自由贸易的论述

1. 世界市场

马克思指出，"世界市场不仅是同存在于国内市场以外的一切外国市场相联系的国内市场，也是作为本国市场的构成部分的一切国外市场的国内市场"①。"创造世界市场的趋势已经直接包含在资本本身的概念中。"②"资产阶级社会的真实任务是建立世界市场（至少是一个轮廓）和开展以这种市场为基础的生产。"③只有在世界市场中，才能够使资本主义的"一切矛盾都展开了"④。马克思阐述了世界市场的范围，指出了资本主义的任务就是建立世界市场，资本主义的矛盾只有在世界市场中才能够反映出来，而世界市场的发展趋势又与资本运动有关。

2. 自由贸易

马克思、恩格斯是赞成自由贸易的，但对其保有批判性。马克思指出："英国《谷物法》的废除是19世纪自由贸易所取得的最伟大的胜利。"⑤

恩格斯指出："英国制造业者及其代言人经济学家今后的任务，便是使其他国家依自由贸易的福音，来建立以英国为最大的工业中心，而其余一切国家依存这个中心的农业地域的世界。""在现代社会条件下，到底什么是自由贸易？这就是资本的自由。排除一些仍然阻碍着资本前进的民族障碍，只不过是让资本能充分地自由活动罢了。"⑥

马克思、恩格斯既揭示了自由贸易其实就是以英国为中心的贸易活动，也深刻揭示了自由贸易消除障碍，实质上是为了资本的自由流动。在经济全球化和逆全球化思潮的背景下，深入领会马克思、恩格斯的论述，对我们认识西方国家打着自由贸易的旗号，实质上是为了资本获得世界市场自由流动的便利，以实现资本最大增值的目的有重要的作用。

二、马克思、恩格斯对世界货币和国际价值的论述

马克思、恩格斯对世界货币的职能、汇率对国际贸易作用进行了论述。世界货币"最主要的职能，是作为支付手段平衡国际贸易差额"。"在世界市场上，占统治地位的是双重价值尺度，即金和银。""金银又不断往返于不同国家的流通领域之间，这是一个随着汇率的不断变化而产生的运动。"⑦恩格斯指出："汇兑率是货币金属的国际运动的晴雨计。"⑧

马克思特别注意劳动生产率在不同国家的差别，由此分析国别价值和国际价值的差

---

① 马克思，恩格斯．马克思恩格斯全集（第30卷）[M]．北京：人民出版社，1995：239．
② 马克思，恩格斯．马克思恩格斯文集（第8卷）[M]．北京：人民出版社，2009：88．
③ 马克思，恩格斯．马克思恩格斯全集（第29卷）[M]．北京：人民出版社，1972：384．
④ 马克思，恩格斯．马克思恩格斯全集（第30卷）[M]．北京：人民出版社，1995：181．
⑤ 马克思，恩格斯．马克思恩格斯全集（第4卷）[M]．北京：人民出版社，1958：444．
⑥ 马克思，恩格斯．马克思恩格斯全集（第4卷）[M]．北京：人民出版社，1958：56．
⑦ 马克思，恩格斯．马克思恩格斯文集（第5卷）[M]．北京：人民出版社，2009：587．
⑧ 马克思，恩格斯．马克思恩格斯文集（第5卷）[M]．北京：人民出版社，2009：651．

别。马克思认为,国际价值量是由世界劳动的平均单位决定的,这个平均单位就是在一般条件下生产某种商品时所需的社会必要劳动时间,生产效率高的国家在同一劳动时间内生产的产品数量较多,按商品的国际价值出售后得到的货币额就越多。在国际价值下,"不同国家在同一劳动时间内生产的同种商品的不同量,有不同的国际价值,从而表现为不同价格"①。

三、马克思、恩格斯对世界经济危机和经济周期的论述

发达资本主义国家通常是世界经济危机的策源地。经过国际贸易的传递会使一国的经济危机转变为世界经济危机。马克思的经济周期理论指出:资本主义生产要经过一定的周期性循环。"沉积状态、逐渐活跃、繁荣、生产过剩、崩溃、沉寂状态等。"②马克思在《资本论》等一系列经典著作中解释了资本主义的矛盾,指出了资本主义经济危机周期性爆发的可能性和必然性。马克思经济周期和经济危机的理论核心思想主要有:

(1) 根本原因是资本主义基本矛盾;
(2) 周期波动是资本主义经济的运行规律;
(3) 资本主义经济周期由危机、萧条、复苏、高涨四个阶段组成;
(4) 固定资产更新是经济危机周期性爆发的物质基础。

本章思考练习题

一、思考题

1. 简述自由贸易理论的发展。
2. 简述绝对优势理论与比较优势贸易理论的主要内容,并对两者进行对比。
3. 要素禀赋理论的基本观点有哪些?其经济意义是什么?
4. 什么是"里昂惕夫之谜"?它对西方国际贸易理论的发展具有什么作用?
5. 发展中国家如何克服比较优势陷阱?
6. 马克思、恩格斯有关国际贸易理论的核心思想是什么?有何现实意义?
7. PPT:发展中国家资源要素丰裕与稀缺性分析(团队研究性学习)。
8. PPT:以中美贸易战为例,谈谈你对技术密集型产品优势的认识(团队研究性学习)。

二、练习题

1. 下表列出了 A 国和 B 国生产 1 单位计算机和 1 单位小麦所需的劳动时间。假设生产计算机和小麦都只用劳动,A 国的总劳动为 600 小时,B 国的总劳动为 800 小时。

---

① 马克思.资本论(第 1 卷)[M].北京:人民出版社,1975:614.
② 马克思.资本论(第 3 卷)[M].北京:人民出版社,1975:404.

	计 算 机	小 麦
A 国	60 小时	3 小时
B 国	100 小时	4 小时

(1) 计算不开展贸易时各国生产计算机的机会成本。

(2) 哪个国家具有生产计算机的比较优势？哪个国家具有生产小麦的比较优势？

(3) 如果给定世界价格是 1 单位计算机交换 22 单位的小麦，A 国参与贸易时可以从每单位进口中节省多少劳动时间？B 国可以从每单位进口中节省多少劳动时间？如果给定世界价格是 1 单位计算机交换 24 单位的小麦，A 国和 B 国分别可以从进口每单位的货物中节省多少劳动时间？

(4) 在自由贸易的情况下，各国应生产什么产品，数量是多少？整个世界的福利水平是提高还是降低了？试用图分析。（以效用水平来衡量福利水平）

2. 假设 C 国总劳动时间为 600 小时，生产每单位钢铁 Y 需要 4 小时，而生产每单位大米 X 需要 2 小时，C 国的福利函数为 $U=XY^2$。

(1) 求封闭经济时，C 国的福利水平。

(2) 假设开放后大米的相对价格为 1，求开放后 C 国的福利总水平。

(3) 求开放的分工所得和交换所得。

3. 假设 V 国和 M 国大米市场的需求曲线分别为：

$$P_V=1.5-Q_{DV}, \quad P_M=2.2-2Q_{DM}$$

供给曲线分别为：

$$P_V=0.1+Q_{SV}, \quad P_M=0.6+2Q_{SM}$$

请计算：

(1) 两国自给自足时，大米市场均衡时的产量和价格。

(2) 自由贸易时，国际市场大米的价格和各国的进口量或出口量。

(3) 自由贸易带来的消费者和生产者的福利收益或损失，以及两国的净福利收益或损失。

第六章
保护贸易理论

学习目标

通过学习本章，使学生理解重商主义学说、弗里德里希·李斯特的幼稚工业保护贸易理论、约翰·梅纳特·凯恩斯的超保护贸易理论以及"中心－外围"理论的核心思想，把握这些理论的局限性及其在历史上的作用。

本章重要概念

重商主义、早期重商主义、晚期重商主义、幼稚工业、对外贸易乘数、奖出限入、普雷维什命题

第一节　重商主义学说

重商主义是资产阶级最初的经济学说。它产生和发展于欧洲资本原始积累时期，反映了这个时期商业资本的利益和要求。它对资本主义生产方式进行了最初的理论考察。

一、重商主义的产生背景

重商主义（mercantilism），也称作"商业本位"，是西欧封建制度向资本主义制度过渡时期（资本原始积累时期），在15—18世纪初受到普遍推崇。

历史上，对国际贸易的早期研究和理论几乎都是出自重商学派的著作。

15世纪初，当文艺复兴运动进入初期发展阶段时，重商主义开始兴起。15世纪末，西欧进入封建社会瓦解时期，资本主义生产关系开始出现萌芽和成长；地理大发现扩大了世界市场，给商业、航海业、工业以极大刺激。在此过程中，商业资本发挥了突出的作用，促进各国国内市场的统一和世界市场的形成，推动了对外贸易的发展。在商业资本加强的同时，西欧一些国家建立起封建专制的中央集权国家，并运用国家力量对商业资本的发展给予支持。随着商业资本的发展和国家支持商业资本政策的实施，产生了从理论上阐述这些经济政策的需求，从而逐渐形成了重商主义学说。17世纪，随着文艺复兴运动的衰落，

重商主义学说也逐渐开始式微。

从时间上看，重商主义可以说是与文艺复兴运动同步的。同一时期产生两种社会思想——人文主义和重商主义，其中有深刻的历史根源。当时，社会上追求商品生产更快发展、商业资本迅速增加和货币资本快速积累，这已成为一股不可抗拒的潮流，也是重商主义产生的一个重要原因。然而，重商主义产生的更深层次背景，则是在追求商业资本增加和货币资本积累这股强大潮流冲击下，西欧经济形式和社会阶级关系的变化。新经济形式的发展，引起了社会各阶层的变化，旧式贵族变成了真正的商人，这反映了自然经济向商品经济过渡的变化。重商主义就是在这样一种背景下产生的。

二、重商主义的核心思想

重商主义抛弃了西欧封建社会经院哲学的教义和伦理规范，开始用世俗的眼光，依据商业资本家的经验去观察和说明社会经济现象。它以商业资本的运动作为考察对象，从流通领域研究了货币—商品—货币的运动（资本产生的过程）。重商主义的发展经历了早期重商主义和晚期重商主义两个阶段，其核心思想也经历了从"货币差额论"向"贸易差额论"的转变。

具体来说，重商主义的贸易观点和经济思想要点包括：

1. 认为贵金属（货币）是衡量财富的唯一标准

一个国家的财富中必不可少的是贵金属，如金银等。一切经济活动的目的就是获取金银。除开采金银矿以外，对外贸易是货币财富的真正来源。因此，要使国家变得富强，就应尽量使出口大于进口，因为只有贸易出超才会导致贵金属的净流入。一个国家拥有的贵金属越多，就会越富有、越强大。因此，政府应该竭力鼓励出口，不主张甚至应限制商品（尤其是奢侈品）进口。

2. 对外贸易必须保持顺差，即出口必须超过进口

由于不可能所有贸易参加国同时出超，而且任一时点上的金银总量是固定的，所以一个国家的获利总是基于其他国家的损失的，所以国际贸易是一种"零和游戏"，即财富是一定的，己方得到的相对更多的财富必须建立于其他国家损失的基础上。所以，一个国家要改变或改善自己的国际地位，就只有掠夺别国的财富。主张政治决定经济是重商主义基本的特征。它盛行于17世纪，奉行重商主义的国家竭力进行海外扩张，掠夺人口和财富，把金银的多少作为评价国力的标准之一。

三、对重商主义学说的评述

（一）凯恩斯的评价

凯恩斯认为重商主义对金银输入的关注不是"幼稚的执迷"，而是对大量货币和较低利息率之间联系的一种直觉认识。而且，"在整个人类历史中，储蓄倾向大于投资诱导是一个长期趋势"。

（二）重商主义贸易思想在历史上的进步作用

（1）重商主义处于古典经济学派和现代经济学派之间，在探索经济学本质方面具有其历史必然性。重商主义把整个经济作为一个系统，把对外贸易看成这一系统中的一个重要组成部分。经济学家熊彼特（J. A. Schumpeter）对重商主义的评价是："开始为18世纪末和19世纪初形成的国际贸易一般理论奠定基础。"

（2）重商主义的理论和政策促进了资本主义国家的资本原始积累和欧洲各国工业生产的发展，为确立资本主义生产方式提供了巨额资本财富，推动了资本主义生产方式的建立与发展，在历史上曾经起过一定的推进作用。

（3）重商主义重视货币，追求贸易顺差，强调国家干预对外贸易，推行"奖出限入"措施及鼓励发展出口工业等政策措施，至今对国际贸易具有影响，有一定的现实意义。

（4）重商主义提出了许多重要的概念，为后人研究国际贸易理论与政策打下了基础，尤其是关于贸易的"顺差""逆差"，以及后来进一步发展的"贸易平衡""收支平衡"等概念。

（三）重商主义贸易思想的局限性

重商主义主张政府应该控制国家的经济，以便削弱对手的实力，增强本国的实力。因此，在一定程度上，重商主义存在局限性。

专栏6-1

托马斯·孟的重商主义贸易观点

（1）重商主义的政策结论仅在某些情况下站得住脚，并非在一般意义上能够成立。

（2）重商主义把国际贸易看作一种"零和游戏"的观点显然是错误的。

（3）重商主义把货币与真实财富等同起来也是错误的。正是基于这样一个错误的认识，重商主义才轻率地把高水平的货币积累与供给等同于经济繁荣，并把贸易顺差与金银等贵金属的流入作为其唯一的政策目标。

第二节 幼稚工业保护理论

重商主义之后，主张自由贸易的古典经济学兴起并占据了主导地位。但是，对落后国家而言，自由贸易未必总是有利的。在当时相对落后的美国、德国出现了以亚历山大·汉密尔顿（Alexander Hamilton，1757—1804）、弗里德里希·李斯特（Freidrich List，1789—1864）为代表的质疑和反对自由贸易的保护贸易理论和政策主张。

一、幼稚工业保护理论的产生背景

正当以英国为首的欧洲工业国家完成工业革命，开始逐步推行自由贸易政策，在世界范围内进行扩张时，美国刚刚取得独立和统一，德国也刚刚结束了封建割据的局面，开始其工业化进程。这些国家的资产阶级为了保护其幼稚工业，客观上需要与自由贸易理论相抗衡的理论，于是，保护贸易理论应运而生。

（一）汉密尔顿的保护贸易理论产生的历史背景

汉密尔顿是美国的第一任财政部长，其在1791年向美国众议院提交的《关于制造业问题的报告》中认为，制造业的发展在整个国民经济中具有特殊的重要性，可以提高劳动生产率，促进社会分工，带动相关产业，创造就业机会。但是，当时美国的工业仍然属于所谓"幼稚"时期，工业基础十分薄弱，工业技术落后，生产成本高，产品难以与欧洲国家进行竞争，而且欧洲各国也有许多贸易障碍和支持它们本国工业的措施，因此，美国政府必须采用关税、补贴等措施来保护本国民族工业的发展，自由贸易并不适合于当时的美国。保护措施包括：实行保护关税制度，限制重要原料的出口和免税进口必需的原材料，向国内工业发放津贴和奖励金，向私人企业发放政府信贷，鼓励生产要素（特别是国外的熟练劳动者和外国资本）流入等。

（二）李斯特的保护贸易理论产生的历史背景

随着第一次工业革命的展开，英国等先进工业国打着亚当·斯密自由贸易大旗，杀气腾腾地涌入美国和德国经济领域，强烈冲击着脆弱的民族工业。分崩离析中的德国显得那么虚弱，无力与英法等国争锋于贸易战场。

19世纪初，德国也是处于相对落后的状态，英法工业革命后生产力发展形成的强大竞争力对德国的经济发展形成了巨大的压力。面对这种情形，主张保护的呼声在德国流行起来，理论上以李斯特的贸易保护理论为代表。受汉密尔顿的影响，李斯特以他的生产力理论为基础，建立起一种国家经济学来同占主导地位的自由贸易理论相抗衡。

在政治经济学方面，李斯特是亚当·斯密的批判者。李斯特认为，斯密和李嘉图的自由贸易的主张代表着英国有产阶级的利益，他们不仅要求在国内，而且在国际上也开展自由竞争，这有利于英国发财致富，但会牺牲落后国家的经济发展。李斯特指出："在这种情况（自由贸易）下，整个英国就会发展成一个庞大的工业城市。……最上等的美酒就得供应英国，只有最下等的劣酒才能留给自己，法国至多只能干些小型女帽业那样的营生。德国对英国没有什么可以贡献的，只有一些儿童玩具、木制钟、哲学书籍等。或者可以有一支补充队伍，他们为了替英国人服务，扩大英国的工商优势，传播英国文化，牺牲自己，长途跋涉到亚洲或非洲的沙漠地带，就在那里沦落一生。"李斯特为德意志民族发出抗议的呼声："德国人为英国砍伐木材、生产扫帚和牧羊已经够久了。"对此，他有一个精彩的比方：当一个人已登上了高峰以后，就会把他登高时所使用的那个梯子一脚踢开，免得别人跟着他爬上来。

1841年，李斯特出版了他一生中最重要的著作《政治经济学的国民体系》。该书着重分析了德国的历史和现实，比较系统地阐述了贸易保护的思想。在李斯特贸易理论的指导下，德国最终实现了工业化，跃进世界发达国家行列。

二、幼稚工业保护理论的核心思想

李斯特的幼稚工业保护理论建立在三大理论基础上：①社会经济发展阶段论；②国家经济学；③生产力理论。其中，生产力理论是核心。

（一）社会经济发展阶段论

李斯特批判"比较优势理论"忽视了各国的历史和经济特点。李斯特认为，斯密和李嘉图的理论尽管有其长处，但只适合英国的情况，或者说只是从全世界共同发展的角度出发，而没有考虑到各国情况不同、利益各异，所以这不是一种普遍适用于各国的理论。

弗里德里希·李斯特的生平与贸易思想

李斯特特别强调每个国家都有其发展的特殊道路，并从历史学的观点，把各国的经济发展分为5个阶段：原始未开化时期、畜牧时期、农业时期、农工业时期、农工商业时期。他认为，各国在不同的发展阶段，应采取不同的贸易政策，在经济发展的前3个阶段必须实行自由贸易政策，以便于国内农产品的出口和外国工业品的进口，逐步培育本国工业基础；进入农工时期后，由于本国工业处于幼稚阶段，缺乏竞争力，应采取保护贸易政策，以利于本国工业的生存和发展；而到了农工商业时期，随着本国工业国际竞争力的提高，应消除保护政策，以充分享受自由贸易的益处。

李斯特认为，由于英国已进入农工商业时期，它实行自由贸易政策是正确的，但绝不能否认保护贸易政策在英国经济发展史上所起的重要作用。至于德国，由于它还处在农工商业时期，所以必须实行保护贸易政策。

（二）生产力理论

李斯特认为，生产力是创造财富的能力。一个国家的财富和力量来源于本国生产力的发展，高生产力是国家强盛的基础。李斯特说："财富的生产力，比之财富本身不晓得要重要多少倍；它不但可以使原有的和已经增加的财富获得保障，而且可以使已经消失的财富获得补偿。"李斯特正是从保护和发展生产力的角度出发，主张让处在农工商业时期的国家必须采取保护贸易政策。

按照亚当·斯密等古典经济学家的贸易理论，国际贸易对参与双方都有好处。如果一种商品在别国的生产费用较低，则无须在本国生产，因为花钱向别国购买更为合算和有利。李斯特反对这种说法，他认为，经济落后国家参与国际分工和交换的目的是发展本国的生产力，这是最根本的。古典贸易理论只是强调落后国家可以花钱买到更便宜的商品，只着眼于眼前使用价值的增加，而没有考虑到一个国家，尤其是经济落后国家生产力的提升。向别国购买廉价商品，虽然从表面上看要合算一些，但是这样做的结果是，德国等落后国家的生产力就不能获得发展，德国将永远处于落后和从属于外国的地位。而保护性关税，起初虽然会使工业品的价格提高，但经过一定阶段，生产力提高了，商品价格和生产费用就会跌落下来,甚至会跌到外国商品以下。因此,保护性关税虽会使价值有所牺牲,但它使生产力有了增长,足以抵偿损失。也就是说,为了生产力的发展,即使暂时牺牲一些价值,也是值得的。

(三)国家经济学

李斯特认为,自由贸易理论的基础是世界经济主义,即只考虑全人类与个人的利益,而没有考虑作为两者中间体的国家的利益。国家之间进行贸易,不能单纯按照商人的看法从价值理论来衡量,还必须时时考虑与国家现在和将来的生存、发展以及权利等有重要关系的因素,即一个国家的生产力。

李斯特认为,要想发展生产力,必须借助国家的力量,而不能听任经济自发实现转变和增长。他承认当时英国工商业的发展,但他认为英国工商业的发展也是由于当初政府的扶植政策带来的。德国正处于类似英国发展初期的状况,应实行国家干预下的保护贸易政策。

李斯特主张通过保护关税政策发展生产力,特别是工业生产力。他认为,工业发展了以后,农业自然跟着发展。因此,他提出的保护对象有4个条件:①幼稚工业才需保护。②在被保护的工业得到发展,其产品价格低于进口同类产品并能与外国竞争时,就无须再保护,或者被保护工业在适当时期(如30年)内还不能被扶植起来时,也就不需要再保护了。③一国工业虽然幼稚,但如果没有强有力的竞争者,也不需要保护。④农业不需要保护。

由于李斯特主张保护的是幼稚工业,并且主要通过关税保护,所以人们把李斯特的保护贸易理论称作"幼稚工业保护论"或"关税保护贸易理论"。

三、对幼稚工业保护贸易理论的评述

(一)积极推动作用

李斯特的幼稚工业保护贸易理论是一个极其优秀的理论,它不仅在经济理论方面作出了巨大的贡献,而且在实践方面还对许多后进国家的经济发展起到了巨大的指导和推动作用。恩格斯曾对李斯特的学说给予高度评价,称《政治经济学的国民体系》一书是"德国资产阶级经济学著作中最优秀的作品"。

首先,幼稚工业保护贸易理论的提出确立了保护贸易理论在国际贸易理论体系中的地位,李斯特国际贸易学说体系的建立,标志着从重商主义分解出来的资产阶级国际贸易学说的两大学派——自由贸易学派和保护贸易学派的完全形成。

其次,幼稚工业保护贸易理论不仅对德国工业资本主义的发展起了很大的促进作用,而且为经济较落后的国家指明了一条比较切合实际的国际贸易发展道路,至今仍具有一定的现实意义。

再次,李斯特把对生产力的研究放在首位,以生产力理论同古典学派的绝对成本说和比较成本说分庭抗礼,用保护贸易理论来抨击自由贸易理论,用历史发展阶段论和民族主义来反对英国古典学派的世界主义,强调国际贸易中国家、民族的长远利益,强调各国应根据各自的国情和经济发展水平选择对外贸易政策。

最后,幼稚工业保护贸易理论强调保护的过渡性和有选择性,强调贸易保护是达到发展工业和提高生产力目的的手段而不是目的本身,李斯特认为随着生产力发展水平的提高应逐步降低或取消贸易保护,最终走向自由贸易,具有一定进步性。

(二)理论上的缺陷

幼稚工业保护贸易理论的一些观点明显存在缺陷,如对"生产力"概念的理解,对影响生产力发展各因素的分析比较乱,以至于提出"工业的生产力比农业的生产力高得多"的错误观点。

再如,以经济部门为依据划分经济发展阶段也是不科学的,因为这不符合社会经济发展的客观过程。

(三)在具体操作中存在一些难以解决的困难

一是保护对象的选择。正确地选择保护对象是保护幼稚工业政策成功的关键,因此,许多经济学家提出了各种选择保护对象的标准和方法。如成本差距标准将保护对象定位于具有成本下降趋势,且国内与国际的差距越来越小的产业;要素动态禀赋标准则提出若个国家对某种产业的保护使该国的要素禀赋发生有利于该产业发展或获得比较利益的变化,则该产业是有前途的。

二是保护手段的选择。保护幼稚工业的传统手段主要是征收进口关税,但很多经济学家认为,既然保护的目的是增加国内生产,而不是减少国内消费,最佳的策略应是采取生产补贴而不是利用关税来鼓励国内生产。由于采用关税手段政府可以得到关税收入,而采取生产补贴策略政府既会失去关税收入,又会增加财政开支,因而欠发达国家更倾向于采用征收关税限制进口的手段来保护本国工业。

专栏6-3 幼稚工业的含义与特征

另外,通过限制进口的手段来保护幼稚工业还可能付出一种不被人注意的社会代价,即推迟接受和普及先进技术和知识所造成的损失,尤其是在大多数欠发达国家处于幼稚阶段的新兴工业或高科技工业领域。最明显的例子是对电子计算机(电脑)工业的保护:为了保护国内幼稚的电子计算机工业,一些国家对外的电子计算机实行进口管制,结果,在发达国家电脑已普及家庭时,受保护国家的电子计算机仍因价格昂贵而使大多数人望而却步。与彩电、冰箱等不同,计算机不是一般的消费品,计算机普及的价值是整个社会生产效率的提高和先进技术的外溢,限制电脑进口,保护的只是一个行业,拖延的却是整个社会的进步,其损失是远远超过其所得的。

专栏6-4 幼稚产业的选择标准

第三节　超保护贸易理论

超保护贸易理论是凯恩斯主义国际贸易理论的观点，它试图把对外贸易和就业理论联系起来，从宏观经济的角度探讨贸易问题。

一、超保护贸易理论的产生背景

在第一次世界大战与第二次世界大战之间，资本主义经济具有以下特点：①垄断代替了自由竞争；②国际经济制度发生了巨大变化；③1929—1933年爆发了经济大危机。

20世纪30年代，经济危机不断深化，随着德国经济的崩溃和超通货膨胀时代的来临，以及后来被称为大萧条的全球生产衰退的到来，对金本位、经济自动调整的特性以及以生产带动经济的模式的批评开始浮出水面。各国相继放弃自由贸易政策，改为奉行保护贸易政策，强化了国家政权对经济的干预作用，力求通过人为措施，扩大出口，限制进口，以缓和国内危机，保证本国产品在国外市场的竞争力。在这种情况下，凯恩斯转变了立场，批评自己以前师承的且极力推行的自由放任学说，转而赞同超保护贸易政策，并积极为其提供理论依据，这就出现了新重商主义——超保护贸易理论。

二、超保护贸易理论的核心思想

（一）古典学派的贸易理论已经过时，反对自由贸易

古典自由贸易理论假定国内是充分就业的，国家间的贸易以出口抵偿进口，进出口能够平衡。偶尔出现的差额也会由于黄金的流动和由此产生的物价变动而得到调整，进出口复归平衡。

凯恩斯主义认为，古典学派的贸易理论已经过时。首先，他们理论的前提条件，即充分就业事实上并不存在，现实社会存在着大量的失业现象。其次，传统理论只用国际收支自动调节机制来证明贸易顺差、逆差的最终均衡过程，忽视了调节过程对国民收入和就业的影响，这是不对的。

（二）贸易顺差有益，逆差有害

凯恩斯主义认为，总投资包括国内投资和国外投资。国内投资额出"资本边际收益"和利息率决定，国外投资额则由贸易顺差大小决定，贸易顺差可为一国带来黄金，扩大支付手段，压低利息率，刺激物价上涨，扩大投资，这有利于国内危机的缓和与扩大就业率。贸易逆差会造成黄金外流，使物价下降，招致国内经济趋于萧条和增加失业人数。

因此，贸易顺差能增加国民收入，扩大就业；贸易逆差则会减少国民收入，加大失业。

（三）扩大有效需求的目的在于救治危机和失业

凯恩斯的拥护者以提高有效需求为由，极力提倡国家干预对外贸易活动，运用各种保护措施扩大出口，减少进口，争取贸易顺差。

（四）贸易差额对国民收入的影响有乘数效果

对外贸易乘数理论是凯恩斯的主要追随者马克卢普和哈罗德等在凯恩斯的投资乘数原理基础上引申提出的。

凯恩斯认为投资的增加对国民收入的影响有乘数作用，即增加投资所带来的国民收入的增加是投资增加的若干倍。若用 ΔY 表示国民收入的增加，K 表示乘数，ΔI 表示投资的增加，则

$$国民收入的增量 = 乘数 \times 投资的增量$$

即

$$\Delta Y = K \cdot \Delta I \tag{6-1}$$

马克卢普和哈罗德等把投资乘数原理引入对外贸易领域，分析了对外贸易与增加就业、提高国民收入的倍数关系。他们认为，一国的出口和国内投资一样，属于"注入"，对就业和国民收入有倍增作用；而一国的进口则与国内储蓄一样，属于"漏出"，对就业和国民收入有倍减作用。当商品、劳务输出时，从国外获得货币收入，会使出口产业部门收入增加，消费也随之增加，从而引起其他产业部门生产增加、就业增多、收入增加。如此反复下去，收入增加将为出口增加的若干倍。当商品、劳务输入时，向国外支付货币，使收入减少，消费随之下降，国内生产缩减，收入减少。因此，只有当对外贸易为顺差时，才能增加一国就业，提高国民收入。此时，国民收入增加将为投资增加和贸易顺差的若干倍。这就是对外贸易乘数理论的含义。

计算对外贸易顺差对国民收入影响的倍数公式为：

$$\Delta Y = [\Delta I + (\Delta X - \Delta M)]K \tag{6-2}$$

设 ΔY 代表国民收入的增加额，ΔI 代表投资的增加额，ΔX 代表出口的增加额，ΔM 代表进口增加额，K 代表乘数。在 ΔI 与 K 一定时，贸易顺差越大，ΔY 越大；反之，如贸易差额是逆差时，则 ΔY 会缩小。因此，一国越是扩大出口，减少进口，贸易顺差越大，对本国经济发展作用越大。

根据对外贸易乘数理论，凯恩斯主义积极主张国家干预经济，实行保护贸易政策。由此，凯恩斯及其追随者的对外贸易乘数理论为超保护贸易政策提供了重要的理论根据。

三、对超保护贸易理论的评述

（一）积极作用

超保护贸易理论不仅在凯恩斯主义的系统宏观经济理论中占有非常重要的地位，而且

在当时及其后的贸易实践中起到了积极作用。

（1）超保护贸易理论，尤其是对外贸易乘数理论，提示了贸易量与一国宏观经济以及各主要经济总量如投资、储蓄等之间的相互依存关系，在一定程度上反映了对外贸易与国内经济发展之间的内在关系和规律。因此，该理论客观上对发达资本主义国家对外贸易的发展起到了促进作用。

（2）超保护贸易理论的政策措施强调国家干预对外贸易，这样做确实能够起到扩大出口、限制进口、扩大就业、保证本国经济的繁荣的作用，尤其在经济萧条时期或处于贸易劣势时期。

（二）不足

（1）超保护贸易理论的侵略性。凯恩斯主义的超保护贸易理论代表的是帝国主义时期垄断资本的利益，它与传统的保护贸易理论是有明显区别的，其中最大的区别就在于保护对象、目的和手段的不同。传统的保护贸易理论的保护对象是国内幼稚工业，而超保护贸易理论保护的对象是高度发达的工业部门；传统的保护贸易理论的保护目的是发展民族工业，而超保护贸易理论的保护目的是加强其在国际竞争中的垄断地位；传统的保护贸易理论在手段上是抵御外国商品进入本国市场，而超保护贸易理论则是加紧侵占国外市场，以获得更多的贸易利益。因此，超保护贸易理论与其他理论相比，侧重于政策方面，即理论的实用性，而成为发达国家推行超保护贸易政策的理论依据。

（2）超保护贸易理论忽视了外贸溢漏问题。如果新投资及出口所引起的收入增加用于购买进口商品便不会产生乘数作用；同时大量存货的存在也会影响到乘数作用的发挥。

（3）超保护贸易理论一味追求贸易顺差，毫无节制地实行保护贸易政策，势必导致贸易战的发生，从而阻碍整个国际贸易的发展。而且，巨额、持续的贸易顺差造成的巨大经济成本也不利于本国经济的发展。

专栏6-5 约翰·梅纳德·凯恩斯的贸易思想

第四节 中心-外围论

中心-外围论（core and periphery theory）是由阿根廷经济学家劳尔·普雷维什提出的一种理论。

一、中心-外围论的产生背景

1949年5月，普雷维什向联合国拉丁美洲和加勒比经济委员会（简称"拉美经委会"）递交了一份题为《拉丁美洲的经济发展及其主要问题》的报告（即著名的"拉丁美洲经委会宣言"），系统和完整地阐述了他的中心-外围论。

在这份报告中，普雷维什指出："在拉丁美洲，现实正在削弱陈旧的国际分工格局，这种格局在 19 世纪有很大的重要性，而且作为一种理论概念，直到最近仍继续发挥着相当大的影响。在这种格局下，落到拉丁美洲这个世界经济体系外围部分的专门任务是为大的工业中心生产粮食和原材料。"也就是说，在传统的国际劳动分工下，世界经济被分成了两个部分：一个部分是"大的工业中心"；另一个部分则是"为大的工业中心生产粮食和原材料"的"外围"。在这种"中心－外围"的关系中，"工业品"与"初级产品"之间的分工并不像古典或新古典主义经济学家所说的那样是互利的，恰恰相反，由于技术进步及其传播机制在"中心"和"外围"之间的不同表现和不同影响，因此这两个体系之间的关系是不对称的。对此，普雷维什进一步指出："从历史上说，技术进步的传播一直是不平等的，这有助于使世界经济因为收入增长结果的不同而划分成中心和从事初级产品生产的外围。"

二、中心－外围论的核心思想

普雷维什的保护理论是发展中国家贸易保护的理论依据。其理论主要分为两部分，即中心－外围论和贸易条件恶化论。

（一）国际经济体系的中心－外围论

普雷维什认为，国际经济体系在结构上分为两部分：一部分是由发达工业国组成的中心；另一部分是由广大发展中国家组成的外围。中心和外围在经济上是不平等的：中心是技术的创新者和传播者，外围则是技术的模仿者和接受者；中心主要生产和出口制成品，外围则主要从事初级产品的生产和出口；中心在整个国际经济体系中居于主导地位，外围则主要处于依附地位并受中心的控制和剥削。

普雷维什猛烈地抨击传统的西方国际贸易理论，认为鼓吹国际贸易是经济增长的"发动机"，可使各国都获得贸易利益而推动经济发展的论述并不符合广大发展中国家的实际情况。在这种国际经济贸易关系下，中心国家主要享有国际贸易的利益，而外围国家则享受不到这种利益。整个国际经济格局如一个世界"经济星座"，存在着"中心－外围"的体系结构。国际贸易恰是外围国家经济不发达的原因。

（二）外围国家贸易条件恶化论

普雷维什认为，在比较优势基础上的国际贸易不利于外围国家，而有利于中心国家，其结果体现为外围国家贸易条件的恶化。普雷维什用英国 1876—1938 年的进出口价格统计资料推算出了初级产品和制成品的价格指数之比，以说明主要出口初级产品的外围国家和主要出口工业品的中心国家的贸易条件的变化情况。推算的结果表明，外围国家的贸易条件出现长期恶化的趋势。此即著名的"普雷维什命题"。

普雷维什认为，造成外围国家初级产品贸易条件长期恶化趋势的主要因素有：

（1）技术进步利益分配不均。科技发明往往产生于中心国家，而这些发明直接用于中心国家的工业发展，使得中心国家在高科技产品上具有绝对优势。外围国家由于自身工业技术基础等条件的限制，只能充当长期向中心国家提供初级产品的角色。

但随着中心国家技术进步和工业发展，企业家的利润和工人的收入不断提高，工业品价格具有垄断性，工业品价格非但没有下降反而上涨。而外围国家的收入增长低于劳动生产率提高的幅度，而且初级产品垄断性较弱，价格上涨缓慢，而在价格下降时又比工业品降得更快。所以，外围国家的初级产品贸易条件必然恶化。

（2）工业制成品和初级产品需求的收入弹性不同。一般地，工业制成品需求的收入弹性比初级产品需求的收入弹性大。随着人们收入的增加，对工业品的需求会有较大的增加，对初级产品需求的增加则较小，以出口初级产品为主的外围国家的贸易条件存在长期恶化趋势。

（3）中心和外围工会的作用不同。中心国家的工人有较规范的工会组织。而外围国家工会组织不健全，没有能力控制或影响工资，这是造成外围国家贸易条件恶化的又一原因。

（三）外围国家的贸易保护观

基于上述分析，普雷维什认为传统的国际分工与贸易理论只适用于中心国家之间，而不适用于中心国家与外围国家之间，外围国家只有实行保护贸易政策，独立自主地发展民族经济，实现工业化，才能摆脱在国际分工与贸易中的不利地位。

（1）采取保护贸易政策。外围国家必须实行工业化，充分利用本国资源，努力发展本国的工业部门，逐步实现工业化。

（2）出口导向的发展战略。即大力发展本国工业品出口，改变出口商品结构，由以出口初级产品为主向出口工业品为主转变。

（3）在出口导向阶段，为了鼓励制成品出口，除了实行保护关税政策，还应有选择地实行出口补贴政策，以增加外围国家制成品在世界市场上的竞争力。

普雷维什呼吁中心国家对外围国家放宽限制，减少对外围国家工业品的进口歧视，为外围国家的工业品在世界市场上的竞争提供平等的机会。

三、对中心－外围论的评述

（一）积极影响

（1）普雷维什的中心－外围论一改过去以发达国家作为研究问题的出发点的做法，把不发达国家作为自己的主要研究对象，在国际贸易研究领域具有开拓性。

（2）普雷维什的中心－外围论分析了不发达国家在现存的国际分

专栏6-6

劳尔·普雷维什
（Raul Prebisch）
的贸易思想

工与贸易体系中所处的不平等地位，探讨了不发达国家贸易条件长期恶化的趋势，提出了实行贸易保护政策，走发展工业化的道路，打破传统的国际分工体系，建立国际经济新秩序的一系列政策主张，其出发点是积极的，论点是基本正确的，政策主张也有一定的实践意义。

（3）普雷维什的中心－外围论第一次在理论和实践上揭示了发达国家与不发达国家之间贸易关系不平等的本质。

（二）局限性

（1）普雷维什的中心－外围论没有揭示出传统贸易理论如何造成利益分配的不平等，从而导致不发达国家经济贸易状况不断恶化的原因。

（2）普雷维什的中心－外围论用以解释的各种理由存在一些不科学的成分，如对不发达国家贸易条件长期恶化的分析，如果区别不同国家和产品，结合具体影响因素来做具体的分析，则更合理些。

专栏6-7

拉美国家现代化道路的历史考察

本章思考练习题

一、思考题

1. 比较早期重商主义与晚期重商主义的异同。
2. 简述幼稚工业保护贸易的目的、对象和手段。
3. 根据对外贸易乘数理论的观点，一国对外贸易将会对本国国民收入产生什么样的影响？
4. 保护贸易理论的基础是什么？
5. 国际经济学界以往都把新兴产业作为幼稚产业对待，并且着眼于以构筑保护性政策来发展战略性新兴产业。而在市场经济与经济全球化的背景下，人们越来越意识到，对于大国来说，单纯的保护发展并无出路，开放发展是振兴战略性新兴产业的重要途径。请就此作出分析。
6. PPT：发展中国家南南合作的现状与问题分析（团队研究性学习）。

二、练习题

（一）名词解释题

重商主义、幼稚工业、对外贸易乘数、奖出限入。

（二）简答题

1. 重商主义的"奖出限入"政策有哪些内容？
2. 发展中国家如何转变二元经济结构，改善贸易条件？

第七章 国际贸易理论的新发展

学习目标

通过学习本章，使学生理解国际贸易新理论的发展，掌握产品生命周期理论、规模经济理论、产业内贸易理论、产品内贸易理论、国家竞争优势理论、技术差距理论、需求偏好相似理论、产业集聚理论、协议性国际分工理论、雁式形态理论的核心思想，并理论联系实际分析当代国际贸易现实问题。

本章重要概念

产品生命周期、规模经济、产业内贸易、产品内贸易、钻石模型理论、产业集群、竞争战略

第一节 产品生命周期理论

一、产品生命周期理论的提出

当代国际贸易中一个有趣的现象是，新产品首先在以美国为代表的发达国家研发和生产，后来随着产品标准化程度的提高，该产品逐渐由原发明国转向发展中国家生产，最后原发明国从发展中国家进口该产品。

美国经济学家弗农（Vernon，1966）和威尔士（Wells，1967）提出的产品生命周期理论对上述现象进行了解释。产品生命周期是市场学的一个概念，指商品从投入市场到被市场淘汰的全过程，即产品的市场寿命或经济寿命，它是相对产品的物质寿命或使用寿命而言的。

二、产品生命周期理论的核心思想

产品生命周期理论把世界各国分为三类，即创新国（一般是美国）、其他发达国家和发展中国家，把产品生命周期划分为产品创新、产品成熟和产品标准化三个阶段。

第一个阶段：产品创新阶段（the phase of introduction）。产品创新阶段是新产品开发与投产的最初阶段。创新国凭借其雄厚的研究开发实力进行技术创新，开发出技术密集型新产品并投入本国市场。由于新产品的需求价格弹性小，其生产集中在创新国，因此创新国拥有该产品出口的垄断地位，这时创新国出口该新产品到其他发达国家，无须到海外直接投资。

第二个阶段：产品成熟阶段（the phase of maturation）。产品成熟阶段是新产品及其生产技术逐渐成熟的阶段。随着新产品日趋成熟化，生产工艺逐渐定型，新产品需求价格弹性增大，成本的重要性上升而研发的重要性下降，产品由技术密集型逐渐转向资本密集型。与此同时，随着创新国向其他发达国家出口的增加，其他发达国家开始仿制并实施贸易壁垒限制创新国新产品进口。为了降低成本，占领市场，创新国开始到其他发达国家建立子公司，生产并出口资本密集型产品。

第三个阶段：产品标准化阶段（the phase of standardization）。这个时期，产品的生产日益标准化，密集使用的生产要素也由资本逐渐转向劳动力，技术优势不复存在，资本优势也日益降低，产品的成本和价格在竞争中的作用十分突出。此时，企业往往选择生产成本最低的地区建立子公司从事生产，即生产的地点从其他发达国家转向发展中国家，其他发达国家则由出口国变为进口国。发展中国家发挥了劳动力成本优势，也可能成为标准化产品的出口国。

人们常用图 7-1 描述产品生命周期理论。

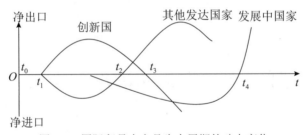

图 7-1　国际贸易中产品生命周期的动态变化

图 7-1 中，在初始时刻 t_0，新产品刚刚由创新国（极少数发达国家，如美国）研制开发出来。在初始阶段，由于产品的技术尚未成型，生产规模较小，消费仅局限于国内市场。到了 t_1 时刻，开始有来自国外的需求，于是开始出口。由于产品的品质和价格较高，进口国主要是一些收入水平与创新国较接近的其他发达国家。随着 t_2 成熟阶段的到来，进口国逐渐掌握了生产技术，能够在国内进行生产，并逐渐替代一部分进口产品，于是进口开始下降。在 t_3 标准化阶段到来之前，由于一小部分发展中国家的需求扩大，创新国的产品和其他发达国家的产品也开始少量出口到一些发展中国家，产品由技术密集型转化为资本密集型，来自发达国家的第二代生产者开始大量生产和出口该产品，原来的创新国随后（t_3 时刻）成为净进口国。最后，当产品转变为劳动密集型产品时（t_4 时刻），发展中国家成为净出口国。

三、对产品生命周期理论的评价

产品生命周期理论运用动态的分析方法，从技术创新、技术传播的角度分析国际分工的基础和贸易格局的演变，是对比较优势贸易理论与要素禀赋理论的发展。它能够比较合理地解释制成品国际贸易的产生和演变，并能解释国际投资，为国际贸易理论增添了新的内容，是战后具有重要影响的国际贸易理论之一。但是产品生命周期理论存在一些不足之处：首先，产品生命周期理论只能解释工业制成品的国际贸易，对于其他产品的国际贸易则无法解释；其次，对产品分为几个发展阶段不同的学者存在不同的认识。根据产品生命周期理论，在标准化阶段，创新国成为净进口国，但是从实践来看，通过技术改造，创新国在产品的标准化阶段仍然是该产品的净出口国。

四、原料产品生命周期理论

专栏7-1

弗农·雷蒙德
小传

弗农在产品生命周期研究过程中以制成品为主，而梅基（S. P. Magee）和罗宾斯（N. T. Robins）1978年将该理论运用于国际贸易中占有重要地位的原料贸易的分析，提出了原料产品生命周期理论。

（一）原料产品生命周期理论的阶段

梅基和罗宾斯将原料产品生命周期划分为三个阶段：第一阶段为"派生需求产生的繁荣"阶段。在此阶段，生产的发展使原料的需求迅速增长，从而导致原料的价格大幅度上涨。故初级原料仏此时处于生命力旺盛的成长期。第二阶段是"需求和供给来源的替代"阶段。在这一阶段，原料价格上涨迫使消费者（进口国）去寻找比较便宜的替代品，同时也促使更多的国家开发该项原料，于是原料价格的上升速度减慢，甚至出现实际的下降。第三阶段为"合成或研究与发展的介入"阶段。在这一阶段，科学技术的发展一方面提高了原料的利用率，另一方面又发明了新的合成替代品，将初级原料推向生命末期。这时，合成原料作为新的工业制成品被投入市场，开始了新的生命周期。

（二）原料产品生命周期理论的主要内容

原料贸易周期与制成品贸易周期有反向的特征。由于许多对西方发达工业极为重要的原料产自发展中国家，因此，在一开始，由于自然禀赋，世界市场的初级产品原料主要出口国是发展中国家，发达国家是进口国。而随后，发达国家致力于原料开发，逐步成为主要出口国，原料市场随之扩大。最终，发达国家利用其技术优势创造出合成原料，不仅使其减少了初级原料的进口，而且开始出口合成原料，合成原料占据了贸易的主要地位。

（三）原料产品生命周期理论的意义

原料产品生命周期理论能说明以下三个问题。

（1）原料贸易优势存在从发展中国家向发达国家转移的趋势，它与工业制成品的转移方向相反，但这种转移既包含了贸易主体的转移，也包含了贸易客体的转移，即初级原料向合成原料的转移。

（2）世界原料供应的前景是乐观的。因为初级原料的匮乏会刺激人们去开发新的替代原料，或者使用新技术提高原料利用率，从而减少对自然资源的依赖。

（3）科学技术的突破主宰着原料产品生命周期阶段的变化。它表现在：一方面，科学技术的进步和新兴工业的出现，诱发了对原料的需求；另一方面，科学技术研发出新的合成替代原料。

第二节　规模经济理论

20世纪60年代以来，国际贸易出现新的倾向，形成对传统国际贸易理论的挑战：发达国家的资源禀赋相似，但贸易却主要在发达国家之间展开。这个问题，用要素禀赋理论是难以解释的，规模经济理论对此现象作出了解释。该理论的主要贡献者是美国经济学家保罗·克鲁格曼（Paul R. Krugman）和以色列经济学家埃尔赫南·赫尔普曼（Elhanan Helpman）。

一、规模经济的概念及类型

（一）规模经济的概念

规模经济（economy of scale）是指由生产规模扩大而带来的生产效率的显著提高或生产成本的节约，它是规模报酬递增结果的货币表现。

（二）规模经济的类型

1. 外部规模经济

外部规模经济（external economy）是指厂商生产成本随其所处的行业生产规模的扩大而下降的现象，与该厂商自身的生产规模无关。

2. 内部规模经济

内部规模经济（internal economy）是指厂商的生产成本随其自身生产规模的扩大而下降，出现产出水平增长比例高于投入水平增长比例的规模报酬递增（increasing returns to scale）现象，与该厂商所处行业的生产规模无关。

二、规模经济理论的核心思想

（一）规模经济理论的假设

规模经济理论认为，国际市场上的商品多是异质性产品，国际市场是不完全竞争市场。这两个假设比传统国际贸易理论中假设产品都是同质的和假设国际市场是完全竞争市场更加符合实际。在国际市场中,完全竞争市场所占比重很小,市场基本上属于垄断竞争市场。这是因为市场上的产品多为异质工业制成品:一方面,各种产品类似并有一定的替代性,从而互相竞争;另一方面,产品又不完全一样,各有特性,因而具有一定的垄断性。

(二)规模经济理论的主要内容

规模报酬递增也是国际贸易的基础。当某一产品的生产发生规模报酬递增时,随着生产规模的扩大,单位产品成本递减而取得成本优势,因此导致专业化生产并出口这一产品。

在厂商具有内在和外在规模经济以及面临垄断竞争的市场条件下,厂商的长期平均成本随着产量的增加而下降,市场需求量则随着价格的下降而增加。在参与国际贸易之前,企业面向国内需求,国内需求的有限性限制企业不能生产太多,从而使生产成本和产品价格不得不保持在较高的水平上。在企业参与国际贸易之后,企业面向国内和国际两个市场,需求的增加促使企业增加产量,这时规模经济效应使产品的平均成本降低,企业具有国际市场的比较优势,企业可以降低售价,以此增强国际市场竞争力。

规模报酬递增之所以可能发生,是因为大规模生产经营一方面能充分发挥各自生产要素的效能,更好地组织企业内部的劳动分工和专业化,提高厂房、机器设备的利用率,取得内部规模经济效益;另一方面能更好地利用运输、通信设施、金融机构、自然资源、水利能源等良好的企业环境,获得外部规模经济效益。

三、对规模经济理论的评价

规模经济理论是对传统国际贸易理论的一个重大发展。它不仅阐明了即使在两国生产要素禀赋程度和技术水平完全相同的条件下,它们仍然存在进行国际贸易的可能性,而且阐明了规模经济本身形成比较优势的重要源泉、国际贸易的利益基础。

案例分析7-1

21世纪初中国汽车产业规模经济

但是运用规模经济理论来分析国际贸易的时候也会产生一个问题,这就是贸易结构或形式往往难以确定,一方面难以确定哪个国家会在哪种产品的生产上率先达到规模经济;另一方面也难以确定哪个国家专门生产哪种产品。因此,要预测哪些产品或产业将要扩张,哪些产品或产业将要收缩或停止是不容易的。如果更大的国内市场会使本国公司成为低成本生产者,那么没有发生国际贸易时的国内市场规模便是重要的。如果第一个开拓国际市场的国家成为低成本生产者,那么历史的机遇或政府政策的推动就会是重要的。外部规模经济往往是来自机遇或政府政策所导致的长期生产优势,而各个国家的初始比较优势并没有什么差别。生产的布局和贸易形式倾向于延续下去,尽管某些地方潜在的低成本优势尚未被开发,但已经有了规模优势的产业很难被其他产业所取代,而后者会将此看作新兴产业问题。

第三节 产业内贸易理论

一、产业内贸易的概念及类型

(一) 产业内贸易的概念

产业内贸易又叫双向贸易,是指国际贸易中同一产业的产品双向流动,即一个国家(地区)的同一产业的产品在同一时期既出口又进口的现象。比如,日本向美国出口汽车,同时又从美国进口汽车的现象。产业内贸易还包括中间产品的贸易,即半制成品、零部件在两国间的贸易。所谓同一产业,是指具有同一属性的生产经营活动、提供同一属性的产品或服务的企业及产品集合。同一产业的产品在生产上具有相似的技术密集程度,在消费中具有相互替代性。

(二) 产业内贸易的类型

产业内贸易一般分为同质产品产业内贸易、水平差异产品产业内贸易和垂直差异产品产业内贸易三种。同质产品是指可以完全替代的,即商品需求的交叉弹性极高,消费者对其消费偏好完全一样的产品。差异产品又叫异质产品,是指具有差别性特征的产品,可以分为垂直差异产品和水平差异产品。垂直差异产品是指仅在质量上存在差异的产品;水平差异产品是指有着同样质量,但其特色或特质不同的产品。

二、产业内贸易的形成原因和制约因素

产业内贸易形成的原因和制约因素比较复杂。有关产业内贸易的理论一般涉及产品的差异性、规模经济、垄断竞争,以及跨国公司的活动等,涉及范围很广。纵观西方经济学界对产业内贸易现象的种种理论解释,大致有以下三个主要观点:

(1) 同类产品的异质性是产业内贸易的重要基础。同类产品的异质性可表现为产品的商标、牌号、款式、包装、规格等方面的差异,即使是实物形态相同的同一类产品,也会因其信贷条件、交货时间、销售服务、广告宣传等方面的差异同样被视作异质产品。同一类产品的异质性意味着不同生产者的产品可以满足不同的消费心理、消费欲望和消费层次的消费需求,形成不同生产者在消费市场上的垄断地位,从而导致不同国家之间产业内贸易的产生。

(2) 规模经济收益递增是产业内贸易的重要成因。经济学家们认为,两个生产要素禀赋相同或相似的国家之所以能够进行有效的国际分工和获得贸易利益,其主要原因在于规模经济的差异。随着生产规模的扩大,规模收益的变动过程依次为:递增—不变—递减。在规模经济收益递增阶段,一国生产商可以通过大规模专业化生产,形成规模经济收益递增,从而打破各生产商之间原有的比较优势均衡状态,使自己的产品处于相对的竞争优势。

(3) 经济发展水平是产业内贸易的重要制约因素。经济发展水平影响着异质产品的供求市场。经济发展水平越高，产业部门内部分工就越发达，产业部门内异质产品的生产规模也就越大，从而形成异质产品的供给市场。从需求市场而言，经济越发达，人均国民收入水平越高，国民购买能力也就越强，较高人均收入的消费者的需求会变得多样化，呈现出对异质产品的强烈需求，从而形成异质产品的消费市场。当两国的人均收入水平趋于相等时，两国的需求结构也趋于相似，其产业内贸易发展倾向就越强。

除此之外，国际直接投资、地理位置、汇率等也会影响产业内贸易。

三、产业内贸易的度量

（一）产业内贸易规模的度量

对产业内贸易规模的度量，既可以采用产业内贸易量，也可以采用产业内贸易额。由于各种产品的计量单位不一样，采用产业内贸易量不太方便，所以一般采用产业内贸易额来衡量产业内贸易规模。其计算公式为：

$$KIIT_i = TT_i - |X_i - M_i| \tag{7-1}$$

$$KIIT = \sum_i TT_i - \sum_i |X_i - M_i| \tag{7-2}$$

其中，TT_i 是某年某 i 产业的进出口额，$KIIT_i$ 是某年某 i 产业的产业内贸易额，X_i 是某年某 i 产业的出口额，M_i 是某年某 i 产业的进口额，$\sum_i TT_i$ 是某年进出口总额，$KIIT$ 是某年产业内贸易额。

（二）产业内贸易水平的度量

目前，国内外学者关于产业内贸易水平的度量主要采用了以下四种方法：

1. Balassa 度量法

巴拉萨（Balassa，1966）在研究欧洲共同体各国的分工时提出了 Balassa 指数，用于研究欧 1 洲共同体内部的分工，该指数可以用来衡量产业内贸易水平，包括基本 Balassa 指数和 Balassa 总指数，具体如下：

（1）基本 Balassa 指数，其公式为：

$$C_i = \frac{|X_i - M_i|}{X_i + M_i} \tag{7-3}$$

（2）Balassa 总指数，其公式为：

$$C = \frac{1}{n} \sum_{i=1}^{n} C_i \tag{7-4}$$

其中，X_i 是一定时期一国 i 产业的出口额，M_i 是一定时期一国 i 产业的进口额。C_i 是一国 i 产业的产业内贸易水平，$0 \leq C_i \leq 1$，C_i 越接近 0，产业内贸易水平就越高；相反，C_i 越接近 1，产业内贸易水平就越低；C 是所有贸易水平的算术平均数，表示该国产业内贸易的总体水平。Balassa 总指数只是一个简单的算术平均数，不能反映各产业的权重，并且没有考虑总贸易量的不平衡对产业内贸易水平的影响。

2. Grubel-Lloyd 度量法

格鲁贝尔和劳埃德（Grubel，Lloyd，1975）提出了产业内贸易的测量方法，即 Grubel-Lloyd 指数，该指数可以用来衡量产业内贸易水平，包括基本 Grubel-Lloyd 指数、加权 Grubel-Lloyd 指数以及 Grubel-Lloyd 修正指数，具体如下：

（1）基本 Grubel-Lloyd 指数，其公式为：

$$IIT_i = 1 - \frac{|X_i - M_i|}{X_i + M_i} \tag{7-5}$$

IIT_i 表示的是一定时期内一国 i 产业的 Grubel-Lloyd 指数，X_i 是一定时期内一国 i 产业的出口额，M_i 是一定时期内一国 i 产业的进口额。IIT_i 介于 0 和 1 之间，但与 C_i 相反，IIT_i 越接近 0，产业内贸易水平就越低；相反，IIT_i 越接近 1，产业内贸易水平就越高；如果 IIT_i 小于 0.5，一般认为不存在产业内贸易，而属于产业间贸易。

（2）加权 Grubel-Lloyd 指数，其公式为：

$$IIT = \frac{\sum_{i=1}^{n} IIT_i \times (X_i + M_i)}{\sum_{i=1}^{n}(X_i + M_i)} \tag{7-6}$$

$\dfrac{X_i + M_i}{\sum_{i=1}^{n}(X_i + M_i)}$ 表示的是一定时期内一国 i 产业进出口额占该国全部进出口额的比重，加权 Grubel-Lloyd 指数表示的是根据各产业权重计算的一定时期（如某年）一国产业内贸易加权指数。

（3）Grubel-Lloyd 修正指数。基本 Grubel-Lloyd 指数和加权 Grubel-Lloyd 指数能部分反映产业内贸易水平，但没有考虑贸易不平衡因素，特别是当贸易顺差或逆差较大时，会造成产业内贸易水平被低估的后果。为此，Grubel 和 Lloyd 对上述指标进行了修正，提出了 Grubel-Lloyd 修正指数，公式如下：

$$\text{Grubel-Lloyd 修正指数} = \frac{\sum_{i=1}^{n}(X_i + M_i) - \sum_{i=1}^{n}|X_i - M_i|}{\sum_{i=1}^{n}(X_i + M_i) - \left|\sum_{i=1}^{n} X_i - \sum_{i=1}^{n} M_i\right|} \tag{7-7}$$

Grubel-Lloyd 修正指数从总体贸易失衡出发，部分消除了贸易失衡的影响，适合研究一国整体产业内贸易水平，但不适合研究某一具体产业的产业内贸易水平。

3. Aquino 度量法

阿奎诺（Aquino，1978）认为总体贸易失衡发生在各具体产业中，因此必须从各具体产业出发来调整每一个产业的产业内贸易指数，而不仅仅采用 Grubel-Lloyd 修正指数的方法通过减去总体的贸易差额来消除贸易不平衡，他假设所有的贸易不平衡在各产业中等比例分布，Aquino 的具体调整如下：

$$X_i = \frac{X_i \times \frac{1}{2}\sum_{i=1}^{n}(X_i+M_i)}{\sum_{i=1}^{n}X_i}$$

$$M_i = \frac{M_i \times \frac{1}{2}\sum_{i=1}^{n}(X_i+M_i)}{\sum_{i=1}^{n}M_i}$$

$$Q = \frac{\sum_{i=1}^{n}(X_i+M_i)-\sum_{i=1}^{n}|X_i-M_i|}{X_i+M_i} \tag{7-8}$$

X_i 表示总贸易平衡时一定时期内一国 i 产业的出口值，M_i 表示总贸易平衡时一定时期内一国 i 产业的进口值，Q 表示 Aquino 产业内贸易修正指数，简称 Aquino 指数。但 Aquino 度量法也存在一些问题：首先，Aquino 度量法中隐含了所有贸易不平衡在各产业中等比例分布，与现实不符；其次，Aquino 度量法忽视了经济周期和其他因素对一国整体贸易收支的影响。所以，Aquino 度量法并未得到学术界的广泛认可。

（三）产业内贸易结构的计量

首先，用格林纳韦、海因和米尔纳（Greenaway, Hine and Milner, 1994）的 GHM 法判断 SITC Rev.3 各组产品产业内贸易的结构细分。当 $1-\alpha \leq \frac{UV_X}{UV_M} \leq 1+\alpha$ 时，产业内贸易属于水平型产业内贸易（HIIT）。当 $\frac{UV_X}{UV_M} < 1-\alpha$ 或 $\frac{UV_X}{UV_M} > 1+\alpha$ 时，产业内贸易属于垂直型产业内贸易（VIIT）。其中，UV_X、UV_M 分别表示产品的单位出口价值和单位进口价值，分别用产品的单位出口价格（FOB离岸价格）P_X 和单位进口价格（CIF成本加运费加保险费）P_M 来表示。α 为离散因子，通常取常数 0.25。当 $0.75 \leq \frac{P_X}{P_M} \leq 1.25$ 时，把该产业内贸易划分为水平型产业内贸易；当 $0 < \frac{P_X}{P_M} < 0.75$ 或 $\frac{P_X}{P_M} > 1.25$ 时，把该产业内贸易划分为垂直型产业内贸易。

其次，根据 GHM 法判断的 SITC Rev.3 各组产品各年的产业内贸易类型和各组对应的进出口额，分别计算出各年的垂直型产业内贸易指数 VIIT、水平型产业内贸易指数 HIIT。计算公式如下：

$$HIIT = \frac{\sum_H (X_H+M_H) - \sum_H |X_H-M_H|}{\sum_i (X_i+M_i)} \tag{7-9}$$

$$VIIT = \frac{\sum_V (X_V+M_V) - \sum_V |X_V-M_V|}{\sum_i (X_i+M_i)} \tag{7-10}$$

其中，X_H、M_H 分别表示各年中存在水平型产业内贸易方式的出口额和进口额，X_V、M_V 分别表示各年中存在垂直型产业内贸易方式的出口额和进口额。

$$IIT=VIIT+HIIT \qquad (7\text{-}11)$$

IIT 表示产业内贸易指数。

四、对产业内贸易理论的评价

产业内贸易理论认为是供给和需求两个方面的原因一起造成了产业贸易现象的出现。在供给方面，由于参与国际贸易的厂商通常是处于垄断竞争而非完全竞争的条件下，因此产生了同类产品的差异化；在需求方面，消费者的偏好具有多样性，而且各国之间的消费需求常常存在互相重叠的现象。

产业内贸易理论是对传统贸易理论的批判。如果产业内贸易的利益能够长期存在，那么其他厂商就不能自由进入这一行业，这就说明了不存在自由竞争的市场。另外，产业内贸易理论强调了同时考察供给和需求两个方面。这一理论还认为，产业内贸易的利益来源于规模经济的利益，这种分析比较符合实际。产业内贸易是对比较优势学说的补充，它解释了李嘉图的比较优势学说和传统的赫克歇尔－俄林模型用于解释初级产品和标准化产品的合理性，但是这种理论依然是用一种静态的观点进行分析，这也是它的不足之处。

第四节　产品内贸易理论

随着经济全球化进程的不断深化，20 世纪 70 年代以来，在国际贸易领域出现了一系列新变化，其中最重要的变化之一是出现了以纵向专业化为基础的全球性产品生产协作，即原来集中于一国或一个地区的产品生产现在分散到了不同的国家，每个国家专业化于产品某特殊阶段或零部件与组件的生产，从而使国际分工由产业间、产业内深化到了产品的内部。这种以产品内部分工为基础的中间投入品贸易便是产品内贸易（intra-product trade）。

一、产品内贸易的概念及类型

（一）产品内贸易的概念

产品内贸易是指生产产品的中间投入的贸易，中间产品一般包括原料类产品和零部件、配件、子系统等中间性产品。产品内分工是指特定产品生产过程中的不同工序、不同区段、不同零部件在空间上分布到不同国家，每个国家专业化于产品生产价值链的特定环节进行生产的现象。而产品内贸易，则是以产品内分工为基础的贸易。与传统的产品间分工相比，产品内分工是一种更为精细的分工，也更有利于各国比较优势的发挥，因此对各国的开放型经济发展具有重要的意义。

从西方学者对产品内分工的描述来看，产品内分工实质上就是产业组织理论所讨论的垂直专业化。在产业组织理论中，垂直主要是指在产品生产过程中上下游企业之间的纵向关系，垂直专业化则指上下游企业进行分工与合作，各自在产品生产价值链的某个阶段进行专业化生产。很显然，上述两者的基本含义是一致的。当垂直专业化的关系跨越国界、上下游企业位于不同国家时，就形成了产品内国际分工，上游企业供应给下游企业的中间投入品就成为产品内贸易的主要内容。我们采用产品内分工与产品内贸易的概念，主要是为了将其与产业间分工与贸易、产业内分工与贸易概念相对照。

（二）产品内贸易的类型

根据生产主体的不同，产品内贸易分为两大类：第一，发生在不同国家的不同企业之间的中间品贸易，可以是国际采购，也可以是国际外包，采取这样的方法可使参与此种贸易的双方突破特定生产要素或中间性产品短缺的瓶颈；第二，发生在跨国公司内部的中间品贸易（即通常所说的垂直一体化），其方法是通过建立海外分公司、子公司，利用当地某种特定的生产要素或中间性产品进出口而获取最大利润。

二、产品内贸易的度量

（一）进口中间投入品数值作为产品内贸易的指标

芬斯切与汉森（Feenstra and Hanson，1997）使用进口中间投入品数值作为产品内贸易测度的指标。计算进口中间投入品数值的方法是：先将一国某个产业购买的每种类型的投入品价值乘以对应的各类型投入品的进口份额，累加后得出该产业进口中间投入品的价值；然后再将所有产业进口中间投入品价值相加，就可得出该国进口中间投入品的总价值。

从联合国商品贸易统计数据库（UN Commodity Trade Statistic Database）获得中国进出口商品中间产品数据，并计算得出从1995年到2005年十年间中国中间产品进口占当年进口总额的比重为50%～70%不等，出口占当年出口总额的比重约为30%～40%不等。可见中间产品的进出口已成为中国进出口商品的重要组成部分。中间产品贸易是贸易与投资问题的综合反映，是投资贸易一体化条件下出现的新问题。

（二）垂直专业化指标

休默斯（Hummels）等的计算方法与直接通过进口中间投入品数值计算中间产品差异较大，也较为复杂。他们首先明确界定了垂直专业化（vertical specialization，VS）这一概念，并给出了基于这一概念而进行的贸易活动的计算方法和公式。休默斯等界定垂直专业化的关键特征是：一国进口的投入品被用于生产该国的出口产品。这一概念强调两个观点：产品的生产至少在两个国家完成；在产品的连续生产过程中，加工中的产品至少两次跨越国境。在这种连续生产的过程中，一国从另一国进口产品，将其当作投入品用于本国自己产品的生产，然后再把自己生产的产品出口到其他国家，当最终产品到达最终目的地的时候，这个连续的过程才结束。"垂直专业化"这一术语就是描绘了这一连续的生产过程。

与其相对照的是，水平专业化是指产品从头至尾在一个国家内完成，然后进行交换。在不同的国家被垂直地联系在一起时，即国际化生产促使不同的国家专业化分工于产品生产的特定阶段时，国际贸易随着国际化分工生产的增加而增加。

休默斯等明确给出了垂直专业化的三个条件：一是产品的生产包括两个或两个以上连续的阶段；二是在产品的生产过程中，两个或两个以上的国家提供了价值增值；三是至少一个国家在产品的加工阶段必须使用进口投入品，而且使用进口投入品生产出来的产品必须部分地用于出口。休默斯（2001）利用投入产出表，对20世纪60—90年代10个经济合作与发展组织（OECD）国家和4个新兴经济体垂直专业化指数（VS）进行了计算。Yi（2003）从纵向国际分工角度解释了当代世界贸易快速增长的原因。阿瑟考拉（Athukorala，2005）利用STIC第7、第8类三分位数据研究了东亚地区的产品分割和贸易模式。

如图7-2所示，我们可以看到，国家2的生产处在与国家1和国家2相连接的中间位置；具体来说，国家2利用从国家1进口的中间产品，与本国的中间投入品、劳动和资本，共同生产了可用于销售的最终产品。最终产品的一部分在国家2内进行销售，另一部分则出口销往国家3。

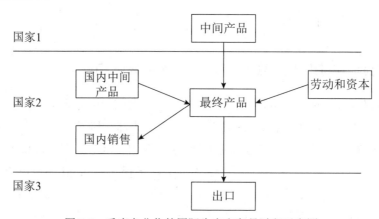

图7-2　垂直专业化的国际生产和贸易过程示意图

$$VS_{ki} = \frac{\text{进口的中间产品}_{ki}}{\text{总产出}_{ki}} \times \text{出口} \quad (7\text{-}12)$$

上式说明，在 k 国的 i 部门的垂直专业化，是本国 i 部门进口的中间投入品与本国 i 部门总产出之比再乘以本国的出口。

$$VS_{ki} = \sum_i VS_{ki} \quad (7\text{-}13)$$

关于垂直专业化指数，给出的公式如下：

$$VS = \frac{E}{D+E} \times A \quad (7\text{-}14)$$

在此，$\frac{E}{D+E}$ 就是出口占总销售的比重，当乘以 A（进口的中间投入品），垂直专业化指数 VS 就可以度量外国出口中进口的货币价值。当一个国家使用进口的中间投入品来生产用于出口的产品时，垂直专业化就发生了。

这一定义表明这个国家有序地联结其他国家生产和销售最终产品。因此为了测度垂直专业化就要度量出口的产品中进口投入品所占的比重。

某国的垂直专业化是指该国各个部门垂直专业化的总和。

$$\frac{VS_k}{X_k} = \frac{\sum_i VS_{ki}}{\sum_i X_{ki}} \qquad (7-15)$$

式（7-15）计算的是 k 国全部用于出口中的垂直专业化份额。该公式又可表示为：

$$\frac{VS_k}{X_k} = \sum_i \left[\frac{X_{ki}}{X_i}\frac{VS_{ki}}{X_{ki}}\right]\frac{VS_{ki}}{X_{ki}} \qquad (7-16)$$

说明计入 k 国 i 部门的垂直专业化总产量中的进口的投入。

投入产出矩阵可以提供更方便的公式来测度垂直专业化。公式如下：

$$\frac{VS_k}{X_k} = \frac{uA^M\left[I - A^D\right]^{-1}X}{X_k} \qquad (7-17)$$

式（7-17）中，u 是行向量，A^M 是 $n \times n$ 进口系数矩阵，I 是单位阵，A^D 是国内系数矩阵，X 是出口 n 列向量。

三、对产品内贸易理论的评价

以垂直专业化为基础的产品内分工使国际贸易的对象从最终产品转向中间投入品，从而改变了市场机制中交易关系的组合。在产品内国际分工中，跨国公司通过对外直接投资、跨境外包、企业兼并等多项活动，组织并协调各生产环节的价值增值活动与跨越国界的生产交易行为，母公司、子公司及承包企业的关系是不对等的，在不同的市场、不同的产业，市场势力的体现方式并不相同，不同生产环节的企业存在信息不对等的现象与机会主义行为，这些因素都对企业的组织方式、产品内分工及贸易的地理方向以及中间投入品价格的形成产生重要影响，这些因素在以克鲁格曼为代表的新贸易理论中并没有得到充分的分析，产品内贸易理论更多地推动了交易成本分析、博弈论与市场结构分析等微观理论的发展，在研究对象与研究方法上均有突破，尤其是将贸易对经济影响的视角从收入分配转向微观的企业组织方式，转向企业的策略行为及其市场势力跨越国界的运用，因而使之成为国际贸易理论发展的新台阶。

第五节　国家竞争优势理论

美国哈佛大学商学院教授迈克尔·波特（Michael Porter）在《国家竞争优势》（1990）中提出了几个中心问题是：为什么基于特定国家的企业，在特定的领域和产业获得了国际水平的成功？他在质疑比较优势理论的基础上提出了竞争优势的概念，他认为竞争优势是微观企业竞争优势、中观产业竞争优势和宏观国家竞争优势的有机整体。他既探讨了要素、技术及其他因素对国际贸易的影响,又整合了价格因素与非价格因素对竞争优势的决定,研究了竞争优势与国际贸易的动态变化规律。

一、钻石模型理论

波特教授主持了长达四年的研究,涵盖了10个国家(丹麦、新加坡、德国、瑞典、意大利、瑞士、日本、英国、韩国、美国)、上百种产业的历史,归纳总结出了"钻石模型"。

波特认为,财富由生产率支配,或取决于用劳动、资本和自然资源创造的价值。生产率取决于一国或地区的竞争环境,而竞争环境则由结构上如同一枚由四个基本面构成的"钻石"形框架所决定(图7-3)。钻石模型理论的基本观点是:一国国际竞争优势受多种因素的影响,其中影响最大的四个因素分别是:生产要素,需求条件,相关产业和支持产业,企业战略、组织结构、竞争对手状态。在一个国家的众多行业中,最有可能在国家竞争中取胜的是国内"四因素"有利的那些行业。因此,"四因素"是一国国际竞争力的最重要来源。此外,政府和机会也会起到相当的作用,是国际竞争优势来源的辅助因素。

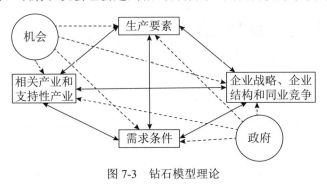

图 7-3　钻石模型理论

(一) 生产要素

波特把生产要素分为基本要素(basic factors)和高级要素(advanced factors)两种。基本要素是指一国先天拥有的或不用太大代价就能得到的要素,包括自然资源、气候、地理位置、非熟练劳动力、资本等;高级要素是指要通过长期投资或培育才能创造出来的要素,包括现代化电信网络、高科技人才、高精尖技术等。高级要素的获得和培育对于提升企业的国际竞争力来说具有极为重要的意义,高级要素的优势是一国产业和企业提升国际竞争力的持续而可靠的来源,它是被创造出来的,不是与生俱来的。

波特把生产要素还分为一般性生产要素和专业性生产要素。一般性生产要素(generalized factor)包括公路系统、资本、受过大学教育的员工,他们可以用在任何一种产业上。专业性生产要素(specialized factor)则是技术型人力、先进的基础设施,专业知识领域及其他定义更明确且针对单一产业的因素。这是产业具有决定性和持续力的竞争优势的基础。一般情况下,高级生产要素多是专业性的。因此,一国要建立产业强大持久的竞争优势,必须发展高级要素和专业性生产要素,这两种生产要素是持续发展的。

（二）需求条件

需求条件是指国内市场对产品和服务的需求，国内需求状况不同会导致各国竞争优势的差异。主要看经济发展水平和人均收入变化，如客户或消费者需求、国内市场大小、国内需求转换为国际需求的能力等。有利于国际竞争的需求取决于本国需求与外国需求的比较：

（1）需求特征的比较。国内需求分为细分的需求、老练挑剔的需求、前瞻性需求三类。一国在某一个细分市场上若因需求量大而产生规模经济，则该国在此细分市场上将占优势。老练挑剔的需求对企业构成经常性的压力，只有通过不断的技术创新，才能生产出适应消费者需求的产品。一国国内的前瞻性需求若能在国外市场上迅速传播，则该国产品就具有竞争优势。

（2）需求规模和需求拉动方式的比较。一国需求规模大的产品有利于提高该行业的国际竞争力。在需求拉动方式中，消费偏好是很重要的，一国国民的特殊消费偏好容易激发企业的创新动力。

（3）需求国际化的比较。一国的需求方式会随着本国人员在国际上的流动而传播到国外，本国人员在一国接受的消费习惯也会被带回国内并在国内传播。因此，一国对外开放程度越高，其产品就越容易适应国际竞争。

（三）相关产业和支持产业

相关产业和支持产业是指为主导产业提供投入的国内产业，即该行业的上游产业及其相关行业。相关产业和支持产业的水平对某行业的竞争优势有重要影响，主要是因为：可能发挥集群优势；可能产生对互补产品的需求拉动；可能构成有利的外部经济和信息环境。显然是否具有发达而完善的相关产业，不仅关系到主导产业能否降低产品成本，提高产品质量，从而建立起优势，更重要的是，其与主导产业在地域范围上的临近将使企业互相之间频繁而迅速地传递产品信息、交流创新思路成为可能，从而极大地促进企业的技术升级，形成良性互动，创造出既竞争又合作的环境。相关支持或支撑产业是主导产业获得国际竞争优势的保证。因此，波特还指出了产业集群的理论。

专栏7-2

产业集群

（四）企业战略、组织结构、竞争状态

企业在一个国家的基础、组织和管理形态，以及国内市场竞争对手的表现，企业的目标、战略和组织结构随着产业和国情的差异而不同。波特指出，在资源和竞争条件的允许下，企业必须尽快实行全球战略。全球视角的战略首先必须以全球市场作为销售对象，需要建立全球品牌知名度和国际营销渠道；海外生产要充分利用当地市场消除自身不利影响；必须协调和整合全球资源，实现规模经济。全球竞争战略与母国竞争环境有关，最有价值并且是必要条件的仍是本地客户需求、强势供应商和激烈的国内竞争。因此企业应根

据在母国的竞争优势来选择是否采取差异化战略或焦点型战略或多元化战略。

企业的管理模式具有差异性,有家族式管理、美国式、日本式、德国式管理模式等,受到国家环境、民族文化等影响。企业的股东结构、资本市场、运营模式对国家竞争优势有重要影响,股票持有人、债权人、内部管理模式、员工忠诚度、高层主管动机等都会影响企业竞争优势。

波特指出,创造与保持产业竞争优势的最大关联因素是国内市场具有强有力的竞争对手。没有竞争对手的企业,通常不具有国际竞争力,它们往往是政府补贴和保护的产物。国内密集的竞争与新的商业形态会产生新的竞争者。新的商业形态会带动创新,是提升产业竞争优势不可或缺的条件。

除了上述四个基本因素,波特还认为,一国所面临的机遇和政府所起的作用对国家整体竞争优势的形成也具有辅助作用。

(五)机会

波特指出,机会是可遇不可求的,引发机会的事件可能会打破原有的竞争优势,提供新的竞争空间;有时通过改变钻石模型中的关键因素而发挥作用;机会所造成的影响有好有坏。至于什么样的国家会抓住这些机遇,国家的重视至关重要。

可能形成机会、影响竞争优势的情形有:基础科技的发明创新、传统技术出现断层、生产成本遭遇能源危机突然提高、全球金融市场或汇率的重大变化、全球或区域市场需求剧增、外国政府的重大决策、战争等。

(六)政府

波特指出,政府在国家竞争优势中的真正作用在于影响四个关键要素,政府与其他关键因素的关系既非正面,也非负面,政府可能对每一个因素施加积极或消极影响,也就是对获得竞争优势施加积极或消极影响。例如政府制定产品规格标准后,必然会影响到客户的需求状态。波特主张政府应当在经济发展中起催化和激发企业创造能力的作用。政府政策和行为成功的要旨在于为企业创造一个宽松、公平的竞争环境。

二、优势产业阶段理论

任何国家在其发展过程中,产业的国际竞争都会表现出不同的形式和特点,因此,产业国际竞争的过程会经历具有不同特征的发展阶段。波特的国家竞争优势理论特别重视各国生产力的动态变化,认为一国优势产业参与国际竞争分为四个依次递增的阶段。

(一)要素驱动阶段

此阶段的竞争优势主要取决于一国在生产要素上拥有的优势,即是否拥有廉价的劳动力和丰富的自然资源。这种表述与传统的比较优势贸易理论的表述是一致的,表明比较优势蕴含在竞争优势之中。在这一阶段，企业参与国际竞争的方式主要为依靠较低的价格取胜，所以，参与国际竞争的产业对世界经济周期和汇率十分敏感，因为这会直接影响产品的需求和相对价格。虽然拥有丰富的自然资源可以在一段时间维持较高的人均收入，但这种要素推动的经济缺乏生产力持续增长的基础。这一阶段基本要素的优势是竞争优势的主要源泉。按波特的标准，几乎所有的发展中国家都处于这一阶段，某些资源特别丰富的发达国家，如加拿大、澳大利亚等也处于这一阶段。

（二）投资驱动阶段

此阶段竞争优势的获得主要来源于资本要素，持续的资本投入可以大量更新设备、提高技术水平、扩大生产规模、增加企业竞争能力。在这一阶段，企业仍然是在相对标准化的、价格敏感的市场中进行竞争。但随着就业人数的大量增加，工资及要素成本大幅提高，一些价格敏感的产业开始失去竞争优势。因此，政府能否实施适当的政策是很重要的，如提供短期的贸易保护以鼓励本国企业的进入，建设有效规模的公用设施，刺激和鼓励获取外国技术，以鼓励出口等。按波特的标准，只有少数发展中国家进入这一阶段。第二次世界大战后，只有日本和韩国在这一阶段获得了成功。

（三）创新驱动阶段

此阶段的竞争优势主要来源于产业中整个价值链的创新，企业已具备研究能力、开发能力和创新能力，人员培训效果显著，引进技术吸收消化技术的能力强，因此要特别注重高新技术产品的研究和开发投入，并将把科技成果转化为商品作为努力的目标，依靠科技成果产业化的努力，有效增强竞争能力和市场适应能力，并赢得竞争优势的持续保持。在这一阶段，民族企业能在广泛领域成功地进行竞争，并实现不断的技术升级。一国进入创新驱动阶段的显著特点之一是，高水平的服务业占据越来越高的国际地位，这是产业竞争优势不断增强的反映。高级服务业所需的人力资源及其他要素也发展起来，不仅服务的国内需求随着收入和生活水平的提高而大大增强，而且本国服务业进入国际市场后，该国的国际竞争力也会大大增强。政府的直接干预越来越低，开始鼓励创造更多的高级要素，改善国内需求质量刺激新的产业领域的形成，保持国内竞争，等等。按波特的标准，英国在19世纪上半叶就已进入这一阶段，日本、意大利到20世纪70年代才进入这一阶段。

（四）财富驱动阶段

在这一阶段，产业的创新、竞争意识和竞争能力都会出现明显下降现象，经济发展缺乏强有力的推动，企业开始失去国际竞争优势。企业更注重保持地位而不是进一步增强竞争力，实体投资的动机下降，投资者的目标从资本积累转变为资本保值，有实力的企业试图通过对政府施加影响，以达到保护企业的目的。长期的产业投资不足是财富驱动阶段的突出表现。进入财富驱动阶段的国家，一方面是"富裕的"，即国家主要靠过去长期积累的物质财富维持经济运行，一些资金雄厚的企业和富人享受着成功产业和过去投资所积累的成果；另一方面又是"衰落的"，许多企业受到各种困扰，潜在失业严重，平均生活水平下降。这就提醒人们要居安思危,通过促进产业结构的进一步升级来提高价值链的增值水平,防止丧失竞争优势的危险以及被淘汰的厄运。按波特的标准,英国已进入这一阶段,其他一些国家如美国、德国等在 20 世纪 80 年代也开始进入这一阶段。

波特认为前三个阶段是国家竞争优势的增长时期,而第四个阶段则是国家竞争优势的下降时期。他认为日本经济在 20 世纪 70—80 年代正处于创新驱动阶段,经济地位上升,经济发展后劲增强;而美国 20 世纪 80 年代则处于财富驱动阶段,许多工业衰退,竞争处于垄断状况,经济缺乏推动力。

三、创新机制理论

波特认为,一国兴衰的根本在于赢得国家竞争优势,国家竞争优势的形成有助于提高劳动生产效率,而提高劳动生产效率的源泉在于国家是否具有适宜的创新机制和充分的创新能力。创新机制可以从微观、中观和宏观三个层面来分析。

(一)微观竞争机制

国家竞争优势的基础是企业内部的活力。要使企业获得长期盈利能力的创新,应当在研究、开发、生产、销售、服务等各环节上进行产品增值的创新。企业要在整个经营过程的升级上下功夫,在强化管理、研究开发、提高质量、降低成本等方面实行全面改革。

(二)中观竞争机制

中观层次分析应由企业转向产业、区域等范畴。从产业来看,个别企业价值链的增值不仅取决于企业内部要素,还要涉及产业及区域。企业经营过程的升级有赖于企业的前项、后项和旁侧关联产业的辅助与支持。从区域上看,该企业为寻求利润和长期发展,往往在制定区域战略时把企业的研究开发部门设置在交通方便、信息灵通的大城市,而将生产部门转移到劳动力成本低廉的地区,利用价值链的空间差,达到降低成本、提高竞争力的目的。

(三)宏观竞争机制

个别企业、产业的竞争优势并不必然导致国家竞争优势。波特认为,国家整体优势取决于四个基本因素:生产因素,需求因素,相关和支持产业,企业战略、组织结构、同业竞争。此外,国家整体优势还受政府和机遇两个辅助因素影响。因此,"四要素"是产业国家国际竞争力最重要的来源。

四、对国家竞争优势理论的评价

波特的国家竞争优势理论是当代国际贸易学理论的重大发现,对国际经济贸易理论的发展作出了重要的贡献，富有特色。

首先，该理论发展了传统贸易理论对于要素形成优势的静态观点，突破了以单项因素或其简单组合为出发点来展开理论分析的不足。一是该理论深化了对要素竞争优势的认识，提出在要素基础上形成的竞争优势是动态变化的，要素上的劣势也能够产生国家竞争优势；要素创造比要素禀赋对于一国的竞争优势来说重要得多。二是该理论用贸易和对外投资综合在一起的思路来解释一个国家何以能在一个特定产业中成功并维持竞争优势的国际竞争者的母国基地，因为成功的国际竞争者常常以全球战略竞争，而贸易和对外投资在全球战略中是综合在一起的。大多数先前的理论或是只涉及贸易方面，或是只涉及对外投资方面。三是该理论充分反映了竞争的丰富内涵，对竞争优势来源的分析包括细分市场、差异化产品、技术差异和规模经济、质量特色、新产品创新和成本优势等，而大多数贸易理论只注重到成本，质量和差异化产品等方面未能引起足够的重视。

其次，该理论强调国内因素对于竞争优势的重要性，并在此基础上强调国家在决定国际竞争力方面的重要作用。国内需求状况、相关和支持产业及国内竞争等因素对于企业竞争优势的影响，在传统的贸易理论中要么被认为是很小，要么被忽略了。波特非常肯定地指出，上述国内因素与竞争优势之间存在因果关系。国内需求的增长、国内需求的结构、相关和支持产业的发展情况，国内竞争强度等都对提升一国竞争优势有决定性的影响。国内要素对于竞争优势的作用往往是国外的同类因素所取代不了的。波特的理论观点弥补了传统理论的不足，也为时间所证实。在这一认识基础上，波特强调加强国家的扶持和培育，这对于发展中国家竞争优势的发展无疑具有经济的指导作用。

五、新格局下中国培育国际竞争新优势

中国共产党第十九届五中全会提出，要加快构建以国内大循环为主体、国内国际双循环相互促进的新发展格局。构建新发展格局对中国对外贸易提出了更高的要求，国内、国际环境变化对中国对外贸易提出了更高的要求。中国对外贸易应对形势变化的根本方向在于加快产业结构升级，通过高质量发展培育竞争优势，确立与中国对外贸易体量相适应的市场竞争地位。一是实施创新驱动战略，加快用对外贸易新动能替代旧动能。应结合当前中国经济转型与产业升级的大浪潮，加快对外贸易产业的转型升级。坚持科技自强自主战略，加大在创新上的投入力度，

更开放的中国对跨国公司更具吸引力

引导企业强化自主创新意识，提升自主创新水平。扩大关键零部件和设备的技术研发，弥补产品和产业短板，促进产业结构的优化升级。加快发展现代服务业发展，推动大数据、人工智能和区块链等新兴技术和传统产业的融合，提升产业竞争力。同时，加快培育、壮大战略性新兴产业，提升对高等要素的吸引力和利用效率，更好地实现对新兴产业在全球的前瞻布局，增加中国对外贸易的话语权。二是营造更好的制度环境，进一步激发中国对外贸易企业的活力。坚持从降低对外贸易产业成本和提升对外贸易产业效率出发，进一步完善相关法律法规、政策体系和监管服务制度，以更加科学的贸易监管服务制度推动产业

改革创新。通过完善对外贸易企业信用评价和诚信体系，加强知识产权保护等，进一步规范进出口经营秩序。通过深化"放管服"改革，减税降费，加快区域通关一体化改革等措施，促进中国对外贸易产业发展。三是扩大对外开放力度与提高对外开放水平，实现中国对外贸易的高质量发展。新发展格局背景下的对外贸易高质量发展，必然要在开放的环境下才能实现。应推动高水平、全方位的开放，建设更加自由、便利的对外贸易环境，提高对国内外资源、市场的利用效率。在服务贸易上，通过深化服务业更大范围的开放以及行业监管的创新，推动服务贸易的多元化发展。特别是要深化服务贸易的国际合作，促进国内服务产业的转型升级，提升服务贸易出口中高附加值和高端服务业的占比。在货物贸易上，推行进出口贸易平衡战略，扩大进口规模，鼓励智能化、数字化关键零部件、先进技术和设备的进口。

第六节　其他贸易理论

一、技术差距理论

（一）理论提出

技术差距理论（technological gap theory）是由美国经济学家波斯纳（Posner，1961）在《国际贸易与技术变化》一文中提出来的。

（二）主要内容

技术差距理论把国家间存在的贸易与技术差距联系起来，认为国家间的技术差距必然引起国际贸易。新产品往往在工业发达国家最先问世，在国内销售之后必然进入国际市场，创新国便获得了初期的比较利益。在较高创新利润的吸引下，其他国家开始模仿生产新产品并调整生产，即经过了反应时滞，但其与先进工业国家之间仍存在技术差距。这也决定了在一段时间内，创新国仍保有在该产品上的技术领先地位，其他国家对该产品的消费仍需通过进口得到满足，直至掌握时滞结束。

（三）简评

技术差距理论证明，即使在要素禀赋和需求偏好相似的国家间，技术领先也会形成比较优势，从而引起国际贸易。这较好地解释了实践中常见的技术先进国与落后国之间技术密集型产品的贸易周期。该理论只解释了技术差距会随时间推移而消失，却并未解释其产生和消失的原因，因而该理论还需要进一步发展。

二、需求偏好相似理论

（一）理论提出

需求偏好相似理论（thocry of dcmand similarity）又称偏好相似论，是瑞典经济学家林德（Linder）在1961年出版的《贸易与变化》一书中提出的。他一改传统的由供给方面寻找国际贸易的根源的方法，转而从需求角度入手来分析国际贸易流向。

（二）主要内容

两个国家的经济发展水平越相近，平均收入水平也会越相近，这两个国家之间就会存在广泛的相互重叠需求；两个国家的平均收入水平相差悬殊，那么相互重复的工业品就不会太多，甚至没有。有相互重叠需求是发生国际贸易的决定性因素。

（三）简评

需求偏好相似理论是以工业国之间的制成品贸易格局为背景，对工业国之间发生国际贸易的原因所作的探讨，它对解释当代工业国之间在制成品贸易领域的分工与贸易状况具有一定的价值。然而该理论仅从需求的角度来看待这种贸易竞争现象，其说服力并不充分。也正因为如此，才有后来波特等学者对国内需求做出的进一步的研究，并从更为广阔的领域分析了需求和贸易之间的关系。

三、产业集聚理论

产业集聚是指同一产业在某一区域范围内高度集中，而该产业的各种生产要素也在该空间内不断地汇集的一个过程。可以通过静态、动态两个方面来对产业集聚进行分析。从微观静态的角度来看，主要是从空间上对产业集聚进行分析。最早的研究是马歇尔与庇古的外部经济理论。随后许多学者发展出区位理论对产业集聚问题进行解释。第一种区位理论是农业区位论，第二种区位理论为工业区位理论，第三种理论为竞租理论。从宏观的动态的角度来看，则主要是从区域经济理论方面来进行分析，如佩鲁（E. Perroux）提出的增长极理论、缪尔达尔提出了"循环累积因果"理论、赫尔希曼的极化效应和涓滴效应理论、克鲁格曼中心－外围模型（Core-Periphery模型，简称C-P模型）等。

四、协议性国际分工理论

协议性国际分工理论由日本著名学者小岛清在1975年出版的《对外贸易论》一书中首次提出，研究的是在成本递减情况下国际分工和国际平衡的原理，旨在说明严格意义上水平贸易发生的一个原因，并着眼于规模经济即成本递减的重要性。小岛清认为，即使消除了比较优势差距的极端状态，为了互相获得规模经济，同样应该存在分工。这种分工不是通过价格机制自动实现的,而是需要通过贸易当事国的某种协议来加以实现。小岛清此处所用的"协议"是指,由国家间的计划决定的分工,以及通过企业合作、资本合作实行生产品种的专业化分工。

五、雁式形态理论

赤松要通过对日本棉纺工业发展史的研究,发现经济和贸易发展的雁行形态现象。这种现象表现为日本从 20 世纪 60 年代末到 70 年代初,棉纺织品从进口一直到后来转为出口的过程,用图形表示犹如三只飞翔的大雁。第一只雁为进口浪潮,大量西方棉纺织品流入日本市场;第二只雁为国内生产浪潮,现代技术与日本低工资结合,使内棉纺织品规模扩大,成本降低;第三只雁为出口浪潮,规模经济和低工资的优势,使日本纺织业取得低成本优势,从而取得国际竞争的优势,进而转为出口。

此后,一些经济学家将该理论予以推广,认为后进国家的许多行业一般都存在雁式形态的成长过程。在这个过程中,生产要素的移动,特别是引进国外先进技术,对国内产业优势和贸易优势的建立具有举足轻重的作用。一国应根据本国的实际,适时从国外引进成熟的技术,加以消化,以形成自己新的比较优势。

本章思考练习题

一、思考题

1. 产业内贸易在国际贸易中的作用有哪些?
2. 按照产品生命周期理论,到发展中国家进行投资生产的产品应该是第三代或第四代产品,这样的产品还有竞争力吗?在引进外资企业时应注意的问题是什么?
3. 加入 WTO 后,中国如何利用国家竞争优势理论增强国际竞争力?
4. 试用产业内贸易理论分析当前中美日三国的汽车贸易。

二、练习题

(一) 名词解释

产品生命周期、产业内贸易、产品内贸易、钻石模型理论、规模经济、产业集群。

(二) 简答题

1. 简述产品生命周期理论的主要内容。
2. 产业内贸易的类型有哪些?影响产业内贸易的因素有哪些?
3. 简述需求偏好相似论的主要内容。
4. 简述技术差距论的主要内容。
5. 简述雁式形态的基本观点。
6. 简述规模经济理论的主要内容。

7. 简述钻石模型理论的基本内容，并联系实际谈谈中国如何培养国际竞争优势。
8. 简述产业内贸易与产品内贸易的关系。
9. PPT：中国与美国制造业产业内贸易指数分析（团队研究性学习）。
10. PPT：全球疫情给中国外贸带来风险与机遇分析（团队研究性学习）。

三、案例分析题

印度软件产业在过去的 15 年间奇迹般地在信息技术产业中完成了高起点、跨越式和持续高速增长的突破，并成为继美国、日本之后世界上又一软件大国。据世界银行 2002 年对各国软件出口能力的调查和评估结果显示，印度软件的出口规模、产品质量和产品成本等综合指标均名列世界第一。请用波特的钻石模型理论，分析印度软件业崛起过程中各个要素的情况。

政策篇

第八章
国际贸易政策

> **学习目标**
>
> 通过学习本章，使学生了解国际贸易政策演变的规律，掌握自由贸易和保护贸易政策内容；并把握当前世界各国贸易政策的最新动态和发展变化趋势。

> **本章重要概念**
>
> 对外贸易政策、自由贸易政策、保护贸易政策、利润转移论、外部经济理论、战略性贸易政策、管理贸易政策、新贸易保护主义、贸易自由化

第一节 国际贸易政策类型及作用

一、国际贸易政策含义及实施目的

对外贸易政策是一国政府在其社会经济发展战略的总目标下，运用经济、法律和行政手段，对对外贸易活动进行有组织的管理和调节的行为。它是一国对外经济和政治关系政策和措施的总体，属于上层建筑的一部分。对外，它服务于一国的对外经济和政治的总政策；对内，它为发展经济服务，并随着国内外的经济基础和政治关系的变化而变化。它大体包括：对外贸易总政策；对不同国家或不同类别国家所实行的对外贸易国别政策；对不同商品或不同类别商品所实行的进出口商品政策和服务贸易改革。

国际贸易政策的研究重点就是对各国对外贸易政策演变的历史考察和规律研究。贸易政策是关于国际贸易理论的具体运用和有关贸易利益在国家之间分配的现实问题。如何制定、完善，以及有效执行合理的对外贸易政策，不仅是国际贸易学主要的研究领域，也是社会各界所普遍关心的主题。

（一）控制国内外商品自由流动，以维护国内经济秩序

各国政府制定的对外贸易政策的实质是，代表本国利益及为本国的经济发展服务。其

出发点主要是扩大本国产品的出口,保护本国市场免受外国商品的侵扰,有利于本国产业结构的调整以及积累资金,发展本国经济。"9·11"事件以后,美国加强了高技术产品的出口管制,与此同时,美国加大了对传统产业的保护力度。2018年3月8日,特朗普正式签署命令,对美国进口的所有钢铁和铝分别征收25%和10%的关税。在世界经济和贸易出现急剧下滑、各国就业压力增大、市场竞争更加激烈的形势下,贸易保护主义势头加剧,提高关税、滥用救济措施等各种贸易摩擦急剧增多,出口成为各国紧抓的稻草,贸易战、货币战阴影弥漫。截至2016年底,欧盟委员会正在执行的反倾销措施有90件,反补贴措施12件,总数相较去年小幅提升4%。涉及中国的反倾销和反补贴措施分别为56件和5件,占总量的比例分别为62.2%和41.7%。2019年,美国国际贸易委员会(ITC)发起的47起"337调查"案件中有27起案件涉及中国企业。2019年,美国"337调查"案件主要集中在半导体电子器件、办公家居用品、医疗、专业设备等8个行业领域,涉中国企业的案件主要分布在5个行业领域,尤以半导体电子器件(10起)和办公家居用品(9起)领域居多。

(二)调整对外经济关系,避免过度的国际贸易摩擦和政策冲突

各国政府制定的对外贸易政策,往往要根据不同历史时期的世界政治、经济形势的变化,各国的经济发展水平,不同的经济思想和外贸理论而随时调整和改变。同时它也反映各国经济发展的不同水平,反映各国在世界市场上的力量和地位,另外它也受国内部不同利益集团的影响。

对外经济关系是美国整体外交关系中重要的组成部分,贸易政策则是美国外交政策中最持久的内容之一。在美国历史上,贸易政策一直占有重要地位。在整个19世纪,美国外交政策的一个基本内容就是为新兴产业提供贸易保护。在20世纪30年代的经济大危机时期,美国是当时国际贸易战的始作俑者和主要参与者。在第二次世界大战之后推进建立全球自由贸易体制的过程中,美国扮演了发起人和全球规则制定者的关键角色,并实行了单方面的自由贸易政策。美国的开放政策,为在两次世界大战中国外资本和技术向美国的转移提供了条件。特别是在第二次世界大战期间,美国广罗技术人才,同时采取鼓励进出口的政策措施,对美国的经济发展起到了至关重要的作用。美国在第二次世界大战后兴起的以原子能利用、电子计算机和空间技术为主要标志的科学技术革命,与其所引进的科技人才是分不开的。但是,在冷战后期,尤其是冷战结束以来,美国竖起"公平贸易"的大旗,在双边贸易中大搞以贸易报复为核心内容的"单边主义",从而对全球多边贸易体制的未来走向产生了复杂影响。

(三)调节外贸活动,辅助总体经济目标的实现

外贸活动是一国经济政策和对外政策的重要组成部分,是为促进本国经济发展和社会稳定以及维持国家之间正常外交服务的。如扩大出口带动经济增长、改善贸易商品结构、促进产业结构调整、引进竞争以削弱国内垄断等。为了扭转美国对外贸易长期处于逆差的局面,保护美国的制造业免受外界冲击,为美国中低端产业赢得一些市场竞争力,进一步

缓解就业问题，自 2018 年以来，美国政府频频对外高举贸易保护主义大旗，希望美国在出口、制造业回归、投资回流等方面获得更多的利益。

二、国际贸易政策的范围

贸易政策是在一定的时间和空间范围内实行的，超越了既定的时空范围、政策目标、政策实施的条件和环境，都会出现明显的差异和变化，从而产生不同的政策效果。所以，政策选择是在一定时空范围内的选择，需要对政策实施范围进行界定。从时间上看，就是确定所选择贸易政策的实施期。由此，贸易政策被区分为长期贸易政策（贸易战略）与中短期贸易政策。同时，注意实施过程的衔接，在中短期贸易政策中贯彻和体现长期贸易政策，形成连贯、系统的政策体系。各国贸易政策通常具有全国的统一性，这就是政策实施的空间范围。但是，一些国家（主要是发展中国家）常常实行非统一的贸易政策，例如设置自由港、出口加工区，实行特殊的贸易政策和管理办法，以发展出口加工业、扶植落后地区经济。这时，进行贸易政策的选择就既要规划一般贸易政策，又要制定仅适用于某些区域的特殊贸易政策。不过，从全国经济的统一性考虑，区别不同地区、实行不同的贸易政策，必须在贸易管理上确实能够做到，把特定的政策严格控制在指定区域内，避免政策影响向其他地区外溢，否则将破坏最初的政策规划。这就是为什么各国对保税区、出口加工区、自由港等经济特区通常实行隔离式管理办法的原因。

不同的政治及经济现状决定不同的国家甚至在不同的历史时期都有不同的贸易政策具体内容，因而贸易政策的制定具有动态性，应根据社会具体情况及时予以调整。但贸易政策的构成是基本相似的，都主要由以下三部分组成：

（一）对外贸易总政策

对外贸易总政策包括进口总政策和出口总政策。它是从国民经济的整体情况出发，在一个较长的时期内实行的对外贸易总的原则、方针和战略。它通常与一国的经济发展战略相联系，对一国的对外贸易活动具有方向性的指导意义。

冷战结束后，美国贸易政策延续了冷战后期的"公平贸易"原则，并有进一步的发展。在以"和平、发展"为主题的国际环境中，由于对外贸易的"和平性"和"发展性"，美国把对外贸易的重要性提高到前所未有的高度，并通过贸易促进、贸易限制和贸易制裁等方式来调节对外关系。美国总统克林顿上台伊始就提出经济、安全和人权同为美国外交的三大目标，把经济目标和人权目标提升到与安全目标一样的高度，提出了"国家出口战略"，政策重点是打开国外市场。在美国 1996 年贸易政策议程和 1995 年总统关于贸易协定方案的年度报告中，克林顿将其贸易政策的目标明确为四个方面，即打开外国市场、坚持"平等竞技"、为美国公司和工人实行激进的贸易促进战略、将贸易政策与全球经济战略相结合。这种政策说明，半个多世纪的全球贸易自由化进程实际上是符合美国的长期经济战略利益的。

（二）进出口商品政策

进出口商品政策，是根据对外贸易总政策及国内的产业结构、不同商品在国内外的供求情况，结合考虑就业和国际收支等因素，对于不同商品分别制定内容不同的具体政策，如扶植若干战略产业部门产品的出口，管理出口秩序混乱的商品出口，同时限制某些种类的商品进口等。它通常是对产业发展战略一定程度的反映。

（三）对外贸易国别政策

对外贸易国别政策是根据对外贸易总政策及对外政治、经济关系制定的对不同的国家或地区实行区别对待的贸易政策。

中国政府将采取积极措施为更多非洲产品进入中国市场提供便利，认真实施给予非洲最不发达国家部分对华出口商品免关税待遇，以扩大和平衡双边贸易，优化贸易结构。通过多边、双边友好协商，互谅互让，妥善解决贸易分歧和摩擦。通过"一带一路"倡议，搭建中非贸易合作平台，推动"八大行动""十大合作计划"实施，推动双方成立"中国－非洲联合工商会"。中国愿在条件成熟时与非洲国家或地区组织商签自由贸易协定。2021年，中国与毛里求斯签署了中非第一个自贸区协定。

实际上，上述三部分内容是相互交织在一起的，后两者离不开对外贸易总政策的指导，而对外贸易总政策也不是抽象存在的，它必须通过具体的进出口商品政策与对外贸易国别政策得以体现。

三、国际贸易政策的类型

（一）自由贸易政策和保护贸易政策

一国的对外贸易政策有两种基本类型，即自由贸易政策和保护贸易政策。在理论上，自由贸易政策一直占主导地位。但在实践中，自由贸易政策只在很短一段时间内在少数国家实行过。大多数国家在很长时期内普遍采用的是保护贸易政策，如历史上出现过的重商主义、幼稚工业保护政策、超保护贸易政策、新贸易保护主义等。

（二）管理贸易政策

管理贸易政策又称协调贸易政策，是指国家对内制定一系列的贸易政策、法规，加强对外贸易的管理，实现一国对外贸易有秩序、健康地发展；对外通过谈判签订双边、区域及多边贸易条约或协定，协调与其他贸易伙伴在经济贸易方面的权利与义务。管理贸易政策是20世纪80年代以来，在国际经济联系日益加强而新贸易保护主义重新抬头的双重背景下逐步形成的。在这种背景下，为了既保护本国市场，又不伤害国际贸易秩序，保证世界经济的正常发展，各国政府纷纷加强了对外贸易的管理和协调，从而逐步形成了管理贸易政策或者说协调贸易政策。管理贸易政策是介于自由贸易和保护贸易之间的一种对外贸易政策，是一种协调和管理兼顾的国际贸易体制，是各国对外贸易政策发展的方向。

（三）中性贸易政策和偏向性贸易政策

与传统的分类不同，现代人们更关注贸易政策的倾向性。中性贸易政策是指政府干预措施的综合效果是对一切可贸易商品和不可贸易商品、可出口产品和可进口产品、国内市场和出口市场，采取不偏不倚的对待。偏向性贸易政策是指政府干预措施的综合效果是对一切可贸易产品和非贸易产品、可出口产品和可进口产品、国内市场和出口市场，采取偏倚的对待。偏向性贸易政策则有内向性和外向性贸易政策之分。外向性贸易政策倾向于鼓励出口和促进出口加工业生产的措施，属于较为开放的政策；内向性贸易政策重视内销生产，轻视供出口的生产。内向型政策一般采用如进口许可证，数量限制等直接控制办法，对制造业实行高度保护，对进口和投资实行直接控制、币值高估等。这种政策促使需求转向本国制造的产品，出口则由于进口投入成本的上涨而受到制约。

四、贸易政策的制定与执行

（一）由立法或行政管理机构制定，体现在法律法规中

中国的对外贸易政策主要体现在《中华人民共和国对外贸易法》《中华人民共和国海关法》《中华人民共和国进出口商品检验法》《中华人民共和国进出境动植物检疫法》等法律法规中。

美国对外贸易政策主要体现在《1930年关税法》《1974年贸易法》《1988年综合贸易和竞争法》《国际紧急经济权力法》《1933年农业调整法》《1979年出口管理法》《1988年出口促进法》《与敌国贸易法》等文件，是美国对货物进行进出口贸易管理的主要法律依据。此外，美国还与加拿大、墨西哥、以色列等国家签订了自由贸易协定，提供互惠的贸易安排。美国国会负责制定对外贸易方面的重要法律和政策。以总统为首的行政部门，包括贸易代表办公室、商务部、财政部、国土安全部和农业部等负责贸易法律和政策的实施、关税征收、货物进出口管理和对外贸易谈判等事务。

（二）不同时期对外贸易政策会有所不同

各国实施的对外贸易政策从来不是一成不变的，而是根据各自的经济发展水平和经济发展战略做出的选择，如根据一国的就业与失业状况，国际收支、贸易差额状况，国际政治经济环境、突发自然灾害或者战争等进行调整。通常来说，当一国经济稳定增长，贸易交换的商品具有比较优势，贸易顺差大、就业率高时，就会倡导自由贸易政策；而当一个国家的国际分工地位及其利益与自身发展出现矛盾时，则会转向保护贸易政策。一国对外贸易政策是比较优势、竞争优势和国家利益的有机结合。对外贸易在促进本国产业结构发生变动时，国家利益的核心内容也有所变化，并要求本国顺应不同经济发展阶段相应地调整对外贸易政策。以美国为例，1934—1973年，美国以自由贸易政策占主导，贸易保护

政策相伴相随；1974年至今，美国在对外贸易政策方面广泛推行单边的贸易保护主义、双边的贸易开放协定和区域性的自由贸易组织，贸易保护政策复归，尤其是近几年美国还对中国挑起了贸易战。改革开放以来，我国也经历了三种不同的贸易政策阶段：改革开放初期的有管制的开放式贸易保护政策，改革开放深化时期的自由化倾向的贸易保护政策，改革开放进入全方位宽领域时期的一般自由贸易政策。

第二节 自由贸易政策

一、自由贸易政策的含义

自由贸易政策（free trade policy），就是国家对对外贸易不加干预和限制，让商品自由进口和出口。自由贸易这一思想首先是由英国的工业资产阶级提出来的，当时英国的工业资产阶级和贵族地主阶级围绕《谷物法》的问题争论了几十年，1846年，《谷物法》废除，自由贸易政策取得了胜利。亚当·斯密，特别是大卫·李嘉图的国际分工、国际贸易理论为自由贸易政策提供了理论前提。

二、自由贸易政策理论的演变

18世纪60年代，在英国开始的工业革命使英国的工业迅速发展，1820年英国的工业生产在全球生产中的比重为50%，"世界工厂"的地位确立并得到巩固。一方面，英国产品具有强大的国际竞争力，具有增加出口的绝对优势；另一方面，大量的出口需要原料和粮食进口的增加，因此，新兴的工业资产阶级迫切需要政府抛弃重商主义政策主张，放松对贸易的管制，实行自由贸易政策。经过长期的斗争，古典经济理论取代重商主义的经济思想，英国在19世纪前期建立了一种开放性的自由贸易政策体系。

19世纪产业革命以后，英国经济竞争力大大增强。为了扩大市场，追求高额利润，形成以英国为中心的国际分工，英国确立单方面的自由贸易政策，并通过各种渠道推行，甚至通过战争强加给战败的国家。自由贸易政策为经济实力强大国家所采用，为国内成长产业集团所推动，它们是主要受益者。对经济实力薄弱的国家及幼稚产业而言，意味着市场被外国占领，它们是主要受害者。因而自由贸易政策被认为是"强者"的政策。从世界范围来看，1860—1880年这20年间，是自由贸易的黄金时代，它是与资本主义自由竞争时代相适应的。英国和后来的法国这两个重要国家走上了自由贸易的道路，为欧洲开辟了一个经济自由主义的时代。尤其是在英国的带动下，19世纪中叶，许多国家降低了关税，荷兰、比利时相继实行自由贸易政策。形成了国际贸易史上的第一次自由贸易趋势。这是历史上第一个，也是唯一一个较为彻底的自由贸易时代。随着自由竞争向垄断的过渡，自由贸易又逐渐为保护贸易所代替。19 世纪 80 年代到第二次世界大战前的 60 年间，是自由贸易衰亡时期。

三、英国的自由贸易政策

英国是最早实行自由贸易政策的国家，它最先完成产业革命，是 19 世纪最强大的工业国家，1850 年其工业产量占世界 30%。同时英国又是最大的殖民帝国，版图占地球陆地面积四分之一，殖民地面积超过本土面积的 10 倍。英国成为世界工厂，商品销向全世界，原料、食品购自全世界。这就决定英国必须冲破国内保护贸易的限制，积极推行自由贸易政策。

（一）废除谷物法

1838 年，英国棉纺织业资产阶级组成"反谷物法同盟"（Anti-corn Law League），然后又成立全国性的反谷物法同盟，展开了声势浩大的反谷物法运动。经过斗争，终于使国会于 1846 年提出废除谷物法的议案，并于 1849 年生效。议案规定谷物进口每夸特只征税 1 先令，并取消了原先的进口限价制度。

（二）改革关税制度

逐步降低关税税率，减少纳税的商品项目和简化税法。经过几百年重商主义的实践，到 19 世纪初，英国有关关税的法令达 1000 多条。1825 年英国开始简化税法、降低关税，到 1842 年，原料的进口关税最高只有 5%，工业品的进口关税不超过 20%，进口纳税的商品项目也从 1841 年的 1163 种减至 1882 年的 20 种。同时，禁止出口的法令也被完全废除。

（三）签订自由通商条约和贸易条约

废除航海法。航海法是英国限制外国航运业竞争和垄断殖民地航运事业的政策。从 1824 年逐步废除，到 1849 年和 1854 年，英国的沿海贸易和殖民地全部开放给其他国家，至此，重商主义时代制定的航海法被全部废除。

与外国签订贸易条约。1860 年，英法两国签订了英法商务条约，即《科伯登－谢瓦里埃条约》（*Cbder Chevalier Treaty*），这是以自由贸易精神签订的第一项贸易条约。规定英国对法国工业品的进口全部免税，对法国的葡萄酒和烧酒的进口降低税收，并承诺不禁止煤炭的出口；法国对从英国进口的煤、钢铁、机器、棉麻织物等减税进口，同时还列有无条件的最惠国待遇条款。此后英法两国又相继与其他国家签订了此类贸易条约。

（四）取消对殖民地的贸易垄断

取消特权公司，允许一切行业和个人从事对外贸易。东印度公司对印度和中国贸易的垄断权分别于 1813 年和 1814 年被废止，从此对印度和中国的贸易开放给所有的英国人。

18世纪英国对殖民地的航运享有特权，殖民地的货物输入英国享受特惠关税和待遇。在英国大机器工业建立以后，英国对殖民地的贸易逐步采取自由放任的态度。1849年航海法废止后，殖民地可以对任何国家输出商品，也可以从任何国家输入商品。通过关税法的改革，废止了对殖民地商品的特惠关税。同时允许殖民地与外国签订贸易协定，殖民地可以与任何外国建立直接的贸易关系，英国不再加以干涉。

第三节 保护贸易政策

一、保护贸易政策的含义

保护贸易政策（protective trade policy），国家广泛利用各种措施对进口和经营领域与范围进行限制，干预对外贸易，保护本国的产品和服务在本国市场上免受外国产品和服务的竞争，并对本国出口的产品和服务给予优待与补贴。限制外国商品、服务和有关要素参与本国市场竞争。

保护贸易政策的实施目的在不同时期有所不同。重商主义限制进口，鼓励出口，其目的是积累金银财富，幼稚工业的保护贸易政策则是为了提高创造财富的生产力，表现方式主要有出口补贴、进口关税和进口配额等。国家广泛利用各种限制进口的措施，保护本国市场免受外国商品的竞争，并对本国商品给予优待和补贴，以鼓励出口，提高生产力。

二、不同时期的保护贸易政策

保护贸易政策在第一次世界大战与第二次世界大战之间盛行。以美国和德国为代表的一些后进的资本主义国家，为了保护本国的新兴民族工业，抵御英国经济势力的入侵，一直采取保护贸易政策，其主要办法是提高进口商品的关税。美国从19世纪初期就不断提高关税，1816年其关税税率为7.5%～30%，1821年平均关税率提高到40%，1828年再提高到45%，它使美国工业得以避免外国的竞争而顺利发展。德国在1871年国家统一后，为了使新兴的工业避免外国工业品的竞争，得到充分发展，便不断实施保护贸易政策。1879年，俾斯麦改革关税，对钢铁、纺织品、化学品、谷物等征收不断提高的进口关税，并实行阶梯式进口关税率，同时与法国、奥地利、俄国等国进行关税竞争。在这个阶段，资本主义经济具有以下特点：第一，垄断代替了自由竞争；第二，国际经济制度发生了根本性变化；第三，经济危机成为贸易保护的推动力。1929—1933年资本主义世界发生空前严重的经济危机，使市场问题进一步尖锐化，超保护贸易政策得到实施。经济危机以后，许多资本主义国家提高了关税，实行外汇数量限制；同时，国家积极干预对外贸易，鼓励出口，新重商主义盛行。美国1930年颁布了《斯姆特－霍利关税法》，将2000多种进口商品的关税大幅提高，平均实际关税税率高达57.3%。随后一些国家对美国采取了报复性关税税率,"以邻为壑"的保护贸易政策盛行。

(一)重商主义时期的贸易政策——早期、晚期

重商主义是16—17世纪资本主义生产方式准备时期欧洲各国普遍实行的保护贸易政策。重商主义代表商业资本的利益,追求的目标是把金银财富集中在国内,实现资本积累。早期重商主义注重货币差额,主张扩大出口、减少进口或根本不进口,因为出口可以增加货币收入,而进口必须支出货币。规定本国商人外出贸易必须保证有一部分金银或外国货币带回国内;外国商人来本国贸易必须把销售所得全部用于购买本国商品。禁止货币和贵金属出口,由国家垄断全部货币贸易。晚期重商主义注重贸易差额,从管制货币进出口转为管制商品进出口。主张通过奖励出口,限制进口,保证出超,以达到金银货币流入的目的。

(二)资本主义自由竞争时期的幼稚工业保护政策

美国独立战争后,财政部长汉密尔顿在1791年向美国众议院提交的《关于制造业问题的报告》认为美国的工业仍然属于所谓"幼稚"时期,美国政府必须采用关税、补贴等措施来保护自己民族工业的发展,保护的措施包括实行保护关税制度、限制重要原料的出口和免税进口必需的原材料、向国内工业发放津贴和奖励金、向私人企业发放政府信贷、鼓励生产要素(特别是国外的熟练劳动者和外国资本)流入等。德国的保护幼稚工业政策还提出保护时间不超过30年,鼓励免税或低税进口复杂机器,广泛采用了高关税措施。

幼稚工业保护政策是18—19世纪资本主义自由竞争时期美国、德国等后起的资本主义国家实行的保护贸易政策。当时,这些国家的工业处于刚刚起步的幼稚阶段,缺乏竞争力,没有力量与英国的工业品竞争,这些国家的政府代表工业资产阶级的利益,为发展本国工业,实行保护贸易政策。保护的方法主要是建立严格的保护关税制度,通过高关税削弱外国商品的竞争能力;同时也采取一些鼓励出口的措施,提高国内商品的竞争力,以达到保护民族幼稚工业发展的目的。

(三)资本主义垄断时期超保护贸易政策

19世纪末至第二次世界大战期间资本主义垄断时期,垄断代替了自由竞争,成为社会经济生活的基础。同时,资本主义社会的各种矛盾进一步暴露,世界市场的竞争变得激烈。于是,各国垄断资产阶级为了垄断国内市场和争夺国外市场,纷纷要求实行保护贸易政策。但是,这一时期的保护贸易政策与自由竞争时期的保护贸易政策有明显的区别,是一种侵略性的保护贸易政策,因此称其为超保护贸易政策。超保护贸易政策同垄断前资本主义时期的保护贸易政策的区别是超保护贸易政策具有极大的侵略性和扩张性。超保护贸易政策以凯恩斯主义的保护贸易学说作为理论基础的,具有以下特点:

(1)保护的对象不再是国内幼稚工业,而是国内高度发达或出现衰落的垄断工业;

(2)保护的目的不再是培植国内工业的自由竞争能力,而是垄断国内外市场;

(3)保护的手段不仅是关税壁垒,而且出现了各种各样的限进奖出的措施。

第四节 当代国际贸易政策

一、管理贸易政策

（一）管理贸易政策的含义

20世纪70年代以来，西方国家的贸易政策开始向管理贸易转变。管理贸易一般包括两方面的含义：一方面，从国与国之间的贸易关系看，它指的是通过国际协定、政府间协议、民间协商等方式，来控制价格，协调关系，以缓和各国间的贸易摩擦，实际上也就是各国宏观经济政策的国际协调；另一方面，政府通过国内立法，将贸易政策法律化，以法律手段来管理本国的对外贸易。

（二）管理贸易政策实施的典型国家及特点

1. 美国——管理贸易政策成功典型

美国是奉行管理贸易最为突出的国家，是管理贸易的一个典型范式。美国的管理贸易具有以下的特点：

（1）管理贸易法律化、制度化。这一特点主要体现在美国的两个贸易法中：《1974年贸易法》和《1988年综合贸易与竞争法》。第一个法案的通过标志着美国管理贸易正式开始运转，第二个法案的通过标志着美国管理贸易已走向成熟，另外，美国管理贸易的法律化与制度化体现在美国多个对外贸易法案中，如《1979年出口管理法》等。美国的这些法案一方面强化其贸易的立法作用，另一方面扩大了美国贸易立法的域外管辖范围。这充分显示了美国单边协调管理贸易的加强。

（2）管理贸易手段采取单边、双边、多边协调管理齐头并举的方式。美国管理贸易的手段具有多样性，除采取单边协调管理的措施外，还积极采取多边及双边的形式。在多边协调管理方面，美国积极推动GATT的8次多边贸易谈判并发挥其巨大的影响力；美国在北美自由贸易区的基础上，提出"泛美自由贸易区"的设想；美国甚至还提出"新大西洋主义"，即以北约为主，以欧洲共同体和欧洲安全与合作会议为辅的三环结构。这样美国既可协调世界格局变动所引起的美欧矛盾，还可使"新欧洲"发挥重要作用，促使美国在"新欧洲"的利益；除此之外，美国还对环太平洋经济区的设想持积极态度。在双边协调管理方面，美国加强具有针对性的双边贸易谈判，强调"对等"及"公平"贸易的互惠条件。并在此条件下，迫使日本、德国甚至"亚洲四小龙"等对美国有大量贸易顺差的贸易伙伴做出了一些让步。比如有限度地开放市场、扩大内需及实行出口多元化乃至货币升值等来调整与美国的贸易关系；美国还与加拿大和墨西哥成立北美自由贸易区，现改名为《美国—墨西哥—加拿大协定》。

（3）管理贸易措施以非关税为主。在GATT多年的不懈努力，关税在国际贸易中限制进口的作用已明显降低，美国在限制进口方面已经转入隐蔽性较强的非关税壁垒。20

世纪70年代中期以来，美国对来自日本的汽车，来自亚洲其他国家或地区的纺织品、服装、鞋帽、食品、旅游箱包等实行"自动出口限额"，这大大降低了这些国家这类商品在世界出口份额中的增长速度。

（4）突出对服务贸易及知识产权的管理。美国管理贸易的重点主要是劳动密集型的制造业、农产品及劳务产品等。美国是世界上最大的劳务贸易国，其以智力服务为主的劳务出口使美国的劳务贸易存在大量顺差，而其他国家也竭力发展其劳务出口。因此，服务贸易领域的摩擦与争端激增。另外，随着国际技术贸易的迅猛发展，知识产权成为当今国际贸易的重要方面。在科技创新方面，美国是最善于运用与贸易政策相关的产业技术政策，来刺激科学技术的发展和增强产业竞争力的国家。20世纪80年代，美国面对产业竞争力急剧下降，被日本超过的形势，里根政府制定了新的政策，资助和提倡联合研究，减少对合作研究的反托拉斯限制，鼓励大学和企业之间的合作，增强民用技术的开发能力，进一步加强对知识产权的保护。克林顿政府采取加强民用技术的政策，在支持"两用"技术开发方面出台了新举措，例如减少和修订"军事说明书"，使军事技术更好地适应各种商业需要；通过技术再投资计划，增加"两用"技术的R&D费用。近年来，美国政府通过空军和国家航天航空局支持空间研究，使美国成为火箭和航天飞机的主要制造者。政府用国家科学基金鼓励知识进步，并用减税鼓励企业从事研究与开发。专利制度是美国政府鼓励科技创新的另一种方式，专利给予发明者产权，把新思想从公共物品变为私人物品，并允许获利，提高了个人和企业从事科学研究的激励，从而使各种科技创新层出不穷。作为世界上最大的知识产权贸易国，美国进一步加强其对知识产权的保护和管理。因此，美国的贸易政策中对服务贸易与知识产权的管理更为突出。

由上分析可见，美国的管理贸易实质是"披自由贸易外衣，行保护贸易之实"。

2. 日本有选择地实行管理贸易

日本经济在第二次世界大战后处于几近崩溃的边缘，为迅速恢复经济，日本政府确立"贸易立国"的思想，通过政府政策的培育、扶持来发展出口产业，参与国际分工与国际贸易。因此，日本的贸易政策从第二次世界大战后初期就体现出政府干预的特色，其最显著的特点就是将外贸政策与整个国家的产业政策结合起来，通过扶持本国的产业，提高国际竞争力以振兴出口，使外贸的扩大促进本国经济的发展和产业结构的优化。

第二次世界大战后，日本在很长时期内采取广泛的进口限制政策，同时也积极鼓励出口。这主要体现在日本1949年12月制定的《外汇及外贸管理法》和《进口贸易管理令》以及1959年12月制定的《出口贸易管理令》中。20世纪60年代以后，受外部力量所迫，日本政府着手推进贸易自由化。在这一贸易自由化过程中，日本具有鲜明的特点，即根据产业和国际竞争力的状况，精心地、有步骤地制订各种计划和选择实行自由化的商品，即所谓有选择、有节制、渐进式的贸易自由化。通过这一方式，促进了日本产业合理化和劳动生产率的提高。日本历史上曾经有过"出口为善，进口为恶"的观念，似乎只有大量出口赚取外汇才是国家所需要的，它集中表现在日本贸易体系的基本核心"振兴出口"上。日本一方面以优惠措施吸引企业向外出口，如政府的"出口补贴"政策、对出口产业的低息融资、对出口所得及开发出口市场给予优惠等；另一方面又极力抑制进口，甚至是伴随经济增长而扩大生产所需进口的产品也只限于生产所用的工业原材料、技术设备等。对于那些以消费为目的及国内可生产的物品的进口是必须予以限制的。对此，在1959年GATT召开的东京会议上，以美国为首的诸国猛烈批判日本贸易自由化落后。日本从1960年开始进行真正意义上的贸易自由化，因此称1960年为"贸易自由化元年"。20世纪70年代以后，日本为缓和因大量顺差而引起的贸易摩擦，又采取了进一步政策，主要包括：进一步开放日本市场；"自动限制出口"；扩大内需，增加制成品进口；同其他发达国家进行合作，扩大对外直接投资和加强与发展中国家的经济合作。2002年日本与新加坡签定了首个自贸协定，2018年参与《全面与进步跨太平洋伙伴关系协定》（CPTPP）等，双边、多边协调管理。日本管理贸易的特点有：

（1）政府干预的色彩极为浓厚，程度较强且周密；
（2）管理贸易法律化和制度化，但其性质是防御性的；
（3）贸易自由化具有选择性，是以实行贸易自由化的产业作掩护来保护需扶持的产业；
（4）更多的是采取单边、双边协调管理，逐步参加多边协调管理。

（三）发展中国家防御性管理贸易

对于发展中国家来说，管理贸易是一个较为新鲜的名词。但实际上，大多数国家都已自觉或不自觉地实行一种单边的管理贸易政策。第二次世界大战后，世界贸易政策均有利于工业发达国家。发展中国家经过长期的奋斗，在整个世界贸易自由化进程中获得了一块偏向于自己的贸易优惠待遇，包括关税保护、数量限制、一定的紧急保障、享受普惠制、单方面获得优惠等。发展中国家在这些优惠待遇的庇护下，长期采取一种较高关税的、管制严格的外贸与外汇政策。所以，发展中国家的"管理贸易"是一种严重偏向保护贸易的政策。

20世纪80年代中期以来，越来越多的发展中国家单方面放宽了对其贸易体制的限制，对其贸易政策进行了改革。20世纪90年代初期，贸易自由化在发展中国家的进程更为迅速，包括南亚、拉美及东亚的一些发展中国家都在走向贸易自由化的道路，其范围之广、幅度之大引人注目。在所有的发展中国家中，拉美的发展最为"激进"。拉美国家（主要是墨西哥、智利、哥伦比亚等国）在大幅度取消数量限制的同时，对贸易壁垒也大举放宽，降低出口税额，间接扶持扩大出口。因此，拉美属于降低政府干预程度以增加自由度的一种"激进的贸易自由化改革"。对于南亚国家（主要是印度、巴基斯坦、斯里兰卡等国）则采取了一种"中立的贸易自由化改革"方式。这种改革一方面保留进口贸易壁垒如高关税、数量限制等；另一方面又进一步促进出口，如减轻对生产出口产品所需的中间商品进口的直接限制，实行税收减免等。

东亚国家或地区（主要指中国、韩国、马来西亚、印度尼西亚、泰国、越南等）实行的是一种"温和的贸易自由化"改革方式。其改革的第一阶段是消除出口障碍，主要做法是统一汇率，取消进口中间商品及资本商品的数量限制，实行退税等政策直接鼓励出口；第二阶段是在国际收支平衡得以巩固后，进一步取消数量限制，并逐步降低关税。目前，中国加入 WTO 已经 20 多年，对外贸易管理走上法律化、制度化的轨道，在国际双边和多边协调管理中发挥了重要作用。可见，发展中国家的管理贸易已向自由化方向发展。发展中国家的管理贸易特点有：

（1）主要是防御性的，为保护本国的幼稚工业及脆弱的国民经济体系。

（2）具有单边性和持续性。发展中国家侧重于单边协调管理贸易，但通过南南协调、南北协调加强了双边、多边协调管理贸易。

（3）总体是保护主义的。发展中国家由于本身的历史发展原因，其管理贸易总体上是保护主义的。

（4）具有不平衡性。发展中国家由于经济发展状况各不相同，因此在管理贸易方面也具有不平衡性。

（5）以降低贸易障碍为主要方向。发展中国家几乎都在致力于降低数量限制及进行关税合理化改革。这标志着其管理贸易具有了自由化的特点与趋势。

二、战略性贸易政策

所谓"战略性贸易政策"是指一国政府在不完全竞争和规模经济条件下，可以凭借生产补贴、出口补贴或保护国内市场等政策手段扶持本国战略性工业的成长，增强其在国际市场上的竞争能力，从而谋取规模经济收益，以此提升市场份额和利润，即在不完全竞争环境下，实施这一贸易政策的国家不但无损于其经济福利，反而有可能提高自身的福利水平。显然，这有悖于自由贸易学说的经典结论，也给当前的新保护主义提供了某种遁词。

（一）战略性贸易政策的理论依据

战略性贸易政策是 20 世纪 80 年代由美国经济学家布兰德（J. A. Brander）、斯潘塞（B. J. Spencer）、克鲁格曼（P. R. Krugman）等发展起来的一种新的贸易政策理论。该理论以不完全竞争和规模经济理论为前提，以产业组织中的市场结构理论和企业竞争理论为分析框架，突破了以比较优势为基础的自由贸易学说，强调了政府适度干预贸易对于本国企业和产业发展的作用。战略性贸易政策从本质上来说并不是关于战略性产业的贸易政策，但却是一种有利于促进战略性产业发展的、政府有效干预的对外贸易政策。

（二）战略性贸易政策的措施

克鲁格曼以美国"波音公司"和欧洲"空中客车"公司为例，对以补贴促进出口的模型进行了模拟分析，见图 8-1 和图 8-2。

假定规模经济在某一个行业中足够大（如飞机制造业），以致在作为一个整体的世界市场上只容得下一个能获利的进入者，也就是说，如果两个厂商都进入，它们都会遭受损失。

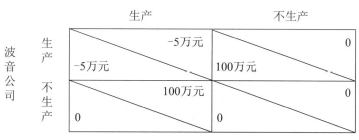

图 8-1　欧洲政府没有给予补贴时的情况

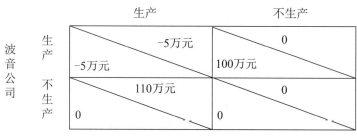

图 8-2　欧洲政府给予补贴时的情况

在某种不完全竞争市场结构的条件下，积极的政府干预政策可以改变不完全竞争厂商的竞争行为和结果，使本国企业在国际竞争中获得占领市场的战略性优势，并使整个国家获利。

战略性贸易政策有两大理论依据：利润转移理论和外部经济理论。

1. 以利润转移理论为依据的战略性贸易政策

利润转移理论是战略性贸易政策的主要理论依据，指的是在寡头竞争的国际市场上，存在着因产品价格高于边际成本而形成的租金或超额垄断利润。一国政府可以通过对出口或进口的贸易干预，影响本国企业及其国外竞争者的行为，改变国际竞争的格局，从而从国外寡头厂商抽取租金或向本国企业转移利润，达到增加本国净福利，并促进本国企业和产业发展的目的。利润转移理论包括战略性出口政策、进口政策和以进口保护促进出口的政策。

（1）战略性出口政策的核心内容，是以出口补贴支持本国寡头厂商扩大国际市场份额。在与国外寡头厂商进行古诺（Cournot）双头竞争的国际市场上，政府通过对国内厂商提供出口补贴，可使其降低边际成本，提高在国际市场的销售份额和利润，同时减少国外厂商的市场份额和利润；由此带来的本国厂商的利润增加可以超过政府的补贴支出，从而使本国的国民净福利上升。

（2）战略性进口政策的核心内容，是用关税抽取外国寡头厂商的垄断利润，使本国的净福利增加。对于不完全竞争产品来说，由于产品价格高于边际成本，进口国等于向出口国支付了租金或垄断利润，而关税可以用于向国外垄断厂商抽取租金；当存在着本国厂商进入的潜在可能性时，这将使国外厂商的行为受到一定约束；如果本国和国外厂商都属于寡头厂商，对国外出口厂商征收关税就更容易被其部分吸收，这将导致垄断利润的部分转移，从而增加本国的净福利。

（3）以进口保护促进出口的政策，则主要是指通过国内市场保护使本国厂商获得规模优势，进而扩大在国内外市场（主要是没有保护的国外市场）的份额。这种理论以寡头垄断、市场分割和规模收益递增为前提，从国际竞争和竞争战略的角度来分析政府干预的理由与作用：对于规模经济效应很强的产业来说，对本国市场的保护可以使本国厂商在国内市场的地位相对稳定，使国内厂商获得一种相对于外国厂商的规模优势，由此降低生产的边际成本，同时使外国厂商在保护市场上的销售量下降而边际成本上升；国内外厂商边际成本的反向变化将导致它们分别调整保护国以外市场的销量，本国厂商的产量将进一步扩张，外国厂商的产量将进一步减少，从而再次对两国厂商的边际成本产生相反的影响。这种从产量到边际成本的不断循环和调整过程，将使进口保护成为促进出口的重要机制。

2. 以外部经济理论为依据的战略性贸易政策

外部经济理论是战略性贸易政策的另一理论依据。外部经济包括技术性外部经济和收益性外部经济。前者是指，厂商通过同一产业或相关产业中其他厂商的技术外溢获得技术和知识；后者是指，厂商从同一产业或相关产业厂商的集聚中获得市场规模效应（包括获得便利而低价的原材料、中间产品、技术工人、专业化服务等），两者都能使厂商提高生产率和降低成本。

（1）技术性外部经济政策的内容是，在 R&D 经费投入强度大的产业（一般为技术密集型产业，特别是高技术产业）中，技术外溢效应使厂商不可能完全获得 R&D 投资的收益，由此导致的私人投资不足使这些产业不能发展到社会最佳状态，因而需要贸易政策的扶持。如果政府采取保护或补贴的政策，将能够促进这些产业的发展，并增加国民福利；而外国政府对这些部门的支持和保护，可能使本国丧失或减少这些有益的技术外溢，因此本国必须采取对应或反击的行动。由于这些包括高技术产业在内的技术密集型产业对国家利益来说具有战略性意义，政府的积极干预政策对于本国产业的国际竞争具有战略性作用。

（2）收益性外部经济政策内容是，一个国家产业规模的大小反映了厂商所获得的市场规模效应（相当于产业集聚效应）的大小，产业规模大的国家的厂商将具有较高的收益性外部经济，因而产业规模小的国家的厂商在国际竞争中处于不利地位。如果一个国家处于发展初期而规模小的产业属于战略性产业，政府可以通过保护和扶持贸易政策，支持这些产业的厂商提高产量，提高产业的市场规模效应和厂商的收益性外部经济，从而促进这些产业较快地增强国际竞争力。

（三）战略性贸易政策的评价

从理论渊源来看，战略性贸易政策是以 20 世纪 80 年代发展起来的不完全竞争贸易理论和规模经济贸易理论为基础的，它是上述理论在国际贸易政策领域中的反映和体现，是其政策含义的深化和拓展。战略性贸易政策精巧地论证了一国可以在不完全竞争条件下实行贸易干预政策，通过抽取和转移他人经济利润来提高自身的福利水平。它公然蔑视和背离自由贸易传统，不惜采取最富于想象力和进攻性的保护措施，劫掠别国市场份额与经济利益，这使它成为新保护主义的又一代名词，成为贸易保护主义者可能加以曲解、滥用的又一理论遁词和政治口实。保护主义以国际贸易的新理论为其理论基础，听起来似乎振振有词，但严肃的贸易理论家无不指出，自由贸易仍不失为一种有效的组织竞争的方式，不完全竞争实际上并未削弱而是强化了自由贸易的功效。无论在不完全竞争还是完全竞争市场上，自由贸易都使各国经济福利改善，故自由贸易要比国家干预更可取。

各种战略性贸易政策模型是从现实世界经济中普遍存在的不完全竞争市场情况中提炼出来的，它们试图设计出适用于产业内贸易的干预政策，以改善受到扭曲的竞争环境，使市场运行处于次优（second best）境地，因而是有一定的积极意义的。因为按照西方经济学的观点，高度集中的寡占产业中垄断利润的存在本身就是一种价格扭曲和市场失灵的表现，贸易干预只不过是以毒攻毒，矫枉过正，转移利润而已。但这种看法仍然是表层的，并未涉及国际生产关系层面的分析。应当看到，资本家相互间追逐垄断利润正是资本主义垄断竞争的特点，所谓"经济租金"在贸易干预下被抽走或转移，就其实质而言，无非是垄断利润在各国垄断资本家集团中进行重新分配的结果。这既暴露了垄断资本在国际范围内追求和攫取高额垄断利润的本性，又展现出国家垄断资本主义在当今国际贸易领域中举足轻重的地位和作用。还必须指出，战略性贸易政策所要抽取和转移的垄断利润并非产生于流通领域，而是产生于生产领域，是生产过程中形成的剩余价值的转化形式；任何贸易干预本身都不会带来经济效益，而是剩余价值在国家垄断资本主义政策干预下所进行的跨国运动和再分配罢了。

从战略性贸易政策提出的时代背景来看，适逢 20 世纪 80 年代美国就其竞争力下降和高技术竞争优势部分失落问题展开大论战之时。该政策针对外部经济、规模经济的存在，认为美国对高技术目标产业进行保护是有"战略"意义的，政府应当制定正确的产业政策和贸易政策，帮助高技术企业发挥优势，对付日本等国的"不公平竞争"，这使战略性贸易政策在高技术产业风行一时。诚然，高技术产业常被冠以"战略性"一词，用战略性贸易政策来支持战略性高技术产业，似乎集贸易政策与产业政策于一体。然而，这两者的干预动机毕竟不同。贸易政策的"战略"是指为攫取垄断利润而进行争斗，而产业政策的"战略"在于谋求高技术工业的外部经济利益，并非不择手段劫夺他人的"租金"；贸易政策实为一种无本赌博，它只有政策投入，而产业政策旨在谋取高技术部门积极的外差效应，其政策干预要投入大本钱，政府需要在研究开发方面给予创新企业以补贴支持，而且全世界都将因这种支持而受益。

值得注意的是，近来贸易文献中出现了与战略性贸易政策针锋相对的一种新观点——战略性增长政策。战略性增长政策特别注重技术进步、发展教育与观念交流（trade in ideals）等动态增长因素，并将此作为提升本国竞争力的战略措施和称雄世界经济舞台的必由之路。这种战略性增长政策依赖于光明正大的公平竞争，无须实行任何扭曲性政策，亦无资源错置、保护失准、招致报复之虞，故明显优于战略性贸易政策。

三、贸易自由化政策

从 20 世纪 50 年代开始，发达国家不同程度放宽了进口限制，对外贸易政策中出现了贸易自由化倾向。所谓贸易自由化，是指国家间通过双边或多边贸易条约与协定，削减关税壁垒，抑制非关税壁垒，取消国际贸易中的障碍与歧视，促进世界货物和服务的生产和交换。

（一）贸易自由化存在与发展的基础

（1）各国致力于恢复与发展经济，经济依赖性增强，客观上要求贸易自由化。
（2）战后美国成为世界上经济实力最强的国家，竭力为对外经济扩张寻求依据。
（3）西欧、日本经济的恢复与发展，为扩大出口，主张自由贸易。
（4）生产与资本的国际化，以及跨国公司的广泛兴起。

（二）贸易自由化的主要政策

20 世纪初期，随着英国经济竞争力的下降和大危机的降临，自由贸易政策被超保护贸易政策取代。第二次世界大战以后，美国成为经济强国，竭力鼓吹贸易自由化，主张降低关税，取消数量限制，实行无差别待遇的互惠原则。在它的推动下，建立起以 GATT 与《国际货币基金协定》为中心的国际经济贸易体制。1995 年建立 WTO，取代了 GATT，贸易自由化得到加强，贸易自由化成为经济大国进行贸易扩张的工具。

（1）建立以贸易自由化为目标的国际贸易组织，进行多边贸易谈判，各国大幅削减关税与贸易限制。
（2）通过协商，发达国家以《洛美协定》、普遍优惠制等方式，向发展中国家提供单方面的贸易优惠关税。
（3）组建经济贸易集团，在其内部取消关税。
（4）发达国家放宽进口数量限制，取消外汇管制。

（三）贸易自由化的深化

（1）世界贸易组织建立，推动一揽子协议签署，实现多边贸易协调。
（2）区域经济贸易集团加快推进自由贸易。
（3）发展中国家和地区以及转型国家也积极推行贸易自由化措施。

四、新贸易保护主义的政策

一般来说，世界经济普遍繁荣时，国际贸易自由度较高；但当经济衰退或低迷时，各国为保护国内经济而增加贸易障碍，使贸易自由度降低，贸易保护便成为主流。新贸易保护主义是对第二次世界大战后贸易自由化倾向的反省，形成于 20 世纪 70 年代中期。其间，资本主义国家经历了两次经济危机，经济出现衰退，陷入滞胀的困境，就业压力增大，市场问题日趋严重。尤其是在第二次世界大战后在贸易自由化中起领先作用的美国，在世界市场的竞争中，日益面临着来自日本和欧洲共同体国家的挑战，从20世纪70年代开始美国从贸易顺差转为贸易逆差，且差额迅速上升。在这种情况下，美国率先转向贸易保护主义，并引起各国纷纷效尤，致使新贸易保护主义得以蔓延和扩张。

（一）新贸易保护主义的特点

近年来，随着全球经济进入衰退期，全球性经济危机已冲击实体经济。由于各国内部需求疲软，国际市场萎缩，各国企业都面临争夺国际、国内市场的双重压力，普遍面临就业压力增大，市场问题严重等问题，国内劳工组织和工业资本家阶级强烈要求政府实行保护贸易政策。为扶持和保护国内产业、防范国际市场萎缩导致的贸易转移，许多国家出台了形形色色的贸易保护措施。这些贸易保护措施主要分为两大类：一是滥用WTO规则允许的贸易救济措施，主要是反倾销、反补贴、保障措施和特殊保障措施；二是使用传统的关税壁垒和非关税壁垒，如有的国家提高进口关税，采取禁止进口或者限制进口的措施，实施技术性贸易壁垒等，还有的国家在刺激本国经济方案中提出了优先购买本国产品的条款。

新贸易保护主义之所以"新"，是因为与传统的贸易保护主义相比，在保护手段上具有显著的特点：

（1）保护商品的范围日益扩大。新贸易保护主义的保护对象一方面是本国正在衰弱的传统产业如纺织业，另一方面是本国已经高度发达的、具有竞争优势的产业，如金融业，因此保护范围不仅扩大到货物贸易的一切领域，而且扩大到服务、技术、投资、知识产权等领域。近年来，在商品的保护上出现了两个明显的特点：一个是对于服务行业的保护日益趋于严厉。当前，服务行业的世界贸易额增长迅速，国际服务贸易在世界贸易中的比重不断上升，目前已接近30%，这也促使世界各国加强对本国服务行业的保护。另一个是高技术产品领域的保护不断加强。由于技术的特殊性及重要性，高技术产品的出口往往受到出口国的限制，以及进口国的限制。

（2）从国家贸易保护演变为区域性贸易保护。随着国际经济竞争的日益加剧，贸易区域化和集团化趋势加强。新贸易保护主义不再以国家贸易壁垒为基础，而趋向区域性贸易壁垒，即由一国贸易保护演变为区域性贸易保护。区域化和集团组织具有天然的排他性和贸易保护性，组建区域性经济贸易集团一方面可以实行内部自由贸易以促进内部经济贸易的发展，另一方面可以通过对外构筑贸易壁垒，抵制贸易对手的入侵，保护成员国的市场。同时，可以凭借组建经济贸易集团的力量抗衡和抵制外部国家的报复性竞争。在当今世界上，RCEP、欧盟、美墨加自贸区、安第斯共同体、东盟、西非国家经济共同体等经贸集团遍布全球。它们几乎无一例外地在内部实行自由贸易而对外实行严格的保护，从而严重削弱了世界范围内的贸易自由化。

（3）由单一的经济问题扩展到社会问题，使贸易保护措施多样化。以往的贸易保护，无论是发展中国家的幼稚产业保护，还是流行于发达国家的战略性贸易政策，其关注的焦点主要是经济问题，重点是产业的发展。但近年来流行的新贸易保护理论如保护就业论、保护环境论、绿色壁垒等，其关注的焦点已由经济问题扩展到社会问题，由产业发展转向了人本身。保护就业论关注的是人的劳动权利，保护环境论关注的是人的生存环境，绿色壁垒关注的是人的健康和安全。关注焦点的变化导致劳工标准、社会责任国际标准认证、产品质量认证标准、动植物检疫标准等成为发达国家实行贸易保护的重要工具。

（4）发达国家保护的对象不仅集中于陷入结构性危机的产业部门，还集中于保护新兴战略性产业。农业、纺织、服装、钢铁、汽车、造船、家电等传统行业在发达国家均陷入结构性危机，发达国家加强了对这些行业的保护，一旦某些国家为保护这些部门而筑起贸易壁垒，其他国家就会因害怕损害自己的利益而纷纷仿效。同时保护的另一个重点是战略性新兴产业。当前，发达国家的战略性新兴产业，如电子计算机、人工智能、大数据、物联网、光纤通信、宇航工程、新材料和新能源的开发应用能力已被世界各国看成能否在未来的世界市场上取得主动地位和提高综合国力的关键。鉴于其重要性，各国竞相对它采取保护。

（二）新贸易保护主义的理论观点

为了使贸易保护措施"合理""合法"和更具隐蔽性，西方贸易保护论者积极寻求和提供理论依据。因此，新时代具有代表性的新贸易保护主义理论不断被提出。

1. 新福利经济学

新贸易保护主义为什么日益具有表面的合理性？增进国民福利是其最大理由。以庇古为代表的旧福利经济学家认为，单靠自由竞争不能达到最大的国民收入量，需要国家干预。国家对边际私人纯产值大于边际社会纯产值的部门征税，使经济福利增加，达到帕累托最优状态。1939年，卡尔多提出了福利标准或补偿性原则的问题。此后，希克斯、西托夫斯基等对福利标准和补偿性原则问题继续进行探讨。新福利经济学继承了庇古方法论基础和"最大社会福利"原则，但指出帕累托最优的条件未必存在于现实中，因为增加一部分人福利的同时可能意味着另一部分人的利益受损。为此，新福利经济学提出补偿性原则，即增加社会福利允许损害一部分人的利益，只要增加的福利在补偿损失之后还有剩余。政府在其中应采取适当政策使受损者得到补偿，如对受益者征收特别税、对受损者给予补偿金，使受损者保持原有地位。补偿原理在美国贸易政策上的实际运用便是在立法授权总统或贸易代表降低关税的同时，又设立了某些"保护"条款或免责条款。

2. 地区主义新贸易保护理论

地区主义新贸易保护理论以蒂姆·朗和科林·海兹为代表。蒂姆·朗和科林·海兹认为自由政策存在着自身固有的缺陷，在当今世界环境下，自由贸易政策所带来的问题比其期望解决的问题更多。例如，自由贸易政策本欲提高经济效率，增加就业，提高居民的生活水平，促进世界经济的增长，但带来的却是过度竞争，导致全球失业人数的增加，居民平均生活水准的下降和世界经济增长的缓慢。又如，自由贸易政策本想在市场机制的作用下增加世界经济"蛋糕"的规模，并认为这一结果一旦产生，世界便可能有更多的东西分享，其中的一部分会流向贫穷的国家，缩小世界不平等现象，但带来的却是一些发展中国家为短期利益掠夺性开采资源，廉价出口，国家通过削减社会开支来鼓励出口，造成相对贫困的扩大。再如，近20年来，世界环境的急剧恶化与自由贸易政策导致的全球贸易迅速扩大，以及自由市场自身没有能力把环境损失计入贸易成本有着重要的关系。由于自由贸易政策存在着缺陷，因此要实现经济、公平和环境的持续协调发展，就必须由新的贸易保护主义政策取代自由贸易政策。他们认为，实行地区性贸易保护主义后，既可以利用本地资源促进经济发展、增加福利，又可以改变发展中国家在国际贸易结构中的不利地位，同时也可以保护环境，促进人类可持续发展。新贸易保护主义还主张为使地区经济发展，实现贸易平衡和保护世界环境，一国需要根据预期的出口量控制进口量并且要使二者严格平衡，并制定高标准的进出口限制规则。

3. 国际劳动力价格均等化新贸易保护论

国际劳动力价格均等化新贸易保护论源于两位瑞典经济学家赫克歇尔和俄林提出的生产要素价格均等化学说。他们认为，国际贸易是由各国生产要素禀赋不同导致的生产要素价格差异所引起的，但是国际贸易反过来也会影响生产要素的价格。他们认为，国际贸易最重要的结果是各国都能更有效地利用各种生产要素，生产要素在供求关系的影响下，在世界范围内自由流动，使各国的要素价格趋于均等。以劳动力这一要素为例，假设有甲、乙两个国家，甲国劳动力资源丰富，资本稀缺，即在甲国劳动者的工资水平会较低，资本的价格会较高；乙国劳动力稀缺，资本丰富，即在乙国劳动者的工资会相对较高，资本价格会相对较低。如果两国之间没有贸易往来，处于完全隔绝状态，则各种生产要素的使用效率将是最低的。若存在自由贸易，甲国将会集中优势力量生产劳动力密集型产品，并用以交换乙国的资本密集型产品，这种交换的结果会导致甲国劳动力的需求相对增加，劳动力价格上升；反之，资本密集型产品需求相对下降，资本的价格会相对下降。如此反复下去，在国际贸易的影响下，各国生产要素的价格会自动趋于均等。

国际劳动力价格均等化新贸易保护论的提出最初并未在贸易保护方面得到运用，然而在20世纪90年代，随着一些发展中国家出口事业的迅速发展，西方各国国内主张对这些发展中国家实行贸易保护的呼声日益高涨，国际劳动力价格均等化新贸易保护论就成为西方工业国进行贸易保护的理论工具。法国著名经济学家莫里斯就是国际劳动力价格均等化新贸易保护论的倡导者，他认为，由于西方发达国家的工资水平远远超过发展中国家，如果西方国家不对发展中国家实行贸易限制，将会造成发达国家工人的工资水平向低收入国家的工资水平看齐，从而导致发达国家生活水平的下降，因此发达国家应该对发展中国家的劳动密集型产品实行贸易限制。欧美等发达国家也持有这种观点，据美国经济政策协会机构估算，仅北美自由贸易区协议的签订就使美国失去50万人的就业机会。进入20世纪80年代以来，发达国家受到低增长和高失业率的困扰，增加了大工业的保护，抵制发展中国家的进口，1993年发展中国家将近1/3的出口产品受到了发达国家的配额制和其他非关税壁垒限制。

4. 环境优先新贸易保护论

由于近20年来全球工业化加速，致使生态平衡遭到破坏，人类的生存环境日趋恶化。国际社会对环境问题及全球经济可持续发展问题的关注和重视促使诸多国际公约的产生。各国政府也相继制定了一系列法律、法规和政策措施，希望政府通过对自由贸易政策的干预，实现保护自然环境、改善生态环境的目的。在此背景下产生了环境优先新贸易保护论，它主要表现为借保护环境之名来限制商品的进口。其主要论点是：由于生态系统面临巨大威胁，在国际贸易中应该优先考虑保护环境，减少污染产品的生产与销售。为了保护环境，任何国家都可以采取保护措施，限制对环境产生威胁的产品的进口。同时，企业要将保护环境所耗费的成本计入产品价格之内，这就是环境成本内在化。事实上，进口国还主要采用以技术性贸易壁垒和环境壁垒为核心的非关税壁垒措施，以保护环境、保护人类、保护动植物的生命健康安全为名，行贸易保护之实。

（三）新贸易保护主义的主要政策措施

20世纪90年代以来，信息技术的迅猛发展在加快经济全球化和区域经济一体化进程、促进全球贸易自由化发展的同时，也加剧了各国经济发展的不平衡，引发了新的贸易保护主义。与传统贸易保护相比，新贸易保护主义在关注的焦点、实施的手段、保护的方式、保护的动机和目的及影响等方面表现出十分突出的特点。这一时期贸易政策的变化主要表现为以下三种。

1. 贸易保护措施由直接贸易限制逐渐变为间接贸易限制

受WTO降低关税和取消非关税壁垒等的限制，新贸易保护方式也发生了新的变化：通过出口补贴、保护国内市场等方式实现规模经济效益，由限制进口转向扩大出口。如欧美以出口补贴支持空中客机和波音飞机的发展，扩大国际市场份额；日本通过限制进口保护国内市场，使本国半导体厂商获得规模经济优势，提高在国外市场的竞争力，达到扩大出口的目的。

2. 贸易政策措施朝着法制化、系统化和综合化发展，贸易保护制度转向管理贸易制度

新贸易保护的手段发生了变化：

（1）以保护公平贸易为由，滥用WTO反倾销、反补贴和保障措施条款，通过征收高额的反倾销税或者激励企业实行反倾销的方式，达到限制进口的目的。如2019年5月29日，美国商务部宣布对进口自中国的床垫（Mattresses）作出反倾销初裁，课征新反倾销税，最高竟达1731%。

（2）以保护消费者安全和健康为由，通过建立新的动植物检验检疫措施、环境技术标准等削弱对方优势产业的国际竞争力。2020年5月14日，欧盟发布G/TBT/N/EU/721号通报，公布植物保护产品法规修订草案。负责机构为欧盟委员会。鉴于苯霜灵具有内分泌干扰特性，相关代谢物对地下水存在潜在污染。草案不再批准使用活性物质苯霜灵，撤销含有活性物质苯霜灵的植物保护产品的授权。草案留有60天的评议期。

（3）以维护劳动者的基本权利为由，通过建立新的社会责任国际标准认证，削弱发展中国家在劳动密集型产品的国际竞争力。目前，全球200多家跨国公司制定并推行了公司社会责任守则，要求供应商和合约工厂遵守劳工标准。据统计，在中国，已经有家乐福、耐克、阿迪达斯、雅芳、通用电气等50多家跨国公司开展了社会责任审核。有关专家预测，目前中国沿海地区有8 000多家企业接受这类审核，50 000多家企业准备随时接受检查。

由于劳工标准涉及工人的年龄、加班时间、宿舍条件等人权问题，技术标准涉及一国的技术法规和技术水平等问题，从而贸易保护的手段也由关税等贸易政策转向了劳工标准和技术标准等社会经济技术政策。

3. 国际贸易壁垒由国家之间转变为区域性经济组织之间

区域经济组织内部实行自由贸易制度，组织外部则实行保护贸易制度。主要资本主义国家从20世纪70年代中期开始广泛采取并不断强化种种非关税壁垒措施，作为实行贸易保护主义的主要手段，以限制别国商品的进口。

通过多边贸易谈判将发达国家比较优势产业纳入WTO的框架，迫使其他国家开放市场，以扩大出口。如克林顿执政时期，通过乌拉圭回合谈判，将服务贸易纳入其中，打开了服务贸易市场。同时，又在1997年达成了《全球基础电讯协议》《信息技术协议》《全球金融服务贸易协议》，要求各成员国向外国公司开放电信市场、银行、证券、保险市场等，并于2000年1月实现相关信息技术产品的零关税。在经济全球化和信息化发展的国际背景下，由于全球产业结构处于大的调整中，世界经济增长缓慢，各国生产力发展不平衡，导致自由贸易和新贸易保护同时进行。其主要体现在：一方面在WTO多边贸易谈判中，将贸易与环境、贸易便利化、贸易与竞争政策、贸易与技术转让、贸易与债务、财政、电子商务7个新议题列入多哈回合谈判中，推动全球贸易自由化；另一方面区域经济集团和双边贸易谈判发展迅速，对内统一实行开放政策，对外实行贸易保护。一方面发达国家极力主张启动"新加坡议题"；另一方面以巴西、印度、南非、阿根廷、中国等为代表的发展中国家组成21国集团联合实行抵制。发达国家和发展中国家之间产业发展的不平衡，导致在国际多边贸易谈判中发达国家和发展中国家在各自关心的议题中产生巨大的差异，很难达成共识，影响WTO多边贸易谈判的进程。

总之，从国际贸易发展史来看，自由贸易和保护贸易经常是交替进行的。第二次世界大战以后，随着世界经济由危机—复苏—高涨—萧条的变化，国际贸易政策的走向也经历了保护贸易—贸易自由化—新贸易保护的过程。发达国家一方面在本国优势产业中极力主张实行自由贸易，如美国积极推动电子商务、服务贸易和知识产权等方面的谈判，将其纳入WTO框架下；另一方面在本国劣势产业中通过各种手段实行贸易保护，如对纺织品和服装实行配额，对农产品实行补贴等措施。受全球经济危机的影响，国际新贸易保护主义将更加盛行。但由于经济全球化的发展和WTO的建立，自由贸易也将成为不可阻挡的潮流。

五、疫情下的贸易政策

新冠病毒疫情的暴发不仅使得全球经济陷入衰退的旋涡，而且使得全球产业链、供应链遭到严重冲击。国际分工秩序加速重构，全球贸易格局出现诸多新变化。在此背景下，很多国家出于对本国经济利益的考虑，掀起了一股反经济全球化的浪潮，贸易保护主义呈现出愈演愈烈的趋势。

（一）医疗卫生物资出口限制措施

新冠病毒疫情暴发伊始，全球 100 多个国家（地区）采取了一系列的贸易和人员限制措施。措施主要针对医疗物资、食品实行出口限制，同时对这类物资进口减免税收，鼓励进口。部分国家（地区）发布的贸易限制措施如表 8-1 所示。

表 8-1 新冠病毒疫情期间部分国家（地区）发布的贸易限制措施

国　　家	各国的贸易限制措施
阿尔巴尼亚	未经卫生和社会保护部特别许可，从阿尔巴尼亚出口药品和医疗设备的企业将受到 500 万列克的罚款，并没收其全部药品/医疗设备。如再有违规出口行为，对其药品/医疗设备的出口禁令可能会增加到最多六个月
欧盟	欧盟发布公告，2020 年 3 月 15 日下午 6 时起，全面禁止部分医疗防护设备的出口，包括医用护目镜、面罩、口鼻保护设备、防护服和手套等，向非欧盟国家的出口必须得到成员国的授权
澳大利亚	为防止外国人趁机低价收购澳大利亚资产，2020 年 3 月 29 日起，所有外国人投资都需提交给外国投资审查委员会进行严格审查。澳政府从 4 月 1 日起正式禁止在新冠病毒疫情期间对外出口医疗防护设备，如口罩、手套和防护服
韩国	自 2020 年 3 月 6 日起至 6 月 30 日，韩国实施新修订的《传染病预防管理法实施条例》，全面禁止卫生口罩、洗手液、防护装备出口或运往国外，违者将处以 5 年以下有期徒刑或 5000 万韩元（约合人民币 29 万元）以下罚款。自 2020 年 3 月 6 日起至 6 月 30 日，禁止熔喷布出口
英国	2020 年 3 月 20 日，英国政府宣布禁止 80 多种关键药物平行出口至国外，包括扑热息痛、肾上腺素、胰岛素和吗啡等
巴基斯坦	2020 年 3 月 24 日，其商务部禁止出口外科口罩、洗手液和其他医疗设备。特卫强防护服、一次性防护服、一次性手套、面罩、医用口罩、N95 口罩、生物垃圾处理袋、护目镜、鞋套和洗手液均在禁令内
白俄罗斯	2020 年 3 月 16 日至 6 月 1 日临时禁止部分医疗物资出口，包括一次性防化服、N95 口罩、手术服、医用口罩、鞋套、绷带、棉花、纱布、各类医用手套、医用防护服和呼吸设备等。除政府许可的对他国提供人道主义援助和个人使用物品外，所涉商品无论原产地何处，均不允许从白出口。欧亚经济联盟（俄罗斯、哈萨克斯坦、白俄罗斯、吉尔吉斯斯坦、亚美尼亚）2020 年 3 月 31 日决定，2020 年 6 月 30 日前，临时禁止 14 种蔬菜和粮食类产品出口到联盟以外的国家，具体包括葱头、蒜、萝卜、黑麦、大米、小米、荞麦、荞麦米、荞麦制成品、粮食碎粒、全麦面粉、谷物颗粒、大豆和大豆碎、葵花籽
俄罗斯	自 2020 年 3 月 4 日起至 2020 年 6 月 1 日，俄罗斯将禁止部分医疗物资的出口，包括口罩、绷带、一次性医用手套、一次性医疗防护服、医用防护镜、呼吸机、消毒液和外科手术服等，但用于国际人道主义援助及个人使用的一次性医疗用品除外。2020 年 4 月 1 日至 6 月 30 日，俄对出口到欧亚经济联盟成员国以外的谷物（小麦、混合麦、黑麦、大麦和玉米）实施总计 700 万吨的临时配额
柬埔寨	实施限制疫情医疗物资出口禁令，宣布禁止部分大米出口，以确保在新冠病毒疫情期间的粮食安全
瑞士	2020 年 3 月 26 日起，对出口医疗防护设备（口罩、手套、护目镜、消毒棉等）实行许可制度（欧盟成员国、挪威、冰岛和列支敦士登除外）

续表

国　　家	各国的贸易限制措施
沙特阿拉伯	2020年3月1日，沙海关总署正式公布医疗防控物资出口禁令，停止各海关口岸（含陆运、海运、空运）出口用于防控新冠病毒疫情的各类医疗物资和设备，包括但不限于医用口罩、防护眼镜、隔离服等
泰国	2020年2月5日零点起禁止口罩防护服等出口，将口罩、生产口罩的聚丙烯纤维、酒精类手部卫生产品、废纸和再生纸列为管制产品，有效期为1年。2020年2月21日起，出口任何数量的口罩均需事先得到国内贸易官方批准，个人用途除外。2020年3月26日起暂时禁止鸡蛋出口七天，30日宣布延长执行禁止鸡蛋出口政策30天期限
塞尔维亚	2020年3月16日宣布实行30天的药品出口禁令，禁止出口葵花籽油，包括未加工的葵花籽和半成品油
越南	2020年2月7日起，卫生部对医用口罩出口实行许可证制度，且仅在越南政府开展以国际援助为主要目的的活动时才可以出口（出口量最多为25%，75%要服务于国内防控疫情需求）。暂停新签大米出口合同
印度	禁止出口口罩等医疗防护用品。2020年3月3日，印度商工部外贸总局于宣布即日起限制26种原料药（活性药物成分/API）及相关制剂的出口。2020年3月19日禁止出口呼吸机、外科/一次性口罩（两层/三层）以及用于制作口罩和防护服的纺织原料。2020年3月24日起，禁止出口消毒剂，并将呼吸机的禁令扩大到人工呼吸器、氧气治疗仪和任何其他呼吸器。2020年3月25日起禁止出口羟氯喹和疟疾药物制剂。2020年4月4日外贸总局发布出口禁令，将诊断试剂盒由自由出口改为限制出口，需外贸总局出具许可证才能出口，该禁令立即生效
伊朗	2020年2月3日，伊朗宣布，暂停未经卫生部授权的医用口罩出境，任何医疗设备的出境都必须由卫生许可，以预防伊医疗口罩短缺。自2020年1月26日起，禁止来自中国和已有染病例的东南亚国家赴伊旅客携带的食物入境
土耳其	2020年3月4日土耳其宣布对口罩、护目镜和无菌手套等防护产品实施出口管制
乌克兰	2020年3月11日宣布6月1日前禁止出口医学防护相关产品，禁止出口医用酒精、荞麦
中国香港	受疫情影响，进出香港的所有邮件处理暂停，处理时限因此受影响。未出台针对货物贸易的管制措施，但关闭部分关口
中国台湾	2020年2月24日起，对包括N95口罩、医疗用外科口罩，开始为期1个月的出口管制。离境人员携带口罩最高不得超过250片

资料来源：根据 http://wap.sdningjin.gov.cn/n16574497/n52885872/c53864746/part/53865240.pdf 整理。

（二）农产品进口限制措施

由于新冠病毒在低温下能够长时间保持活性和传染水平，易腐烂、需冷鲜储存的农产品极易成为病毒附着和传播的载体。所以尽管农产品贸易只占全球货物贸易总额的8.5%，但新冠病毒疫情期间针对农产品的进口限制措施占所有措施的比例高达52%。截至2021年1月1日，全球共有19个国家和地区针对202种农产品（HS4）累计实施了1 019项进口限制措施，导致564亿美元农产品出口受到影响，占世界农产品贸易总额的3.7%。

世界各国针对此次疫情主要采取的进口限制措施可大致分为"进口禁令""检疫要求""进口附加税""运输限制"和"认证要求"五种类型。"进口禁令"是指禁止进口可能造成卫生和动植物检疫风险的产品。例如，自新冠病毒疫情暴发以来，格鲁吉亚便开始禁止进口来自中国的活体动物和水产品。"检疫要求"是指出口国货物必须满足疫情下特定的检疫规定才能在入境海关口岸停靠。例如，澳大利亚禁止由外国港口离开未满14天的货船在境内停靠。"进口附加税"是指除进口税以外对进口产品额外征收的进口税。例如，塞舌尔要求对进口猪肉和家禽征收3%～4%不等的附加税，导致猪肉和家禽进口税在原有基础上分别增长67%和33%。"运输限制"是指在疫情期间产品必须由进口国指定的公司或交通工具进行承运。例如，土库曼斯坦要求通过公路运输入境后的货物必须交由本国承运人负责；抵达"Turkmenbashi"国际海港的货物（包括过境货物）只能通过海船或拖车运送。"认证要求"是指通过增加产品不受疫情影响的认证来确保进口农产品的安全性。例如，印度尼西亚规定进口活体动物（宠物动物和哺乳动物）应随附由进口国认可或授权实验室出具的新冠病毒检测呈阴性的证明。

从地理分布看，实施进口限制的国家主要集中在亚洲和非洲，占全部实施进口限制措施国家总数的85%。此外，大洋洲的澳大利亚和所罗门群岛，以及欧洲的俄罗斯也采取了进口限制措施。值得注意的是，与通常采取严格检疫检验措施或标准的国家和地区（如欧盟、美国和日本等）有所不同，疫情下实施进口限制的国家主要是低收入的发展中国家。

（三）后疫情时代的贸易保护措施

随着新冠病毒疫情持续影响和冲击，全球产业链、供应链展现出其脆弱的一面。一方面亚太、欧洲和北美三大全球生产网络的供应链出现断裂、暂停和大幅减少，对深度参与全球化分工、产业复杂度高、供应链较长、依赖全球物流网络的行业影响深远，带来关键产品及零部件供应紧张。另一方面全球产业链供应链深度调整，影响贸易区域化发展进程。短期内各国对东亚—太平洋地区出口商品的依赖加深，也使更多国家意识到供应链安全的重要性，更加重视平衡产业链供应链的效率和安全问题。疫情之下，相关封锁措施和贸易中断改变了传统贸易形态，促使企业加快转向数字化运营，加速了全球贸易数字化发展。全球贸易数字化转型加快，贸易形态更加多样化。疫情促进了互联网、大数据与传统外贸产业相结合，提高了交易撮合、报关和通关的线上化水平，并通过大数据分析促进了外贸企业精准营销、定制化设计。

疫情加速国家贸易保护主义向国家风险预防主义转变，具体表现在促使各国进行产业链重组，WTO保护的重点将转向对各国公民和消费者免遭风险的保护，加强对产品质量规格和标准的进出境监管措施会替代关税保护措施。风险预防主义是改变未来国际贸易规则的关键。未来国际贸易规则制定的主要目标，不再是一味地推动关税下降到零，而是转向协调各国"风险预防措施"。

案例分析8-2

委内瑞拉、巴西诉美国汽油标准案

本章思考练习题

一、思考题

1. 简述第二次世界大战后对外贸易政策的发展特点。
2. 2008 年经济危机后,发达国家推出了哪些贸易保护政策?
3. PPT:中国成为全球制造业第一大国的主要原因分析(团队研究性学习)。
4. PPT:中国对 C919 大飞机的支持政策(团队研究性学习)。

二、练习题

(一)名词解释题

对外贸易政策、自由贸易政策、保护贸易政策、管理贸易政策、贸易自由化、新贸易保护主义。

(二)简述题

1. 美国的管理贸易政策及其启示。
2. 简述新贸易保护主义的特点。
3. 战略性贸易政策的理论依据是什么?
4. 简述第二次世界大战后不同阶段国际贸易政策的特点
5. 举例说明新冠病毒疫情暴发后,美国、欧盟、日本等贸易保护主义强化的表现。

第九章 关税措施

学习目标

通过学习本章,使学生理解关税的作用、关税类别与征收、关税的保护。学会关税计算、理解名义保护率和有效保护率,理解关税效应的局部均衡分析和一般均衡分析。

本章重要概念

关税、普惠制、最惠国待遇关税、反倾销税、反补贴税、原产地标准、完税价格、海关税则、有效保护率、关税高峰、关税升级、关税结构、关税壁垒。

第一节 关税的作用

一、关税的概念

关税是指一国政府所设置的海关,代表国家,按照国家制定的关税政策、公布实施的税法和进出口税则,对进出国境或关境的商品征收的一种流转税。

关税定义中的"境",根据不同国家的具体情况,既可以指国境,也可以指关境。国境是指一个国家行使主权的国家空间,包括领土、领海和领空。关境又称"税境"或"海关境域",是指实施同一海关法规和关税制度的境域,即国家(地区)行使海关主权的执法空间。通常情况下,一个国家的关境和国境是一致的。但是,由于一些国家特殊的情况和错综复杂的国际经济贸易关系,关境与国境的关系会出现两种情形:

(1)关境大于国境:两个或两个以上的国家结成关税同盟,组成一个共同关境,对外实施统一的海关法规和关税制度,其成员国的货物在彼此之间的国境进出不征收关税,如欧盟。

(2)关境小于国境:自由港(自由贸易区)虽在国境之内,但从

专栏9-1

关税的起源

征收关税看，它可以被视为在该关境之外，进出自由港（自由贸易区）可以免征关税，如中国香港和中国澳门作为中国的自由港，在对外贸易方面独立实行关税和贸易管理制度。

二、关税的特点及作用

（一）关税的特点

关税是国家税收的一种，除具有一般税收所共有的强制性、无偿性和固定性外，还有自己的特性。

1. 课税对象

关税的征税对象是进出国境或关境的货物或物品，是否经过国境或关境是征关税与否的前提条件。

2. 纳税上的统一性和一次性

按照全国统一的进出口关税条例和税则征收关税，在征收一次性关税后，货物就可在整个关境内流通，不再另行征收关税。

3. 关税由海关代表国家征收

关税由代表国家的海关部门及所属机构具体管理和征收，征收关税是海关工作的一个重要组成部分。监督管理、征收关税和查缉走私是当前中国海关的三项基本任务。

4. 实行复式税则

关税的税则是关税课税范围及其税率的法则。复式税则又称多栏税则，是指一个税目设有两个或两个以上税率，根据进口货物原产国的不同，分别适用高低不同的税率。优惠税率是一般的、正常的税率，适用于同中国订有贸易互利条约或协定的国家；普通税率适用于同中国没有签订贸易条约或协定的国家。这种复式税则充分反映了关税具有维护国家主权、平等互利发展国际贸易往来和经济技术合作的特点。

5. 对进出口贸易的调节性

许多国家通过制定和调整关税税率来调节进出口贸易。在出口方面，通过低税、免税和退税来鼓励商品出口；在进口方面，通过税率的高低、减免来调节商品的进口。

（二）关税的作用

1. 积极作用

（1）进行国际经济斗争的重要武器。一国采取什么样的关税政策直接关系到国与国的主权和经济利益。各国海关是国家机器的重要组成部分，对外代表国家行使主权。因此，海关关税自主权是国家主权的重要体现。各国政府已经把关税当成维护本国政治、经济权益，乃至进行国际经济斗争的一个重要武器。

（2）保护本国产业。抵御外来竞争和保护国内产业是关税的一个重要职能。马克思曾指出："保护关税制度把一个国家的资本武装起来和别国的资本作斗争，加强一个国家的资本反对外国资本的力量。"关税成为没有比较优势或还处于经济发展低级阶段的国家排斥外来竞争、保护封闭经济的门户卫士；是发展中国家保护幼稚工业的工具；也是发达国家传统产业或夕阳产业守住国内市场的保障。

（3）增加国家财政收入。在早期，关税收入曾占一些国家财政收入的很大比例，例如，1805年美国联邦政府的财政收入的90%～95%来自关税。19世纪中后期至20世纪初，美国联邦政府实行扩大消费税和提高税率的政策，消费税比重急剧上升，关税退居次要地位。目前大多数国家，特别是发达国家关税占财政收入的比重已经大大下降。但是，一些发展中国家，尤其是那些国内工业不发达、工商税源有限、国民经济主要依赖于某种或某几种初级资源产品出口，以及国内许多消费品主要依赖于进口的国家，征收进出口关税仍然是它们取得财政收入的重要渠道之一。据WTO报道，发展中国家进口平均关税水平在10%左右。虽然中国关税收入是财政收入的重要组成部分，但1995—2020年间关税收入占财政收入的占比呈下降趋势。加入世界贸易组织20多年来，中国进口平均关税总水平从15.3%大幅降至2023年的7%，但是关税每年仍然可为中央政府筹集财政资金，保证了国家城乡建设、技术改造、文教、科学、卫生、国防、行政等多项支出，使中央财政在中国国民经济发展、社会全面进步以及宏观经济调控等方面发挥着重要作用，保证了中国改革开放和经济建设事业的发展。

2. 消极作用

（1）增加消费者负担。关税征收提高了进口商品的价格，增加了消费者的负担。一方面，消费者的需求量不得不因价格上涨而减少；另一方面，消费者即使不用较高价格购买进口商品，也要以较高价格购买本国同类产品。

（2）过度保护，就会出现保护落后。把关税作为保护"民族工业"的手段，但结果往往适得其反。通过比较中国的汽车产业和家电产业就能说明这一点。2018年，汽车行业仍对进口车征收25%的关税，但在销量前十的品牌中，有7个是外资品牌。

（3）征收过高的进口关税会恶化贸易关系，成为贸易保护主义的工具。美国时间2018年3月22日，白宫官网发布了关于美国针对301调查行动的总统备忘录，阐述了美国"301调查"结果和针对该结果的总统指示。美国总统特朗普签署的总统备忘录，对于特定的中国商品将征收25%的关税。

北京时间2018年3月23日凌晨，中国政府第一时间作出回应。针对美国以"国家安全"为由对进口钢铁和铝产品分别征收25%和10%关税的贸易保护行为，商务部发布了"针对美国进口钢铁和铝产品232措施的中止减让产品清单"，并征求公众意见，拟对自美进口部分产品加征关税。商务部拟加征关税清单涉及美对华30亿美元出口：①涉及美对华9.77亿美元出口，包括鲜水果、干果及坚果制品、葡萄酒、改性乙醇、花旗参、无缝钢管等产品，拟加征15%的关税。②涉及美对华19.92亿美元出口，包括猪肉及其制品、回收铝等产品，拟加征25%的关税。

（4）征收关税使某些商品国内外差价增大，使其成为走私对象。一些发展中国家对化妆品、奶粉和其他奢侈品征收很高的进口关税。高关税导致的商品国内外差价增大，成为走私的主要商品之一。

第二节 关税的类别

一、根据征收对象或商品流向分类

（一）进口税

进口税（import duty）是进口国家的海关在外国商品输入时，根据海关税则对外国进口商品所征收的关税。

进口税又分为：最惠国税和普通税。最惠国税适用于与该国签订有最惠国待遇条款的贸易协定的国家或地区所进口的商品。普通税适用于与该国没有签订这种协定的国家或地区所进口的商品。

（二）出口税

出口税（export duty）是出口国家的海关对本国产品输往国外时，对出口商品所征收的关税。

（三）过境税

过境税（transit duty）又称"通过税"或"转口税"，是一国海关对通过其关境再转运至第三国的外国货物所征收的关税。目前各国都不再征收过境税。

二、根据征税的目的不同分类

（一）财政关税

财政关税（revenue tariff）又称收入关税，是指以增加国家的财政收入为主要目的而征收的关税。

（二）保护关税

保护关税（protective tariff）是指以保护本国工业或农业的发展为主要目的而征收的关税。一般来说，保护关税的税率越高，越能达到保护的目的。有时保护关税的税率高达100%以上，等于禁止进口，称为禁止关税。

三、根据征税的差别待遇分类

（一）差别关税

差别关税（differential tariff）是指对同一种进口货物，由于输出国或生产国不同，以及输入情况不同而按不同的税率征税。差别关税主要有三类：反倾销税、反补贴税和报复关税。

1. 反倾销税

反倾销税（anti-dumping duty）是对实行倾销的进口货物所征收的一种进口附加税，其目的在于抑制商品倾销，保护本国产品的国内市场。

根据WTO《反倾销协议》的规定，实施反倾销应具备三个条件：一是进口商品存在倾销；二是倾销商品应对进口国产业造成实质性损害；三是倾销和损害之间存在因果关系（见图9-1）。在遭遇进口国反倾销调查时，由于很多发达国家不承认中国的市场经济地位，还要使用替代国的价格来确定中国的倾销幅度，因此对中国出口的商品极不公平。中国是全球遭遇反倾销最多的国家。中国企业在海外遭遇反倾销时，应积极应对，抱团应诉，据理力争，才能获得公平的待遇。

案例9-1 阿根廷对华雾化器作出反倾销终裁

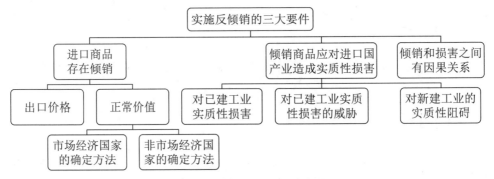

图9-1 实施反倾销的三个条件

2. 反补贴税

反补贴税（anti-subsidy duty）又称抵销税或补偿税，是对于直接或间接地接受奖金或补贴的外国商品所征收的一种进口附加税。

根据WTO《反补贴协议》的规定，实施反补贴应具备三个条件：一是进口商品存在补贴；二是补贴商品应对进口国产业造成实质性损害；三是补贴和损害之间存在因果关系（见图9-2）。中国也是全球遭遇反补贴较多的国家，美国等发达国家以中国企业获得政府的补贴为由经常发起反补贴调查。

专栏9-2 保障措施

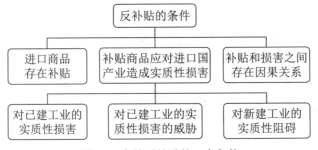

图9-2 实施反补贴的三个条件

反倾销措施、反补贴措施、保障措施构成了WTO允许的贸易救济措施。

3. 报复关税

报复关税（retaliatory tariff）是指一国为报复他国对本国商品、船舶、企业、投资或知识产权等方面的不公正待遇，对从该国进口的商品所征收的进口附加税。

（二）优惠关税

优惠关税（preferential tariff）是指对某些国家的货物在征收关税时给予优惠。优惠关税主要包括：互惠关税、特惠关税、最惠国待遇关税和普遍优惠制关税。

1. 互惠关税

互惠关税（reciprocal duty）是指缔结贸易条约国双方在平等互利基础上，相互协定给予对等优惠待遇的关税。一般对对方的进口货物相互免征关税或采用比其他国家较低的税率。

2. 特惠关税

特惠关税（preferential duty）又称优惠税，是指对从某个国家或地区进口的全部商品或部分商品给予特别优惠的低关税或免税待遇。

3. 最惠国待遇关税

缔约国双方相互之间现在和将来所给予第三国在贸易上的优惠、豁免和特权，同样给予缔约对方，体现在关税上，即为最惠国待遇关税（the most-favored-nation rate of duty）。适用于 WTO 成员间（"互不适用"者除外）及与该国签订有最惠国待遇条款的贸易协定的国家或地区进口商品的关税。

4. 普遍优惠制关税

普遍优惠制关税（generalized system of preference，GSP）是指发达国家承诺对从发展中国家（或地区）输入的商品，特别是工业品及其半制成品，普遍给予免税或减税的优惠关税待遇的一种制度。普遍优惠制关税有三个原则：普遍性原则、非互惠原则、非歧视原则。

全球 40 个国家曾给予中国普遍优惠制待遇，包括欧洲联盟 27 国（法国、爱尔兰、德国、丹麦、意大利、比利时、荷兰、卢森堡、希腊、西班牙、葡萄牙、奥地利、瑞典、芬兰、捷克、斯洛伐克、波兰、爱沙尼亚、拉脱维亚、斯洛文尼亚、塞浦路斯、立陶宛、马耳他、匈牙利、罗马尼亚、保加利亚、克罗地亚）、英国、瑞士、挪威、日本、加拿大、澳大利亚、新西兰、俄罗斯、乌克兰、白俄罗斯、哈萨克斯坦、土耳其、列支敦士登公国等国家。自 2021 年 12 月 1 日起，欧盟成员国、英国等 32 个国家陆续取消针对中国的普遍优惠制待遇，实行了"毕业制度"。

四、根据征收方法的不同分类

按照征收方法或征税标准进行分类，可分为从量税、从价税、混合税、选择税和滑动关税。

（一）从量税

从量税（specific duty）是指以商品的重量、数量、容量、长度和面积等计量单位为标准计征的关税。从量税对低价进品商品有较大的限制作用，而对高价商品、奢侈品的限制作用较小。

从量税的计算公式：

$$从量税额 = 商品数量 \times 每单位从量税 \qquad (9\text{-}1)$$

（二）从价税

从价税是指按进出口商品的价格为标准计征一定比率的关税。该方法税负公平，税额随进出口商品价格变动而增减，征收方法简单，但确定进出口商品价格须遵守海关估价制度。

从价税的计算公式：

$$从价税额 = 完税价格 \times 从价税率 \qquad (9\text{-}2)$$

（三）混合税

混合税，又称"复合税"，是指对某一种进口商品，同时征收从价税和从量税。
混合税的计算公式为

$$应纳税额 = 应税进口货物数量 \times 关税单位税额 + 应税进口货物数量 \times \\ 单位完税价格 \times 适用税率 \qquad (9\text{-}3)$$

（四）选择税

选择税是指对于一种进口商品同时订有从价税和从量税两种税率，在征税的时候，选择其税额较高的一种征税。

（五）滑动关税

滑动关税亦称"滑准关税"或"伸缩关税"。滑动关税是根据进出口商品价格或数量的变动而升降税率的一种关税。

第三节 关税的计算

一、关税税率

关税税率是指海关税则规定的对课征对象征税时计算税额的比例。关税税率的确定主要由以下三方面决定。

（一）货物流向

进口货物适用进口税率，出口货物适用出口税率。

（二）货物的性质

不同性质的货物适用不同的计征标准，包括从价税、从量税、复合税率和滑准税率。

（三）贸易国国别

由于世界各国的海关税则（特别是进口税则）一般是采用两栏或多栏税率的复式税则，因此需要根据原产地规则来确定货物的来源（即贸易国国别），从而确定适用的税率栏目。

二、原产地规则

原产地规则主要包括三部分内容：原产地标准、直接运输规则和原产地证书。

（一）原产地标准

原产地标准是指确认货物生产于何地的标准，主要有两项基本标准。

第一项基本标准为完全在一国生产标准。这项标准适用于完全在受惠国生产的产品，而含有外国原材料、零部件的货物不适用这一标准。完全在一国生产的货物主要有十类：①从一国的土地、领域内或从其海底采集的矿物；②在一国收获或采用的植物产品；③在一国出生或饲养的活动物；④从 国的活动物所取得的产品；⑤在一国狩猎或捕捞所得的产品；⑥从事海洋渔业所得的产品以及由某国船只在海上取得的其他产品；⑦由一国的加工船，利用上项所列各产品加工所得的产品；⑧如某国对海底及其底土拥有单独开采的权利，该国从领海以外的海底或底土中采得的产品；⑨在一国收集并只适用于回收其原料用的废旧物品和在加工制造过程中所产生的废碎料；⑩由一国仅利用上述第①至⑨项所列的各种本国产物所生产的产品。

第二项基本标准是实质性改变标准。它是指进口原料或部件在受惠国经过实质性改变而成为另一种不同性质的商品，受惠国才能作为该商品的原产国。这一标准适用于由两个或两个以上国家参与了生产或加工的货物。采用实质性改变标准来确定货物原产地，主要是通过以下三种方法：①改变税号法，即货物经某国生产后其税则归类发生了变化，改变了税号，就应以该国为货物的原产地；②列出加工程度表法，即产品在某国生产时必须达到加工程度表所列要求，才能视该国为货物的原产地；③从价百分比法，即产品在某国进行加工生产所增加的价值相当于或超过规定的百分比率时，即将该国视为货物的原产地。

（二）直接运输规定

直接运输规定是指受惠国要将出口货物直接运至进口货物的给惠国，才能将该受惠国作为货物的原产地。制定这项规定主要是为了避免在运输途中可能进行的再加工或换包。

（三）原产地证书

原产地证书是指由给惠国认可的签发机构签发的证明货物原产地的书面文件。进出口商向给惠国海关提供原产地证书，便于海关对原产地的监管，有利于加速货物验放。

按照国际上通行的做法，进出境物品、临时进出口货物、过境货物、通运和转运货物及国家间有协定无须提供原产地证明的进口货物，无须提供原产地证书。普遍优惠制中的给惠国对原产地证书的要求一般都比较严格，除有规定的格式外，内容要求包括发货人、收货人、运输工具、货物名称、唛头、件数、包装、质量等。两个以上国家签订的自由贸易协定一般要求提供原产地证书。

三、关税的计算

（一）进出口货物完税价格的确定

完税价格是海关计征关税所使用的计税价格，是海关以进出口货物的实际成交价格为基础审定的价格。

1. 进口货物完税价格的确定

（1）一般进口货物完税价格的确定：以海关审定的成交价格为基础的到岸价格为完税价格。到岸价格包括货价及货物运抵我国关境内输入地点后起卸前的包装费、运费、保险费和其他劳务费。

（2）特殊进口货物完税价格的确定：运往境外加工后复境运回；运往境外修理后复境运回；以租赁租借方式进境。

进口货物完税价格的估定：进口货物成交价海关审查未确定的，按一定办法依次确认。

$$完税价格 = 国内批发价格 \div (1+ 进口关税税率 +20\%) \tag{9-4}$$

若该项进口货物在进口环节需缴纳消费税，则计算公式为：

$$完税价格 = 国内批发价格 \div [1+ 进口关税税率 + (1+ 进口关税税率) \div (1- 消费税税率) \times 消费税税率 +20\%] \tag{9-5}$$

（3）陆运、海运和空运进口货物的运费和保险费应按实计算。若无法确定或未实际发生，按进口同期运输行业的运费率计算运费；按照"货价加运费"两者总额的3‰计算保险费。

以其他方式进口的货物：

邮运进口货物，以邮费作为运输及相关费用、保险费；以境外边境口岸价格条件成交的铁路或公路运输进口货物，应按货价的1%计算运输及其相关费用、保险费；作为进口货物的自驾进口的运输工具，海关在审定关税价格时，可以不另行计入运费。

例题 1：某工厂从德国某企业购买了一批机械设备，成交条件为 CIF，该批货物的发票列示如下：机械设备 USD600 000，运保费 USD6 000，卖方佣金 USD20 000，培训费 USD2 000，设备调试费 USD2 000。该批货物向海关申报的总价应是多少？

分析：进口货物的完税价格，由海关以该货物的成交价格为基础审查确定，并应包括货物运抵中华人民共和国境内输入地点起卸前的运输及相关费用、保险费。因此包括成交价格，再加上境外的运费、保险费。而培训费和调试费不计入该货物的完税价格中。因此该题中：

$$完税价格 = 机械设备费用 + 运保费 + 卖方佣金$$

=USD600 000+USD6 000+USD20 000=USD626 000

2. 出口货物完税价格的确定

出口货物应以海关审定的成交价格为基础的售予境外的离岸价格扣除出口关税后作为完税价格。即：

$$完税价格 = 离岸价格 ÷ (1+ 出口税率) \qquad (9\text{-}6)$$

例题 2：TCL 出口一批彩电到美国，成交条件为 FOB。产品离岸价为 USD 200 000，包含了付给国外代理商的佣金 USD20 000，出口税率为 20%，请问该批产品的完税价格为多少？

分析：由于成交价格里包含了国外佣金，在计算完税价格时要扣除，因此

$$完税价格 = (离岸价 - 佣金) ÷ (1+ 出口税率)$$
$$= (USD200\,000 - USD20\,000) ÷ (1+20\%) = USD150\,000$$

3. 具体审定完税价格应注意的事项

（1）成交价格中含有支付给国外佣金的，若与货物离岸价格分列的应予扣除；未单独列明的，则不予扣除。

（2）货物从内地起运，从内地口岸至最后出境口岸所支付的国内段运输费用，应予扣除。

（3）除出口货物离岸价格外，买方还另行支付货物包装费的，应计入完税价格。

（二）关税应纳税金额的计算

1. 进口货物应纳关税

以中国口岸到岸价格（CIF）成交的，其成交价即为完税价格。应纳税额计算公式为：

$$应纳税额 = CIF × 关税税率 \qquad (9\text{-}7)$$

以国外口岸离岸价（FOB）成交的，应纳税额计算公式为：

$$应纳税额 = (FOB + 运杂费 + 保险费) × 关税税率 \qquad (9\text{-}8)$$

以国外口岸离岸价格加运费（CFR 价格）成交的，应另加保险费作为完税价格。应纳税额计算公式为：

$$应纳税额 = (CFR + 保险费) × 关税税率 = CFR / (1 - 保险费率) × 关税税率 \qquad (9\text{-}9)$$

进口货物海关估价，计算公式为：

$$应纳税额 = 海关估定完税价格 × 关税税率 \qquad (9\text{-}10)$$

特殊进口商品应纳税额关税计算：

$$应纳税额 = 特殊进口货物完税价格 × 关税税率 \qquad (9\text{-}11)$$

例题 3：公司的一项施工设备运往境外修理，出境时已向海关报明，设备原进口价 520 万元；境外修理费 20 万元，耗用材料费 10 万元，复运进境时运输费 2 万元，保险费 0.8 万元。海关核定的关税税率 20%，则进口关税为多少？

分析：运往境外的修理设备，出境时已向海关报明，并在海关规定期间复运进境的，应以海关审定的境外修理费和料件费为完税价格。

$$进口关税 = (20+10) × 20\% = 6（万元）$$

2. 出口货物应纳关税

以中国口岸离岸价格（FOB）成交的出口关税计算公式：

$$应纳关税额 = FOB \div (1+ 关税税率) \times 关税税率 \quad (9\text{-}12)$$

以国外口岸到岸价（CIF）成交的出口关税计算公式：

$$应纳关税额 = (CIF - 保险费 - 运费) \div (1+ 关税税率) \times 关税税率 \quad (9\text{-}13)$$

以中国口岸离岸价格加运费价格（CFR）成交的应纳税额计算公式：

$$应纳税额 = (CFR - 运费) \div (1+ 关税税率) \times 关税税率 \quad (9\text{-}14)$$

例题 4：中国某外贸进出口公司 2011 年 5 月出口一批货物到法国。该批货物贸易合同的结汇价为 FOB 人民币 480 000 元。出口关税税率为 20%。该公司应如何计算出口货物应纳的出口关税？

$$应纳税额 = 480\,000 \div (1+20\%) \times 20\% = 80\,000（元）$$

（三）特别关税的计算方法

特别关税税额的计算公式如下：

$$特别关税税额 = 关税完税价格 \times 特别关税税率 \quad (9\text{-}15)$$

$$进口环节消费税 = 进口环节消费税完税价格 \times 进口环节消费税税率 \quad (9\text{-}16)$$

$$进口环节消费税完税价格 = (关税完税价格 + 关税 + 特别关税) / (1 - 进口环节消费税税率) \quad (9\text{-}17)$$

$$进口环节增值税完税价格 = 关税完税价格 + 关税 + 特别关税 + 进口环节消费税 \quad (9\text{-}18)$$

例题 5：某进口公司（增值税一般纳税人）当月进口笔记本 500 台，每台进口关税完税价格 1 万元，海关进口关税税率为 15%，求当月应纳增值税税额。

$$当月应纳增值税税额 = 1 \times 500 \times (1+15\%) \times 17\% = 97.75（万元）$$

四、通关要求

根据有关国家海关的规定，进出口的通关程序一般经过：货物的申报、单证的审核、货物的查验、货物的征税与放行。如图 9-3 所示。

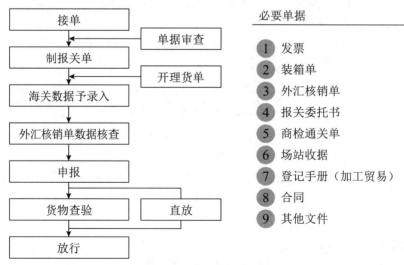

图 9-3　进出口的通关程序

第四节 关税保护

一、关税保护原则

(一) 关税保护原则

关税保护原则是指缔约国成员间仅允许"以关税作为保护手段",原则上不允许其他一切非关税措施,并且所实行的数量限制等非关税措施都要逐步转化为关税保护。成员国之间在互惠互利的基础上进行关税减让谈判,逐步降低关税。关税保护原则也有例外规定,如发展中国家以促进经济发展或国际收支平衡需要等为由修改或撤销已做出的关税减让。

因此,关税保护原则有两层含义:一是以关税作为各缔约国唯一的保护手段;二是各缔约国应遵循互惠互利的原则,通过关税减让谈判,逐步降低关税水平,以促进国际贸易的开展。

(二) 关税保护的原因

(1) 关税税率的高低能直接影响商品的价格,各缔约国可利用关税作为保护手段来保证市场经济中价格的调节作用,管理和控制贸易,从而达到保护本国市场的目的。

(2) 征收关税虽会给进出口双方带来国民净损失,造成全球经济福利的减少,但征收关税所造成的福利损失要比数量限制等非关税保护的损失少。

(3) 一国关税税率的高低基本可用来衡量该国的贸易保护程度,而非关税保护则难以衡量。

(4) 最惠国待遇原则在关税制度下比较容易执行。因此,WTO一方面规定只能通过关税保护本国的生产,而不得通过其他非关税措施进行保护;另一方面又规定关税要逐步削减,并通过"关税减让表"加以约束。

二、关税保护程度

关税保护程度是用来衡量或比较一个国家对进口商品课征关税给予该国经济的保护程度或水平。关税对某一类商品的保护程度以关税保护率来衡量。

(一) 名义保护率

名义保护率(normal rate of protection,NRP)是分析一国贸易保护程度的一种理论模型。世界银行研究保护结构时,给名义保护率下的定义是:一商品的名义保护率是由于实行保护而引起的国内市场价格超过国际市场价格的部分与国际市场价格的百分比。这种百分比也叫作"内涵税率",通常与税则中的税率是一致的。计算公式:

$$NRP=(P'-P)/P \times 100\% \tag{9-19}$$

式中，P' 是进口商品的国内市场价格，P 是进口商品的国际市场价格。

即，国内市场价格的提高所产生的国际市场价格与国内市场价格之差，就是该国关税对商品提供的保护。

例题6： 国际市场汽车价格为10 000美元，关税保护下的国内市场价格为12 000美元。

汽车的名义保护率＝（12 000-10 000）/10 000×100%＝20%

（二）有效保护率

有效保护率（effective rate of protection，ERP）又称实际保护率，是指征收关税所引起的国内加工增加值同国外加工增加值的差额占国外加工增加值的百分比。计算公式：

$$ERP=(V'-V)/V\times100\% \qquad (9\text{-}20)$$

V' 是保护措施下生产过程的增值（国内增值），V 是自由贸易条件下加工增值。

例题7： 自由贸易条件下A商品的最后国内价值200元，其中100元为进口投入品，100元为国内增值。

（1）假定该国对同类A商品进口征收20%的关税，对国内生产的A商品进口投入品免税，则该国A商品价格升为240元。

ERP＝［（240-100）-100］/100×100%＝40%

（2）再假定，该国对A商品的进口征收20%的关税，对A商品进口投入品也征收20%的关税，则该国A商品的价格升为240元，投入品价格升为120元。

ERP＝［（240-120）-100］/100%＝20%

（3）如果该国对A商品的进口征收20%的关税，对A商品的进口投入品征收50%的关税，其他条件不变，其结果如何？

结果是：投入品价格升为150元，保护措施下的国内增值为：240-150=90

ERP＝［（240-150）-100］/100×100%＝-10%

（三）关税有效保护的政策意义

Baldwin（1984）认为，有效保护率是在政治经济模型中最能反映贸易扭曲程度的度量指标。因为有效保护率综合反映了其对国内最终产品生产的保护程度，其对中间产品或者各种投入品的保护程度，以及其对投入产出系数的影响。有效保护率能够比名义保护率更好地衡量对促进或遏制某种经济活动的有效性。有效保护理论对于进口产品税率结构的设计、生产领域的国际经济合作的经济分析、国际关税谈判等方面都有重要的参考价值。

根据上面的例题7，我们可以看出，当最终产品的名义保护率（即关税税则中规定的税率）大于其投入品的名义保护率时，对最终产品的有效保护率就大于名义保护率；当最终产品的名义保护率等于其投入品的名义保护率时，对最终产品的有效保护率就等于名义保护率；当最终产品的名义保护率小于其投入品的名义保护率时，对最终产品的有效保护率就小于名义保护率，而当对进口投入品征收的税率过高时，就会出现负数的有效保护率。因此，利用关税保护国内市场不仅依赖于较高的税率，还要有合理的关税结构，即对原材料征收零关税，对中间产品征收较低的关税，对最终产品实行较高关税时，从而使最终产品受到最充分的保护。

中国加入 WTO 之后，一方面降低关税，积极参与全球及地区的贸易自由化进程；另一方面也利用关税的有效保护来扶植和培育战略性新兴产业。经过 20 多年的调整，中国的名义保护率不断下降，结构已基本合理。但是关税的有效保护的结构还存在一定问题。因此必须采取有效措施，优化中国关税的有效保护结构，降低关税对资源配置的扭曲程度，进一步深化税制改革。

三、关税壁垒

（一）关税高峰

关税高峰（tariff peaks）是指在总体关税水平较低的情况下少数产品维持的高关税。特定产品的高关税不合理地阻碍了其他国家相关产品的正常出口，构成贸易壁垒。

经过 GATT 八个回合的谈判，WTO 各成员的平均关税水平已大幅下降，但一些成员仍在不少领域维持着关税高峰。在多哈回合谈判中，非农产品市场准入谈判里涉及关税部分，主要包括削减和取消关税高峰、高关税和关税升级的谈判。由此可见，关税高峰仍然还是贸易壁垒中阻碍世界贸易自由化进程的主要障碍之一。

（二）关税升级

关税升级（tariff escalation）为设定关税的一种方式，根据这种方式设定的关税随着一个产品改变程度的深入而提高。例如，适合做车身的钢材关税税率可能是 5%，用同一种钢材做成的车身零件的关税可能会是 15%，而成品汽车的税率则可能是 30%。使用这种方式的目的是通过对进口简单制成品给予优惠来促进国内制造业的增长。而这一措施的代价一般是由消费者承担的。这种方式的正当性几乎总是体现在被认为是创造就业和鼓励技术转让的一种措施。

第五节　关税的经济效应

一、关税效应的局部均衡分析

（一）小国

经济学意义上的"小国"指的是该国在世界生产和贸易中所占的份额很小，以至于其产量和贸易量的任何变化都不足以影响国际市场上商品的价格，它只能是世界市场价格的接受者（见图 9-4）。关税效应的局部均衡分析的研究前提是，假定一种商品的均衡价格只取决于这种商品本身的供求状况，而不受其他商品的价格和供求状况的影响。

图 9-4 中，P_t 表示征收关税后的国内价格；P_W 表示世界市场价格；$b+d$ 为小国征收关税的净福利损失。

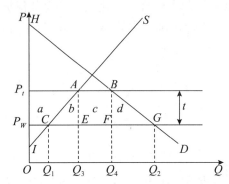

图 9-4 进口关税的直接经济效应：小国情形

1. 价格效应

若关税征收国是一个小国，对世界市场价格没有任何影响力，则世界市场价格不变，国内市场价格的上涨部分就等于所征收的关税。

2. 关税的生产效应

小国征收关税后，国内市场价格上升，国内厂商扩大生产，产量增加，这就是关税的生产效应。生产者得到的福利为梯形 CAP_tP_W，即区域 a（生产者剩余 $=IAP_t-ICP_W$）。

3. 关税的消费效应

小国征收关税后，国内市场价格上升导致消费减少，即关税的消费效应。消费者的福利损失为梯形 GBP_tP_W，即区域 $a+b+c+d$（HGP_W-HBP_t）。

4. 关税的税收效应

本国征收的税收将由政府获得，成为政府的财政收入，即关税的税收效应。图 9-4 中矩形面积 $ABEF$，即 c 为关税税额（征收关税后进口的数量与单位产品征收关税的乘积）。

5. 关税的贸易效应

把关税的生产效应和消费效应综合起来看，关税的贸易效应是指一国征收关税使该商品的国内价格上升，导致生产量增加、消费量减少，最终进口量减少，即减少量为 $Q_1Q_3+Q_4Q_2$。

6. 关税的净福利效应

把关税的生产效应、消费效应和税收效应综合起来看，就可以得到关税的净福利效应。

关税的净福利效应 = 生产者的福利增加 − 消费者福利损失 + 政府税收收入　　（9-21）

$\qquad\qquad\qquad = a-(a+b+c+d)+c$

$\qquad\qquad\qquad = -(b+d) < 0$，福利下降

其中，b 为生产扭曲引起的损失，d 为消费扭曲引起的损失。

根据假定，由于征税国是个小国，不能影响征税产品的国际市场价格，因此该国征收关税对贸易伙伴也就没有什么影响，贸易伙伴国的福利水平不变，但是会导致本国的净福利损失。因此，对于小国而言，最优的贸易政策是不征收关税，即自由贸易是最好的贸易政策。

（二）大国

经济学意义上的"大国"指的是该国在世界生产和贸易中所占的份额很大，以至于其产量和贸易量的任何变化都足以影响国际市场上商品的价格，它是世界市场价格的制定者，其贸易量的变化会影响世界市场价格（见图9-5）。

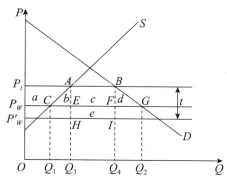

图9-5 进口关税的直接经济效应：大国情形

大国征收关税后，也会产生跟小国情形相似的生产效应、消费效应和贸易效应，但是与小国情形相比，大国征收关税后产生的效应有以下几点不同。

（1）大国征收关税后，使该进口商品的国内价格上涨，而国内该进口商品的价格上涨会引导国内生产扩大，消费减少，总体效果会使进口需求下降，该大国进口商品的下降又使得该商品的国际市场需求量减少，直接导致该商品的世界市场价格从 P_W 降为 P'_W。

（2）大国的贸易条件改善，收益面积为 e，即会产生贸易条件效应。这是在小国情形下所没有的效应。

（3）净福利效应：$a-(a+b+c+d)+(c+e)=e-(b+d)$，净效应不确定。

（4）大国征收关税所得财政税收效应要比小国大。

二、关税效应的一般均衡分析

（一）小国

如图9-6所示，TT' 是生产可能性边界线，在自由贸易下，面对国际相对价格 P_W，生产均衡点在 Q 点，消费均衡点在 C 点。征收关税后，产品在国内市场的价格上升，故国内生产者面对一个新的相对价格 P_t，相对价格线比原来的相对价格线 P_W 更为平坦些。于是生产均衡点由原来的 Q 点移至 Q_t 点，与征收关税前相比，进口替代部门的生产增加，但出口部门的生产减少了。由此可见，任何的进口壁垒都不利于出口部门的生产，即有反出口的倾向。

由于征税国是个小国，所以征收关税之后，其贸易条件并不改变，贸易仍然按原来的价格进行，新的消费均衡点应在通过 Q_t 点与相对价格线 P_W 平行的线上。国内消费者面对的相对价格为 P_t，根据效用最大化条件，通过新的消费均衡点的社会无差异曲线在该点的切线斜率绝对值应等于 P_t，通过新的消费均衡点 C_t 的社会无差异曲线的切线与相对价格线 P_t 是平行的。也就是说，在 C_t 点同时满足两个条件：国际贸易仍然按原来的价格进行，而国内消费者则按征收关税后的国内价格决定其最佳选择。

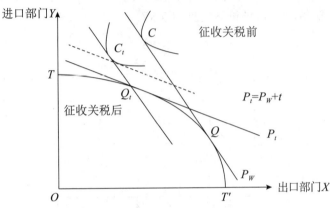

图 9-6　进口关税效应的一般均衡分析：小国情形

（二）大国

大国征收关税的一般均衡分析要复杂得多。征收关税不但会引起进口商品的国内价格上涨，使国内资源向进口商品生产部分转移，导致进口竞争部门扩张，出口部门紧缩。而且大国进口量的减少会造成进口商品的世界价格下跌。出口供给的减少会提高出口商品的世界价格。大国由于征收关税而使自身的国际贸易条件得到改善，而大国关税的保护成本会降低大国的社会福利，二者的比较最终决定净福利的情况。因此，其最终福利效果可以分两种情形进行讨论。

1. 大国关税降低福利水平

如图 9-7 所示，自由贸易的生产和消费均衡点分别为 P 和 E，国际均衡贸易条件由 W 的斜率决定。

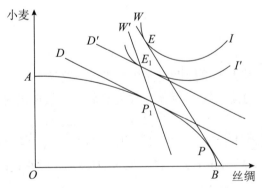

图 9-7　进口关税效应的一般均衡分析：大国情形（1）

征收关税后，小麦的国内相对价格提高了，D 线的斜率即代表征收关税后国内相对价格的比例，同时小麦的国际市场相对价格在关税的作用下却下降了。新的国际贸易条件为

更为陡峭的 W'。

征收关税后国内生产调整至 D' 线，与生产可能性曲线相切于 P_1 点。增加了小麦生产，减少了丝绸生产。此时贸易需按照新的国际贸易条件 W' 进行，因此征收关税后的消费均衡点必须位于 W' 之上，并且经过该点社会无差异曲线与大国国内的相对价格一致，即图中 I' 与 D' 相切的 E_1 点且该点也是 W' 与 D' 的交点。

大国征收关税造成的福利净损失是关税的保护成本大于贸易条件效应的结果，而小国则不存在贸易条件效应。

2. 大国关税增进福利水平

如图 9-8 所示，大国征收关税引起小麦的国内相对价格的上涨幅度不大（D 线表示），关税的保护成本也相对较小。征税后的生产均衡点 P_2 与自由贸易点 P 较接近，因而进口竞争部门小麦的扩张和出口部门丝绸的紧缩程度都小于前述情况。同时，关税引起了国际市场小麦的相对价格的大幅度下降，图 9-8 中表示为过 P_2 点更为陡峭的 W'' 线，这意味着大国的贸易条件有很大的改善。此时在新的国际贸易条件 W'' 下，大国的消费均衡点即为图中 E_2 点，该点是 W'' 与平行于国内相对价格线的 D'' 的交点，并且 E_2 点所在的社会无差异曲线 I'' 与 D'' 相切于 E_2 点，表明两商品消费的边际替代率等于国内相对价格比例。与前一种情况的显著不同之处在于，征税后的消费均衡点 E_2 所处的社会无差异曲线 I'' 高于自由贸易下的福利水平，关税使得大国的福利水平提高，这是关税的贸易条件效应起主导作用的结果。

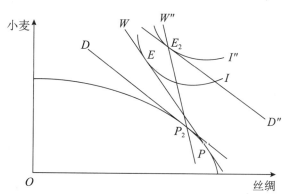

图 9-8　进口关税效应的一般均衡分析：大国情形（2）

三、各国关税在其政府收入中的地位

WTO 成员中，发达国家关税水平在 5% 左右，在财政收入中的比重不高；一些发展中国家关税水平在 15% 左右，在财政收入中占有一定比重。中国加入世贸的关税水平在 15.3%，在财政收入中的占比有逐年减少的态势。2021 年，中国税收总收入 199 200 亿元，同比增长 11.94%；进口货物增值税、消费税 17 316 亿元，同比增长 19.1%；关税 2 806 亿元，同比增长 9.4%，占税收的比重为 1.41%；出口退税 18 158 亿元，同比增长 33.2%（见图 9-9）。

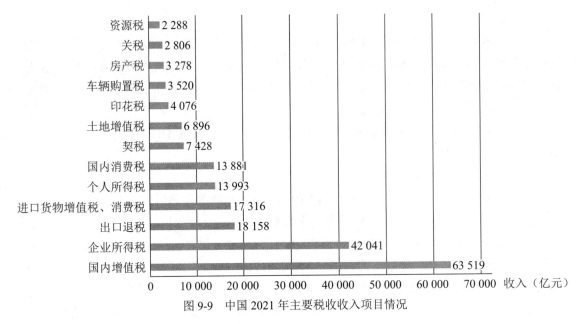

图 9-9　中国 2021 年主要税收收入项目情况

资料来源：国家税务总局、智研咨询整理。

图 9-10 反映了中国、美国、巴西及柬埔寨关税及其他进口税收收入的变化情况，中美两国比重逐渐接近。

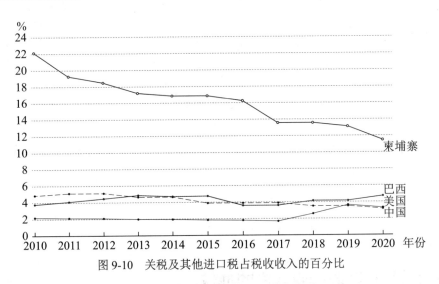

图 9-10　关税及其他进口税占税收收入的百分比

数据来源：国际货币基金组织的《政府财政统计年鉴》和数据文件。

本章思考练习题

一、思考题

1. 有人认为中国加入 WTO 后关税税率不断下降，不仅减少了财政收入，而且减弱了关税对本国产业保护的力度。请评析该观点。

2. 用一般均衡分析分别分析大国与小国征收关税后，进口商品价格变动和该国福利水平的变动。

3. PPT：中国出口商遭遇国外反倾销、反补贴现状调查（团队研究性学习）。

二、练习题

1. 假设某国对轿车进口的关税税率为200%，国内某一典型汽车制造商的成本结构和部件关税如下：

成本项目	钢板	发动机	轮胎
占汽车价格比重	15%	35%	10%
进口关税税率	50%	150%	40%

（1）计算该国轿车产业的有效保护率。

（2）如果钢板、发动机和轮胎的进口关税分别降为30%、50%和10%，再计算该国轿车的有效保护率；通过以上的计算，可以得出哪些有关有效保护率的一般结论？

2. 我国某外贸进出口公司2011年3月出口一批货物到美国。该批货物贸易合同的结汇价为人民币500 000元。出口关税税率为15%，该公司应如何计算出口货物应纳的出口关税？

3. 某工厂从英国某企业购买了一批机械设备，成交条件为CIF，该批货物的发票列小如下：机械设备USD500 000，运保费USD5 000，卖方佣金USD10 000，培训费USD3 000，设备调试费USD3 000。该批货物向海关申报的总价应是多少？

4. 简述关税的作用和主要种类。

5. 简述反倾销、反补贴的要件。

第十章 非关税壁垒

学习目标

通过学习本章，使学生了解和掌握非关税壁垒的特点、作用、主要种类，尤其要掌握新贸易壁垒产生的原因及其措施，理解非关税壁垒对世界贸易、进口国、出口国的相关影响，掌握非关税壁垒的经济效应分析。

本章重要概念

进口配额制、进口许可证、外汇管制、技术性贸易壁垒、环境壁垒、社会责任壁垒、动物福利壁垒、新贸易壁垒

第一节 非关税壁垒的作用

一、非关税壁垒的概念

1929—1933年世界经济危机之后，非关税壁垒开始出现。但是，由于当时各国的关税水平很高，关税壁垒效应十分明显。随着GATT多边贸易谈判回合的推进，西方发达国家的平均关税水平从40%下降到了3.8%，发展中国家的平均关税水平也下降到了13%左右。关税水平的整体下降使其实际壁垒效益已经不能满足各国相关产业对于自身利益的保护需要，正因为如此，非关税壁垒逐步成为各国所热衷采用的政策手段。

非关税壁垒，又称非关税贸易壁垒，就是指一国政府采取除关税以外的各种措施，来对本国的对外贸易活动进行调节、管理和控制的一切政策与手段的总和，其目的就是在一定程度上限制进口，以保护国内市场和国内产业的发展。

二、非关税壁垒的特点及作用

（一）非关税壁垒的特点

与关税壁垒相比，非关税壁垒主要具有下列三个明显的特点：

1. 非关税壁垒比关税壁垒具有更大的灵活性和针对性

关税壁垒的制定，往往要通过一定的立法程序，要调整或更改税率，也需要一定的法律程序和手续，因此关税壁垒具有一定的延续性。而非关税壁垒的制定与实施，则通常采用行政程序，制定起来比较迅速，程序也较简单，能随时针对某国或某种商品采取或更换相应的限制进口措施，从而较快地达到限制进口的目的。

2. 非关税壁垒的保护作用比关税壁垒的保护作用更为强烈和直接

关税壁垒是通过征收关税来提高商品成本和价格，进而削弱其竞争力的，因而其保护作用具有间接性。而一些非关税壁垒如进口配额，预先限定进口的数量和金额，超过限定进口的数量和金额就直接禁止进口，这样就能快速和直接地达到关税壁垒难以达到的目的。

3. 非关税壁垒比关税壁垒更具有隐蔽性和歧视性

关税壁垒，包括税率的确定和征收办法都是透明的，出口商可以比较容易地获得有关信息。但一些非关税壁垒则往往透明度差，隐蔽性强，而且有较强的针对性，容易对不同的国家实施差别待遇。

（二）非关税壁垒的作用

1. 发达国家非关税壁垒的作用

由于非关税壁垒具有上述特点且日益受到 WTO 的约束，发达国家的贸易政策越来越将非关税壁垒作为实现其政策目标的主要工具。对西方发达国家而言，非关税壁垒的作用主要表现在以下三个方面：

（1）作为防御性武器限制外国商品进口，用以保护国内陷入结构性危机的生产部门及农业部门，或保障国内垄断资产阶级能获得高额利润。

（2）在国际贸易谈判中用作砝码，逼迫对方妥协让步，以争夺国际市场。

（3）用作对其他国家实行贸易歧视的手段，甚至作为实现政治利益的手段。总之，发达国家设置非关税壁垒是为了保持其经济优势地位，维护不平等交换的国际格局，具有明显的剥削性和压迫性。

2. 发展中国家非关税壁垒的作用

必须承认，发展中国家也越来越广泛地采用非关税壁垒，但其与发达国家持有截然不同的目的。发展中国家设置非关税壁垒的目的主要是：

（1）限制非必需品进口，节省外汇。

（2）限制外国进口品的强大竞争力，以保护民族工业和幼稚工业。

（3）发展民族经济，以摆脱发达资本主义国家对本国经济的控制和剥削。

总的来说，无论是过去的 GATT，还是今天的 WTO，对于发达国家和发展中国家采取非关税壁垒保护国内民族产业和本国经济，都应该慎重。

三、非关税壁垒的分类

非关税壁垒数量繁多，形式各异，为便于对某种或一组非关税贸易壁垒的作用方式进行分析，可将其分为以下三类。

（1）从非关税壁垒制定的主体上看，非关税壁垒可以分为内生性非关税壁垒和外生性非关税壁垒两大类。前者是指所有本国政府设立的，影响与限制外国商品进口的非关税壁垒；后者是指所有外国政府设立的，影响与限制本国商品进口的非关税壁垒。

（2）从影响方式与程度上看，非关税壁垒可以分为直接性的非关税壁垒、间接性的非关税壁垒、溢出性非关税壁垒三类。直接性的非关税壁垒是指进口国直接规定进口商品的数量或金额，或通过施加压力迫使出口国自觉限制其产品出口的非关税壁垒，如许可证、配额等。间接性的非关税壁垒是指进口国通过制定各种严格的规章、条例及措施，间接地影响商品进口的非关税壁垒，如贸易性投资措施，技术标准和水平等。溢出性的非关税壁垒是指进口国的政策一般来说并不是出于贸易政策上的动机，然而由于溢出效应对商品或服务的贸易产生了副作用，如工业和结构政策、外汇平衡措施等。其中直接性非关税壁垒对进口贸易的影响非常明显。间接性的非关税壁垒对进口贸易的影响比较隐蔽，间接影响进口贸易。溢出性的非关税壁垒一般并不是出于要限制进口贸易的目的，但事实上起到了限制进口的作用。

专栏10-1

非关税壁垒的历史变迁

（3）从非关税壁垒的作用机制看，有联合国贸易与发展会议（UNCTAD）的分类，分别为价格控制措施、技术性壁垒、数量控制措施、与进口有关的非关税壁垒、财政金融措施、自动许可措施、垄断措施等。

第二节　传统的非关税壁垒

一、进口配额制

进口配额制是指一国政府对一定时期内（如一年内）进口商品的数量或金额规定一个限额，超过这一限额的商品便不准进口或需缴纳较高关税的一种非关税措施。进口配额一般针对与国内产业存在激烈竞争的进口商品。当某种商品进口快速增长、大量占领国内市场而关税又不能有效抑制其进口时，进口国政府经国内生产商申请后，就会考虑对该种商品使用进口配额。第二次世界大战以后，进口配额在各发达国家得到了大范围使用，主要针对服装、纺织品、鞋类、家用电器和农产品等进口商品。进口配额可分为绝对配额和关税配额两种形式。

（一）绝对配额

绝对配额是指一国对一定时期内进口商品的数量或金额规定一个最高限额，达到这个限额后便不准进口。在实施过程中，绝对配额有全球配额和国别配额两种方式。

1. 全球配额

全球配额是适用于世界范围的配额，对来自任何国家或地区的商品一律适用。政府主管机构一般按照进口商申请的先后次序发放给其一定的配额，配额发放使用完毕后就不准再进口。

2. 国别配额

国别配额又称地区配额，是指进口国对某种进口商品规定限额后，根据本国与有关国家或地区的政治和经济关系将这一限额分配于不同的国家或地区，这些国家或地区出口的商品达到其所分配到的限额后，便不再被允许输入进口国。输入国别配额针对的商品时，进口商必须向有关机构提供商品的原产地证明书。国别配额又可分为自主配额和协议配额两种。

（1）自主配额。自主配额又称单方面配额，它是进口国单方面强制规定的针对某个国家或地区的进口配额。自主配额由于在其制定的过程中不用征求相关国家的同意，因而容易引起纠纷和报复。

（2）协议配额。协议配额又称双边配额，是由进口国与出口国两国的政府或行业协会等非政府组织通过协商制定的配额。其中，政府制定的配额会在进口商或出口商之间进行分配，而非政府组织制定的配额需要政府认可后才能生效实施。相比于自主配额，协议配额一般不会引起纠纷和报复，执行起来较为容易。因此，各国更多地使用协议配额。

（二）关税配额

关税配额是一种与关税相结合的配额。关税配额是指对一定时期内进口商品的数量或金额不加以绝对的限制，而是对于未达到限额时的进口商品给予优惠关税或免税待遇，超出限额的进口商品则征收较高的关税。

关税配额既可以分为全球配额和地区配额，也可以分为优惠关税配额和非优惠关税配额。优惠关税配额对于限额内的进口商品大幅降低关税甚至免征关税，对超过限额的商品征收最惠国税；非优惠关税配额对于限额内的商品征收一般的关税，对超过限额的商品征收极高的附加税或加以罚款。

关税配额与绝对配额的区别是很明显的：绝对配额规定了一个最高限额，达到这一限额后，进口商品就被禁止输入了；而关税配额不仅给予额度内的进口商品以优惠关税或免税待遇，还允许超过限额的进口商品在缴纳一笔较高的关税后输入进口国。

第二次世界大战结束后，绝大多数国家都使用了进口配额，其被一些发达国家当作进攻性的贸易保护措施来使用。WTO已达成协议，规定其成员方以后只能使用关税配额，要减少绝对配额的使用，最终将其取消。

二、自动出口限制

自动出口配额制，又称自动出口限制，最早出现于20世纪30年代。自动出口限制（voluntary export restriction），是指出口国家或地区在进口国的压力或要求下，"自动"规定某一时期内（一般为3～5年）限制某些商品对该国的出口，在限定的配额内自行控制出口，对超额的商品禁止出口。1935年，日本的纺织品大量输入美国，严重影响了美国纺织产业的生存和发展。在美国的要求下，日本对其出口到美国的纺织品使用了自动出口限制。自20世纪60年代以来，自动出口限制获得了普遍的应用，成为非关税壁垒的主要形式之一。这种非关税壁垒隐蔽性极强，它以出口国自动限制其商品出口的面目出现，且往往具有双边协定的形式，从而能逃避WTO的监督和检查。

自动出口限制与进口配额都是进口国限制进口的非关税壁垒，只不过进口配额是由进口国执行的，自动出口限制是出口国形式上自行采取的。当进口国需要限制某种商品的输入时，会以扰乱市场等理由要求出口国自行控制出口，否则将对出口国采取其他更为严厉的报复措施。在这种压力与威胁下，出口国不得不采取自动出口限制。可见，自动出口限制并非出口国的本意，而是被迫无奈的举动。

自动出口限制主要有两种形式：非协定的自动出口限制、协定的自动出口限制。

1. 非协定的自动出口限制

非协定的自动出口限制是指出口国由于来自进口国的压力单方面自行规定限制商品出口的限额。这种限额有的由政府部门规定、公布和发放给申请配额的出口商，有的由本国出口厂商或协会自行控制出口。

2. 协定的自动出口限制

协定的自动出口限制是由出口国和进口国通过谈判、签订协定而规定的自动出口限制。各国使用的自动出口限制大多属于协定的自动出口限制。自动出口限制的协定一般包括以下内容：

（1）配额水平。这是指在协议有效期内第一年的出口限额和以后各年度限额的增长率。出口限额又分为针对所有商品的总限额、针对进行了分组的商品的组限额、针对专门的敏感商品的个别限额以及进口国针对一些未达成协议的商品的磋商限额。

（2）受到自动出口限制约束的商品的分类和细目。协议会对受限商品进行分类和分组，对不同的组分别规定其限额，一些时候还会将其组内的一些敏感商品视作特别项目而对其规定个别限额。

（3）限额的融通。这是指协议所规定的限额的调剂使用权利。限额的融通有两种类型：一是水平融通，即在一定的百分比内调剂使用同一年度内不同组或不同项之间的限额，这一百分比就是限额的替换率，一般很低，在1%～15%之间。二是垂直融通，是指调剂使用两个相连的不同年度内组与组之间、项与项之间的限额，其中，把上一年度未用完的限额调入下一年度去使用被称为留用权或留用额，因上一年度的限额使用完毕而预先使用下一年度的限额被称为预用权或预用额。

（4）保护条款。这一条款允许进口国通过一定程序限制或停止进口某些造成"市场混乱"的商品，实际上扩大了进口国单方面限制商品进口的权限。

（5）协议的有效期限。自动出口限制协议的有效期一般在 3～5 年之间。这一期限比较适中，既满足了进口国的保护需要，又使出口国避免了与市场需求的严重脱节。

三、进口许可证制

（一）进口许可证制的含义

进口许可证制（import license system）是指商品的进口事先要由进口商向国家有关机构提出申请，经过审查批准并发给进口商进口许可证后方可进口，否则一律不许进口。进口许可证上规定了进口国别、货物名称、进口数量金额和有效期限，进口国通过使用进口许可证可以有效地达到限制进口的目的。

（二）进口许可证制的种类

1. 根据进口许可证与进口配额的关系划分

（1）有定额的进口许可证。有定额的进口许可证是指国家有关机构预先规定有关商品的进口配额，然后在进口配额限度内，根据进口商的申请对每一笔进口货发给进口商一定数量或金额的进口许可证。进口配额一旦用完，进口许可证亦发放完毕。进口许可证一般由进口国当局发放，但也有将此权限交给出口国自行分配使用的情形。

（2）无定额的进口许可证。无定额的进口许可证是指进口许可证不与进口配额相结合，有关政府机构预先不公布进口配额，只在个别考虑的基础上才颁发有关商品的进口许可证。这种无公开标准的发放办法，更能起到限制进口的作用。

2. 根据进口国当局在签发进口许可证时有无处置权划分

（1）一般进口许可证。一般进口许可证又称自动进口许可证或公开许可证，是指一经申请一般都能获得的许可证。该许可证对进口国别或地区没有限制，凡列明属于一般进口许可证的商品，进口商只要在报送时填写一般许可证，即可获准进口。一般进口许可证的目的不是限制进口，而是为了方便政府机构通过进口许可证的申报程序及时掌握进口的统计数据和情况。因此，这种许可证没有国别或地区的限制，比较容易获得，提出申请的进口商一般都会得到政府机构的批准。

（2）特别进口许可证。特别进口许可证又称非自动进口许可证，是指需要主管部门个别审批才能获得的许可证。该许可证多数都指定进口国别或地区，主要适用于特殊商品、配额商品及某些禁止进口的商品。

进口许可证在维护进口国正当权益的同时，也阻碍了国际贸易的正常发展。为此，GATT 在"东京回合"谈判中达成了《进口许可程序协议》，对进口许可证的适用规则作了明确规定。在"乌拉圭回合"谈判中，《进口许可程序协议》得到进一步的完善和补充，成为 WTO 现行文件。协议规定，一般进口许可证不得用来限制贸易；特别进口许可证应具有透明度并以可预见的方式实施；进口国应简化进口许可证使用的管理程序和习惯做法，确保公平、合理地实施。另外，协议还规定建立由各成员代表组成的进口许可证委员会，要求各成员国向该委员会通告其进口许可证的实施情况。

四、外汇管制

外汇管制（foreign exchange control）是指一国政府通过法令对国际结算和外汇买卖实行限制，平衡国际收支和维持本国货币汇价的一种制度。国家有关政府机构可以通过确定官定汇价、集中外汇收入和控制外汇供应数量等，限制进口商品的品种、数量和进口国别或地区。

（一）外汇管制的实施机构及实施手段

1. 实施外汇管制的机构

一般由政府授权财政部、中央银行或另外设立专门机构作为执行外汇管制的机构。如1939年英国实施外汇管制后指定英国财政部为决定外汇政策的权力机构，英格兰银行代表财政部执行外汇管制的具体措施；意大利设立了外汇管制的专门机构——外汇管制局。除官方机构外，有些国家还由其中央银行指定一些大型商业银行作为经营外汇业务的指定银行，并按外汇管制法令集中办理一切外汇业务。

2. 外汇管制的实施手段

外汇管制的实施手段主要包括以下六种情形。

（1）对出口外汇收入的管制。出口商必须把出口所得的外汇收入按官定汇率卖给外汇管制机关，出口商在申请出口许可证时，要填明出口商品的价格、数量、结算货币、支付方式和支付日期，并校验信用证。最严格的外汇管制不允许出口商截留外汇收入。

（2）对进口外汇的管制。进口商必须得到管汇当局批准，才能在外汇管制机关指定的银行按官定汇价申请购买一定数量的外汇。有些国家将进口批汇手续与进口许可证同时办理。

（3）对非贸易外汇的管制。规定有关单位或个人必须把全部或部分外汇收入按官方汇率结售给指定银行。

（4）对资本输入的外汇管制。对银行吸收非居民存款规定较高的存款准备金，对非居民存款不付利息或倒计利息，限制非居民购买本国有价证券等。

（5）对资本输出的外汇管制。规定银行对外贷款的最高额度，限制企业对外投资的国别和部门，对居民境外投资征收利息平衡税等。

（6）对黄金、现钞输出入的管制。实行外汇管制的国家一般禁止个人和企业携带、托带或邮寄黄金、白金或白银出境，或限制出境数量。对于本国现钞的输入往往实行登记制，规定输入的限额并要求用于指定的用途。对于本国现钞输出，则由外汇管制机构审批，规定相应限额。不允许货币自由兑换的国家禁止本国现钞输出。

（二）外汇管制的方式

虽然外汇管制的方式较为复杂，但一般可以分为以下三种。

1. 数量性外汇管制

所谓数量性外汇管制，是指国家外汇管理机构对外汇买卖的数量直接进行限制和分配，旨在集中外汇收入，控制外汇支出，实行外汇分配，以达到限制进口商品的品种、数量和国别的目的。一些国家实行数量性外汇管制时，往往规定进口商必须获得进口许可证后方可得到所需的外汇。

2. 成本性外汇管制

所谓成本性外汇管制，是指国家外汇管理机构对外汇买卖实行复汇率制度（system of multiple exchange rates），利用外汇买卖成本的差异，间接影响不同商品的进出口。所谓复汇率制度，是指一国货币的对外汇率有两个以上的汇率，其目的是利用汇率的差别来限制和鼓励某些商品进口或出口。各国实行的复汇率制度不尽相同，但主要原则大致相似。

（1）进口方面：①对于国内需要而又供应不足或不生产的重要原料、机器设备和生活必需品，适用较为优惠的汇率；②对于国内可大量供应和非重要的原料、机器设备，适用一般的汇率；③对于奢侈品和非必需品，只适用最不利的汇率。

（2）出口方面：①对于缺乏国际竞争力但又要扩大出口的某些出口商品，给予较为优惠的汇率；②对于其他一般商品出口适用一般汇率。

3. 混合性外汇管制

所谓混合性外汇管制，是指同时采用数量性外汇管制和成本性外汇管制的方式。混合性外汇管制对外汇实行更为严格的控制，以控制商品进出口。

1931年资本主义世界金融危机爆发后，许多资本主义国家实行了外汇管制。第二次世界大战后初期，由于国际收支长期失衡，黄金外汇储备短缺，许多资本主义国家不得不继续实行外汇管制。进入20世纪50年代后半期以后，发达资本主义国家的国际收支平衡有所改善，"美元荒"日趋缓和，逐步放宽了外汇管制，最后实行了货币自由兑换。目前，一些发展中国家由于外汇短缺，仍然保留一定程度的外汇管制。

五、通关环节壁垒

（一）专断的海关估价制

1. 专断的海关估价制的含义

海关估价是指海关在征收关税时，确定货物完税价格的程序。很多国家为了保护本国市场，对进口商品通过提升税号、国内计价等办法提高关税，为进口商品设置障碍，影响国际贸易的正常发展，被称为专断的海关估价制。

2. WTO对海关估价的规范

WTO《海关估价协议》对海关估价进行了规范，该协议适用于所有的WTO成员。《海关估价协议》主要包括以下内容：

（1）适用货物范围。协议只适用于商业意义上正常进口的货物。

（2）海关估价的方法。协议规定，WTO进口成员方海关应在最大限度内以进口货物的成交价格作为货物完税价格。这是海关估价时应首先使用的方法。但在无法使用这种方法的情况下，可使用该协议规定的其他五种方法：具体是指以相同货物的成交价格、以类似货物的成交价格、以倒扣价格、以计算价格、以"回顾"方法，来确定货物的完税价格。上述六种估价方法应严格按顺序实施。只有在前一种估价方法无法确定完税价格的情况下，才可采用后一种估价方法。海关不得颠倒六种估价方法的适用顺序，但进口商可以要求颠倒使用第四种倒扣价格方法和第五种计算价格方法的顺序。

（3）进口商的权利与义务。进口商必须如实申报进口货物的价格及有关信息，并与海关进行充分合作。如果海关怀疑进口商申报价格的真实性和准确性，可要求进口商进一步提交相关资料或证据，以证明申报价格是经合理调整后的实付或应付价格。但海关在采取这种做法时，应向进口商陈述理由。海关应将最终的估价决定书面通知进口商。

进口商对海关估价决定有申诉的权利，并且不应为此受到处罚。进口商的申诉权有两个方面：一方面，可向海关内部主管复议的部门提出申诉，或向海关外部的某个独立机构提出申诉；另一方面，可向司法机关提出申诉。

（二）其他通关环节壁垒

其他通关环节壁垒，通常表现在进口国有关当局在进口商办理通关手续时，要求其提供非常复杂或难以获得的资料，甚至商业秘密资料，从而增加进口产品的成本，影响其顺利进入进口国市场；通关程序耗时冗长，使得应季的进口产品（如应季服装、农产品等）失去贸易机会；对进口产品征收不合理的海关税费。具体表现为：

1. 改变进口关道

有些国家往往不按合同规定，任意改变货物入关口岸，即让进口货物在海关人员少、海关仓库狭小、商品检验能力差的海关进口，拖延商品过关时间，增加进口商的负担，从而达到限制进口的目的。据中华人民共和国商务部2007年发表的《国别贸易投资投资环境报告》显示，俄罗斯对原产于中国的进口商品实施通关特别处理，其中包括减少办理从中国进口商品入关手续的海关口岸。

2. 制定独特的商品分类

有些国家不依关税合作理事会制定的税则和"协调制度"（HS）来制定本国海关税则和商品分类，自己单独制定一套商品分类，使出口商难以应付。

3. 灰色清关

灰色清关是相对正常清关而言的一种现象。正常清关要求按照正常的海关手续报关，缴纳有关税费后清关。但是在一些关税税率随意调整、海关程序不规范、监管体系不完善或不透明的国家或地区容易出现虚假报关、低开发票等现象，称为灰色清关。例如，出口商委托某进口国航空货运公司将出口货物运往指定地点再去提货，往往采取多个企业的多批货物集中在一架飞机里，但只有少数几种甚至一种品名报关，而该货运公司代为办理进入进口国口岸的所有手续，但没有海关的报关单。这种做法的弊端是风险大，容易对出口商品的价格进行压

专栏10-2

中俄贸易中产生
灰色清关的原因
分析

制，容易受到进口国官方的严厉监管甚至没收货物，不利于权利人利用法律进行自我救济。俄罗斯为了整顿"灰色清关"，对从中国进口的商品实行集中管理，采取加征30%的关税等措施。

六、进口和出口国家垄断

进口和出口国家垄断是指在对外贸易中，对某些或全部商品的进、出口规定由国家机构直接经营，或者是把某些商品的进口或出口的专营权给予某些垄断组织。前面一种情况称为对外贸易国家垄断，后面一种情况称为进出口专营。

进口和出口国家垄断主要集中在三类商品上：一是烟和酒，以得到巨大的财政收入；二是农产品，这些国家把对农产品的贸易垄断作为国内农业政策的一部分；三是武器。

七、歧视性政府采购政策

歧视性政府采购政策（discriminatory government procurement policy），是指由政府用法律形式规定政府机构采购商品时优先采购本国产品的做法。其宗旨是通过施加对外国供应商不利的差别待遇，限制其产品进口，保护本国生产者，提高本国就业水平。例如，按照美国1933年《购买美国货物法案》，美国联邦政府在采购时应优先购买美国产品，而州一级政府的采购法规多仿效联邦法规。各国均有类似的立法，由此构成了对外国产品的非关税壁垒。

2009年2月，美国国会在通过的8190亿美元经济刺激计划中，与"购买美国货"有关的第1640条款带有明显的保护主义色彩。根据该条款，在"不违背美国对国际协定的承诺"的前提下，经济刺激计划支持的工程项目必须使用"国产"钢铁和其他制成品。所谓美国对国际协定的承诺，就是《北美自由贸易协定》和WTO《政府采购协议》。若根据前者，加拿大、墨西哥享有"豁免权"；若根据后者，欧盟、日本、韩国、中国香港等少数WTO成员享受"优待"，但其他100多个世贸组织成员不在其列。美国国际经济研究所的一份研究报告显示，该条款最多可为美国增加9 000个工作岗位，但其可能触发的贸易战将使美国失去多达6.5万个工作岗位。

八、国内税

国内税是一国对进口商品征收该国国内产品在流通过程中所纳税种的税金，国内税的制定和执行属本国政府或地方行政机构的权限之内，因此，不受贸易条约或多边协定的限制。

这是一种比关税更灵活、更易于伪装的贸易政策手段。国内税通常是不受贸易条件或多边协议限制的。国内税的制定和执行是属本国政府机构的权限，有时甚至是地方政府机构的权限。

征收国内税的目的在于增加进口商品的纳税负担,达到保护本国产品的竞争力、抵制进口商品输入的目的。例如,美国、日本和瑞士对进口酒精饮料的消费税都大于本国制品的消费税。

九、进口最低限价制

进口最低限价是指一国政府规定的某种进口商品的最低价格。凡进口货价低于规定最低价格的则征收进口附加税或禁止进口,以达到限制低价商品进口的目的。

第三节　新贸易壁垒

新贸易壁垒是伴随着国际贸易发展而逐渐产生的,目前广泛存在于世界各国,是贸易保护主义在经济中的现实反映。随着新贸易壁垒在国际贸易中的广泛运用,有必要对此从理论上进行深入的分析,这对于一国政府有关政策的制定与国内企业应对措施的选择有着重要的意义。

一、新贸易壁垒的产生原因与特点

近年来,由于社会的不断发展,人们的生活水平不断提高,人们更加重视产品对于健康的影响,也越来越关心地球的可持续发展,环保意识逐渐增强,这就为实行新贸易壁垒找到了支持者。同时,由于2008年金融危机以来发达国家的经济发展缓慢,甚至出现了衰退迹象,因而各国政府纷纷采取措施来促进出口,限制进口,贸易保护主义势力又重新抬头。据世界银行2009年3月的报告显示,自2008年11月以来,20国集团中有17国出台了多达47项贸易保护的措施。由于传统的贸易壁垒受到限制,因而各国不得不寻求新的贸易壁垒。

(一)新贸易壁垒的概念

新贸易壁垒,是相对于传统的贸易壁垒而言的,指的是以技术性贸易壁垒为核心的包括绿色贸易壁垒、社会壁垒、环境壁垒等在内的所有阻碍国际商品自由流动的新型非关税壁垒。目前又以人权、汇率和环保为由,产生了诸如碳关税这样的新贸易壁垒,可以看到,现在的新贸易壁垒更趋于隐蔽化,以看似更加合理的名义出现。

(二)新贸易壁垒产生的原因

新贸易壁垒的出现并不断强化并非偶然,它是国际经济、社会、科技不断发展的产物。分析新贸易壁垒产生的原因主要在于以下四点。

1. 社会进步及发达国家人民生活水平日益提高

人们安全健康意识空前加强，越来越关心产品对身体健康和安全的影响，以致在国际贸易中以健康、安全和卫生为主要内容的新贸易壁垒日益增多。

2. 随着环保意识的提高，可持续发展理念深入人心

人们越来越关心赖以生存的地球和社会的可持续发展，因而要求国际贸易中的产品本身及其生产加工过程都不要以破坏环境或牺牲环境为代价；同时要求生产这些产品时也不要以牺牲劳动者的健康为代价。于是，绿色贸易壁垒和社会壁垒等新贸易壁垒在国际贸易中不断出现。

3. 科学技术发展的不平衡为新贸易壁垒的发展提供了条件和手段

发展中国家的科技发展水平远远落后于发达国家的科技发展水平，技术法规和标准等制定的水平和内容与发达国家也存在很大的差距，出口商品往往达不到发达国家的标准，受到了新贸易壁垒的严重影响。同时高灵敏和高技术检测仪器的发展使检测精度大大提高，给发达国家设置新贸易壁垒提供了技术和物质条件。

4. 传统贸易壁垒的不断弱化，为新贸易壁垒的发展提供了发展空间

传统贸易壁垒如关税、许可证和配额等的使用不仅会受到国际公约的制约和国际舆论的谴责，而且也易遭到对等报复，进口国很难采取这些措施进行贸易保护。新贸易壁垒以其隐蔽性、灵活性等特点，已成为贸易保护的重要手段。

近几年，主要发达国家因经济增长乏力，贸易保护主义有抬头之势，随着传统贸易壁垒作用的弱化纷纷寻求新贸易壁垒，以保护其国内产业。

（三）新贸易壁垒的特点

相对于传统贸易壁垒，新贸易壁垒有如下特点：

1. 双重性

新贸易壁垒往往以保护人类生命、健康和保护生态环境为理由，其中有合理成分，这无可厚非，况且世界贸易组织协议也允许各成员方在不妨碍正常国际贸易或对其他成员方造成歧视的情况下，采取必要的、合理的技术措施。所以新贸易壁垒有其合法和合理的一面。然而新贸易壁垒又往往以保护消费者、劳工和环境为名，行贸易保护之实，从而对某些国家的产品进行有意刁难或歧视，极大影响了正常的国际贸易，这又是它不合法和不合理的一面。现实中的新贸易壁垒措施往往同时具有合理与不合理的一面，二者很难区分，因此，新贸易壁垒具有双重性。

2. 隐蔽性

传统贸易壁垒无论是数量限制还是价格规范都相对较为透明，人们比较容易掌握和应对。而新贸易壁垒总是以保护动植物和人类自身的健康和安全、保护环境和保护消费者利益的面目出现的，在这一层面纱后面隐藏着的是贸易保护主义，新贸易壁垒往往被扩大为阻止国外商品进入、保护国内市场的手段。

3. 灵活性

各国特别是发达国家可以以保护国内市场和企业为出发点，以保护人类生命、健康和生态环境为理由，根据自身的标准和需要自行灵活设定新贸易壁垒，制定出烦琐、苛刻的规则和标准来限制进口。

4. 争议性

新贸易壁垒介于合理和不合理之间，又非常隐蔽和复杂，设置的目的性很强，不同国家从各自经济利益出发，互相达成共识的难度非常大，容易引起争议，并且不易进行协调。目前涉及新贸易壁垒的贸易纠纷已成为国际贸易争端的重要领域之一。

二、新贸易壁垒的主要类别

（一）技术性贸易壁垒

随着贸易自由化进程的不断加速，传统非关税壁垒不断削减，技术性贸易壁垒（technical barriers to trade，TBT）目前已经成为主要的国际贸易壁垒形式。

1. 技术性贸易壁垒的概念

《技术性贸易壁垒协议》（Agreement on Technical Barriers to Trade）对技术性贸易壁垒作了解释。技术性贸易壁垒是指货物进口国家所制定的那些强制性或非强制性的技术法规、技术标准及检验商品的合格评定程序所形成的贸易壁垒，即通过颁布法律、法令、条例、规定、建立技术标准、认证制度、检验检疫制度等方式，对外国进口商品设定苛刻烦琐的技术、卫生检疫、商品包装和标签等标准，从而提高进口产品要求，增加进口难度，最终达到限制进口的目的。

具体说来，技术法规（technical regulations）是指规定强制执行的产品特性或其工艺和生产方法，包括法律和法规，政府部门颁布的命令、决定、条例和技术规范、指南、准则、指示，专门术语、符号、包装、标志或标签要求。技术标准（technical standards）是指经公认机构批准的、规定非强制执行的、供通用或重复使用的产品或相关工艺和生产方法的规则、指南或特性的文件；文件还包括或专门适用于产品、工艺或生产方法的专门术语、符号、包装或标签要求。合格评定程序（conformity assessment procedures）是指任何直接或间接用以确定是否满足技术法规或标准中相关要求的程序。一般由认证、认可和相互承认组成，影响较大的是第三方认证。第三方认证是指由第三方对某一事物、行为或活动的本质或特征，经当事人提出的文件或实物审核后给予的证明。

2. 技术性贸易壁垒的内容

（1）安全标准。安全标准是指那些以保护人类和国家安全为理由而采取的限制或禁止贸易的措施。主要发达国家都颁布了一系列有关安全的法规。如美国的《冷冻设备安全法》《抑制放射性物质的健康与安全法》和日本的《劳动安全与健康法》《氧气瓶生产检验法》等。

（2）卫生标准。卫生标准是指以人类健康为理由对进口动植物及相关产品实施苛刻的卫生检验、检疫标准，以限制或禁止商品进口的标准。虽然WTO乌拉圭回合谈判通过的《实施卫生与植物卫生措施协议》规定成员方有权采取措施保护人类及动植物健康，但由于成员方有很大自由度，为某种目的，往往任意提高标准或增加程序，从而造成贸易障碍。

（3）包装标识。进口国通过对包装标识进行强制性规定来达到限制或者禁止进口的目的，包装标识是技术性贸易壁垒的重要组成部分。主要发达国家在包装标识上都有明确的法规和规定。

近十几年来，发达国家相继采取措施，大力发展绿色包装，主要有：

（1）以立法的形式规定禁止使用某些包装材料，如含有铅、汞和镉等成分的包装材料，没有达到特定的再循环比例的包装材料，不能再利用的容器，等等。

（2）建立存储返还制度。许多国家规定，啤酒、软性饮料和矿泉水一律使用可循环使用的容器，消费者在购买这些物品时，向商店缴存一定的保证金，以后退还容器时由商店退还保证金。日本分别于1991年和1992年发布并强制推行了《回收条例》和《废弃物清除条例修正案》。

（3）税收优惠或处罚，即对生产和使用包装材料的厂家，根据其生产包装的原材料或使用的包装中是否全部或部分使用可以再循环的包装材料而给予免税、低税优惠或征收较高的税赋，以鼓励使用可再生的资源。欧盟对纺织品等进口产品还要求加贴生态标签，目前最为流行的生态标签Oeko-Tex Standard100（生态纺织品标准100）是纺织品进入欧洲市场的通行证。

3. 技术性贸易壁垒的特征

（1）技术性贸易壁垒具有社会法规的特征。

通常技术法规、标准由政府部门制定。根据经济合作与发展组织1997年的分类，法规可以分为经济法规、社会法规与管理法规，其中经济法规直接干预市场决策，如定价、竞争、市场进入或退出；社会法规保护公共利益，如健康、安全、环境以及社会内聚力；管理法规则指文书工作与管理形式。与社会法规相对应的贸易措施是食品安全措施、环境贸易措施、质量标准，通过实施这些标准和措施限制不符合要求的外国商品进入来实现一定的社会公共目标。

技术法律具有强制性特点，包括：法律和法规；政府部门颁布的命令、决定、条例；技术规范、指南、准则、指示；专门术语、符号、包装、标志或标签要求。工业发达国家颁发的技术法规种类繁多，如《食品、药品和化妆品法》《消费产品安全法》《进口牛奶法》《设备安全法》《防毒包装法》《易烧织物法》《防爆器材法》《高频设备干扰法》《蔬菜水果进口检验法》《产品含毒物质限制法》等。

许多世贸组织成员为了保护其国内产业和市场，凭借世贸组织规则，纷纷采取技术性贸易壁垒措施，提高市场准入要求。据世贸组织统计，从2008年到2019年，全球TBT通报数从1284件增长到了2129件。

（2）技术性贸易壁垒对国内外市场和贸易具有"双刃剑"的作用。一方面，技术性贸易壁垒的实施，会对进口国的进口商品起到提高技术水平的正面作用，防止假冒伪劣商品进入本国；另一方面，技术性贸易壁垒的实施，会增加出口国的生产成本，如引进新设备和生产线需要大量投资，对出口国而言遭遇了诸多限制。

（3）技术性贸易壁垒具有广泛性，如食品和制成品广泛受到壁垒制约。

2020年5月，日本公布了中国大陆违反日本食品卫生法情况，中国出口的搪瓷饮食器具就因其材质规格中镉含量不合格而被退回。2020年5月，中国出口日本的花生被仙台检疫所检出含有黄曲霉毒素 15μm/kg，违反了《食品卫生法》第6条第2号，该商品被封存退回。

（4）技术性贸易壁垒从商品流通领域扩大到生产、加工领域，从有形商品扩张到金融、信息等服务以及投资、知识产权等各个领域。

技术性贸易壁垒涵盖了研究、生产、加工、包装、运输、销售、消费及处置等各个环节。最典型的例证是强制推行"危害分析与关键点控制"（hazard analysis and critical control point，HACCP）。危害分析与临界控制点是为了确保食品在生产、加工、制造、销售和食用等过程中的安全，在危害识别、评价和控制方面是一种科学、合理和系统的方法。HACCP的宗旨是将可能发生的食品安全危害消除在生产过程中，而不是靠事后检验来保证产品的可靠性。建立 HACCP 体系的目的是控制从"农场到餐桌"整个食品生产、加工、储运、销售过程中可能出现的食品安全危害，食品加工企业可以通过它确保提供给消费者的食品更加安全。

（5）技术性贸易壁垒存在"非对称性"现象，难以进行国际协调。所谓"非对称性"现象，是指发达国家可以采用技术性贸易壁垒来限制发展中国家的商品进口，而发展中国家很难采用同样的办法来限制发达国家的商品进口。其主要原因是发达国家和发展中国家之间存在技术差距和需求层次差异。

4. 技术性贸易壁垒对出口国的影响

（1）影响商品出口的数量和销售。巴西农业部的分析报告指出，由于发达国家设置了技术性贸易壁垒，使巴西的出口每年蒙受至少78亿美元的损失。

（2）达到技术要求要付出高成本，提高了出口商品的价格。进行产品质量提升需要投入较大成本，因此限制了商品出口。

5. 目前影响较大的技术性贸易壁垒

（1）欧盟于2002年5月12日通过了"生态纺织品标签"指令（2002/371/EC）。该指令一方面扩大了检测目标的数量，对棉花种植生长过程中限制使用的农药残留从原先的11种增加到22种，规定了农药含氯有机化合物的总量限制，对纺织品染料禁用从原先的27种增加到了29种，检测的氯化物有机载体从1种增加至11种。另一方面，该指令提高了检测的要求，对某些物质的含量要求达到了 ppb 级。

（2）美国规定自1997年12月18日起，所有对美国出口的水产品生产企业必须建立并运行 HACCP，就此 HACCP 从原来的生产企业自发的安全卫生控制行为演变成官方对食品安全卫生管理的强制性要求。许多发达国家均采用 HACCP 体系，现已成为世界上最权威的食品安全质量控制体系之一。

（3）RoHS 指令和 WEEE 指令。实施《关于限制在电子电器设备中使用某些有害物质的指令》（RoHS 指令）和《电器及电子设备废料指令》（WEEE 指令）的目的是限制欧盟各成员国在电器和电子设备中使用有害物质，将废旧汽车义务回收制度扩大到了电器电子信息产品、信息通讯器材及电动玩具等几乎所有家电产品领域。规定自2006年1月起，只有达到按产品分类规定的再回收利用率指标的家电产品才能进入欧盟市场。其中,对空调、冰箱、洗衣机、微波炉等大型家用电器规定再生率必须达到 80%,再使用率必须达到 75%。

(4) 2007 年 6 月 1 日,欧盟实施《关于化学品注册、评估、许可和限制的法规》(REACH 法规)。REACH 法规打着确保人类健康和环境安全的旗号,将欧盟自产或出口到欧盟市场上约 3 万种化工产品,以及涉及所有使用化工产品的下游产品,如纺织、轻工、玩具、机电等产品分别纳入注册、评估、许可等几个管理监控系统,以规范欧盟市场上化学品的制造、使用和流通。按照欧盟拟定的时间表,REACH 法规实施后,产量在 1 000 吨以上的化学物质应于 3 年内完成注册;产量在 100 ~ 1 000 吨的化学物质应于 6 年内完成注册;产量在 1 ~ 100 吨的化学物质应于 11 年内完成注册,未能按期纳入该管理系统的产品不能在欧盟市场上销售。这意味着,中国每年数百亿欧元的输欧消费品、机电产品等将受到影响。如果中国对欧盟出口的化学品及其相关产品,不能满足 REACH 法规的规定,参照相关统计数据和产业实际,预计每年对欧出口将减少 37 亿欧元。

专栏10-3

温州打火机案

(5) 2006 年 5 月,日本制定了"肯定列表制度"(Positive List System),是日本为加强食品(包括可食用农产品)中农业化学品(包括农药、兽药和饲料添加剂)残留管理而制定的一项新制度。该制度要求:食品中农业化学品含量不得超过最大残留限量标准;对于未制定最大残留限量标准的农业化学品,其在食品中的含量不得超过"一律标准",即 0.01mg/kg。该制度于 2006 年 5 月 29 日起执行。

(二)环境壁垒

1. 环境壁垒的概念

环境壁垒也称绿色壁垒,是指进口国政府以保护生态环境为纲,以限制进口保护贸易为目的,通过颁布复杂多样的环保法规、条例,建立严格的环境技术标准和产品包装要求,建立烦琐的检验认证和审批税,实行环境构想制度,以及保证环境进口税的方式对进口产品设置的贸易障碍。这类政府引导型的壁垒是通常意义上的环境壁垒。还有非政府引导型的环境壁垒,即不同国家的生产商或消费者,由于环境保护意识差异会对产品的生产或消费产生影响,从而造成产品在国际流通的不平衡。

专栏10-4

有关ISO 14000
国际标准

2. 环境壁垒的内容

(1) 环境技术标准。发达国家的科技水平较高,处于垄断地位,在保护环境的名义下,通过立法,制定严格的强制性技术标准,限制国外商品进口。这些标准均根据发达国家生产和技术水平制定,对于发达国家来说可以达到,但对于发展中国家来说则很难达到。这种貌似公正,实则不平等的环保技术标准势必导致发展中国家产品被排斥在发达国家的市场之外。

(2) 多边环境协议。多边环境协议一般是指针对某一具体的环境问题由多国协商而成的环境规定。其确立的公认的绿色条例,有效地阻止了危害环境的行为,本质上并不是贸易壁垒。但由于发达国家在国际环境协议或公约的制定中占主导地位，反映其先进的技术水平，因而限制发展中国家的产品出口，成为一种变相的贸易壁垒。目前，国际上已签订的多边环境协议有150多个，其中近20个含有贸易条款。特别是有关保护臭氧层的国际公约，将禁止受控物质及相关产品的国际贸易。这些受控物质大部分是基础化工原料，如制冷剂，用途广泛，因此影响面较大。随着多边环境协议执行力度的增强，其对国际贸易的影响也越来越大。

（3）环境标志（environment label）。环境标志是指由政府部门或公共、私人团体依据一定环境标准向有关厂商颁发的，证明其产品符合环境标准的一种特定标志。标志获得者要把标志印在或贴在产品或其包装上，它向消费者表明，该产品从研究开发、生产、销售、使用、可回收利用和处置的整个过程都符合环境保护要求，对环境无害或损害很少。1978年德国率先推出"蓝色天使"标志，以一种画着蓝色天使的标签作为产品达到一定环境标准的标志，其他国家纷纷效仿。目前已有近60个国家和地区推出环境标志制度，比较典型的有美国的"绿十字"标志、日本的"生态标志"、加拿大的"ECP"标志、欧盟的"CE"和"FV"标志、新加坡的"绿色标志"等。环境标志的确立和实施，超越了以往的末端管理模式，强调产品在整个生产周期的无害化或低害化，受到公众的欢迎。据不完全统计，在环保意识较高的国家，50%以上的消费者会自觉选择绿色产品，因而取得环境标志的产品就取得了通向国际市场的通行证。有些国家借此严格限制非环境标志产品的进口，从而形成贸易壁垒。

（4）绿色补贴。为了保护环境和资源，有必要将环境和资源费用计算在成本之内，使环境和资源成本内在化，发展中国家绝大部分企业本身无力承担治理环境污染的费用，政府为此有时给予一定的环境补贴，发达国家认为发展中国家的补贴违反WTO的规定，因而限制其产品进口。例如，日本在2006年5月底正式实施农业化学品残留限量的"肯定列表制度"，其中对茶叶中的残留限量有着十分严格的规定，这让中国茶叶出口遭到前所未有的冲击。当时，中国的国家标准（GB 2763—2005）只对九种茶叶农药规定了最大残留限量标准，但日本制定了276条关于茶叶的最大残留限量要求，这在很大程度上阻碍了中国茶叶出口。实际上，发达国家利用经济技术优势对发展中国家的自然资源进行掠夺性开发才是造成发展中国家环境恶化的重要原因，因为发达国家高消费生产和生活方式所需的许多重要资源取自发展中国家。同时，发达国家为了保护本土环境和资源，将严重污染环境的产业转移到发展中国家，降低了本国生产的环境成本，但发展中国家的环境成本却因此提高。这充分说明了发达国家以绿色补贴为借口限制发展中国家出口的极不公平性。

（5）绿色包装制度。绿色包装制度是指能节约能源、减少废弃物、用后易于回收再利用或再生、易于自然分解、不污染环境的包装，在发达国家市场广泛受到欢迎，纷纷制定有关法规，实行简化包装、可再生回收再循环包装、多功能包装等"绿色包装"。例如，美国规定废弃物减量、重复利用、再生、焚化、填埋5项优先顺序指标，日本强制推行《回收条例》和《废弃物清除条件修正案》等。这些"绿色包装"法规虽有利于环境保护，但却为发达国家贸易保护提供可能，它们借口其他国家，特别是发展中国家的产品包装不符合其要求而限制进口，形成环境壁垒。

（6）绿色卫生检疫制度。乌拉圭回合谈判通过的《卫生与动植物卫生措施协议》建议在海关卫生检疫中使用国际标准，规定成员国政府有权采取措施，保护人类与动植物的健康，其中包括确保人畜食物免遭污染物、毒素、添加剂影响，确保人类健康免遭进口动植物携带疾病而造成的伤害。但是各国有很高的自由度，《卫生与动植物卫生措施协议》要求成员国政府以非歧视方式，按科学原则，保证对贸易的限制不超过环保目标所需程度，而且要有高透明度。实际上发达国家往往以此作为控制从发展中国家进口的重要工具。它们对食品的安全卫生指标非常敏感，尤其对农药残留、放射性残留、重金属含量等检疫要求日益严格。

（三）社会责任壁垒

1. 社会责任壁垒的概念

社会责任壁垒是指以劳动者劳动环境和生存权利为借口采取的贸易保护措施。社会责任壁垒由社会条款而来。社会条款并不是一个单独的法律文件，而是对国际公约中有关社会保障、劳动者待遇、劳工权利、劳动标准等方面规定的总称，它与公民权利和政治权利相辅相成。国际上对此的关注由来已久，相关的国际公约有100多个，包括《男女同工同酬公约》《儿童权利公约》《经济、社会与文化权利国际公约》等。国际劳工组织（ILO）及其制定的上百个国际公约也详尽地规定了劳动者权利和劳动标准的问题。为削弱发展中国家企业因低廉劳动报酬、简陋工作条件所带来的产品低成本竞争优势，1993年在新德里召开的第13届世界职业安全卫生大会上，欧盟国家代表德国外长金克尔明确提出把人权、环境保护和劳动条件纳入国际贸易范畴，对违反者予以贸易制裁，促使其改善工人的经济和社会权利。这就是当时颇为轰动的"社会条款"事件。此后在北美和欧洲自由贸易区协议中也规定，只有采用同一劳动安全卫生标准的国家与地区才能参与自由贸易区的国际贸易活动。

目前，在社会责任壁垒方面颇为引人注目的标准是SA8000（Social Accountability 8000 International Standard，SA8000）。SA8000是当前国际上最主要的一种社会责任壁垒。SA8000是从ISO 9000系统演绎而来的，是一种以保护劳动环境和条件、工人权利等为主要内容的新型的管理标准体系。SA8000以加强社会责任管理为名，通过管理标准体系认证，把人权问题与贸易结合起来，最后达到贸易保护的目的。

2. SA8000的内容

随着发展中国家具有国际竞争力的廉价劳动密集型产品大量进入发达国家市场，对发达国家的国内市场造成冲击，纺织品、服装、玩具、鞋类等相关行业工人失业或工资水平下降，其工会等相关利益团体要求实行贸易保护主义的呼声日起，美国等发达国家为了保护国内市场，减轻政治压力，对发展中国家的劳工条件及劳工环境的批评指责声日益高涨。1997年，美国经济优先认可委员会（CEPAA）成立，积极关注劳工条件，后更名为国际社会责任（SAI）。该机构设计了社会责任SA8000标准和认证体系，同时加入了一些国际人权专家认为的对社会审核非常重要的因素，标榜该标准基于国际劳工组织宪章、联合国儿童权利公约、世界人权宣言而制定的。

SA8000的具体内容包括四方面：

（1）有关核心劳工标准。公司不应使用或者支持使用童工，不得使用或支持使用强迫性劳动。尊重所有员工的结社自由和集体谈判权。不得歧视、体罚员工。

（2）工时与工资。公司应在任何情况下都不能经常要求员工一周工作超过48小时，并且每周至少应有一天休假。公司支付给员工的工资不应低于法律或行业的最低标准。

（3）健康与安全。公司具备避免各种工业与特定危害的知识，为员工提供安全健康的工作环境，采取足够的措施，降低工作中的危险因素，提供安全卫生的生活环境。

（4）管理系统。高层管理阶层应根据本标准制定公开透明、各个层面都能了解并实施的符合社会责任与劳工条件的公司政策，并对此进行定期审核。

（四）动物福利壁垒

动物福利壁垒也称道德壁垒，其渊源最初可追溯到原始的农产品贸易。在西方，一些发达国家早在19世纪上半叶就提出了动物福利的概念，原义是指动物在出生、饲养、宰杀和运输等过程中不得受到非人的待遇，这是道德壁垒的雏形。如今一些发达国家将动物福利理念引入国际贸易领域，产生一种新的国际贸易壁垒——动物福利壁垒，这种贸易壁垒已经进入人们的视野并对国际上的畜牧产品贸易产生深远影响。

1. 动物福利壁垒的概念

动物福利壁垒是指进口国在进口动物或与动物有关的产品时，以出口国国内对待涉及的动物没能满足本国的动物福利标准为由，限制该产品的进口而形成的贸易壁垒，这种贸易壁垒是由各国动物福利标准之间的差异而产生的。主张人类应合理、人道地利用动物，要尽量保证那些为人类做出贡献的动物享有最基本的权利，如在饲养时给它一定的生存空间，在宰杀时要尽量减少动物的痛苦等，基本原则包括让动物享有不受饥渴的自由、生活舒适的自由、生活无恐惧感和悲伤感的自由及表达天性的自由。目前许多欧美国家及一些发展程度较高的发展中国家都已制定了有关动物福利的法规，如英国1999年就全面禁止了全封闭式猪圈喂养，后来还专门颁布了《猪福利法规》，对养殖户饲养猪的猪圈环境、喂养方式作出了细致的规定。动物福利壁垒正作为一种新贸易限制手段，其合法性正在得到确认。

2. 动物福利壁垒的内容

（1）饲养方面。以欧盟为例，他们规定了畜牧业生产中动物的一般保护措施以及不同种类动物的最低保护标准，如蛋鸡的最低保护标准、牛的最低保护标准、猪的最低保护标准、动物园中野生动物的最低保护标准、实验用和其他科研用动物的最低保护标准等，这些标准都体现在动物的饲养过程之中。例如，鸡场饲养密度一般为每平方米12只，欧盟相关法律却规定每平方米只能养10只，理由是饲养密度太大，鸡会感觉不"舒适"。

（2）运输方面。要求运输者在进行动物运输，尤其是长途运输时，必须预先考虑到动物在运输过程中可能受到的痛苦和不安。

对运输工具的选择上，运输工具要达到一定的标准，如安装必要的温度、湿度和通风调节器;设备地板要平坦但不光滑;车的侧面不能有锋利的边沿和凸出部分;不能完全密封;地板的面积要足够大,使动物能舒服地站着或正常地休息,不至于过度拥挤等。

对运输时间的要求上,须选择恰当的运输时间,高温天气容易造成动物在运输途中的高死亡率,要在凉快的清晨或傍晚甚至在晚上进行运输。并规定了最长的运输时间,在途时间要尽可能短,运输时间不应超过8小时,超过8小时的必须将动物卸下活动一段时间等。

同时动物福利壁垒对运输方面还存在其他要求,如活畜运输者要经过登记和国家主管部门的认可,运输路线计划要经主管部门批准,禁止运输幼畜等。

(3)屠宰加工方面。动物福利除了强调善养,还应重视善宰。为了确保动物在屠宰时受到的惊吓和伤痛最小,欧盟对屠宰场屠宰人员和屠宰方法也进行了详细规定。

三、新贸易壁垒对全球贸易的影响

(一)新贸易壁垒对世界贸易的影响

1. 新贸易壁垒影响国际贸易的增长

众多的新贸易壁垒,规定的技术内容、水平各异,某些关键技术要求甚至十分苛刻,国外产品,特别是发展中国家产品由于生产水平、质量管理以及产品结构的限制,往往达不到相应的要求。因此,新贸易壁垒的加强必然导致进口的减少,从另一方面来说是其他国家出口的减少。在世界贸易范围内贸易总额的减少必然出现国际贸易增长速度的减缓,因此,在其他条件不变的情况下,世界性的新贸易壁垒的加强程度与国际贸易的增长速度成反比例关系。

2. 新贸易壁垒影响商品结构和地理方向

由于新贸易壁垒具有针对性和歧视性等特点,使其在实施过程中往往对于不同国家、不同商品采取不同的政策,故在一定程度上影响国际贸易商品结构和地理方向的变化。一般来看,农产品贸易受到新贸易壁垒影响的程度超过工业制成品,劳动密集型产品贸易受到新贸易壁垒影响的程度超过技术密集型产品;同时发展中国家和地区对外贸易受到发达国家新贸易壁垒的影响程度超过发达国家受到的新贸易壁垒的影响。这些都在一定程度上影响国际贸易商品结构与地理方向的变化,阻碍和损害了发展中国家对外贸易的发展。

(二)新贸易壁垒对进口国的影响

(1)新贸易壁垒和传统贸易壁垒一样,都能起到限制进口、引起进口商品价格上涨和保护本国市场的作用。一般来讲,在一定条件下,新贸易壁垒的限制对价格的影响还可能因下列情况的不同而有所不同:外国商品的供给受到进口限制越大,进口国的国内市场价格上涨的幅度越大;进口国的国内需求价格弹性越大,其国内市场价格上涨幅度越小;进口国国内供应弹性越大,其国内市场价格上涨的幅度越小。

(2)新的技术性贸易措施和环境保护等措施导致的价格上涨,成为进口国同类产品生产的价格保护伞。但是,新贸易壁垒的加强使进口国的人民付出了巨大的代价。由于国内价格上涨,进口国的消费者必须以更高的价格购买所需的商品。同时,随着国内市场价格上涨,其出口商品成本与价格也将相应提高,削弱了出口商品的竞争能力。为了扩大出口,许多国家采取出口补贴等措施鼓励出口,但这又增加了国家预算支出,加重了纳税人的负担。

(三)新贸易壁垒对出口国的影响

(1)进口国加强实行新贸易壁垒,尤其是实行直接的进口限制,将使出口国商品出口的数量和价格受到严重影响,造成出口商品增长率下降或出口数量的减少和出口价格的下降。

(2)由于各出口国的经济结构和出口商品结构不同,其出口商品受到新贸易壁垒措施的影响也可能不同。同时各种出口商品的供给弹性不同,其价格受到的影响也将不同,出口商品的供给弹性较大,这些商品的价格受到进口国的新贸易壁垒所引起的价格下跌将较小;反之,出口商品的供给弹性较小,其所引起的价格下跌将较大。一般来说,发展中国家出口的商品供给价格弹性小,因此,发展中国家和地区蒙受新贸易壁垒限制的损失超过发达的国家。

(3)在新贸易壁垒加强的情况下,发达国家之间一方面采取各种措施鼓励商品出口,另一方面采取报复性和歧视性的措施限制对方商品的进口,从而进一步加剧了国与国的贸易摩擦和冲突。

四、贸易壁垒发展的新趋势

虽然关税、许可证等传统贸易壁垒在相当长的时间内仍将继续存在,但会逐渐弱化。以技术性贸易壁垒、绿色贸易壁垒、社会责任壁垒等为代表的新贸易壁垒将逐渐取代传统贸易壁垒,成为实行贸易保护主义的主要手段和高级形式。并呈现出以下发展特点:

1. 贸易保护涉及领域从货物生产与贸易向服务贸易和投资延伸

新贸易壁垒的涵盖范围日趋广泛。在世贸组织新一轮谈判中,贸易与环境、贸易便利化、知识产权保护、农业等议题都涉及了新贸易壁垒问题。其表现形式十分广泛,既涉及国际或区域性协议,国家法律、法令、规定、要求、指南、准则、程序等强制性措施,也包括非政府组织等制定的自愿性规则。

2. 贸易保护维度从具体的最终产品向生产经营全过程扩散

新贸易壁垒几乎涵盖了研究、生产、加工、包装、运输、销售和消费以及处置等各个环节。最典型的例证是强制推行HACCP(Hazard Analysis and Critical Control Point)体系,通过对食品生产过程中的微生物、化学和物理危害进行危害分析和关键点控制,将可能发生的食品安全危害杜绝于从田间到餐桌的全过程,而不是仅靠事后检验来保证产品的可靠性。

3. 贸易保护的要求日益严苛

随着科学技术的持续进步、技术创新的逐渐深入,新的技术标准不断推陈出新,并被采用于新的技术法规。技术创新使检测设备、手段和方法更加先进,一些国家尤其是世贸组织发达成员运用技术性贸易壁垒的水平水涨船高,对进口产品的标准规定得越来越细,要求也越来越严格和苛刻。人们对人类生命安全及世界环境问题的热切关心也将导致发达国家的技术标准和技术法规中对这些方面要求的日益提高。

4. 贸易保护手段不断翻新

科学技术不断发展、消费者对商品质量、卫生、安全和环保的要求逐步提高、国际市场竞争日益激烈，使得国家间贸易保护手段花样翻新，不同种类贸易壁垒交叉融合、交替使用。如欧盟和美国设立技术性贸易壁垒，要求进口产品必须达到其设定的技术标准同时又须将该标准中的技术核心申请专利。他国企业想要出口该产品，就必须缴纳极高的专利使用费，大大降低了出口产品的竞争力。这就是技术性贸易壁垒与专利壁垒的交叉融合使用，最大限度地保护了进口国企业的利益。

5. 贸易保护实施主体增多

最初，实施新贸易保护措施的主体多为发达经济体。近年来，随着全球化的不断发展，各国间经贸联系愈发紧密，彼此间的影响也逐渐增强，为了维护本国经济正常发展以及减轻贸易往来对国内产业经济的负面冲击，采取新贸易保护的发展中国家也逐渐增加。据 WTO 统计，发达经济体中实施新贸易保护措施最多的国家为美国，发展中国家中则是印度、巴西。与此同时，随着区域性经济合作组织的逐渐增加，实施新贸易保护主义的主体呈现出集团化、区域化趋势。

6. 贸易保护实施动机日益"合理化"

为加强新贸易保护措施的"合理性"与"合法性"，支持者们积极寻求其理论和现实依据。目前，气候变化、能源安全、食品安全等问题不仅关系到一国经济发展，而且直接决定着人类生存，是国际社会关注的焦点。许多国家以解决这些问题为由，实施新贸易保护，包括以保护环境为主的绿色贸易壁垒，维护劳工和社会权益的蓝色壁垒，以及越来越多以保护消费者权益、保护粮食安全、保护环境为由的技术性贸易壁垒。

第四节　非关税壁垒的经济效应

一、传统非关税壁垒的经济效应分析

传统的非关税壁垒种类繁多，涉及面广，无法对其效应进行逐一分析，这里仅对进口配额这一比较典型的传统非关税壁垒进行经济效应分析。

（一）价格效应和贸易条件效应

进口配额具有与关税相似的价格效应和贸易条件效应。

若进口国为大国，实行进口配额制后，进口量减少，从而使国际市场价格下跌。实行进口配额后的国内市场价格虽然上涨，但上涨幅度小于国际市场价格下降的幅度。此外，大国本身的出口商品价格不变而该进口商品国际市场价格下降，一定量的出口商品能换回

更多的该商品,这意味着,实行进口配额后,大国的贸易条件得到了改善。

小国的情况完全不同,由于效果需求量的增减不能引起国际市场价格的变化,因此,进口配额的负担完全由国内消费者承担,而贸易条件却没有变化。

(二)国内效应

假设进口国为小国,其需求变化对市场价格不产生影响,小国的关税配额效应如图 10-1 所示。

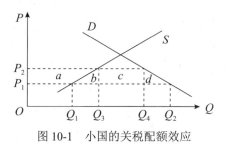

图 10-1 小国的关税配额效应

横轴 OQ 表示某商品的数量,纵轴 OP 表示该商品的价格,S、D 分别为进口国的国内供给曲线和需求曲线。在自由贸易情况下,国内市场价格等同于国际市场价格 P_1,此时,总需求量为 Q_2,国内供应量为 Q_1,需进口商品 Q_1Q_2。

现在假定进口国对该商品实行进口配额制,最高限额为 Q_3Q_4,则总供给小于总需求。其结果是,国内价格提高,从而总供给增加,总需求减少,直至供需重新达到均衡。在新的均衡下,国内价格从 P_1 上升到 P_2,国内供给量从 Q_1 上升至 Q_3,总需求量从 Q_2 减少至 Q_4,总需求量与国内供给量的差额正好为进口配额的限额 Q_3Q_4。

(1)进口配额具有与关税相似的消费效应、生产效应、国际收支效应和再分配效应。如图 10-1 所示,进口国的消费者由于商品价格上涨,损失了面积为($a+b+c+d$)的消费者剩余,此为进口配额的消费效应。进口国生产者的供给量从进口配额前的 Q_1 上升到 Q_3,产生了相应的生产效应,即进口替代效应的保护效应。进口价格不变而进口数量受限,外汇支出减少,此即为进口配额的国际收支效应。其中,面积 a 为进口国生产者因生产扩大而获得的生产者剩余,面积 b 为国内生产者低效率地扩大生产而带来的国民损失,面积 d 为价格提高导致消费量减少带来的国民损失,而面积 c 为进口配额收益,即价格上涨后得到的收益(其大小为价格 P_1P_2 乘以数量 Q_3Q_4)。可见,进口配额制增加了生产者剩余 a 和进口配额收益 c,却使消费者损失了($a+b+c+d$)的经济福利,实现了收入的再分配,也同时使国民经济福利遭受了净损失,数量为($b+d$)。

与关税的经济效应相比较,进口配额制与关税的唯一不同之处,是面积 c 这部分进口配额收益的归属。在征收关税的情况下,面积 c 所代表的进口配额收益归政府所得,产生财政收入效应。在实施进口配额制的情况下,面积 c 的归属取决于进口国分配进口配额的方式及国际市场上该商品的出口状况。

(2)进口国分配进口配额的方式一般有三种:公开拍卖、按固定参数分配和按一定程序申请配额。各种分配方式的效果各不相同。

①进口国公开拍卖进口配额，则进口配额的价格将在竞价中上升到 P_1P_2。其结果是，数量为 Q_3Q_4 的进口配额以 P_1P_2 价卖出，面积 c 作为进口国公开拍卖进口配额的收入归政府所有。这时进口配额和关税的效果完全相同。

②进口国按固定参数分配进口配额，即进口国参照进口商一年或几年前的实际进口额，按照一个固定的比例分配进口配额额度。由于进口商免费得到进口配额，而拥有进口配额就意味着以国际市场价格进口后可以加价销售，获取进口配额收益，所以这种进口配额分配方法实际上是把面积 c 所代表的进口配额收益转移给各个进口商，而政府并未增加任何收入。另外，对进口商而言，收益的大小不需要靠实力竞争，而只需看政府分配进口配额的多少。

③进口国要求进口商按一定的程序申请进口配额，由政府审批来发放进口配额。由于申请的审批权完全掌握在部分政府官员手中，审批的透明度差。为了得到进口配额，国内进口商把大量的时间和精力花费在繁杂的手续和长时间的等待上，因而造成了浪费。

上述三种进口配额分配方式中，第一种公开拍卖进口配额方式最公正，效果也与关税完全相同。而第三种方式会产生收受贿赂问题，引起政府官员腐化，从而产生社会问题。然而这种方式却是在采用进口配额制的国家里最常见的进口配额方式。

应该看到，上述结论的条件为该商品国际市场是完全竞争的市场，存在无数个出口商。如果该商品的国际市场是垄断市场，即进口商除从垄断出口商处进口外，不能从其他来源进口，则出口商便可凭借其垄断地位，抬高出口价格，从而分享到部分进口配额利益。若出口商能把出口价格提高至 P_2 时，则进口配额利益 c 全部归出口商所有。

通过以上分析可以看到，与关税相比，进口配额可能给本国的经济福利造成更大的损失，也更容易导致经济效率的损失，且其分配机制还易于在政府官员中滋长腐败习气，因而进口配额是一种劣于关税的贸易保护措施。但也要看到，进口配额作为一种纯粹的行政干预手段，在进口限制方面比关税手段更准确、更有效。从实际情况看，发达国家仅在农产品和纺织品等少数国际贸易活动中还广泛使用这一不利于效率和福利增进的措施，而广大发展中国家则仍把进口配额作为贸易的重要手段。

二、新贸易壁垒的经济效应分析

（一）技术性贸易壁垒的经济效应分析

1. 技术性贸易壁垒的短期贸易抑制效应

技术性贸易壁垒（TBT）的本质特征是通过技术标准和法规限制产品输入，保护本国市场，从而达到扭曲分配国际贸易利益的目的。以下 TBT 经济效应分析的前提是 TBT 可以逾越，而不是那种过于苛刻、无法逾越的极端情况，否则就没有必要分析了，因为 TBT 无法逾越就不存在相互贸易了。

（1）数量抑制效应。我们从需求曲线和供给曲线来分析这一问题。如图 10-2 所示，D 代表进口国某商品的总需求；S_t 和 S'_t 分别表示设立 TBT 前后进口国市场上该商品的出口国供给曲线，相应地，S_{h+t} 和 S'_{h+t} 表示设立 TBT 前后进口国及出口国供给加总后的市场上该商品的总供给函数。从图 10-2 中可以看出，设立 TBT 后，出口商要想通过谈判或者是提高技术水平来突破 TBT，则需要付出额外的逾越成本，即出口国供给曲线和总供给曲线都将随之上移，而进口国该商品的供求均衡点由 E 转移到 E^*，相应地该商品的进口量由 Q_t 缩减为 Q_0，即进口国设立的 TBT 抑制了商品的进口量，其抑制量的进口量由 Q_t 缩减为 Q_0，即进口国设立的 TBT 抑制了商品的进口量，抑制量为 (Q_t-Q_0)。

（2）贸易条件恶化效应。我们用提供曲线来分析这一问题，所谓提供曲线是指一国在不同的相对价格下提供的进出口商品组合的轨迹。如图 10-3 所示，横轴和纵轴分别表示某商品的出口量和进口量。OE 和 OF 是设立 TBT 前进口国和出口国的供给曲线，两者在 A 点均衡，贸易条件为 OA，设立 TBT 后，由于额外成本的存在，出口国提供曲线向右移动，变为 OF^*，新的均衡点为 B，贸易条件也变为 OB，可以看出，贸易国的出口条件恶化了。

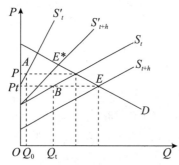

图 10-2　技术性贸易壁垒的数量抑制效应

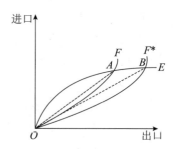

图 10-3　贸易条件恶化效应分析图

2. 技术性贸易壁垒的中长期贸易促进效应

可用产品生命周期理论来分析这个问题。一般来说，TBT 的设立是在商品的标准化阶段，因为设立 TBT 的目的是保护进口国的产业。即出口国的新产品不易受到 TBT 的影响。图 10-4 中 AB 段是产品的创新期，BC 段是产品的成熟时期，CD 段是产品的标准化时期。由以上分析我们可以推出，TBT 一般发生在图 10-4 中的 CD 段，短期由于贸易抑制效应，它会使 CD 向左下方偏移，变为 CD^*。这时如果出口国不采取任何措施，则出口会沿着 CD^* 以更快的速度下降；但如果这时出口国为了突破 TBT 的限制，积极主动地提高技术水平，就有可能带来技术创新，从而加速产品的创新进程，进而带来出口量的增加。如图 10-4 中的 EF 所示。如此周而复始，TBT 反而加快了出口国技术创新的速度，增加了贸易量，也就是说存在贸易促进效应。

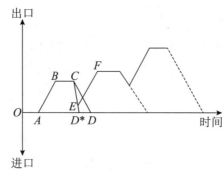

图 10-4　技术性贸易壁垒的中长期贸易促进效应

(二)环境壁垒的经济效应分析

1. 绿色税收效应分析

绿色税收就是指一些国家,特别是发达国家以保护环境为名对一些污染环境影响人类健康的进口产品课以进口附加税,以达到限制或禁止其相应产品进口的目的。绿色税收的存在不仅直接提高了产品的进口价格,而且从长远角度来看,国外出口企业还要为达标而更新设备、改进技术,从而又间接提高了进口产品的成本,无论是进口产品价格的上涨,还是成本的提高,都大大降低了国外产品的出口竞争能力,这无疑从一定程度上保护了进口国的国内市场,然而进口国在利用绿色税收保护自身市场的同时,对其国内的消费者、生产者及社会总体福利又会产生怎样的影响?

图 10-5 显示了某进口国国内市场上 W 产品的供求状况,为简化分析,这里假定该国 W 产品的供求曲线呈简单的线性关系,并且该进口国对 W 产品的交易量在国际上以小国身份存在。也就是说,其 W 产品的供求不足以影响国际价格。因此,在自由贸易情况下,该国 W 产品的国内市场价格等于国际市场价格。如图 10-5 所示,假定国际市场价格为 P_W,在该价格水平上国内生产供给量为 S_1,消费需求量为 D_1,该国的国外进口量为 (D_1-S_1);但是假定该进口国政府经检验断定自国外进口的 W 产品不符合其环境标准或卫生标准,从而决定对每单位 W 产品征收价格为 T 的"绿色税",则 W 产品的单位进口价格就上升至 (P_W+T),继而引起该国国内市场价格亦上升至 (P_W+T),价格的上升刺激了国内厂商的生产,供给量大大增加,但同时 W 产品价格的上升也导致了消费需求的减少。在该价格水平下,进口国 W 产品的供给量上升为 S_2,而需求量下降为 D_2,从而国外的进口量就减少为 (D_2-S_2)。从图 10-5 中我们可以看到,W 产品价格的上升和生产的扩大使进口国的生产者剩余增加了 a 面积部分;但其价格的上升和消费的下降又使消费者剩余减少了 $(a+b+c+d)$ 部分,而政府在征收绿色关税后其税收收入增加了 c 面积部分。综合考虑,整个社会的福利减少了 $(b+d)$ 部分,但与此同时,我们又考虑到,鉴于绿色税收政策的存在,进口国居民的生活环境的确得到了改善,健康也得到了进一步的保障,因而从这方面来讲增加了进口国居民的福利。

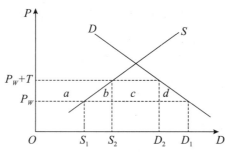

图 10-5 绿色税收效应

由此可见,绿色税收政策对进口国的经济发展和居民福利有着复杂的影响:一方面,它可以在一定程度上保护进口国的国内市场,增强进口国同类产品的竞争力,同时还可以改善进口国居民的生活条件;另一方面,从理论上,它又对进口国的整体福利水平产生着负面影响。因此，进口国对于绿色税收政策应在实证分析的基础上慎重地加以运用。

2. 市场准入限制效应分析

市场准入限制，从根本上说，就是对进口产品施加数量限制。产品供求数量的变化自然就会引起价格的变化，下面我们来看一下进口国实施市场准入限制后，其国内市场价格的变化。

在不考虑供求弹性的前提下，若进口国对某产品提高环保或技术标准从而限制其进口数量，则该产品的进出口价差将增大。这是因为，进口国限制国外产品的进口后，国外原用于出口的产品囤积于出口国内，造成供大于求的局面，从而导致该产品的国外价格的下跌，而进口国则由于限制该产品的进口，短期内国内市场供给又不能马上调整，从而形成供不应求的局面，导致该产品国内价格的上涨。由此可见，该产品的国内外差价呈扩大趋势。

但是，如果考虑到产品的供求弹性和供求量等因素，情况就会有所不同。假定进口国需求不变，则该产品进口数量受限的程度越大，国内市场该产品的供不应求状况就会越加严重，该产品的国内价格就会上涨得越大；而如果该产品在进口国的供给弹性较大，则价格稍有变化，国内供给就会大幅上升，从而该产品的国内价格上涨幅度就会较小；同样，如果该产品的需求弹性较大，则价格稍有变动，国内的需求就会大量地减少，从而价格上涨的幅度也会较小。

（三）社会责任壁垒的经济效应分析

1. 短期贸易禁止与贸易抑制效应分析

在短期内企业社会责任壁垒的设置对出口国的影响比对进口国的影响要明显得多。社会责任壁垒的设立最初具有贸易禁止效应，因为社会责任壁垒一般要求达到某一标准。这样，出口国企业在短时间内不能及时调整生产，产品达不到要求，出口量就为零，产生了贸易禁止效应，此效应为负，极端不利于出口国的对外出口，贸易量骤降为零。

不过，从实际情况来看，企业社会责任壁垒化更重要的影响是具有贸易抑制效应，贸易禁止效应是其一种极端形式。对此，我们可以用超额需求曲线和超额供给曲线来分析。同对进口国的分析一样，依然假设短期内进口国消费者消费习惯固定，需求曲线不变；而出口供给曲线却可因企业社会责任的贸易壁垒的设置而改变，因为实践中，短期的超额供给量更多是由进口国的经济政策等内容决定而不以出口国的生产规模为依据。

具体分析如图10-6所示，D代表进口国的进口需求曲线，S代表出口国的出口供给曲线。在自由贸易下，它们所组成的供求均衡点为E点，即在价格P下，出口国将OQ数量的商品卖给进口国。社会责任壁垒设置后，出口国企业为了达到相关企业社会责任标准，则需要付出额外的成本。这样增加的成本就转化为商品价格的上升，图10-6中由P点上涨到P_1点，短期内由于消费习惯不变（曲线D不变），价格的上涨会使消费者沿着曲线D减少消费数量到F点，结果使超额供给曲线上升为S_1，即出口国出口量变为OQ_1，出口量减少了Q_1Q。可见，社会责任壁垒使出口国面临着更高的出口价格和更少的出口数量，对出口国企业有数量和价格的抑制效应。更为极端的是，出口供给曲线外移到S_2，则此时出口数量为零，产生贸易禁止效应。所以我们说，社会责任壁垒在短期内通过提高出口国的出口成本，使出口到进口国的产品竞争力削弱，从而使消费者把购买力从进口产品转移到国内产品上。反过来自然就对出口国的对外贸易产生抑制效应，使出口国的出口产品数量减少。

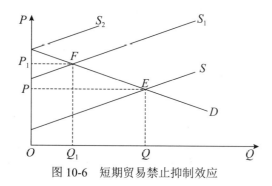

图 10-6　短期贸易禁止抑制效应

从形式上看，社会责任壁垒同关税和传统非关税贸易壁垒的效应机制是一样的，但我们在分析进口国国内需求曲线不变时的机制是不一样的。关税和传统非关税贸易壁垒认为需求的数量完全依赖于价格的变动；而社会责任壁垒认为需求曲线的变动有短期和长期之分，这是基于企业社会责任同企业利润的关系理论而做出的区分。企业社会责任在短期内同企业利润负相关而在长期内正相关，这是由消费者的购买倾向决定的。具体来说，短期内消费者受消费习惯的影响，不能及时地对高企业社会责任产品做出反应，而在长期内消费者却倾向于为高企业社会责任产品买单。这正同企业社会责任贸易壁垒化在短期内进口国的需求曲线保持不变，而在长期内会向外扩张的假设相一致，是企业社会责任特性的体现。

2. 中长期贸易恢复效应分析

在中长期，出口国企业为了把所生产的产品供应到国外，必然会逐步提高企业社会责任标准，进口国在其进口的产品上设置的企业社会责任的贸易壁垒会随着时间的推移所产生的效果逐渐减弱，这样出口国的供给曲线会逐渐恢复到原先水平。而在进口国国内市场，在中长期内需求会扩大。原因是：企业社会责任的贸易壁垒设置后，保证了国内市场供应的都是由高企业社会责任方式生产出的产品，不会给消费者带来负效应。这就促使消费者对产品的消费信心增强，消费数量增加，进口国的需求曲线向外移动。我们可以用图 10-7 来具体阐明。

如图 10-7 所示，D 代表进口国的进口需求曲线，S 代表出口国的出口供给曲线。在自由贸易下，他们所组成的供求均衡点为 E 点，即在价格 P 下，出口国将 OQ 数量的商品出口到进口国。贸易壁垒设置后，在短期内，出口国的出口供给曲线内移到 S_1，由于消费习惯的影响，进口国的需求不变，则该出口品的价格上涨到 P_1，出口量也将减少为 OQ_1，出口量减少了 Q_1Q。但根据前面分析，在中长期内供给和需求曲线不再固定，出口国企业会达到规定的企业社会责任标准，出口供给曲线就会恢复到 S；而进口国进口需求曲线会因消费信心的增强外移到 D_2，这样均衡价格和均衡数量就分别为 P_2 与 Q_2，出口量为 OQ_2。可见，在中长期内，出口国出口数量不但恢复到以前水平，还比以前有所增加，增加的原因就是进口国对出口国产品消费信心的增强。

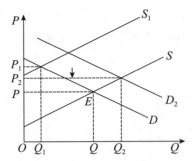

图 10-7 社会责任壁垒的中长期贸易恢复效应

本章思考练习题

一、思考题

1. 我国企业如何应对国外环境壁垒的挑战?
2. 如何理解技术性贸易壁垒具有"双刃剑"的作用。
3. PPT:新冠病毒疫情中的新贸易壁垒调查研究(团队研究性学习)。

二、练习题

(一)名词解释题

进口配额制、进口许可证、外汇管制、技术性贸易壁垒、环境壁垒、社会责任壁垒、动物福利壁垒。

(二)简述题

1. 简述并举例说明非关税壁垒相对于关税壁垒的特点。
2. 简述"自动"出口配额制相对于进口配额制的特点。
3. 简述新贸易壁垒相对于传统非关税壁垒的特点。
4. 简述新贸易壁垒的主要类型及其经济效应。

第十一章
促进出口和限制出口措施

学习目标

通过学习本章，使学生了解主要的出口促进措施和出口管制措施。各国政府往往采取促进出口的政策措施，包括出口补贴、出口信贷等。但无论是限制进口的措施还是鼓励出口的措施，政府对贸易进行干预的政策都是为了保护本国产业，因此应充分理解政府促进出口措施和限制出口措施对本国经济及世界经济的影响。

本章重要概念

经济外交、出口补贴、出口信贷、外汇倾销、商品倾销、出口退税、经济特区、出口加工区、保税区、自由贸易试验区、自由贸易港、出口管制、出口配额、贸易制裁、贸易战

第一节 经济外交

在经济全球化趋势日益发展的今天，经济外交越来越受到各国的高度重视，它已经成为各国促进对外贸易发展的重要措施。

一、经济外交的作用

经济外交（economic diplomacy），是指主权国家元首、政府首脑、政府各个部门的官员及专门的外交机构，围绕经济贸易问题开展的访问、谈判、签订条约、参加国际会议和国际经济组织等多边和双边的活动。

（1）经济外交是外交在经济领域中的拓展，是为实现和维护本国特定经济利益而进行的对外交往。它具有如下四个基本特征：①经济外交的主体一般是国家与国家的联合体；②经济外交的目的是执行特定的外交政策；③经济外交的中心内容是国家与国家在贸易、投资、金融等领域出现的种种经济问题；④经济外交的方式和手段是避免采取爆发战争和其他暴力的和平方式、和平手段。在外交活动中，有些是直接为促进本国经济发展服务的，

这部分就是一国经济外交的重要表现形态。例如，美国奥巴马政府期间，把多边协商、共同应对国际金融危机作为美国外交政策的一个重要目标，这就属于经济外交。

（2）一国对外经济贸易政策推行，不能仅靠经济和行政手段，还必须借助外交手段加以协调配合。例如，在联合国、世界银行、世界贸易组织、国际货币基金组织、地区性经济组织中协商讨论经济贸易问题时，政府领导、外交部门直接参与谈判等。

二、经济外交的主要途径

当前世界各国积极运用经济外交改善本国对外贸易环境，促进本国商品出口，其具体做法通常有：

（1）积极参与国际性的经济、金融和贸易组织。如国际货币基金组织（International Monetary Fund，IMF）、国际复兴开发银行（International Bank for Reconstruction and Development，IBRD）、世界贸易组织（World Trade Organization，WTO）、联合国粮食及农业组织（Food and Agriculture Organization of the United Nations，FAO）等。

（2）组建和参与地区性的经济贸易集团，加强地区性的经贸合作，共同推动区域成长与发展，鼓励货物、服务、资本、技术在区域内流通，促进区域内互补性贸易的发展。例如，中国在积极推动 RCEP 的谈判方面发挥了重要作用。

（3）签订各种多边或双边贸易协议，争取减少贸易与投资壁垒，促进贸易和投资环境的改善。例如，截至 2023 年 5 月，中国已与 26 个国家签订了 19 个自由贸易协定。

（4）发展中国家通过各种国际会议争取发达国家在贸易投资上给予更多的优惠待遇。中国作为最大的发展中国家积极维护发展中国家的利益，在中非经贸合作中充分考虑发展中国家国情，减免债务。同时，中国也积极推动金砖国家合作机制的建立与完善。

第二节 促进出口措施

一、政府组织管理措施

（一）加强政府管理贸易的作用，推行国家贸易发展战略

1. 制定贸易发展战略

政府积极推进经济发展战略和对外贸易发展战略的制定，促进营商环境的改善，为企业指明发展方向。美国克林顿总统执政时提出了"国家出口"战略，将其贸易政策的目标明确为 4 个方面，即打开外国市场、坚持"平等竞技"、为美国公司和工人实行激进的贸易促进战略、将贸易政策与全球经济战略相结合。第二次世界大战后，日本也曾提出"贸易立国"战略。中国政府提出了"对外开放"战略，通过梯度开放推进实现全方位、多层

次、宽领域、深层次的开放，积极融入经济全球化，成为世界第一大贸易国。

2. 提高贸易服务便利化水平

作为服务型政府，最重要的任务就是要进一步优化营商环境，提升对外贸易服务的便利化水平。在对外贸易管理中，涉及海关、商检、税务、商务、科技等很多政府部门，政府部门政策制定水平、执行法律法规的能力、办事效率、服务态度等直接影响对外贸易企业的积极性及企业的发展。例如，中国政府提出要深化"放管服"改革，提升通关商检效率，秉公执法守法，支持制度创新，为各类进出口企业、外商投资企业提供高质量的服务，创新监管模式、加快数字化建设，等等。又如，实施"单一窗口"，开通绿色通道、降低进出口通关成本、支持公共海外仓建设、开通线上申报等都是提高贸易便利化水平的有效措施。再如 RCEP 第 4 章规定，各成员国要简化海关通关手续，采用抵达前处理、信息技术运用等促进海关程序的高效管理手段，在可能情况下，对快运货物、易腐货物等争取实现货物抵达后 6 小时内放行，促进快递等新型跨境物流发展，推动果蔬、肉、蛋、奶制品等生鲜产品的快速通关和贸易增长。表 11-1 为美国对外贸易管理部门及其主要职责。

表 11-1 美国对外贸易管理部门及其主要职责

部门	主要职责
贸易代表办公室	制定和实施贸易政策；对外贸易协定的谈判；对外国的不正当贸易做法进行调查与报复；执行"301 条款"；全权处理有关美国在 WTO 中的相关事务；处理 OECD 涉及贸易和商品问题的相关事务；负责联合国贸易和发展会议有关事项；负责其他多边机构中涉及贸易问题的有关事项和其他多双边贸易谈判
商务部	促进国家对外贸易、经济增长和技术进步、出口促进等；出口管制和进口管理；防止来自国外的不公平贸易竞争，包括反补贴与反倾销调查等；负责美国贸易法律和法规的实施；提供相关帮助和信息以提高美国企业在世界上的竞争力；执行促进全球贸易、加强美国国际贸易和投资地位的政策和计划；监控和实施涉及商务的多边贸易谈判；负责国际经济政策，降低阻碍美国国际贸易和投资的外国政府壁垒，与美国贸易代表办公室协调美国政府在国际经济和贸易问题上的反应与谈判立场；为企业和政府决策部门提供社会和经济统计数字与分析；支持科学和技术成果的利用；制定技术发展政策；向总统提供有关联邦政府政策、工商业和国家经济方面的建议
财政部	直接控制某些关键的对外贸易管理；负责国际金融事务，代表美国在国际货币基金组织和世界银行中发挥作用
农业部	负责与农产品有关的商品贸易，实施多个出口促进计划；设立商品信用公司为美国农产品出口提供优惠信用
国防部	涉及国家安全方面的经济政策，重要职责之一是负责战略物资的出口管理
司法部	反垄断事务
海关和边境保护署	确定和征收进出口关税；办理人员、运输工具、货物和邮件进出美国的手续；执行出口管制；制止欺诈性进出口贸易行为等
国际贸易委员会	反倾销、反补贴、保障措施方面的产业损害调查、特保案件调查、337 调查以及 332 调查，公正客观地执行美国贸易救济法；为总统、美国贸易代表和国会提供独立的、高质量的有关关税、国际贸易和产业竞争力方面的信息、报告与咨询；维护美国协调关税细则（HTS）
能源部	制定原油的进口和能源政策

资料来源：中华人民共和国商务部"走出去"公共服务平台美国（2021 版）http://fec.mofcom.gov.cn/article/gbdqzn/#．

(二)建立和加强出口促进的组织

为了加强对外贸易管理,也需要建立一些贸易促进机构和组织,来推动和协调对外贸易的发展。

(1)设立具有特定职责和作用的综合协调机构。例如,美国总统出口理事会、联邦贸易促进协调委员会、私人部门顾问委员会(PSACS)体系构成了咨询、决策与协调体系。美国贸易发展署(TDA)是由国会直接批准成立并提供资金的独立机构,旨在帮助美国公司参与海外项目的竞争,为开拓国外重大基础设施项目、开放贸易体系提供开发研究赠款。TDA 与多个跨国开发银团合作提供对外援助,帮助美国商品和服务出口,项目主要集中在交通、能源、水利与环境保护、医疗、矿业、资源开发、电信、信息技术与服务等领域。TDA 通过贸易促进合作委员会与美国商务部、进出口银行、海外私人投资公司、小企业管理局等及其他贸易促进组织合作,共同推进美国在海外商业利益的实现。

(2)成立专门为促进出口服务融资、信用保险等机构。如中国进出口银行和中国出口信用保险公司。美国进出口银行(Ex-Im Bank)是美国的官方出口信贷机构之一,宗旨是促进美国货物和服务的出口,提供生产性资本金贷款、出口信贷担保和买方信贷等业务。海外私人投资公司(OPIC)是融资机构、自负盈亏的独立机构(政府公司)。

(3)组建贸易中心和贸易展览会。政府通过多方合作建立贸易中心,组织各种国际博览会、展销会等,鼓励进出口企业参展,促进进出口贸易的发展。在中国设立了中国进出口商品交易会(广交会)、中国国际进口博览会、中国—非洲经贸博览会等,每年吸引了全球成千上万客商。科隆国际商品博览会、巴黎时装周等大力推动全球贸易发展。作为政府间的国际组织,国际展览局(International Exhibitions Bureau),管理各国申办、举办世界博览会及参加国际展览局的工作,推动了世界博览会的发展。近两年来,受新冠病毒疫情的影响,很多线下的贸易中心、博览会、展销会受到严重影响,云会展、云博览会也带来了新的商机。

(4)通过行业协会、进出口商会组织协调对外贸易工作。相关行业协会、进出口商会在组织、协调、服务、指导、促进监督、管理企业的进出口贸易、国际投资等方面发挥了积极作用,通过行业自律、企业自律进一步规范对外贸易行为,维护进出口企业、行业的公平竞争环境。在中国反倾销、反补贴应诉由行业进出口商会组织协调。美国进出口协会、国际贸易协会、美国供应商协会、国际大型零售商协会都是著名的行业协会。

二、金融促进措施

(一)出口信贷

出口信贷(export credit)是指一个国家的银行(如中国进出口银行)为了鼓励商品出口,增强本国出口商品的竞争能力,而向本国的出口商、外国的进口商或进口方银行提供的低息贷款。这是一国的出口厂商利用本国银行的贷款扩大商品出口的一种重要手段,它特别适合于金额较大、期限较长,如大型机械、成套设备、船舶、大型工程项目、大宗商品等出口。

出口信贷的主要特点：其一，指定用途。贷款必须用于购买债权国的商品；其二，期限长。一般都是用于成套设备和大型的工程项目的中长期贷款，即一般为5～8年，最长不超过15年；其三，资金数额大，利率低。出口信贷利率一般低于相同条件下资金贷放的市场利率，利差由国家补贴，并与国家信贷担保相结合。

根据接受信贷的对象来划分，出口信贷分买方信贷和卖方信贷两种。

1. 买方信贷

买方信贷（buyer credit）是指出口方银行直接向进口商（即买方）或进口方银行提供的贷款，其附加条件是贷款必须用于购买债权国的商品，这就是所谓的约束性贷款。买方信贷由于具有约束性而能起到扩大出口的作用。买方信贷具体方式有两种：

第一种是出口方银行直接向进口商提供贷款，并由进口方银行或第三国银行为该项贷款担保，出口商与进口商所签订的成交合同中规定为即期付款方式。出口方银行根据合同规定，凭出口商提供的交货单据，将贷款直接付给出口商，而进口商按合同规定将贷款本、利陆续偿还给出口方银行。

第二种是由出口方银行贷款给进口方银行，再由进口方银行为进口商提供信贷，以支付进口机械、设备、大宗商品等的贷款。进口方银行可以按进口商原计划的分期付款时间陆续向出口方银行归还贷款，也可以按照双方银行另行商定的还款办法办理。而进口商与进口方银行之间的债务则由双方在国内直接结算清偿。这种形式的出口信贷在实际中用得最多，因为它可以提高进口方的贸易谈判效率，有利于出口商简化手续，改善财务报表，有利于节省费用并降低出口方银行的风险。

专栏11-1
中国进出口银行办理的出口买方信贷申请条件

2. 卖方信贷

所谓卖方信贷（supplier credit），是指出口方银行向出口商（即卖方）提供的贷款。其贷款合同由出口商与银行之间签订。因为成套设备等商品的购进需用很多资金，进口商一般会要求延期付款，而出口商为了加速资金周转，往往需要取得银行的贷款。卖方信贷正是银行直接资助出口商向外国进口商提供延期付款，以促进商品出口的一种方式。

中国的出口卖方信贷是指中国进出口银行为出口商制造或采购出口机电产品、成套设备和高新技术产品提供的信贷，主要解决出口商制造或采购出口产品或提供相关劳务的资金需求。贷款具有官方性质，不以营利为目的（贷款人的资本金由国家财政全额提供；贯彻国家产业政策、对外经贸政策、金融政策和财政政策，体现政府强有力的支持）。

以设备出口卖方信贷为例，向中国进出口银行贷款的申请条件主要包括：

（1）设备生产和代理出口企业具备相应的生产能力和出口合同的履约能力，借款人经营管理、财务和资信状况良好，具备偿还贷款本息能力。

（2）除对外提供设备相关技术服务项目外，单笔出口合同金额不低于100万美元或借款人上一年度累计设备出口额不低于500万美元。

（3）企业承揽设备出口项目，应符合《大型单机和成套设备出口项目协调管理办法》（2001年外经贸部33号部令）的有关规定。

(4) 延期付款的项目，延期支付部分应提供中国进出口银行认可的支付保证。

(5) 进口商具备相应实力，资信状况良好。

(6) 对收汇风险较大的项目，必要时应按中国进出口银行的要求投保相应的出口信用险。

(7) 提供中国进出口银行认可的还款担保。

2021 年，由中国进出口银行所提供的货物出口信贷达到 5 611.25 亿元。其中，出口卖方信贷 4 524.9 亿元，出口买方信贷 1 086.35 亿元。

（二）出口信贷国家担保制度

出口信贷国家担保制（export credit guarantee system）就是国家为了扩大出口，对于本国出口商或商业银行向国外进口商或银行提供的贷款，由国家设立的专门机构出面担保。当国外的债务人由于政治原因（如进口国发生政变、革命、暴乱、战争，以及政府实行禁运、冻结资金或限制对外支付等），或由于经济原因（如进口商或借款银行因破产倒闭无力偿付、货币贬值、通货膨胀等）拒绝付款时，这个国家机构即按照承保的数额给予补偿。这种制度也称为出口信用保险。

这项措施是国家替代出口商承担风险、扩大出口和争夺国际市场的一个重要手段。出口信贷国家担保制的担保对象主要有两种：

1. 对出口厂商的担保

出口厂商出口商品时所需的短期或中长期信贷均可向国家担保机构申请担保。有些国家的担保机构本身不向出口厂商提供出口信贷，但可为出口厂商取得出口信贷提供有利条件。例如，有的国家采用保险金额抵押的办法，允许出口厂商所获得的承保权利。以"授权书"方式转移给供款银行而取得出口信贷，这种方式使银行提供的贷款得到安全保障，一旦债务人不能按期还本付息时，银行可直接从担保机构得到补偿。

2. 对银行的直接担保

通常银行所提供的出口信贷都可申请担保，这种担保是担保机构直接对供款银行承担的一种责任。有些国家为了鼓励出口信贷业务的开展和提供贷款安全保障，往往给银行更优惠的待遇。

对出口信贷进行担保往往要承担很大的风险。由于该措施旨在为扩大出口提供服务，收费并不高，以免加重出口商的成本负担，因此，往往会因保险费收入总额不抵偿付总额而发生亏损。这样，对出口信贷进行担保只能由政府来经营和承担经济责任。目前，世界上有的发达国家和许多发展中国家都设立了国家担保机构，专门办理出口信贷保险业务。

1988 年，中国人民保险公司开始开办出口信用保险业务。1994 年，为顺应中国对外贸易发展以及金融体制改革的需要，国务院成立了专门从事进出口政策性金融业务的中国进出口银行。中国进出口银行既经营出口信贷业务，又从事出口信用保险业务，它的成立标志着中国的出口信用体制建设进入了重要的发展阶段。2001 年 12 月 18 日，经国务院批准，中国出口信用保险公司正式挂牌成立，原中国进出口银行和中国人民保险公司从事的各类出口信用保险业务统一纳入新成立的中国出口信用保险公司，由中国出口信用保险公司负责归口经营管理，这标志着中国出口信贷担保体制的最终确立。

3. 出口信用保险的主要种类

中国出口信用保险种类主要有：普通出口信用险、寄售出口保险、出口汇票保险、出口贷款保险、中长期延期付款出口保险、出口买方信贷担保、海外投资保险、保证商行保险、海外广告保险、国外加工险、国外存货保险、国外仓储保险等。

（三）外汇倾销

外汇倾销，是指一国降低本国货币对外国货币的汇价（使本国货币对外贬值），从而达到提高出口商品价格竞争力和扩大本国商品出口的目的。举例来说，假定原来日元兑美元的汇率是 70∶1，即 70 日元的商品只需 1 美元就可以购买。现在日本政府为了刺激出口，将日元兑美元的汇率贬为 80∶1。这样一来，买 70 日元的日本商品不再需要用 1 美元，只要 0.88 美元就够了。在其他条件不变的情况下，美国对日本出口商品的需求量就会增加，用美元支付的别的国家对日本商品的需求量也会增加，也就意味着日本出口的增加。

外汇倾销是促进商品出口、争夺国外市场的一种特殊手段。因为，当一国货币贬值以后，用外国货币表示的本国出口商品的价格势必下跌，从而提高了本国出口商品的价格竞争力，达到扩大出口的目的。同时，本国货币的贬值还会引起进口商品价格的上涨，因此，外汇倾销可起到促进出口和限制进口的双重作用。

但是，外汇倾销不能无限制和无条件地使用，必须具备一定的条件才能起到扩大出口和限制进口的作用。

（1）本国货币对外贬值的幅度大于国内物价上涨的幅度。本国货币对外贬值，必然引起进口原料和进口商品的价格上涨，由此带动国内物价普遍上涨，使出口商品的国内生产价格上涨。当出口商品价格上涨幅度与货币对外贬值幅度相抵时，因货币贬值而降低的出口商品外汇标价会因生产成本增加引起的该商品的国内价格上涨所抵消。由于货币对外贬值可以使出口商品的外汇标价马上降低，而国内物价上涨却有一个时滞，因此外汇倾销必须在国内价格尚未上涨或上涨幅度小于货币贬值幅度的前提下进行。由此可见，外汇倾销所起作用的时间是有限制的，或者说外汇倾销的作用是暂时的。

（2）其他国家不同时实行同等程度的货币贬值和采取其他报复性措施。换言之，外汇倾销措施必须在国际社会认可或不反对的情况下方能奏效。

（3）不宜在国内通货膨胀严重的情况下贸然采用。一国货币的对内价值与对外价值是互为联系、彼此影响的。一国货币汇价下跌迟早会推动其对内价值的下降，从而给已经严重的通货膨胀局面火上浇油。

需要重视的是，外汇倾销的代价不容小觑。由于外汇倾销的实质是降低出口商品的外汇标价以换取出口数量的增加，从而达到增加外汇收入的目的。因此，外汇倾销实际上使同样数量出口商品换回的进口商品数量减少，贸易条件趋于恶化，即外汇倾销会推动商品出口量的增加，但并不等于出口收入额必然随之增加。另外，它有时甚至会引起国内经济的混乱，出现得不偿失的结果。

三、财政促进措施

（一）出口补贴

出口补贴（export subsidies）又称为出口津贴，是指一国政府或同业协会为了降低出口商品的价格，增强其在国际市场的竞争力，在出口某商品时给予出口商的现金补贴或财政金融上的优惠待遇。

1. 形式

政府对出口商品可以提供补贴的范围非常广泛，概括起来，出口补贴的办法主要有直接补贴和间接补贴两种。

（1）直接补贴。直接补贴是指政府（或国内的同业工会）在商品出口时，直接付给出口商的现金补贴，这种补贴主要来自财政拨款。

（2）间接补贴。间接补贴是指政府对某些商品的出口给予财政上的优惠，如超额退还或减免出口商品所缴纳的销售税、消费税、所得税等国内税；对进口原料或半制成品的加工再出口给予暂时免税或退还已缴纳进口税的优惠；免征出口税；对出口商品实行延期付税、减低运费、提供低息贷款，以及对企业开拓国际市场提供补贴等政策。

2. 目的

出口补贴的目的在于降低出口商品价格，以有效地打进国际市场。具体而言包括：

（1）为了弥补出口商品国内价格高于国际市场价格时给出口商所带来的亏损。

（2）补偿出口商所获利润率低于国内利润率所造成的损失。

（3）为了鼓励和支持同行业的部分厂商向外拓展市场和大量出口，从而既发展壮大本行业的生产规模，又避免彼此间在国内市场的过度竞争。

3. WTO 对补贴的分类

WTO 认为直接补贴是"不公平竞争"，并允许进口国采用"抵消关税"进行报复。根据 WTO《补贴与反补贴措施协议》，补贴分为三类：

（1）禁止性补贴。是指成员方不得授予或维持的补贴，通常被称为"红色补贴"。禁止性补贴分为出口补贴和进口替代补贴两种。

（2）可起诉的补贴。是指对国际贸易造成一定程度的不利影响，可被诉诸 WTO 争端解决机制，或通过征收反补贴税而予以抵消的补贴，通常被称为"黄色补贴"。

（3）不可起诉的补贴。是指不具有专向性的补贴，或虽具有专向性的补贴但符合《补贴与反补贴措施协议》中的一切条件的补贴，包括：对企业或高等院校、科研机构在与企业合同基础上进行研究的资助；在成员方的领土范围内根据地区发展总体规划并且非专向性对落后地区提供的资助；改造现有设备，使之适应由法律所提出的新环境要求而提供

专栏11-2

欧盟农产品出口补贴

的资助。不可起诉的补贴通常被称为"绿色补贴",对于这类补贴,WTO 成员不得提出申诉或采取反补贴措施。

4. 静态经济效应

(1)小国情形。出口补贴对生产、消费、价格和贸易量的影响也因其在国际市场上的份额大小而不同,出口量不大,在国际市场影响甚微的小国只是价格的接受者,出口补贴不会影响国际市场价格。

在没有出口补贴时,生产为 S_1,国内需求量是 D_1,出口 X_1。现在假设政府对每单位商品的出口补贴 s 元,商品出口的实际所得变成 P_W+s 元。在这一价格下,生产者愿意扩大生产增加出口,新的生产量为 S_2,国内的需求量则因为国内市场价格的上升而下降至 D_2,供给在满足了国内需求之后的剩余即为出口,用 X_2 表示(如图 11-1 所示)。

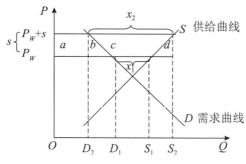

图 11-1 贸易"小国"的出口补贴

出口补贴的结果是:国内价格上涨,出口产品国内产量增加,国内消费量减少,出口量增加。出口补贴为什么会引起国内市场价格上涨和消费下降呢?因为出口补贴使得商品出口国外销售比在国内销售更加有利可图,而且政府没有限制出口数量。在这种情况下,企业当然要尽量出口,除非在国内市场销售也得获得同样的收入。由于出口补贴只是给出口的商品,要想在国内市场上获得同样的收入就必须提高销售价格。在商品涨价之后,消费自然减少。从另一个角度说,国内消费者也必须付出与生产者出口所能得到的一样的价格,才能确保一部分商品留在国内市场而不是全部出口。

国内商品价格的上涨,导致生产者受益,生产者剩余增加($a+b+c$),同时,它导致出口国消费者受损,消费者减少的消费者剩余为($a+b$)。另外,政府增加支出($b+c+d$)。综合而言,出口国净损失($b+d$)。

(2)大国情形。如果出口国是大国,出口补贴对其国内价格、生产、消费及社会利益的影响是同质的,但程度不同。如图 11-2 所示,大国通过出口补贴增加出口的结果会造成国际市场上的供给大大增加,价格下降(假定从 P_W 跌到 P_W')。生产者虽然可以从政府处得到每单位 s 元的出口补贴,但每单位出口销售所得要低于出口补贴前的价格,单位商品出口的实际收入增加不到 s 元,比小国生产者出口补贴时的所得要少。因此,在同样 s 元的政府出口补贴下,生产和出口的增长也会小于小国的情况。国内价格等于新的出口产品国际价格加上 s 元($P_W'+s$),其涨幅会低于小国的(P_W+s),从而使得国内商品的生产和消费的变动较小。

但是,在大国实施出口补贴政策对本国经济利益造成的损失会大于小国。除了补贴造成的生产扭曲和消费扭曲,大国的出口补贴还会造成出口产品的国际市场价格下降,贸易条件恶化。整个社会的净损失比小国进行出口补贴时要大。

在图11-2中,大国的净损失(生产者所得-消费者损失-政府支出)为$(b'+d'+e+f+g)$。其中,b'是消费价格扭曲减少国内消费造成的净损失,d'是生产价格扭曲而过多生产造成的净损失,$(e+f+g)$是出口产品国际价格下跌造成的贸易条件恶化损失。由于$(b'+e)$相当于小国出口补贴时的b,$(d'+g)$相当于小国中的d,大国的实际净损失比图11-1中的小国情形中的净损失$(b+d)$多了一块面积f,而大国的出口增长量却小于小国。因此,对那些出口已占世界市场很大份额的商品实施出口补贴政策未必是明智之举。

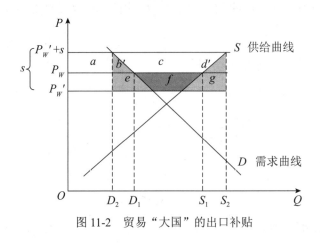

图11-2 贸易"大国"的出口补贴

(二)出口退税

出口退税(export rebate)是指在国际贸易业务中,对报关出口的货物退还在国内各生产环节和流转环节按税法规定缴纳的增值税和消费税,即出口环节免税且退还以前纳税环节已纳的税款。

作为国际通行惯例,出口退税可以使出口货物的整体税负归零,有效避免国际双重课税,有利于增强本国商品在国际市场上的竞争力,为世界各国所采用。

1. 出口退税的种类

(1)退还进口税,即出口产品企业用进口原料或半成品,加工制成产品出口时,退还其已纳的进口税。

(2)退还已纳的国内税款,即企业在商品报关出口时,退还其生产该商品已纳的增值税和消费税。

2. 企业出口退税的具备条件

(1)必须是增值税、消费税征收范围内的货物。

(2)必须是报关离境出口的货物。

(3)必须是在财务上作出口销售处理的货物。

(4)必须是已收汇并经核销的货物。

生产企业（包括有进出口经营权的生产企业、委托外贸企业代理出口的生产企业、外商投资企业，下同）申请办理出口货物退（免）税时必须增加一个条件，即申请退（免）税的货物必须是生产企业的自产货物或视同自产货物才能办理退（免）税。各国的退税政策通常会随着本国经济贸易发展进行调整。

出口退税是国家对外贸出口企业的鼓励政策，但有的出口企业为牟取退税利益，采用虚假出口偷税，导致国家资金减少，这种行为法律是严禁的。

四、经济特区政策措施

（一）经济特区的含义和作用

经济特区（special economic zones）是指一个国家或地区在其管辖的地域内划出一定的地理范围，在对外经济活动中采取更加开放和优惠的政策，以吸引外商投资从事贸易和出口加工等业务活动。经济特区不仅可以促进对外贸易的发展，鼓励转口贸易和出口加工贸易，还可以繁荣本地区和邻近地区的经济，增加财政收入和外汇收入。因此，发展经济特区是一个国家或地区实行对外开放政策的一项重要内容，也是发展地区经济的一项重要政策。

"经济特区"这个名称可以说是中国的首创，国外没有这个提法。在国外体现经济特区功能的有自由港、自由贸易区、出口加工区、保税区、科学工业园区等。中国根据具体国情，考虑到设区的背景、功能及社会制度等方面的区别，总称为经济特区。

（二）主要形式

目前，世界各国设置的经济特区主要分为以下四种。

1. 自由贸易区或自由贸易港

自由贸易区（free trade zone）和自由贸易港（free trade port）是指划在关境以外的一个区域，对进出口商品的全部或大部分免征关税，并且准许在港内或区内进行商品自由储存、展览、加工和制造等业务活动，以促进地区经济及本国对外贸易的发展。

国际上通行的自由贸易区或自由贸易港内基本没有关税或其他贸易限制，实施贸易与投资自由化的政策与法规，自由贸易区内人、财、物及信息的流动都比较自由。自由贸易区通常具备两个特征，一是大多都建在海岛、海岸线、港口城市上；二是都有公平开放的环境、健全完善的法律体系、高效规范的政府服务。如新加坡、德国的汉堡等，都是世界著名的自由贸易港。

2. 出口加工区

出口加工区（export processing zone）是指某一国家或地区为利用外资，发展出口导向工业，扩大对外贸易，以实现开拓国际市场、发展开放型经济的目标，专为制造、加工、装配出口商品而开辟的特殊区域，其产品的全部或大部分供出口。

出口加工区有单类产品出口加工区和多类产品出口加工区之分。后者除加工轻纺工业品外，还加工生产电子、钢铁、机械、化工等产品。出口加工区由自由贸易区发展而来。出口加工区内鼓励和准许外商投资于产品具有国际市场竞争能力的加工企业，并提供多种方便和给予关税等优惠待遇，如企业可免税或减税进口加工制造所需的设备、原料辅料、元件、半制品和零配件；生产的产品可免税或减税全部出口；对企业课以较低的国内捐税，并规定投产后在一定年限内完全免征或减征税费；所获利润可自由汇出国外；向企业提供完善的基础设施，以及收费低廉的水、电及仓库设施等。

3. 保税区

保税区（duty-free zone）是海关所设置的或经海关批准注册的特定地区和仓库。进入保税区的货物可以进行储存、改装、分类、混合、展览，以及加工制造，但必须处于海关监管范围内。外国商品存入保税区不必缴纳进口关税，尚可自由出口，只需交纳存储费等少量费用，但如果要进入关境则需交纳关税。各国的保税区都有不同的时间规定，逾期货物未办理有关手续，海关有权对其进行拍卖，拍卖后扣除有关费用，余款退回货主。

保税区是中国借鉴国外自由贸易区、出口加工区的成功经验，并结合中国国情创办的特殊的经济区域，其主要功能与自由贸易区和出口加工区相似。自1990年5月以来，中国从最初的上海外高桥、天津港、大连、青岛黄岛、张家港、宁波、厦门象屿、福州、海口、汕头、珠海、广州、合肥、深圳福田、沙头角和盐田港等16个保税区，发展到2022年已建成168个保税区。

4. 自由边境区

自由边境区（free perimeters）是在与邻国接壤的边远省或边境城市中划出的专供对邻国自由进出货物的地区。其目的和功能都与自由贸易区相似，只是在规模上小一些。对于在自由边境区内使用的生产设备、原材料和消费品可以免税或减税进口。若从自由边境区内转运到本国其他地区出售，则须照章纳税。外国货物可在自由边境区内进行储存、展览、混合、包装、加工和制造等业务活动，其目的在于利用外国投资开发边区的经济，也可通过这些地区自由出口一些商品。自由边境区主要分布于北美洲的墨西哥与美国边境地区（有11个自由边境区），中国在中俄边境、中越边境也设有自由边境区。

过境区又可称为中转贸易区，是指沿海国家为了方便相邻的内陆国家货物的进出口运输开通的作为中转区的某些海港、河港或国境城市。过境区一般提供保税仓库设施，供过境货物短期储存和重新包装使用。过境区不允许过境货物的加工。在过境区中，过境货物的手续得到简化，关税免征或只征收小额的过境费。当前世界上的过境区主要有：巴基斯坦的卡拉奇（Karachi）、印度的加尔各答（Calcutta）、伊朗的霍梅尼港（Khomeini）、法国的马赛（Marseilles）、德国的汉堡（Hamburg）、意大利的热那亚（Genoa）等。

5. 科学工业园区

科学工业园区（science and industry park）是指在科研机构和名牌科技大学比较集中、居住环境和教育环境比较优越的大城市或城市近郊辟出一块地方，提供比出口加工区更大的租税优惠，吸引外国资金和高技术人才，研究和开发尖端技术产品，促进科技和经济发展，将智力、资金高度积聚的特定区域，是从事高科技研究，并对其成果进行测试、生产的新型开发区。如美国硅谷、日本筑波、中国台湾新竹、中国北京中关村。

五、促进出口措施对国际贸易的影响

长期以来,世界各国都在实施保护贸易措施,尤其是促进出口措施支持本国企业在国际市场上处于有利地位,获得更多的出口利益,所以对国际贸易生产了影响。

(1) 促进出口措施已经成为应对国际贸易竞争非常重要的贸易政策工具,对本国企业的积极主动扶持,将使本国企业获得财政、金融等资金、退税、政府服务等支持,有利于企业扩大出口,国家保持顺差地位。

(2) 促进出口措施有利于培育企业的国际竞争力,使得企业获得有利的资源配置,从而打败竞争对手,获得贸易利益,改变国际贸易的流向,也有利于提高整体的福利水平。

(3) 若一国促进出口措施中带有不公平竞争的性质,会导致贸易扭曲,易受到其他国家的责难与排斥,也不符合有关公平竞争原则。

(4) 国家对某些出口部门或地区的鼓励与政策优惠,可能会使得国内其他产业陷入竞争劣势之中,不利于国内统一大市场的正常运作,也会导致国内收入差距加大,贸易不平衡加剧。

第三节 限制出口措施

限制出口,是指国家通过法令和行政措施,对本国出口贸易实行管理和控制。一般来说,世界各国都会实行鼓励出口的政策,但是,出于某些政治、经济和军事目的,各国也都有可能对某些商品实行出口管制(export control)。

一、出口管制的对象

(一)战略物资及与其有关的尖端技术和先进技术资料

战略物资及与其有关的尖端技术和先进技术资料主要包括军火武器、军事设备以及先进的计算机和通信设备等。各国,尤其是发达国家控制这类物资出口的措施十分严厉,如需出口,必须经过申请并取得特殊出口许可证。这种控制主要是从所谓的国家安全和军事防务的需要出发,防止它们流入政治制度对立或政治关系紧张的国家。此外,从保持科技领先地位和经济优势的角度出发,发达国家对一些最先进的机器设备及其技术资料也进行严格控制。例如,美国对出口中国的高新技术产品实行管制,尤其是对芯片等产品实行严格的管制。

(二)国内的紧缺物资

国内的紧缺物资主要是指对国内生产所迫切需要的原材料、半制成品及国内供应明显不足的某些商品出口进行控制,以避免国内的供给不足和市场失衡。如美国对某些化工产品、药品、活牲畜、可可等实行出口管制。

(三)历史文物和艺术珍品

如某些古玩、珍贵的艺术品、名画等文化遗产,各国出于保护本国文化艺术遗产和弘扬民族精神的需要,一般都会禁止该类商品输出,即使允许其输出,也会实行较严格的管理。

(四)需要"自动"限制出口的商品

这是为了缓和与进口国的贸易摩擦,在进口国的要求下或迫于对方的压力,不得不对某些具有很强国际竞争力的商品实行出口管制。但是,一旦对方的压力有所减缓或者基本放弃,本国政府将会相应地放松出口管制措施。

(五)本国在国际市场上占主导地位的重要商品和出口额大的商品

对发展中国家来讲,这类商品的出口管制尤为重要。因为发展中国家往往出口商品结构单一,出口市场集中,出口商品价格容易出现大起大落。当国际市场价格下降时,发展中国家应控制该商品过多出口,从而避免这种商品国际市场价格大幅下降,减少本国可能遭受的经济损失。

二、出口管制的形式

出口管制的形式主要分为单方面出口管制和多边出口管制两种。

1. 单方面出口管制

单方面出口管制,即出口国根据本国的出口管制法案,设立专门的执行机构,对本国某些商品的出口进行审批和颁发出口许可证,实行单方面的管制。

美国现行的出口管制法律法规体系可分成两部分:一部分是军用物项体系,主要包括《武器出口管制法》(AECA)和《国际武器贸易条例》(ITAR);另一部分是两用物项体系,主要包括《2018年出口管制改革法》(ECRA)以及《出口管理条例》(EAR)。美国《出口管理条例》中附有《商务部管制清单》(Commerce Control List,以下简称CCL)。目前,美国CCL管制的物项包括10类:0类核材料、设施、设备(及其他),1类材料、化学品、微生物和毒素,2类材料加工,3类电子,4类计算机,5类电信和信息安全(第1部分为电信、第2部分为信息安全),6类传感器与激光器,7类导航与航空电子,8类船舶,9类航空和推进系统。每一类不仅涉及设备、组件、零件,测试、检测与生产设备以及材料,还涉及软件和技术。

除上述法律外,美国还有些法律虽然不直接涉及出口管制,但对出口管制的运行具有重要影响,如《国际紧急经济权力法》《国防授权法》等;还有些法律则是针对一些特定领域或根据国际协议转化而设立的专门立法,如《原子能法》《核不扩散法》等。

中国1994年颁布的《中华人民共和国对外贸易法》作为对外贸易领域的基本法律，明确规定了限制或禁止进出口的货物和技术种类。近年来又先后颁布实施了《中华人民共和国监控化学品管理条例》《中华人民共和国核出口管制条例》《中华人民共和国军品出口管理条例》《中华人民共和国核两用品及相关技术出口管制条例》等法规。2020年10月颁布了《中华人民共和国进出口管制法》，标志着我国进出口管制法律体系不断完善。

专栏11-3

巴黎统筹委员会

2. 多边出口管制

所谓多边出口管制是指几个国家的政府，出于共同的政治和经济目的，通过一定的方式建立国际性的多边出口管制机构，协商和制定统一的多边出口管制货物单和管制国别，规定出口管制的办法等，以协调彼此的出口管制政策和措施。然后由各成员国根据上述精神，自行办理出口商品的具体管制和出口申报手续。

三、出口管制的措施

（一）一般许可证

一般许可证（general-licenses）是指根据各国出口管制货单和国别管制清单表，如属于普通许可证项下的商品即按照一般出口许可证的程序出口，这类商品管制较松。

（二）单项有效许可证

单项有效许可证（individual validated licenses）是由美国商务部发放的一种批准出口许可的官方文件。该证列明了具体批准的出口商品或技术资料的名称、数量，指定了具体的收货人及最终用途，有效期为1年。出口商申请获批后需严格按照许可证上载明的条款执行。

（三）特殊许可证

特殊许可证（special licenses）是在特殊条件下所采用的许可证，常可代替多个单项有效许可证使用。常用的有分销许可证、提供服务的许可证、项目许可证。

四、出口管制对国际贸易的影响

（1）出口管制减少了国际贸易中的安全风险。无论是本国，还是国际社会的出口管制，重点是维护国家安全和利益，防止核、生、化等大规模杀伤性武器及其运载工具扩散。有效的出口管制可以减少国际贸易中的安全威胁，防范冲突风险，缓和紧张局势，营造稳定、可预期的国际贸易环境。

（2）出口管制由于限制了一些原材料、产品的出口，会使全球间产品、技术信息的自由流动和产业链合作变得更难，导致国际市场价格出现大幅波动，也将对已形成的跨国产品采购与销售活动和相关企业运营构成新的挑战和影响。

（3）过度的出口管制可能会影响双边贸易关系，引发贸易摩擦甚至贸易战，不利于维护公平、公开、公正、可持续的国际贸易竞争。

（4）某些国家对高新科技进行出口管制会阻碍科技的扩散与传播，妨碍了发展中国家获得科技进步成果，不利于科技成果在世界范围内的应用，将进一步导致发达国家与发展中国家的技术鸿沟扩大，不利于构建共享安全繁荣的人类命运共同体。

五、贸易制裁与贸易战

（一）贸易制裁

1. 贸易制裁的含义

贸易制裁（trade sanctions）是经济制裁（economic sanctions）的一项重要内容。所谓经济制裁，即有意识地采取政策来限制或剥夺某一国家的经济利益，以迫使该国改变其某一对外政策或行为。如不给或减少经济援助，就禁止向一国输出商品、技术或资本，对一国实行贸易制裁和禁运等。涉及禁止商品进出口的制裁就属于贸易制裁。

2. 贸易制裁的原因

（1）维护经济贸易利益。用贸易制裁手段惩戒对方，可迫使对方妥协、让步，从而维护本国企业的贸易利益。例如，为了维护美国的知识产权和得到"公平"贸易机会，美国经常动用"超级301条款"和"特殊301条款"威胁和制裁别的国家。

（2）追求政治目的和利益。1959年1月后，卡斯特罗领导武装革命推翻了巴蒂斯塔亲美独裁政府后，开始实行国有化，征收和接管美国公司及其所有土地，引起了美国的不满，美国开始对古巴进行贸易制裁。1963年7月，美国冻结古巴在美国的所有财产，继续实行贸易禁运。1996年5月后，美国按照《赫尔姆斯-伯顿法案》，将对古巴的制裁措施扩大到第三国，禁止第三国在美国销售古巴产品，不向与古巴有经贸往来的公司经理、股东及其家属发放入美签证，不允许古巴加入国际金融机构，不允许其向古巴提供贷款，谋求通过联合国安理会对古巴实行国际制裁。

（3）谋求军事和安全利益。1979年12月27日，苏联入侵阿富汗，严重影响了美苏在中亚和中东地区的战略平衡，威胁到美国的利益。此后，美国宣布对苏联进行贸易制裁，包括停止出售高技术产品，停止提供1 700万吨粮食，限制苏联渔船在美国水域捕鱼。欧洲共同体也宣布对苏联实行贸易制裁，包括停止向苏联出口谷物、奶制品，取消对苏联出口的黄油补贴等。2022年2月，俄罗斯和乌克兰发生战争，俄罗斯也受到了以美国为首的西方国家的贸易制裁，国际天然气、粮食价格出口都受到严重影响。

（二）贸易战

1. 贸易战的含义

贸易战（trade war）又称"商战"，指的是一些国家通过高筑关税壁垒和非关税壁垒，限制别国商品进入本国市场，同时又通过各种措施争夺国外市场，由此引起贸易双方或多国之间实施一系列报复和反报复措施。

例如，20世纪80年代的美日贸易战，以及2019年中美之间爆发的贸易战，不仅给贸易战双方对外贸易带来了严重影响，还波及世界贸易和区域贸易发展。

2. 贸易战解决途径

一旦贸易战发生，对于当事国来说都有损失，所谓贸易战"杀敌一千，自损八百"。因此对于开展贸易战产生的后果要做好充分的评估，在贸易战中斗智斗勇，避免更大的损失，早日结束贸易战。以中美贸易战为例，要早日结束贸易战，须从以下四个方面进行：

（1）美方要认清世界经济发展的大趋势，正确对待中国的崛起与发展，不要与其盟友继续搞小圈子，谋求孤立中国或者与中国经济与科技"脱钩"。拜登虽然将美国对华战略由"竞争、合作、对抗"的"三分法"更新为"投资、结盟、竞争"的"三点论"，但实质上还是要遏制中国。对此我们要有清醒的认知。

（2）加强政府间的经济外交谈判，化解矛盾，求同存异。中美双方的竞争与矛盾还是要坐下来谈判，谈判沟通是解决问题的重要途径，中国谈判的大门是打开的，但是，美国必须有诚意。

（3）有理有据开展斗争，在斗争中求发展，从大局着眼推动中美贸易回到正常轨道。事实证明，美国对中国挥舞关税大棒并未达到预想结果，2018—2021年美国贸易逆差额较2017年分别增长13%、20%、32%、68%。2021年贸易总逆差达8 614亿美元，其中商品贸易逆差更是高达1.1万亿美元，创下1960年美国政府开始追踪年度贸易差额以来的最高纪录。不仅如此，中美贸易战还让美国企业损失1.7万亿美元市值，失去近25万个就业岗位，每个家庭年均开支增加近1 300美元。美国对中国加征关税是搬起石头砸自己的脚。中国对美国的出口继续呈现规模扩大、顺差扩大的趋势，但要防止人民币汇率大起大落严重影响进出口贸易的发展。

（4）向WTO起诉美国。WTO的争端解决机制为成员之间的贸易摩擦和贸易战提供了上诉的机会，中国应该坚持不懈向WTO上诉机构积极提交有关美国违反WTO规则的材料，争取早日判决。中国应保持战略定力，坚定必胜信心，以自身发展的稳定性应对外部环境的不确定性，做到"任凭风浪起，稳坐钓鱼台"。

本章思考练习题

一、思考题

1. 什么叫作经济外交？经济外交有哪些表现形态？
2. 促进出口采取的措施主要有哪些？
3. 出口补贴会对出口国产生怎样的静态经济效应？
4. 出口管制的对象通常有哪些？

二、练习题

（一）名词解释题

经济外交、出口补贴、出口信贷、外汇倾销、出口退税、经济特区、自由贸易区、出口加工区、保税区、科学工业园区、出口管制。

（二）论述题

1. 联系实际，论述促进出口措施对发展中国家的影响。
2. 香港与新加坡自由贸易港对比分析。

（三）案例分析

美国加强对华出口管制——美国实体清单案例

美国出口管制实体清单（BIS Entity List of The Export Administration Regulations），简称实体清单（Entity List，EL）。美国商务部对两用技术实施清单管理（两用即军用和商用）。美国商务部中，主管出口管制的机构是工业和安全局（Bureau of Industry and Security，BIS）。

1969 年，美国国会审议通过了《出口管制法》（Export Administration Act，EAA），基于 EAA 授权，BIS 负责商业管制清单（Commerce controllist，CCL）的物项编码，并通过《出口管理条例》（Export Administrative Regulation，EAR）实施具体出口管制措施。与此同时，BIS 以三大清单限制美国技术输出，分别为拒绝人员清单（DPL）、未经验证清单（UVL）、实体清单。三大清单当中，实体清单最为严格，被纳入的原因为：威胁美国国家安全和外交政策（contrary to the national security or foreign policy interests of the United States）。实体清单是美国商务部 BIS 对于特定对象的出口限制，只要是进入该名单的实体均为 BIS 限制出口的对象。列入实体清单的实体包括：企业、科研院校、外国自然人、政府机构及其他组织。

从 2019 年 5 月 15 日美国商务部把华为公司等 70 家关联企业加入实体清单开始，美国商务部就已经分多批陆续将中国企业和机构加入实体清单。目前，中国已经有 600 多家机构和个人在实体清单上。除美国重点关注的华为外，还包括了中国电子科技集团、中国航天科技集团和航天科工集团、人工智能企业及部分高校等，甚至还包括了中国县区公安局。在美国已经将中美两国关系定性为长期的战略竞争关系的背景下，美国企图联合其盟友对中国进行全面合围打压的态势加剧，此实体清单是美国不断对中国高科技企业进行高强度精准打击和对中国内政粗暴干涉的最新表现，也是美国对中国从发起贸易战向发起科技战的转变。BIS 实体清单涵盖军工、科技、芯片、核电、安防、人工智能、网络安全等多个领域。2022 年 10 月，美国商务部在半导体制造和先进计算等领域对中国升级出口管制措施，对中国企业获取高性能计算芯片、先进计算机、特定半导体制造设施与设备以及相关技术实施进一步限制。同时，在将 9 家中国实体移出"未经验证清单"过程中，又将 31 家中国实体列入。

试回答：

1. 美国为何对中国发布如此多的实体清单？
2. 中国高科技产业和企业应如何应对美国的出口管制？

拓展篇

第十二章
跨国公司与国际贸易

学习目标

通过学习本章，使学生了解国际直接投资与国际间接投资的分类与特点，认识跨国公司的发展与趋势，熟悉跨国公司理论的主要内容，掌握跨国公司的全球经营战略，理解跨国公司 FDI 对国际贸易的影响。

本章重要概念

国际直接投资、国际间接投资、跨国公司、垄断优势、所有权优势、边际产业、全球产业链、跨国并购、战略联盟、竞争战略、本土化战略、出口引致效应、进口引致效应

第一节 国际直接投资与间接投资

一、国际直接投资的定义、分类和特点

（一）国际直接投资的定义

国际直接投资（international direct investment），有时也称外国直接投资或对外直接投资（foreign direct investment，FDI），是指一国的自然人、法人或其他经济组织单独或共同出资，在其他国家的境内创办新企业，或增加资本扩展原有企业，或收购现有企业，并且拥有有效管理控制权的投资行为。

国际直接投资是与国际间接投资相对应的概念，是指为了在国外投资获得长期的投资效益，并拥有对公司的控制权和企业经营管理权而进行的在国外直接创办企业（或公司）的投资活动。

（二）国际直接投资的分类

（1）按子公司与母公司的生产经营方向是否一致，国际直接投资可分为三种类型：
①横向型投资：同样或相似的产品，一般运用于机械制造业、食品加工业。

②垂直型投资：同一行业的不同程序的产品，如汽车、电子行业；不同行业的有关联的产品国际直接投资，如资源开采、加工行业。

③混合型投资：生产完全不同的产品，目前只有少数巨型跨国公司采取这种方式。

（2）按投资者是否新投资创办企业，国际直接投资可分为两种类型：

①创办新企业：又称绿地投资，分为独资和合资两种方式。

②股权控制或跨国并购：一国投资者为了某种目的，通过一定程序、渠道和支付手段，将另一国企业的整个资产或是以行使经营控制权的股份买下来，从而拥有控制的权利。

（3）从投资者对外投资的参与方式的不同，可分为三种类型：

①外商独资企业：外商独资企业指外国的公司、企业、其他经济组织或者个人，依照中国法律在中国境内设立的全部资本由外国投资者投资的企业，外资股份达到100%。

②中外合资企业：是指中国投资者与外国投资者依照中国法律的规定，在中国境内共同投资、共同经营、并按投资比例分享利润、分担风险及亏损的企业。

③中外合作企业：一般由外国合作方提供资金、技术、设备，由中国合作方提供场地、现有厂房、劳务等基础条件，从事特定项目的契约式经营企业。

（三）国际直接投资的特点

（1）实体性：不同于短期资本流动，国际直接投资要求投资主体必须在国外拥有企业实体，直接从事各类生产经营活动。

（2）控制性：不同于国际间接投资，国际直接投资要求取得对企业的控制权并获得利益。

（3）渗透性：不同于单一资本流动，国际直接投资既有货币投资形式又有实物投资形式。

专栏12-1

亚洲发展中经济体的FDI下降45%

二、国际间接投资的定义、分类和特点

（一）国际间接投资的定义

国际间接投资（international indirect investment），有时也称外国间接投资或对外间接投资（foreign indirect investment，FII），是指以资本增值为目的，以取得利息或股息为形式，以被投资国的证券为对象的跨国投资，即在国际债券市场购买中长期债券，或在外国股票市场上购买企业股票的一种投资活动。国际间接投资者并不直接参与国外企业的经营活动，其投资活动主要通过国际资本（或金融证券）市场进行。

（二）国际间接投资的分类

（1）按投资主体分类，国际间接投资可分为国际机构投资、政府投资和私人投资三类。

（2）按筹资手段和方法分类，国际间接投资可分为国际银行信贷、出口信贷、政府贷款、国际金融组织贷款、国际证券、混合贷款和国际项目贷款七类。

(3) 按投资内容特性分类，国际间接投资可分为国际证券投资和国际信贷两类。国际证券投资又分为国际股票投资和国际债券投资；国际信贷包括政府贷款、国际金融机构贷款和国际商业银行贷款。

（三）国际间接投资的特点

（1）流动性大，风险性小。随着二级市场的日益发达与完善，证券可以自由买卖。国际直接投资一般都要参与一国企业的生产，生产周期长，其流动性小、风险性大。

（2）自发性和频繁性。国际间接投资往往自发地从低利率国家向高利率国家流动，而且受到世界经济政治局势变化的影响，经常在国际频繁移动。

（3）控制权不同。国际间接投资对筹资者的经营活动无控制权；国际直接投资对筹资者的经营活动拥有控制权。

（4）投资渠道不同。国际间接投资必须通过证券交易所才能进行投资；国际直接投资只要双方谈判成功即可签订协议进行投资。

（5）投资内涵不同。国际间接投资一般只涉及金融领域的资金，即货币资本运动，运用的是虚拟资本；国际直接投资是生产要素的投资，它不仅涉及货币资本运动，还涉及生产资本和商品资本运动及其对资本使用过程的控制，运用的是现实资本。

（6）获取收益不同。国际间接投资的收益是利息和股息；国际直接投资的收益是利润。

第二节　跨国公司的发展

一、跨国公司的定义和主要特征

（一）跨国公司的定义

20世纪70年代初，联合国经济及社会理事会组成了由知名人士参加的小组，较为全面地考察了跨国企业的各种准则和定义后，于1974年做出决议，决定统一采用"跨国公司"（Transnational Corporations，TNCs）这一名称。

跨国公司是指具有全球性经营动机和一体化的经营战略，通过对外直接投资，在多个国家拥有从事国际化生产和经营活动的分支机构或子公司，并将它们置于统一的全球性经营计划之下的跨国性企业。

（二）跨国公司的主要特征

（1）经营活动的跨国性。跨国公司一般都以实力雄厚的大型公司为主体，通过对外直接投资或收购当地企业的方式，在许多国家建立子公司或分公司。

（2）决策机制的统一性。跨国公司一般都有一个完整的决策体系和最高的决策中心，各子公司虽各自有自己的决策机构，且可以根据自己经营的领域和不同特点进行决策活动，但其决策必须服从于最高决策中心。

（3）战略思维的全球性。跨国公司一般都从全球战略出发安排自己的经营活动，在世界范围内寻求市场和合理的生产布局，定点专业生产，定点销售产品，以谋取最大的利润。

（4）竞争能力的强大性。跨国公司一般都有强大的经济和技术实力、快速的信息传递，以及资金快速跨国转移等方面的优势，所以在国际上都有较强的竞争力。

（5）重要领域的垄断性。许多大型跨国公司由于经济、技术实力，或在某些产品生产上的优势，对某些产品或在某些地区、国家都带有不同程度的垄断性。

二、跨国公司产生与发展的原因

（一）跨国公司的产生与发展

跨国公司的历史至少可以追溯到 19 世纪 60 年代，当时西欧和美国的一些大企业开始在海外设立生产性分支机构，从事制造业跨国经营活动，已初具跨国公司的雏形。第二次世界大战后，随着西方发达国家垄断资本大规模对外扩张和生产的进一步国际化，对外直接投资迅猛增加，跨国公司得到了迅速发展。

1. **跨国公司的产生**

19 世纪 60 年代，资本主义从自由竞争逐渐向垄断阶段过渡，"过剩资本"的大量形成促使西方国家的一些大企业开始向海外投资。在欧洲，德国的拜耳（Bayer）化学公司于 1865 年在美国纽约州的奥尔班尼开设了一家苯胺制造厂；瑞典的诺贝尔（Nobel）公司于 1866 年在德国汉堡设立了生产炸药的分厂。美国的第一家跨国公司是胜家（Singer）缝纫机公司，它于 1867 年首先在英国的格拉斯哥建立了一家缝纫机装配厂，其产品供应欧洲和其他地区。上述三家公司通常被看作早期跨国公司的代表。据估计，到第一次世界大战之前，美国在海外拥有的制造业子公司已达 122 家，欧洲大陆国家为 167 家。

2. **两次世界大战期间跨国公司的发展**

两次世界大战期间，发达国家对外直接投资增长缓慢，处于停滞状态。绝对数量虽有所增加，但主要集中在资源开发性行业，且具有明显的地域局限性。

3. **第二次世界大战后，跨国公司的迅速发展**

第二次世界大战后，全球范围内国际直接投资迅猛增长，跨国公司得到空前发展。第一阶段：战后初期至 20 世纪 60 年代末，美国跨国公司占绝对优势；第二阶段：自 20 世纪 70 年代初开始至 80 年代末，国际直接投资格局逐步由美国占绝对优势向多极化方向发展；第三阶段：自 90 年代初期至今，跨国公司在全球经济一体化时代获得长足发展。尤其值得注意的是，进入 20 世纪 90 年代中期以来跨国并购交易急剧扩大，已成为国际直接投资的主要方式及其增长的主要推动力量。以 2000 年为例，全球跨国并购额达 11 440 亿美元，占到当年外国直接投资流入流量的 90% 之多。

4. **21 世纪跨国公司的发展趋势**

进入 21 世纪以来，由于世界大部分地区经济增长放缓以及源自美国的国际性金融危机,全球对外直接投资流量深受影响,但跨国公司仍以自己的惯性在向前发展:一是从地区经营战略向全球经营战略转变,跨国公司也在通过战略、管理架构和理念文化的调整向全球公司转型;二是跨国公司所有权形式趋向多样化,非股权参与成为重要的经营战略。主要包括许可证合同、交钥匙合同、经营管理合同等多种形式;三是组织管理由垂直型向扁平型方向发展;四是并购与联盟成为跨国公司对外直接投资的重要战略。

(二)跨国公司迅速发展的原因

第二次世界大战后,跨国公司的迅速发展有其深刻的经济和政治原因。

(1)科技革命和社会生产力的发展。20世纪50年代开始的以原子能、电子计算机为代表的第三次科技革命,无论是广度和深度都超过了前两次,大量科技成就广泛应用于生产,出现了一系列新产品、新技术和新兴的工业部门,也为交通运输和通信革命提供了技术条件,大大促进了生产力的发展,要求生产和销售的国际化,这些都为跨国公司奠定了物质基础。

(2)生产和资本的集中,"过剩"资本的增加。第二次世界大战后,发达国家生产和资本不断集中,垄断程度加深,拥有大量资本和先进技术的垄断企业,迫切要求到国外寻找有利的投资场所和销售市场。如美国、日本等国先后出现了企业兼并高潮,形成了许多大企业。这些大企业垄断了国内市场后如果要进一步发展,就要跨越国界,向外扩张。跨国公司的发展是生产和资本集中垄断的结果。

(3)国际分工的深化,生产和资本的国际化。随着科技革命的发展、生产和资本的集中,战后国际分工在广度和深度进一步发展,大大加强了各国之间的互相依赖和协作,各国之间的国际分工已经不局限于部门之间的分工,部门内部、企业内部专业分工的国际化为跨国公司的发展提供了重要的经济条件。发展跨国公司成为战后生产国际化和资本国际化发展的客观要求。

(4)国际竞争的激烈化,世界各国政治经济发展不平衡。战后初期,美国在经济上占绝对优势,纵横驰骋于国际市场。20世纪70年代以来,美国经济相对削弱,西欧、日本经济崛起,加快了对外投资步伐,在国际范围内同美国跨国公司展开竞争。进入21世纪以来,以"金砖国家"、东盟为代表的发展中国家纷纷崛起,国际市场的争夺大大促进了发展中国家跨国公司的发展。

(5)各国政府的积极推进,对外直接投资政策相对自由化。自20世纪70年代以来,随着贸易保护主义的泛滥和区域经济一体化的快速发展,各国政府制定了各种政策措施,为跨国公司的海外投资活动提供条件,以避免贸易限制;与此同时,各种类型的国家也纷纷放宽对外资的限制。跨国公司的快速发展也是各国政府积极推进和各国政策不断放宽的必然结果。

三、全球500强企业的发展特点与趋势

衡量一个国家经济实力和国际影响力的指标有很多,毋庸置疑,全球500强企业的数

量和质量是科学且真实的重要指标。全球500强是对美国《财富》杂志每年评选的"全球最大五百家企业"排行榜的一种约定俗成的叫法。全球500强一直是衡量全球大型企业最著名、最权威的榜单之一。依据这个榜单,人们可以了解全球最大企业的发展特点和最新发展趋势。

(一)全球500强企业的发展特点

(1)规模庞大。全球500强企业的平均规模在不断扩大,以2021年为例,全球500强企业平均营业收入为633.84亿美元,第1强达5 000多亿美元,第500强也达到240亿美元。

(2)数据透明。《财富》要求参与排名的企业,统计数据必须公开和透明,只有让外界知道企业的资产,才有可能被《财富》排进全球500强。

(3)治理健全。就全球500强企业的特征而言,独立和健全的企业治理是一个重要指标,它包括独立于控制国和控制家族。

(4)高成长性。高成长性是全球500强企业的基本特征之一,全球500强企业几乎都有过高成长的辉煌,甚至创造了一段时间超高速成长的神话。

(5)广跨国性。世界规模最大的公司往往是规模最大的跨国公司。世界上最大的25家跨国公司几乎都在最大规模的35家公司名单之中。跨国经营是全球500强企业重要的特征之一。

(二)全球500强企业的发展趋势

全球500强榜单上的企业大部分都是某种成功商业模式的创造者,是各自领域的王者,但企业赖以生存的市场都有生命周期,企业的发展也有生命周期,"趋势取代优势"是客观规律。

(1)营收规模呈现增长。全球500强企业营收规模整体上呈增长趋势,1996—2020年间,增长近两倍。从1996年的11.3万亿美元增长到2015年的31.2万亿美元,经历断崖式下跌的两年之后,2018年又开始增长,2020年增加到33万亿美元,2022年达到37.8亿美元。

(2)国家格局悄然调整。从全球500强企业的国家格局演变来看,1999年拥有上榜企业最多的五个国家分别为美国(184家)、日本(101家)、德国(42家)、英国(40家)和法国(39家),2020年为中国(133家)、美国(121家)、日本(53家)、法国(31家)和德国(27家)。国家格局的变化,既有新兴经济体崛起挤占份额,又有大国经济衰落的原因,尤其是中国的上升势头十分迅猛。

(3)行业格局双轮驱动。从全球500强企业的行业格局演变来看,1996年至今,能源、保险和银行业始终是企业数量最多的三个行业。同时,信息技术领域逐渐由电子电气设备向软件、半导体等高端制造业转化。1996年,电子电气设备行业企业数量为30家,到2020年下降至15家;而软件、半导体等高端制造业企业从1996年的0家增长至2020年的12家。这体现了后工业化时代的产业转型和结构调整的方向。

（4）时代风口不断转向。在互联网经济和数字经济推动下，电商规模在增长，电子商务网站亚马逊以网上书店起家，如今已成为在线电商和云计算服务领域的巨头企业。同时，不少传统大型超市却在走下坡路，即便是有着"零售巨人"之称的沃尔玛也不能幸免。很多大企业的倒下，并不是被对手击垮，而是由于自身组织和人员的封闭、怠惰，在时代的风口面前失去了转向的能力，自身的命运也就只好交给时代去裁决了。

（5）新型模式层出不穷。在时代风口不断转向的情况下，企业需要取得并使用不熟悉的资产、人力资源、组织架构、生产流程、营销工具等，去建立起自己不曾有过的商业模式，获得全新的规模、价值和影响力。云计算革命来袭，亚马逊、微软、谷歌爆发出新的生命力；人工智能与医疗科技深度融合，达芬奇手术机器人业界称雄；5G渐行渐近，华为崛起万众瞩目，一批新模式的创新者加剧了全球500强企业之间的竞争。

第三节　跨国公司理论

现代跨国公司理论产生于20世纪60年代，相继出现了垄断优势理论、产品生命周期理论、内部化理论等理论流派。20世纪70年代后期出现了折中理论。20世纪80年代以来，随着跨国公司的迅猛发展，跨国公司理论得到进一步发展，并出现了许多新流派。

一、垄断优势理论

1960年，海默（S. Hymer）在他的博士论文《国内企业的国际化经营：对外直接投资的研究》中对传统理论提出了挑战。海默以市场不完全作为理论基石，将产业组织理论的垄断原理用于对跨国公司行为的分析，形成了垄断优势理论。该理论认为，一国和国际市场的不完全导致了跨国企业在国内获得垄断优势，并通过对外直接投资的方式来利用自身的垄断优势。市场不完全产生于四个方面：一是由于商品差异、特殊的营销技巧或价格垄断等原因造成的产品市场不完全；二是由于受专利制度保护的技术等原因造成的要素市场不完全；三是由于企业拥有的规模经济所造成的市场不完全；四是由于政府的介入等原因造成的市场不完全。市场不完全使跨国公司拥有垄断优势，这种垄断优势是跨国公司对外直接投资的决定因素。跨国公司的垄断优势具体表现在五个方面：一是技术优势，包括技术诀窍（know-how）、管理组织技能和市场技能；二是工业组织优势，主要包括规模经济、垄断市场结构和行为；三是易于利用过剩的管理资源的优势；四是易于得到廉价资本和投资多样化的优势；五是易于得到特殊原材料的优势。正因为如此，跨国公司才能克服海外投资的附加成本、抵消东道国当地企业的优势，确保海外投资活动有利可图。

海默的垄断优势理论经过他的导师金德尔伯格（C. P. Kindleberger）的大力推崇，以及约翰逊（H. G. Johnson）等的补充和发展，成为一种解释对外直接投资的重要理论。

二、内部化理论

1976年,英国学者巴克利、卡森在其合作出版的专著《跨国公司的未来》(*The Future of Multinational Enterprise*)中系统地提出了内部化理论。该理论仍然以市场的不完全作为理论分析的前提,但它强调的不是市场不完全如何导致企业拥有垄断优势,而是强调市场不完全如何使企业将垄断优势保留在企业内部,并通过企业内部使用而取得优势的过程,当这一过程超越国界便会形成跨国企业。内部化理论认为:中间产品市场的不完全竞争,是导致企业内部化的根本原因。在内部化理论中,中间产品主要是指专利、技术诀窍、营销渠道、商标、信誉等知识产品。由于中间产品市场的不完全,企业在进行知识产品的外部交易时,存在着泄密的危险和定价的困难,企业为了克服这些障碍需要付出高昂的交易成本。由于外部市场不完全,企业不得不以内部交易机制来取代外部市场,将知识产品的配置和使用置于统一的行政管辖(Administrative Fiat)之下,并在对外直接投资中加以利用以降低交易成本,使企业的中间产品获得充分的报偿。内部化理论源于科斯的交易成本理论,科斯的交易成本理论曾被广泛应用于国内多个企业的分析,而巴克利和卡森则将这一理论引入跨国公司对外直接投资领域。

跨国公司内部贸易包含了原材料、中间产品、最终产品、劳务、技术转让等方面的交易。据邓宁教授研究,母公司内部出口贸易在总出口中的比重,计算机工业为91.3%,石油工业为51%,汽车工业为62.4%,电子工业为36.5%,纺织业为12.8%,食品业为9.8%。

三、国际生产折中理论

1977年在庆祝瑞典经济学家俄林获诺贝尔经济学奖的学术会议上,英国里丁大学教授约翰·邓宁在宣读的论文《贸易、经济活动的区位和跨国企业:折中理论方法探索》中提出了国际生产折中理论。1981年,他在《国际生产和跨国企业》一书中对折中理论又进行进一步阐述。他认为,早期的跨国公司理论都只是在实证分析的基础上,对各自国家特定时期的跨国公司行为的解释,不能成为跨国公司的一般理论。对外直接投资、产品出口和许可证贸易往往是同一企业面临的不同选择,不应将三者割裂开来。应该建立一种综合性的理论,以系统说明跨国公司对外投资的动因和条件。所有权优势(ownership specific advantage)是指包括来自于对有形资产和无形资产的占有所产生的优势、生产管理上的优势、多国经营形成的优势。内部化优势(internalization incentive advantage)是指避免资源配置的外部市场不完全性对企业经营的不利影响,保持和利用企业技术创新的垄断地位所形成的优势。区位优势(location specific advantage)这是指来自东道国的优势,取决于要素投入和市场的地理分布状况、各国生产要素的成本及质量政府干预范围与程度、各国的金融制度、国内外市场的差异程度,以及由于历史、文化、风俗们好、商业惯例而形成的心理距离等。

折中理论的核心由所有权特定优势(O)、内部化特定优势(I)和区位特定优势(L)

三项优势构成。折中理论的分析过程与主要结论可以归纳为以下四个方面：一是跨国公司是市场不完全性的产物，市场不完全导致跨国公司拥有所有权特定优势，该特定优势是对外直接投资的必要条件；二是所有权特定优势还不足以说明企业对外直接投资的动因，还必须引入内部化特定优势才能说明对外直接投资为什么优于许可证贸易；三是仅考虑所有权特定优势和内部化特定优势仍不足以说明企业为什么把生产地点设在国外而不是在国内生产并出口产品，必须引入区位特定优势，才能说明企业在对外直接投资和出口之间的选择；四是企业拥有的所有权特定优势、内部化特定优势和区位特定优势，决定了企业对外直接投资的动因和条件。

四、边际产业扩张理论

日本学者小岛清（Kiyoshi Kojima）根据日本当时对外直接投资的情况，提出了边际产业扩张论。他认为垄断优势理论和产品生产周期理论都是建立在垄断优势基础之上的，忽略了国际分工原则的作用，只能解释美国跨国公司的对外投资行为。事实上，20世纪60年代，日本和欧洲经济的快速发展和企业的成长，打破了美国跨国公司一统全球市场天下的格局。与美国的对外直接投资明显不同的是，日本的对外直接投资主体大多是中小规模企业，且企业拥有的是容易为发展中国家接收、吸收的劳动密集型技术优势。边际产业扩张理论主张，对外直接投资应该从投资国已经处于或即将处于比较劣势的产业依次进行。他认为，这一"对外直接投资的边际产业原则"将增进投资国和东道国的社会福利。从微观角度看，投资者可以获得更为丰厚的利润，因为他把生产场所从一个比较不利的地点转移到一个比较有利的地点。从宏观角度看，这种类型的投资将为东道国提供其所缺乏的资本、技术和管理知识，促进当地其他生产要素资源的合理利用，改善东道国的生产函数，推动东道国的技术进步和经济增长；对投资国而言，将比较不利的产业和产品出口到别的国家，有利于本国产业结构的优化。

五、跨国公司理论新发展

20世纪80年代以来，跨国公司已经成为推进经济全球化最重要的力量。跨国公司的发展进一步促进了跨国公司理论的创新，并出现了一系列有影响的理论流派。

（一）投资发展水平理论

20世纪80年代初期，邓宁提出了从动态角度解释一国的经济发展水平与国际直接投资地位关系的投资发展水平理论。他用人均国民生产总值（GNP）代表一个国家的经济发展水平，用一国的人均直接投资流出量（ODI）、人均直接投资流入量（IDI）和人均直接投资净流出量（NODI）表示一国对外直接投资的水平。把经济发展水平分为四个阶段：

（1）人均GNP低于400美元，处于这一阶段的国家，是世界最贫穷的国家，经济落后，几乎没有所有权优势和内部化优势，对外直接投资处于空白状态，外国直接投资流入量也很少。

（2）人均 GNP 处于 400～1 500 美元，处于该阶段的国家，由于经济发展水平的提高，国内市场有所扩大，投资环境有较大改善，因而区位优势较强，外国直接投资流入迅速增加，但由于这些国家企业的所有权优势和内部化优势仍然十分有限，对外直接投资刚刚起步，仍处于较低水平。

（3）人均 GNP 在 2 000～4 750 美元，处于这一阶段的国家，经济实力有了很大的提高，国内部分企业开始拥有所有权优势和内部化优势，对外直接投资迅速增长，这一阶段国际直接投资的流入量和流出量都达到较大的规模。大多数新兴工业化国家处于这一阶段。

（4）人均 GNP 超过 5 000 美元，这一阶段的国家主要是发达国家，由于它们拥有强大的所有权优势和内部化优势，并从全球战略的高度来利用东道国的区位优势。因此对外直接投资达到了相当大的规模。

由此可见，一国的经济发展水平决定了它所拥有的所有权优势、内部化优势和区位优势的强弱，三个优势的动态组合及其消长变化决定了一国的对外直接投资地位。

（二）技术适应性理论

20 世纪 80 年代，美国经济学家威尔士（Louis T. Wells）用小规模技术理论、英国经济学家拉奥（Sanjaya Lall）用技术地方化理论，对发展中国家企业对外投资竞争的优势来源进行解释。

（1）小规模技术理论认为，发展中国家的企业拥有为小市场服务的生产技术，这些技术具有劳动密集型的特征，成本较低，灵活性较高，特别适合小批量生产，能够满足低收入国家制成品市场的需要。而发达国家跨国公司拥有的大规模生产技术在这种市场无法获得规模效益，发展中国家的企业可以利用其小规模生产技术在竞争中获得优势。

（2）技术地方化理论认为，发展中国家对发达国家的技术引进并不是被动地模仿和复制，而是进行了创新，这种创新活动使引进的技术更加适合发展中国家的经济条件和需求，并与发展中国家的生产要素的价格和质量相适应，从而使发展中国家的企业在当地市场和邻国市场具有竞争优势。

（三）投资诱发要素组合理论

20 世纪 90 年代初，许多经济学家把研究的重点转向外部因素对跨国公司行为的影响方面，形成了具有较大影响的投资诱发要素组合理论。该理论认为，任何类型的对外直接投资的产生都是由直接诱发要素和间接诱发要素产生的。直接诱发要素是指投资国和东道国拥有的各类生产要素，如劳动力、资本、技术、管理及信息等，它们是诱发跨国公司对外直接投资的主要因素。投资国的企业如果拥有这些生产要素方面的优势，则会通过对外直接投资加以利用；如果投资国的企业只拥有部分生产要素的优势，而东道国拥有另一部分生产要素的优势，同样会诱发企业对外投资以利用东道国的生产要素。间接诱发要素是指生产要素之外的政策和环境要素，主要包括投资国、东道国和世界性诱发和影响对外直接投资的因素，如鼓励投资政策法规、东道国的投资环境和优惠政策、世界经济一体化的影响等。跨国公司对外直接投资的动因应建立在直接诱发要素和间接诱发要素的组合基础之上。发达国家企业的对外投资由直接诱发要素起主要作用，而发展中国家企业的对外投资更大程度上由间接诱发要素起主要作用。

（四）战略管理理论

战略管理理论是哈佛大学教授迈克尔·波特在20世纪90年代初期提出的，该理论研究的核心是国际竞争环境与跨国公司竞争战略和组织结构之间的动态调整及相互适应的过程。波特认为，以往的跨国公司理论只注重对跨国公司成因和跨国公司存在机制的研究，应该加强对跨国公司发展机制，尤其是对现有跨国公司的管理、国际竞争和战略影响的研究。跨国公司的各种职能可以用价值链构成来描述，价值链是跨国企业组织和管理其国际一体化生产过程中价值增值行为的方法。在价值增值活动中，有些是垂直和相继联系的，如生产地点的选择、生产的装配、产品的运输、广告和销售、售后服务等，有些则是在任何时点或所有时点上发生的水平联系，如人力资源管理、研究与开发、采购、财会等其他管理活动。企业在国际竞争中确定并开拓构成价值链的各种活动相联系的能力是企业竞争优势的重要来源，跨国公司战略是对不同活动的国际区位和对企业所控制的各类实体的一体化程度做出选择，它要求跨国公司采用更加一体化的策略和结构，将公司的一些重要职能和责任按照全球战略的需要赋予某一子公司而不总是留在母公司内部，两个或更多的子公司可以联合进行产品开发，并通过公司的价值链将这类产品开发与整个公司的增值活动联系起来，以实现企业全球利润的最大化。

（五）海外子公司理论

早期的跨国公司理论都是将跨国公司整体作为分析单位，直至母子公司关系理论的出现，才真正打开这一"黑箱"，将视角深入跨国公司内部。面对20世纪90年代以来跨国公司发展的新景象，传统的跨国公司理论难以解释。近年来，以跨国公司海外子公司为中心的研究逐渐成为跨国公司理论研究的方向和趋势之一。国外有关海外子公司的研究广泛涉及海外子公司的战略与结构、母子关系、子公司角色及其变化、子公司对东道国经济的影响及子公司的资源和能力等。1997年，美国两位著名的学者朱立叶·波金绍和内尔·胡德（Birkinshaw & Hood）在对跨国公司海外子公司理论进行大量研究的基础上，把已有的理论研究大致划分为母子公司关系学派、子公司角色学派及子公司发展学派这三大流派。其中，贾里奥和马丁内兹（Jiarillo & Martinez, 1990）、古普塔与戈文德拉杰（Gupta & Govindarajan, 1994）提出的子公司发展学说用发展的观点，通过海外子公司的能力、资源或环境变化，来看待海外子公司角色随时间的演变。海外子公司的发展是一个动态的过程。随着时间的推移，海外子公司通过它的网络关系或自身的发展可以积累有价值的能力和资源，从而导致海外子公司地位显著提高，并且扩展了海外子公司发展的活动范围。

第四节　跨国公司的全球经营战略

在经济全球化持续推动下，全球范围内企业界发生了巨大的变化，其中最引人注目的是跨国公司（Transnational Corporations）向全球公司（Global Corporations）的转型。20世纪90年代以来，全球政治、经济及科学技术的发展改变了全球范围内企业竞争的环境。冷战结束后，两个对立的阵营不复存在，真正的全球市场开始出现。面对迅速形成的全球市场及经济全球化趋势，跨国公司在全球范围调整经营和发展战略。

一、产业全球化战略

（一）产业转向全球经营

跨国公司从过去以母国为中心的跨国经营转向全球经营，迅速进入和占领正在形成的全球市场。随着全球市场的出现，跨国公司首先把营销及服务网点撒向全球。随后把制造组装业务转移到新兴市场或者最适宜加工组装的地区。无论是主动发起挑战还是被动应对挑战，跨国公司都不得不根据全球市场制定全球战略，从而保持现有竞争优势和开发新的竞争优势。

（二）打造全球产业链

跨国公司通过在全球设置营销服务、制造组装、研发设计等中心，形成了全球产业链。随着中国在20世纪80年代对外开放以及90年代东欧和俄罗斯经济体制转型，越来越多的跨国公司把制造组装业务转移到这些资源和劳动力低成本的国家或地区，在这些国家或地区建立制造组装基地。在低成本国家建立制造基地极大地降低了产品成本，提高了跨国公司的竞争力。随着制造业务的转移，跨国公司也开始把研发设计业务向全球转移。近年来，跨国公司研发出现了从国内到国外，从发达国家到发展中国家转移的趋势。通过在全球范围设立营销服务、制造组装和研发设计中心，跨国公司建立了自己的全球产业链。现代市场竞争已经从单一企业间点对点的竞争上升到产业链的竞争。

二、专业化或多元化经营战略

专业化经营与多元化经营是跨国公司在经营战略上的两种不同选择，从基本含义出发似乎这是两个相对独立或相互对立的经营战略，但事实上专业化和多元化都是相对而言的，二者可以相互转化，并且西方管理界的主流意见更倾向于专业化。

（一）专业化经营战略

专业化经营战略是指跨国公司将所有资源和能力集中于某一行业或单一业务，通过专注和专业带动公司的成长和发展。这里所说的专业化有两层意思：一是行业专业化，即公司专注于某一行业内经营；二是业务专业化，即公司专注于行业价值链中某一环节的业务。后者目前已取得一个新名字——归核化，意指多元化经营的企业将其业务集中到其资源和能力具有竞争优势的领域。百事、IBM、索尼先后从多元化转向归核化，反映了美国、日本等发达国家跨国公司在多元化经营之后的战略回归。跨国公司实施专业化经营战略的优点在于，企业可以集中资源和能力，心无旁骛地专注于某一行业或单一业务，使主业迅速扩大，优势日益凸显，有助于降低长期平均成本实现规模经济，不断提高资金使用效率。同时能认真地研究自身行业的发展前景，准确把握顾客需求的变化，更好地满足顾客的需求。像可口可乐公司，只做软饮料，它们核心竞争能力的真正体现显然潜藏于其对消费趋势的把握能力和对行业结构的塑造能力之中，它还利用核心技术优势，通过对产品的技术创新来推动公司发展。因为市场消费需求愿望都是求新、求异，并向高层次发展的。可见，当跨国公司聚合各种资源优势，从高层次上突破现有产品技术、功能、质量、价格等结构模式，同样会给公司开辟出一个崭新的更为广阔的市场前景，推动跨国公司走向一个更高的发展层次。类似实施专业化经营战略取得成功的跨国公司还有沃尔玛等世界 500 强企业。实施专业化战略的风险不仅在于众多的竞争者可能会认识到专业化战略的有效性，并争相模仿这种模式；而且在于有两个客观规律总在起作用：一是任何产业、产品都有一个生命周期问题；二是任何产业，越是成熟，其附加值与平均利润率就越低。从这个意义上说，产业升级或新增长点的发掘始终都是跨国公司要提前考虑的战略性问题。

（二）多元化经营战略

多元化在企业理论中也可称为多角化、多样化、跨行业经营、多种经营、综合经营等，多元化的内容包括产品的多元化、市场的多元化、投资领域的多元化和资产的多元化四大类。跨国公司的多元化经营战略一般是指产品的多元化经营战略，是指跨国公司在多个相关或不相关的产业领域同时经营多项不同产品或业务的战略。对于多元化经营战略，存在两种截然不同的观点：一种认为利用现有资源，开展多元化经营，可以规避风险，实现资源共享，产生"1+1>2"的效果，是现代企业发展的必由之路；另一种认为企业开展多元化经营会造成人、财、物等资源分散，管理难度增加，效率下降。多元化经营的具体方向有以下两种：一是相关多元化，包括垂直式多元化、水平式多元化、同心圆式多元化等。二是非相关多元化，即企业以进入全新产业、产品为目标，和现有业务完全无关的多元化，从而形成整体多元化状态。实施多元化经营战略最为成功的典型当属美国通用电气公司。擅长人力资本配置，是美国通用电气公司实施多元化经营成功的重要条件，这是很多企业欠缺的。2003 年，戴尔计算机公司更名为戴尔公司的主要理由，也是为了成为"提供企业级产品和服务的多元化供应商"，戴尔公司公开承认其正在从专业化经营战略向多元化经营战略转变。2007 年初，苹果电脑创始人、首席执行官斯蒂夫·乔布斯亲自推出了 iPhone。与此同时，乔布斯还宣布，为消除公司只生产电脑的形象，"苹果电脑公司"将改名为"苹果公司"。

专栏12-2

企业专业化经营与多元化经营的优劣分析

乔布斯表示，之所以更改公司名称，是因为公司正由一家电脑制造商转变成消费电子产品供应商。从那时起，其实纵向渗透或垂直式多元化经营战略的趋势已基本成形。

三、跨国公司内部贸易战略

（一）跨国公司内部贸易的含义

跨国公司内部贸易是指一家跨国公司内部的产品、原材料、技术与服务在国际间流动，这主要表现为跨国公司的母公司与国外子公司之间以及国外子公司之间，在产品、技术、服务方面的交易活动。据统计，20世纪70年代，跨国公司内部贸易仅占世界贸易的20%，80—90年代升至40%，目前世界贸易总量的近80%皆为跨国公司内部贸易。

（二）跨国公司内部贸易的运作方式

1. 实行计划性管理

跨国公司内部贸易的计划性主要是指内部贸易的商品数量、商品结构及地理流向等要受跨国公司长远发展战略计划、生产投资计划、市场营销计划和利润分配计划的控制和调节。跨国公司实施内部贸易计划管理的目的是：调节公司内部的资源配置，使之不断适应公司发展战略和外部环境变化的要求，在激烈竞争环境中立于不败之地。

2. 实行转移价格

跨国公司海外子公司采取的是多样化股权形式，从而使得跨国公司的总体利益与各子公司的局部利益之间必然存在矛盾和冲突。实行转移价格是跨国公司化解这一矛盾的有效方法。转移价格使整个跨国公司的经营活动在全球战略目标指导下实现内部交换，并在协调的基础上使各自的利益得到满足。以上两个特点决定了跨国公司内部贸易运作的核心是投资决策和转移价格的制定。

（三）跨国公司实行内部贸易战略的作用

（1）在结构调整方面，内部贸易促进了跨国公司内国际分工和技术的进步。跨国公司内部贸易的发展开辟了全球范围内一体化生产的可能性，促进和健全了公司内部网络的形成，从而在全球范围内有组织地安排科研机构，推动技术创新，保持跨国公司的竞争力。

（2）在要素配置方面，内部贸易可以充分利用转移定价攫取高额利润和规避风险。跨国公司根据其全球战略目标的要求，通过产品和服务的转移高价和转移低价实现内部交换，国际税负得以减轻，内部资金得以合理配置，并可逃避东道国的价格控制，避免外汇汇率风险和东道国的外汇管制。

（3）在无形资本运作方面，内部贸易可保持跨国公司的技术优势。对技术的垄断是跨国公司的特有优势，也是其存在和发展的关键。内部贸易可避免外部交易有可能被竞争对手模仿而遭受的损失，有助于跨国公司增强其在国际市场上的垄断地位和竞争能力。

（4）在人力资本管理方面，内部贸易化解跨国公司内部相对利益中心之间交换的矛盾，有利于公司高层人才的稳定。

（5）在追求风险最小化方面，内部贸易降低了外部市场造成的经营不确定风险，有利于跨国公司实行计划管理。

跨国公司实行内部贸易战略确实对自身具有很多作用，但对东道国经济乃至世界经济贸易秩序带来了一系列的负面影响。例如，削弱了价格作为正常市场信号的作用、损害了东道国的利益、降低了东道国引进外资的关联效应等。因此，如何运用好跨国公司内部贸易这把"双刃剑"已引起了世界各国的普遍关注。例如，美国、法国、日本等拥有大量对外直接投资的发达国家都已制定出专门法规，限制跨国公司转移价格的使用。

四、并购联盟战略

从跨国公司向全球公司转型意味着全球范围内企业的分化与重组。跨国公司为加强企业核心竞争力，往往放弃或退出某些业务领域，与此同时通过收购兼并其他企业或与其他企业合作来强化那些需要加强的业务领域。

（一）跨国并购战略

过去，跨国公司比较注重"有机增长"（organic growth），即主要依靠自身增长能力扩大而取得发展。但是现在，仅依靠有机增长已难以适应迅速变化和扩大的市场。通过并购其他企业获得增长的方式被广泛应用。从20世纪90年代中期起，全球企业间的并购规模越来越大。近年来，并购已成为跨国公司在东道国实现成长的重要方式。跨国并购有利于东道国的产业重组和盘活原有资产，也有利于跨国公司迅速进入当地市场，因此得到东道国政府部门、企业和国际跨国公司的共同关注。就跨国并购的目的而言，跨国并购战略模式主要有资产组合战略模式和核心能力战略模式两种，这也是企业跨国并购的两大主要战略模式。

1. 资产组合战略

资产组合战略也是现代投资理论中的一个重要战略理论。建立在均值－方差模型和有效率市场假说（EMH）两个假设基石之上，马克维茨（Markowitz, 1952）发展了资产组合理论。多元化经营实际上是资产组合战略在企业经营活动中的应用，因而，证券投资组合理论是多元化经营的理论基础。运用多元化经营方针可以降低经营成本和经营风险。法国雷诺汽车公司就是运用多元化经营方针和混合并购，成功地开展对外直接投资。雷诺汽车公司在全球范围内跨国并购他国企业，组建广泛的全球销售网络，大大增强了企业应变力和竞争力。但到20世纪80年代，因多元化经营而失败的例子却不断增多。毕竟，企业进入经营陌生领域是有一定风险的。运用资产组合理论进行跨国并购经营活动时，就要求企业在一定程度上放弃部分原有业务（甚至可能是核心业务）而从事与原有业务不相关的陌生业务。可满足这一要求的结果有时不仅不能降低风险，反而会把原来的竞争优势丧失殆尽。因此，进入经营陌生领域需要一定的原则，即公司的多元化发展必须与其核心竞争能力紧密联系，并以培育公司新的核心能力为中心。

2. 核心能力战略

20世纪80年代，许多混合企业被收购，"公司馅饼"被切块，分别出售给出价最高的买主，从早期重组的废墟上站起来的是基于价值创造的战略框架。英国学者马凯兹（1990）的博士论文《多元化、归核化与经济绩效》中的"归核化"，准确概括了美国企业20世纪80年代以来的战略方向。80年代以来，美国企业的多元化扩张开始退潮，并出现"反混合兼并""反多元化"的呼声，逐渐形成"归核化"（refocusing）的新潮。许多实行多元化经营的跨国公司也"从新行业的吸引力和企业自身进入优势两方面着手"，纷纷以多种手段清理非核心业务，加强核心业务，形成适度的多元化状态。跨国公司开展跨国并购，除提高公司综合素质外，更重要的是面向国际市场建立创新机制，对各种资源进行综合利用开发与整合，培育自己的核心竞争能力。核心竞争能力不仅包括邓宁所讲的三优势（OIL），还包括跨国并购后企业的整合能力。微软的经营模式就是关注核心能力和创新，尤其是把破坏性创新（destructive innovation，DI）放在企业核心战略的高度加以把握，使其在跨国并购和海外扩张中屡屡取得巨大成功。

（二）跨国战略联盟

1. 跨国战略联盟的概念及形式

跨国战略联盟就是两个或两个以上的企业或跨国公司为了达到共同的战略目标而采取的相互合作、共担风险、共享利益的联合行动。它建立的是一种企业或跨国公司间的合作伙伴关系。跨国战略联盟的主要形式有两种：一是设立双方都拥有股权的合资企业；二是双方在某个特定经营环节（如新产品开发）通过签订短期协议进行合作。20世纪80年代以来，跨国公司在全球性行业的竞争越来越激烈，它们越来越多地结成跨国战略联盟以增强自己的竞争优势。引人注目的例子有：美国波音公司与日本企业结成联盟，共同开发波音767宽体民用喷气客机；柯达与佳能结盟，由佳能制造复印机，而以柯达的品牌销售；得克萨斯仪器公司与日本神户（Kobe）钢铁公司达成协议，即在日本制造半导体元件；摩托罗拉与东芝达成协议，利用双方的专有技术制造微处理器，等等。

2. 决定跨国战略联盟成功的关键环节

一般而言，决定战略联盟成功与否的关键环节有合作伙伴的选择、联盟的组织结构及对联盟的有效管理。

（1）适合的合作伙伴具有以下主要特征：第一，它必须能够有助于企业实现其战略目标；第二，双方对结盟的意图是一致的，即增强长期竞争实力；第三，合作伙伴不能是机会主义者。

（2）做好联盟的组织工作需注意以下四点：第一，在设计联盟的组织结构时要防止不应转移的技术发生转移；第二，在联盟协议中加入有关保护性条款；第三，结盟双方预先同意相互交换技术等优势要素，从而将联盟建立在平等互利的基础之上；第四，在结盟时，要求对方实际投入一定的资源，从而减少对方的机会主义行为。

专栏12-3

分析华为全球化中的战略特征

（3）对战略联盟的有效管理：第一，管理人员在与合作伙伴交往时，需要考虑文化差异这一重要因素；第二，来自不同公司的管理人员之间需要建立良好的人际关系；第三，提高公司向合作伙伴学习的能力，并建立使这种知识在本企业内部推广应用的制度。

五、研发战略和竞争战略

（一）研发战略

1. 研发战略的实施背景

在跨国公司全球化经营战略中，技术研发和技术创新是其核心战略，也是其生存和发展的基础。20世纪90年代，跨国公司的全球投资战略逐步从劳动密集的生产加工型向技术密集的研发生产型转变，由单纯的技术转让向技术研发本土化转变。随着这一战略进程的加快，跨国公司正在加紧实行全球技术研发战略，充分利用海外的科技和人才资源，以支持其海外市场的开发，服务其全球市场战略。其技术研发基地不再局限于投资母国，开始向海外扩展，在全球范围内选择，越来越多的跨国公司开始设立海外研究与开发机构，最终目的是占领和扩大世界市场。

2. 研发战略的主要形式

（1）建立研究与开发全球化网络系统。跨国公司根据各自的历史现实条件及发展战略，形成了各具特色的研究与开发网络。创建和兼并是建立海外分支研发机构的主要途径。

（2）建立研究与开发战略联盟。建立研究与开发战略联盟有效地保持了跨国公司的灵活性，避免了组建合资企业所带来的控制权、技术产权保护等问题和摩擦，因而成为跨国公司全球化技术发展战略中的一个重要策略。

（3）建立技术开发型国际合资企业。虽然建立国际合资企业可能带来一些问题，但是在技术研发合作领域，特别是在高新技术产业中，技术型国际合资企业仍不失为一种可行的战略选择，这样可以分担合资各方研发活动的成本并分散可能的风险。

（二）竞争战略

迈克尔·波特在《竞争战略》一书中提出了企业为获取竞争优势而选择的基本竞争战略有三种，即成本领先战略、产品差异化战略和集聚战略。前两个战略是在多个产业细分的广阔范围内寻求优势，而集聚战略是在一个狭窄的单个细分中寻求成本领先或差异化优势。当今世界上的跨国公司为获取竞争优势，都在视不同环境和条件，灵活选择和运用这三大基本竞争战略。

1. 成本领先战略

成本领先战略是三大基本竞争战略中最明确的一种。企业的目标是要通过各种渠道成为其产业中的最低成本生产厂商，取得最低成本优势，一方面可以把一些竞争对手淘汰出局，另一方面可以扩充自己的实力，提高市场占有率。许多跨国公司进行对外投资的目的就是寻求低成本。跨国公司的母国大多是经济发达国家,其劳动力成本相对较高,投资者在选择输出资本时,除增加市场份额的考虑外,还有一个原因就是借助资本输入国的低劳动力成本,从而提高最终产品的竞争力。世界零售巨头沃尔玛进入很多东道国市场实施的就是成本领先战略。

2. **差异化战略**

产品的差异化(企业提供给顾客具有独特性的东西)战略不仅反映在产品的质量、性能、式样的差异上,还反映在产品的技术、设计、开发研究和销售服务、信息提供及消费者偏好等方面。跨国公司起初很少采用差异化战略(因为它不可避免地带来成本的增加),但由于竞争的日益激烈和国际消费者素质的提高,迫使跨国公司逐渐注重以差异化战略树立和巩固自己的竞争优势。宝洁进入中国市场初期,运用的乃是差异化战略。

3. **集聚战略**

集聚战略是指企业把经营战略的重点放在一个特定的目标市场上,为特定的地区或特定的购买集团提供特殊的产品或服务。集聚战略不是面向整个产业,而是围绕产业中一个特定的目标开展经营和服务。集聚战略在联合利华公司得到了充分体现:一是企业集中化,把14个独立的合资企业合并为4个控股公司;二是产品集中化,果断退出非主营业务,专攻家庭及个人护理用品、食品及饮料和冰淇淋等三大优势系列;三是品牌集中化,实行重点推广;四是厂址集中化。

六、本土化战略

跨国公司本土化就是跨国公司为适应东道国独特的文化和社会习俗,意识形态以及独特的规则,将生产、营销、管理、人事等全方位融入东道国发展的过程。

(一)营销本土化

跨国公司跨国经营的过程是一个满足跨国文化顾客需求的过程,根据当地文化风格和消费者偏好进行促销和宣传,是对跨国经营的最基本要求。跨国公司营销本土化是指跨国公司以东道国的市场需求为战略基点,进行一系列的产品推广、价格制定、渠道扩展及广告促销活动,其目的和宗旨是满足本地顾客需求,培养顾客忠诚度。

(二)品牌本土化

跨国公司在充分理解本土文化特征、消费心理和情感需求的基础上,以保持强势国际品牌形象的原有特色为前提,把洋品牌做土,采取亲情营销,以克服消费文化的隔阂,拉近与消费者的距离,赢得消费者的认可。

(三)人员本土化

跨文化经营活动,需要依赖于在共同文化平台基础上全面整合跨国公司内部员工关系,因此人员本土化显得格外重要。人员本土化具体包括人才选聘本土化、员工培训本土化和员工管理本土化等内容。实施人员本土化有助于减少因文化差异所造成的经营管理上的矛盾和低效率,有利于降低人力成本,有助于保持经营管理人员的相对稳定,从而增强跨国公司在东道国的国际形象。

(四) 采购和生产本土化

采购本土化主要是指跨国企业在当地生产产品所需的原料要尽可能地从当地合格的供应商那里采购,而不是来自进口。这样做一方面可以让利给当地的消费者,另一方面带动了当地相关产业的发展,从而在当地树立良好的企业形象。生产本土化主要是指租用东道国的土地,雇佣东道国的劳动力,建设厂房进行生产和制造。生产本土化的目的一方面是降低成本、增加销量,以扩大产品的市场份额;另一方面是企业快速有针对地开发、生产和推出相关的产品,满足市场需求。

(五) 技术研发本土化

为了巩固市场领导者的地位,跨国公司把研发活动定位于满足东道国市场的特定需求,从而实现对市场变化的快速反应。研发中心是跨国公司的核心部分,将跨国公司核心本土化,有针对性地进行研究开发,无疑是在为它们大规模地进军和占领东道国市场提供强有力的战略武器。

(六) 利益本土化

利益本土化是指跨国公司着眼于本地市场在自身战略全局中的长远利益和强势地位,以一种超国界的心态和经营理念将东道国的长远发展和跨国公司自身的可持续发展结合起来。不仅强调自身利润的实现,还关注当地经济的繁荣与发展;不仅从事有利于自身的经营活动,也积极担当起当地的社会责任。

七、外包战略

(一) 外包战略的含义

外包(outsourcing)战略,这里也称国际外包战略,是指跨国公司从战略的角度出发,将一些非核心的或者成本处于劣势的业务,转移到跨国公司之外,使跨国公司将有限的资源用于那些期望取得长期成功、能够创造出独特价值或能使跨国公司成为行业领先者的核心业务领域。外包战略被认为是一种跨国公司有效降低产品成本、引进和利用外部资源,提高自身核心竞争力的有效手段。外包战略不仅是跨国公司业务流程和管理范围的重新调整,而且是跨国公司价值链中关键环节的重新组合。它是社会生产进一步细化、竞争加剧的产物,外包战略的实质是实现智力资源、服务资源、市场资源和信息资源的共享和优化配置,其核心是提高跨国公司整体经营效率,以达到增加盈利的目的。

(二)外包战略的内容

由于全球市场迅速形成和急剧扩大,跨国公司为迅速占领全球市场,必然要从外部获得资源,特别是人力资源的支持。在这样的背景下,跨国公司把产业链各个环节转移到这些环节最适宜的国家和地区。跨国公司根据全球产业链发展的需要,往往把经营重点转向服务环节,退出某些制造环节,把零部件生产,甚至最终产品生产按照自己的标准发包给经过认证的海外企业。开始是制造外包,后来则是服务外包。现在,连财务管理、信息系统管理、产品设计等过去完全由企业自己完成的服务业务也都开始外包给其他企业进行。

根据国际外包对象的性质,可将国际外包分为国际制造外包和国际服务外包两种。国际制造外包经常与加工贸易、代工活动相联系。国际服务外包依据外包对象的功能又可分为信息技术外包(ITO)、业务流程外包(BPO)和知识流程外包(KPO)等。信息技术外包(ITO)是指企业向外部寻求并获得全部或部分信息技术类的服务,包括系统操作、系统应用和基础技术等服务。业务流程外包(BPO)是指企业将自身基于信息技术的业务流程委托给专业化服务提供商,由其按照服务协议要求进行管理、运营和维护服务等,包括企业内部管理、业务运作、供应链管理等服务。知识流程外包(KPO)是指利用书籍、数据库、专家、新闻、电话等多种途径来获取信息,并对信息进行即时、综合的分析研究,最终将报告呈现给客户,作为决策的借鉴,包括商业与市场、金融与保险研究,数据分析和管理,市场进入与联合风险投资、战略投资、采购投标和行业及公司的分析研究,语言服务和供应商谈判等服务。

第五节 跨国公司 FDI 对国际贸易的影响

一、跨国公司 FDI 与国际贸易的关系

跨国公司 FDI 与国际贸易具有密切的关系,二者之间的关系是替代还是互补,一直是学术界争论的热点问题。其中最有代表性的理论模型就是蒙代尔的贸易与投资替代模型和小岛清的互补模型。

(一)跨国公司 FDI 与国际贸易的替代关系

FDI 与国际贸易的替代关系是指贸易障碍会产生资本的流动,而资本的流动障碍则会产生贸易。替代关系论的代表人物是美国经济学家蒙代尔(Mundell)。他于 1957 年提出了著名的贸易与投资替代模型。该模型指出,在存在国际贸易壁垒的情况下,如果跨国公司始终沿着特定的轨迹实施 FDI,那么这种 FDI 就能够在最佳的效率或最低的生产要素转换成本基础上,实现对商品贸易的完全替代。因此得出结论:FDI 与国际贸易是一种替代关系。由于这种 FDI 的目的是绕过关税壁垒以便克服贸易障碍对资本效率的抵消作用,因

此也被称作关税引发的投资。弗农（Vernon）1966年提出的产品生命周期理论进一步阐明了这种替代关系。他认为，在技术进步日益加快的情况下，随着跨国公司国际化程度的提高，新产品的生命周期不断缩短，FDI对母国出口贸易的替代影响将越来越明显。以蒙代尔为代表的替代关系论很好地解释了第二次世界大战前各国之间发生的FDI现象，尤其是美国对日本和欧洲的投资。但到了20世纪60年代，替代关系论却受到了挑战。

（二）跨国公司FDI与国际贸易的互补关系

FDI与国际贸易的相互补充和促进关系是指FDI能够创造和扩大国际贸易，国际贸易也可以创造FDI。佩瓦斯（Douglas D. Pwrris）和史密兹（Andraw Schmitz）等于20世纪70年代初指出，FDI能够刺激本国产品进口和可以带动本国产品出口，因此在很大程度上可以起到促进贸易的作用。1978年，日本一桥大学的小岛清（Kiyoshi Kojima）教授则以比较优势的原则为标准，提出了贸易与投资相互促进的理论。他认为FDI与国际贸易要建立在各国的比较优势进而各国比较利润率的基础上。根据这一理论，一国应大力发展具有比较优势的产业，并出口该产业生产的产品。FDI应从处于或即将处于比较劣势的"边际产业"依次进行，这样可以扩大两个投资伙伴国的比较成本差距，为两国间大规模的贸易往来创造条件。这里，FDI不再是对贸易的简单替代，而已经呈现出明显的互补或促进关系。

随着经济全球化的不断深入和跨国公司的发展，跨国公司FDI与国际贸易的关系正在发生着重大变化，人们对二者间关系的认识也变得日益深刻。蒙代尔、霍斯特、弗农、小岛清、邓宁、克鲁格曼等的研究表明，跨国公司FDI与国际贸易之间的关系正从早期的完全替代向部分替代以致相互促进和相互补充的方向发展，并呈现出不可分割、相互融合、交叉发展的轨迹。

二、跨国公司FDI对母国的贸易效应

1. 出口引致效应

由于FDI而导致的原材料、零部件或设备等出口的增加。跨国公司海外生产基地建设工厂所需要的生产设备及生产所需要的原材料和零部件，从投资母国进口，增加投资母国的出口。例如，作为初始投资的设备等的输出，原材料和零部件等中间投入物的输出等。

2. 出口替代效应

由于FDI而导致的出口减少。跨国公司海外分公司产品在当地销售并被出口到第三国，引起总公司的产品出口减少。例如，将原出口型产业通过FDI的方式转移到国外，替代了本国该产业产品的出口。

3. 反向进口效应

由于FDI而导致的进口增加。跨国公司海外分公司在当地生产的产品返销到投资母国，引起投资母国产品进口的增加。例如，通过FDI的方式将某产品的生产基地转移到国外，再从国外进口该产品。

4. 进口转移效应

由于 FDI 而导致的进口减少。随着生产设备向国外转移，跨国公司对生产所需的进口中间投入品的需求减少，从而引起投资母国的产品进口减少。例如，将需进口原材料的产品的生产基地转移到国外，养活本国原材料的进口。

三、跨国公司 FDI 对东道国的贸易效应

1. 进口替代效应

由于投资国的跨国公司将某产品的生产基地转移到东道国后，东道国当地企业通过技术扩散和模仿，也开始生产该产品，从而减少该产品的进口。很多制造业跨国公司的国际化均表现为从出口、许可贸易或其他合同安排，到在国外建立贸易公司，最终以 FDI 建立国际生产和经营体系的过程，因而后继的投资必然对先前的贸易具有替代效应。

2. 出口创造效应

由于跨国公司在东道国投资办厂，促进东道国生产能力的提高和生产的扩大。跨国公司利用自己遍布世界各地的销售网，将产品输送到国际市场，从而带动东道国的产品出口，形成出口创造效应。即 FDI 作为先进生产函数的转移，会带来成本的降低、效率的提高和信息的跨国流动，从而推动东道国产品的出口（小岛清，1987）。

3. 进口引致效应

由于东道国吸引外国直接投资在当地投资建厂，而导致其对生产该产品所需的原材料、零部件或设备等进口需求的增加。如 FDI 往往要带来维修等后续的支持性活动的发展，从而会促进和增加进口贸易的机会。

四、跨国公司 FDI 对国际贸易的深刻影响

国际投资和国际贸易是推动经济全球化的两大历史车轮。尽管国际贸易的起源先于国际投资，但国际投资，尤其是跨国公司 FDI 却是国际贸易更大的加速推动力量。

（一）跨国公司 FDI 促进了国际贸易和世界经济的增长

目前世界上的跨国公司已达 8 万多家，国外分支机构超 70 万家，它们不仅掌握着全球 1/3 的生产和 70% 的技术转让，更掌握着全球 60% 的世界贸易、80% 的全球研发。跨国公司的海外投资在世界经济中发挥着比较重要的作用。事实上，跨国公司已成为当代国际经济、科学技术和国际贸易中最活跃和最有影响力的力量。而这种力量随着跨国公司投资总体的呈上升趋势且还会得到增强。

（二）跨国公司 FDI 影响着发达国家和发展中国家的对外贸易

跨国公司 FDI 对发达国家对外贸易产生了极大的推动作用，主要表现在：使发达国家

的产品能够通过对外直接投资的方式在东道国生产并销售，从而绕过了贸易壁垒，提高了其产品的竞争力；从原材料、能量的角度看，减少了发达国家对发展中国家的依赖；使得发达国家的产品较顺利地进入和利用东道国的对外贸易渠道并易于获得商业情报信息。

跨国公司 FDI 对发展中国家对外贸易也产生了深远的影响，主要体现在：跨国公司对外直接投资和私人信贷，补充了发展中国家进口资金的短缺；跨国公司的资本流入，加速了发展中国家对外贸易商品结构的变化，它们通过引进外国公司资本、技术和管理经验，大力发展出口加工工业，使某些工业部门实现了技术跳跃；跨国公司的资本流入，促进了发展中国家工业化模式和与其相适应的贸易模式的形成和发展。使发展中国家大体经过了初级产品出口工业化、进口替代工业化和工业制成品出口替代工业化三个阶段。

（三）跨国公司 FDI 控制了全球范围内重要商品和国际技术贸易

一是控制了许多重要的制成品和原料贸易。跨国公司 40% 以上的销售总额和 49% 的国外销售集中在化学工业、机器制造、电子工业和运输设备等四个部门。二是控制了国际技术贸易。目前，跨国公司掌握了世界上 80% 左右的专利权，基本上垄断了国际技术贸易；在发达国家，大约有 90% 的生产技术和 75% 的技术贸易被这些国家最大的 500 家跨国公司所控制。

（四）跨国公司 FDI 推动了国际贸易规则的健全和完善

跨国公司作为资本和生产国际化的重要经济组织，在参与全球贸易和经济技术合作过程中所形成的有关规章和条款，不仅是本国制定对外贸易规则的重要依据，也对国际贸易规则的健全和完善起着重要的推动和参考作用。

总之，跨国公司 FDI 引导生产要素跨国移动，促使国际贸易立体扩散，推进传统贸易方式升级，拓展了国际贸易领域并促进了国际贸易的发展。但与此同时，也通过进出口国家垄断、产业技术垄断、公司内部贸易等对国际贸易秩序造成一定的损害。

本章思考练习题

一、思考题

1. 国际直接投资的特点有哪些？
2. 跨国公司的主要特征有哪些？
3. 跨国公司迅速发展的原因有哪些？
4. 经典的跨国公司理论有哪些？
5. 跨国公司全球经营战略有哪些？
6. 全球 500 强企业的发展趋势是什么？
7. 跨国公司 FDI 对投资国和东道国所产生的贸易效应有何不同？
8. 跨国公司 FDI 对国际贸易的深刻影响有哪些？

9. 比较进入全球 500 强的中国跨国公司与发达国家跨国公司。

二、练习题

（一）名词解释题

国际直接投资、国际间接投资、跨国公司、垄断优势、边际产业、全球产业链、跨国并购、战略联盟、竞争战略、本土化战略、出口引致效应、进口引致效应。

（二）案例分析题

1. 案例分析：英国品牌评估机构"品牌金融"发布"2019 全球最有价值的 100 大科技品牌"（Brand Finance Tech 100 2019）榜单，前五位依旧都是美国品牌，美国品牌之外价值最高的品牌是韩国的三星电子，共有四个中国品牌进入了前十位。100 个上榜品牌的总价值为 18 030 亿美元，其中美国品牌总价值 11 390 亿美元，占 63.2%。中国（包括台湾）共有 22 个科技品牌上榜。排名最高的是华为，排在第七位，品牌价值 622.78 亿美元，比上年提高 63.7%。

联系华为全球化中的战略特征，你如何看待中西方科技差距和中国企业的成长？

2. 案例分析：由于近年来全球化进程放慢，全球 FDI 流量已经连续多年下滑。但在此背景下，中国外商投资依然保持了稳定增长，占全球 FDI 的份额也上升至 10% 左右，难能可贵。2019 年中国吸收外资规模再创新高，2020 年中国成功应对新冠病毒感染带来的严重冲击，在全球对外直接投资大幅下降的背景下，全年实际使用外资逆势增长。

你认为哪几种跨国公司理论更能够解释跨国公司纷纷来华大举投资这一现象？为什么？

第十三章 国际服务贸易

学习目标

通过学习本章，使学生了解国际服务贸易的产生与发展历程，尤其是当代国际服务贸易发展的特点，掌握国际服务贸易壁垒与自由化的基本内容。

本章重要概念

国际服务贸易、服务外包、服务贸易壁垒、服务贸易自由化

第一节　国际服务贸易的产生与发展

一、国际服务贸易的产生

国际服务贸易是随着商品经济的出现而产生的，是在一个国家内的服务经济基础上，通过服务业的国际化和国际分工而发展起来的。在相当长的一段时间，由于服务贸易商品的特殊性，服务贸易发展的速度很慢，其贸易额在世界贸易总额中所占的比重很小。初期的服务贸易起源于原始社会末期、奴隶社会早期，具有一定规模的国际服务贸易交换始于15世纪世界航运事业的兴起和新大陆的发现。但是从服务贸易的产生到20世纪中叶，在当时的社会经济条件下，有形商品的贸易一直占据着国际贸易的主导地位，国际服务贸易由于规模太小而未引起世人的关注。

第二次世界大战后，世界服务市场逐渐从世界商品市场与金融市场中分离出来，世界经济也开始从萧条中走出，开始出现复苏和振兴的迹象。特别是20世纪60年代以来，随着高科技迅猛发展和国际经济联系的加强，国际服务贸易在国际贸易领域中越来越占据令人瞩目的地位，这主要表现为它在国民收入中所占的比重越来越大，在服务业中就业的人数超过农业和工业，教育、通信、信息、金融和运输等逐渐开放，发达国家迫切需要一个自由化的国际服务贸易市场。

（一）FTA 对服务贸易的定义

《美加自由贸易协定》（FTA）是世界上第一个在国家间贸易协定上正式定义"服务贸易"的法律文件。服务贸易是指由代表其他缔约方的个人，在其境内或进入一缔约方提供所指定的一定服务。"指定的一定服务"包括生产、分销、销售、营销及传递一项所指定的服务及其进行的采购活动；以商业存在形式为分销、营销、传递或促进一项指定的服务。遵照投资规定，任何为提供指定服务的投资，以及任何为提供服务的相关活动。"相关活动"包括公司、分公司、代理机构、代表处和其他商业经营机构的组织、管理、保养和转让活动；各类财产的接受、使用、保护及转让，以及资金的借贷活动。

（二）WTO 对服务贸易的定义和范围

1994 年 4 月，乌拉圭回合谈判签订的《服务贸易总协定》（GATS）以服务贸易的四种提供方式（即跨境交付、境外消费、商业存在、自然人流动）对服务贸易作出了全面的定义，这个定义已成为国际服务贸易的权威定义。GATS 对国际服务贸易划分的 12 类范围是：

（1）商业性服务。商业性服务是指在商业活动中涉及的服务交换活动，服务贸易谈判小组列出了 6 类这种服务，其中既包括个人消费的服务，也包括企业和政府消费的服务。这 6 类服务分别是专业性（包括咨询）服务、计算机及相关服务、研究与开发服务、不动产服务、设备租赁服务、其他服务。

（2）通信服务。通信服务主要是指所有有关信息产品、操作、储存设备和软件功能等服务。通信服务由公共通信部门、信息部门、关系密切的企业集团和私人企业间进行信息转接和服务提供，主要包括邮电服务、信使服务、电信服务、视听服务、其他电信服务等。

（3）建筑服务。建筑服务主要是指工程建筑从设计、选址到施工的整个服务过程，具体包括选址服务、涉及建筑物的选址及国内工程建筑项目（如桥梁、港口、公路等的地址选择）、建筑物的安装及装配工程、工程项目施工建筑、固定建筑物的维修服务、其他服务。

（4）分销服务。分销服务是指产品销售过程中的服务，主要包括批发零售服务、与销售有关的代理、特许经营服务、其他销售服务等。

（5）教育服务。教育服务是指各国间在高等教育、中等教育、初等教育、学前教育、继续教育、特殊教育和其他教育中的服务交往，如互派留学生、访问学者等。

（6）环境服务。环境服务是指污水处理服务、废物处理服务、卫生及相关服务等。

（7）金融服务。金融服务主要是指银行和保险业及相关的金融服务活动。

（8）健康及社会服务。健康及社会服务主要是指医疗服务、其他与人类健康相关的服务、社会服务等。

（9）旅游及相关服务。旅游及相关服务是指旅馆、饭店提供的住宿、餐饮及相关的服务、旅行社及导游服务等。

（10）文化、娱乐及体育服务。文化、娱乐及体育服务是指包括广播、电影、电视在内的一切文化、娱乐、新闻、图书馆、体育服务，如文化交流、文艺演出等。

（11）交通运输服务。交通运输服务主要包括：货物运输服务，如航空运输、海洋运输、铁路运输、管道运输、内河和沿海运输、公路运输服务、航天发射服务、船舶服务（包括船员雇用）及附属交通运输的服务，主要指报关行、货物装卸、仓储、港口服务、起航前查验服务等。

（12）其他服务。

（三）货物贸易与服务贸易的区别

货物贸易与服务贸易的区别如表 13-1 所示。

表 13-1　货物贸易与服务贸易的区别

	货物贸易	服务贸易
交易方式	多种	4 种
管辖对象	商品	服务和服务提供者
开放方式	降低和取消关税、较少非关税	制定法律法规等规定
国民待遇	针对所有产品，无条件	针对每个部门进行谈判

二、国际服务贸易的特征

国际服务贸易具有以下特征：

（1）国际服务贸易标的一般具有无形性、不可储存性。
（2）服务交易、生产消费过程的国际性。
（3）国际服务贸易主体地位的多重性。
（4）国际服务贸易市场具有高度垄断性。
（5）国际服务贸易保护方式有刚性和隐蔽性。
（6）国际服务贸易质量、营销管理具有难度和复杂性。
（7）国际服务贸易统计较为复杂。

三、国际服务贸易发展的原因

（一）第二次世界大战后，国际服务贸易的发展阶段

1. 作为货物贸易附属地位的服务贸易阶段（20 世纪 70 年代之前）

这一时期，世界各国还未意识到服务贸易作为一个独立实体的存在，在实际经济贸易活动中，服务贸易基本上以货物贸易附属的形式进行，如仓储、运输、保险等服务。因此，当时尽管事实上存在着服务贸易，但对它的研究和实践还处于初级阶段，所以对服务贸易缺乏具体的数量统计。

2. 服务贸易快速增长阶段（1970—1994年）

这一时期，服务贸易从货物贸易附属地位逐渐开始独立出来，并得到快速发展。根据国际货币基金组织的统计，1970—1980年间，国际服务贸易年均增长率为17.8%，与同期货物贸易的增长速度大体持平。20世纪80年代后，服务贸易开始超过货物贸易的增长速度。1980—1990年间，国际服务贸易年均增长率为5.02%，货物贸易的年均速度只有3.69%，这势头一直持续到1993年。

3. 服务贸易在规范中向自由化发展阶段（1994年至今）

1994年4月，规范服务贸易的多边框架体系《服务贸易总协定》（GATS）签署后，服务贸易的发展进入了一个新的历史时期。但服务贸易在高速发展的同时又有一些反复。1994—1995年，服务贸易的增长速度分别为8.03%和13.76%，比同期货物贸易的增长速度低。但从1996年以来，服务贸易增长速度略高于货物贸易的增长速度。当前，世界服务贸易发展态势良好，1980—2010年，世界服务出口总额从3 673亿美元扩大到36 639亿美元，30年间增长了9倍，占世界贸易出口的比重从1/7提高到近1/5。WTO在日内瓦发布的《2019年世界贸易报告》中指出，自2005年以来，世界服务贸易额年均增长5.4%，高于货物贸易的4.6%。同时，由于数字化技术带来的远程交易量增加及相关贸易成本降低，服务贸易在全球贸易中所占份额在未来20年内还将继续快速搞高。《2019年世界贸易报告》显示，2005—2017年，发展中国家在世界服务贸易中的份额增长超过10个百分点，分别占世界服务出口额和进口额的25.0%和34.4%。如果发展中国家普遍采用数字技术，到2040年，其在世界服务贸易中的份额还将增加约15%。

（二）国际服务贸易迅速发展的原因

1. 科学技术的进步推动国际服务贸易的发展

科技进步极大地提高了交通、通信和信息处理能力，为信息、咨询和以技术服务为核心的各类专业服务领域提供了新的服务手段，使原来不可能发生贸易的许多服务领域实现了跨国贸易，如原来不可贸易的知识、教育服务现在可以存储在光盘中，以服务产品的形式交易，或者通过卫星电视、互联网直接发送。这与国际技术、产品和产业梯度扩散紧密相关。新技术不仅为附加服务提供了贸易机会，而且使高新技术服务成为一些跨国公司的核心竞争力。

2. 世界产业结构的调整和转移促进了国际服务贸易的发展

第二次世界大战后，世界经济结构调整步伐加快，传统制造业比重相对下降，服务业地位提升，在各国GDP和就业中的比重不断提高。近几年，服务业平均占全球GDP比重一直保持在70%左右的水平。2015年，服务业增加值占高收入国家GDP的74%，高于1997年的69%。美国第三产业产值占GDP的比重2018年为76.89%。日本的服务业占GDP的比重从2017年的68.98%增加至2018年的69.31%。英国2017—2019年服务业占GDP的比重分别是70.93%、71.04%、71.28%。可以看出在发达国家，服务业在占GDP的比重非常高。

发展中国家第三产业虽然起步较晚，但自20世纪六七十年代以来也有了长足的发展，占产值和就业中的比重都呈上升趋势,服务业在 GDP 中所占的比重在中低收入国家尤为突出,从 1997 年的 48% 跃升至 2015 年的 57%。在国民经济日益向服务化方向发展的趋势下,国家间相互提供的服务贸易量也就大大增加了。据中国社会科学院报道,2020 年,中国服务业增加值占 GDP 比重达到 59%,服务业就业占比达到 47%,服务业的主导地位基本确立。2020 年世界服务贸易进出口额如表 13-2 所示。

表 13-2　2020 年世界服务贸易各类进出口额(百万美元)

服务类别	出口	进口
商业服务	4 909 843	4 671 429
商品相关服务	198 285	147 302
运输	849 004	997 153
旅游	532 578	556 675
其他商业服务	3 329 976	2 970 299
备忘项目:总服务	4 983 490	4 757 863
备忘项目:商品和商业服务	73 647	86 433

数据来源:WTO 数据库。

3. 跨国公司扩张推动了世界服务贸易的发展

跨国公司国际化经营活动的开展,推动了资本、技术、人才国际流动,促进了与其相关或为其服务的国际服务贸易的发展。具体而言:

(1)跨国公司在世界范围扩张过程中所带来的大量追随性服务,如设立为本公司服务的专业性公司,这些服务子公司除满足本公司需求之外,也向东道国的消费者提供服务,从而促进了东道国服务市场发展。

(2)跨国公司在国际服务市场上提供的银行、保险、会计、法律、咨询等专业服务,也随着跨国公司的进入在东道国市场上获得渗透和发展。

(3)制造业跨国公司对海外的直接投资产生了"企业移民",这种企业移民属于服务跨国流动的一种形式,随着设备技术的转移,其技术人员和管理人员也产生流动,因而带动了服务的出口。

(4)跨国公司出口制成品和对外直接投资中嵌入的服务增加值,如设计、研发、知识产权等服务提升了服务贸易竞争力。

4. 收入水平提高导致国际服务需求的迅速扩大

从需求的角度来看,随着世界经济的发展,各国人民生活水平普遍提高,对各种服务的需求迅速增长。首先,根据马斯洛的需求层次理论,人的低层次需求是与物质产品有关的生理需求,在生理需求得到满足之后,人们开始产生其他的和服务有关的安全需求、社会尊重需求和自我实现需求。其次,人们对环境和可持续发展的关注随着收入的提高而加深。服务行业基本属于绿色行业,污染小,能源消耗少,各国政府普遍把服务行业作为重点发展行业之一。最后,解决失业和平衡国际收支的需要。传统服务行业如餐饮业等属于劳动密集型产业,可以解决大量的就业问题,新型服务行业的发展进一步拓宽了社会就业渠道;服务业也是许多国家出口创汇的重要行业,如美国在货物贸易领域的巨额贸易逆差,是通过电信、金融保险、知识产权等方面的服务贸易顺差来弥补的。

5. 世界商品贸易的增长和贸易自由化促进了国际服务贸易的发展

从服务贸易产生和发展的基础看,货物贸易的增长和贸易自由化,为服务贸易的发展提供了基础条件。第二次世界大战后货物贸易的高速增长,带动了国际运输、国际保险、国际结算等业务的迅速发展,并使两者保持正相关性。

专栏13-1

欧洲旅游业显露复苏迹象,旅游市场部分回暖

6. 地区经济一体化促进了国际服务贸易的发展

RCEP 欧盟、北美自由贸易区、亚太经济合作组织(APEC)、海湾合作委员会(GCC)、东南亚国家联盟(ASEAN)等区域性组织,以经济贸易合作为基本目标,都在章程或协定上把投资自由化、服务自由化作为重要成果,以此扩大服务市场开放,促进了国际服务贸易的发展。

第二节　当代国际服务贸易发展的特点

一、国际服务贸易发展呈现六大新趋势

(1) 服务贸易成为国际贸易和经济增长的新动力。近年来,国际服务贸易出口增速高于 GDP 增速,国际服务贸易增速也高于国际货物贸易增速。同时,服务贸易在国际贸易中的占比已达 25%,据 WTO 预计,2040 年该比例将提高到 50%。

(2) 服务的可贸易性大幅提升。随着新一轮的科技革命和数字经济的深度渗透,国际服务贸易发展的动力、模式、主体等多个方面都发生了变化,如数字贸易大幅降低了服务贸易成本,也大幅提升了服务的可贸易性等。

(3) 制造业服务化成为价值链升级发展的重要驱动力。在发达国家最终产品价格中,制造环节增值不到 40%,服务环节则达 60%;在发达国家的服务贸易中,生产型服务占比达 70%,现有继续深化的趋势。

(4) 国际服务贸易格局出现新特征。一个是结构向高端服务贸易领域发展,另一个是市场集中度非常高,前十大经济体在国际服务进出口的占比超过 50%。

(5) 商业存在成为国际服务贸易最重要的模式之一。按 WTO 统计口径,以商业存在模式提供的服务贸易约占全球服务贸易总额的 55%,与全球跨境投资 60% 以上投向服务业的趋势相一致。

(6) 国际服务贸易已成为全球经贸规则重构中各方博弈的重点。相比以往的服务贸易规则,新的规则高标准、强约束特征更为明显,由于各国的政策分歧比较突出,数字贸易成为规则制定的焦点,一些新的贸易规则发展趋势值得高度关注。

国际服务贸易与货物贸易的发展趋势如图 13-1 所示。

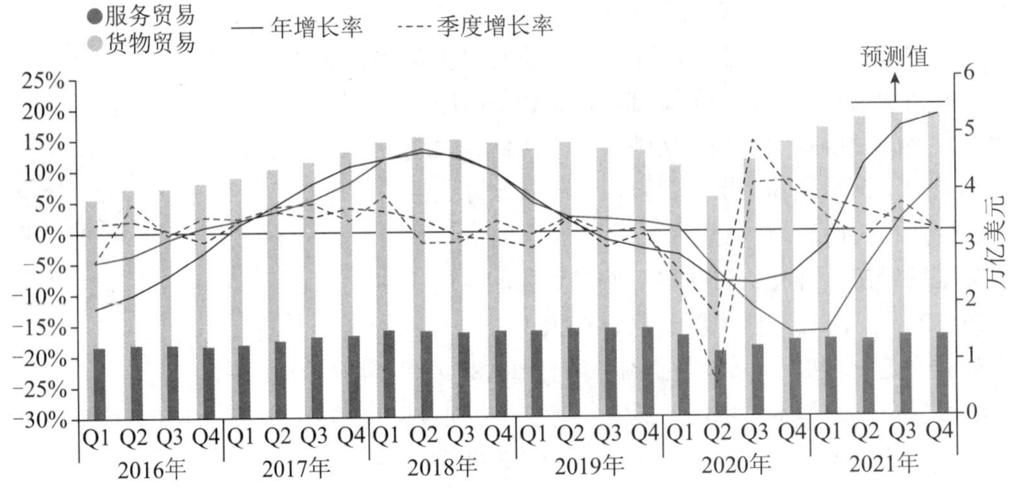

图 13-1　国际服务贸易与货物贸易的发展趋势

注：季度增长率是指经季节性调整后的价值的季度环比增长率。

数据来源：联合国贸易和发展会议根据各国统计数据测算。

二、国际服务贸易的范围不断扩展，结构进一步完善

第二次世界大战前，国际服务贸易的主要项目是劳务输出。当时虽然已有电信服务、金融服务和运输服务，但发展缓慢，所占比重很低。第二次世界大战以后，随着第三科技革命的完成，电信、金融、运输、旅游，以及信息产业、知识产权保护等的迅速发展，国际服务贸易加快向这些领域扩展。如果把目前公认的国际服务贸易项目依据其同商品贸易、直接投资的密切程度划分的话，可以得到三种类型的国际服务贸易项目：第一类是同商品贸易直接相关的传统国际服务贸易项目，如国际运输、国际维修和保养、国际金融服务（主要是贸易结算服务）等；第二类是同直接投资密切相关的要素转移性质的国际服务贸易项目，如股票、债券等形式的证券投资收益，经营管理的利润收益，金融服务业的国际信贷等；第三类是相对独立于商品贸易和直接投资的新兴产业的服务贸易项目，如跨境教育服务、信息网络服务、视听产品与知识产权服务等。

在服务贸易结构方面，由于技术进步和经济全球化的发展，国际服务贸易结构也进一步完善。不仅如运输、旅游、劳工等劳动密集、资源密集的服务业由于采用了先进技术手段，贸易规模不断扩大，而且许多从制造业中分离出来的、独立经营的新兴服务业发展也很快；那些以高新技术为载体的资本密集、技术密集、知识密集型的服务业，如金融、保险、信息、咨询、数据处理、知识产权等发展最快。

三、世界服务市场呈多元化趋势，发展不平衡

随着世界经济的发展，近年来对国际服务贸易的需求及范围日益扩大，地理分布也日趋扩大。20世纪70年代以前，西方国家是最主要的劳务输入市场。20世纪70年代后期，

中东和北非几个主要产油国,每年吸收大批的劳动力,成为服务人员输入的主要市场。20世纪80年代以来,亚洲、非洲、拉美地区一些国家的经济迅速增长,对境外服务的需求增加。进入20世纪90年代,亚洲地区已成为世界经济增长的热点,特别是普遍的开放性政策带来大量的境外服务进口。进入21世纪,以中国为首的发展中国家在实施开放性经济发展战略过程中,对发达国家高技术含量的服务需求强劲,无论是工程建筑设计,还是专业服务中的咨询、会计、计算机处理、广告和法律服务,或者电信、金融服务等,都需要外商的参与和合作。

在服务出口市场方面也呈现多元化态势,传统出口大国美国在国际建筑服务市场中的份额逐年下降就是一个例证。为了扩大服务市场份额,发达国家之间、发达国家与发展中国家之间以及发展中国家内部之间进行着激烈的竞争。尽管总体上发达国家占有优势,但是这种状况正在逐渐被打破,中国、印度等金砖国家也逐渐成为服务贸易大国。

四、国际服务贸易竞争激烈,保护主义抬头

由于服务业的独特性,各国发展又极不均衡,加上国际服务贸易市场竞争日趋激烈,各国为了自身的经济利益,或者出于国家主权、文化、社会稳定安全方面的需要,对服务进口往往施加各种限制性法规及政策,以保护本国服务业及促进本国的服务出口。这种情况不仅出现在服务业不发达的发展中国家,在服务贸易占绝对优势的发达国家也同样如此,整个世界在服务贸易方面存在着一个巨大的多重的贸易壁垒。比如,为保护美国的印刷业,美国的版权法禁止进口美国作者在海外印刷的作品;阿根廷、澳大利亚、加拿大等对外国广播和电视作品有严格限制;法国与俄罗斯的农产品贸易规定只能由本国的船运公司承运;韩国、马来西亚和菲律宾不允许外国银行扩展分支机构;西欧各国借口保障本国居民的就业,近年来大批辞退来自发展中国家的服务人员。这些例子说明服务贸易保护主义措施广泛存在于各国不同服务行业之中。相关研究表明,对一国而言,服务贸易壁垒每增加10%,制成品出口就会减少5%。

五、国际服务贸易将向数字服务贸易发展

自1986年国际服务贸易成为乌拉圭回合谈判新议题以来,国际服务贸易和国内服务业的发展开始成为政府、工商界和学术界关注的热点。1994年《服务贸易总协定》签订后更是催生了发达国家政府拨款资助学术界和智囊机构对这一新领域进行专项的研究,分析国际服务贸易的经济学含义、现实发展状况、争夺世界市场的策略,以及各种可能的政策行为等。发展中国家一方面对于开放金融、保险、运输、视听服务及商业销售等市场方面仍持谨慎的保护主义态度,另一方面也开始组织对本国的服务业状况和外国的服务业状况进行专门的研究和评价机构,力图在这一新的国际经贸领域中真正做到知彼知己,以便在进入和开放国际服务贸易市场的实践中处于主动的地位。随着工业4.0新一轮科技革命的到来,大数据、人工智能、元宇宙将会给服务领域带来深刻的影响,国际服务贸易将主

要受到数字技术、人口结构变化、发达国家和发展中国家的人均收入趋同及气候变化等多个因素的影响,交易方式、交易内容和交易对象将发生改变。方兴未艾的数字贸易将成为推动国际服务贸易增长的新动能,跨境电商中的选品、支付、物流、仓储、营销、服务等都呈现数字化特征,推动着数字贸易的高效率发展。

第三节　国际服务贸易理论模型

目前,国际服务贸易理论大多是根据传统的国际贸易理论来阐述,其中比较有代表性的是以下两种理论。

一、迪尔道夫模型

1985 年,迪尔道夫(A. Deardorf)构建出传统 2×2×2(两个国家、两种要素、一种货物、一种服务)模型,考察比较优势理论是否能够用于解释国际服务贸易。迪尔道夫在模型中将服务贸易分为作为货物贸易补充的服务贸易、有关要素流动的服务贸易和含有稀缺要素的服务贸易三类。分别讨论了各类服务贸易中比较优势理论的适用性问题。迪尔道夫模型有以下主要结论:

(1)比较优势理论是适用于服务贸易的,而且在国际贸易格局中,服务贸易与货物贸易具有互补性。在迪尔道夫的模型中,对两国封闭状态下、自由贸易状态下及半封闭状态下的服务贸易进行分析,发现服务贸易仍然遵循比较优势原则,并且和货物贸易形成互补。世界服务贸易顺差的大国如美国、英国等,一般货物贸易逆差严重。2014 年,美国服务贸易的顺差为 2 335.93 亿美元,但货物贸易逆差达到 7 920.15 亿美元;而货物贸易顺差的中国,2014 年货物贸易顺差为 3 829.5 亿美元,但服务贸易逆差为 1 501 亿美元。

(2)在服务贸易中,可用于出口的,既可以是具有比较优势的要素,也可以是具有比较优势的产品。在服务贸易中,生产要素是可以跨国移动的,同时当某国为管理要素丰富,而服务产品为管理要素密集型产品,那么该国在服务上具有比较优势,该国既可以在管理密集型产品的生产上对另一国保持比较优势,也可以在管理要素的生产上保持比较优势,又有可能同时在产品和管理要素上保持比较优势。

二、伯格斯模型

伯格斯(Burgess,1990)认为,对标准的 H-O-S 模型做简单修正,就能得到适用于服务贸易的一般模型。伯格斯模型的关键假设为:服务是用来生产两种产品的中间产品,而不是最终消费产品。同时,伯格斯模型将 H-O-S 模型扩展为 2×2×3 模型,即两个国家、两种生产要素(劳动 L 和资本 K)、生产两种产品和一种服务。该模型说明了不同国家在服务贸易上的特点是如何形成比较优势从而决定商品贸易模式的。伯格斯模型有以下主要结论：

（1）提供服务的技术差别是一国商品比较优势的重要决定因素。一个厂商是选择合约经营还是自己提供服务，取决于服务的市场价格和要素价格的相对水平；如果服务价格高于劳动力成本和利率水平（工资和租金），生产厂商就较少依赖服务部门。一旦技术或政策壁垒阻碍了服务贸易，服务就只能由自己提供，且服务只能作为产品生产的中间产品随着产品的贸易进行间接贸易，那么提供服务的技术差别将成为一国商品比较优势的重要决定因素。

（2）服务贸易自由化有利于出口国。由于一国的要素供给固定不变，相对要素存量差别决定了一国的比较优势。对于服务出口国来说，本国具有比较优势的产品产量不变；而对于服务进口国来说，进口的服务促使本国具有比较优势的产品产量增加，从而引起本国产品价格下降，即服务进口国的价格贸易条件恶化。

伯格斯模型说明：服务贸易提高了世界整体福利水平，但是服务贸易双方未必都能分享到这些增加的福利，服务进口国的贸易条件会恶化。

第四节　国际服务贸易壁垒与自由化

一、国际服务贸易壁垒

（一）国际服务贸易壁垒的含义

国际服务贸易壁垒一般是指一国政府对外国服务生产者（提供者）的服务提供或销售所设置的有阻碍作用的政策措施。即凡直接或间接地使外国服务生产者（或提供者）增加生产或销售成本的政策措施，都有可能被外国服务生产者认为属于国际服务贸易壁垒。

设置国际服务贸易壁垒的目的：一方面在于保护本国服务业的市场、扶植本国服务部门，增强竞争力；另一方面，主要是用以抵制外国服务业的进入，在一定程度削弱外国服务业的竞争力。

（二）国际服务贸易壁垒的表现形式及分类

据 WTO 统计，目前国际服务贸易壁垒多达 2 000 多种。专家学者按不同的方法对国际服务贸易壁垒进行了分类，萨皮尔和温特（1994）、Trebilcock 和 Howse（1995）、Hoekman 和 Primo Braga（1997）、Hardin 和 Holmes（1997）等都对服务贸易壁垒进行了分类。

1. 产品移动壁垒

在国际服务贸易中，产品移动壁垒一般包括数量限制、当地成分或本地要求、政府采购、歧视性技术标准和税收制度等。在数量限制方面，如规定一定的服务进口配额；在当地成分方面，如服务厂商被要求在当地购买服务；在本地要求方面，如德国、加拿大和瑞士等国禁止在东道国以外处理的数据在国内使用,很多国家规定,禁止服务器储存的数据被母国公司调用;通过政府补贴,提高本国公共服务领域厂商的竞争力,可有效地阻止外国竞争者的进入。

2. 资本移动壁垒

在国际服务贸易中,资本移动壁垒主要包括浮动汇率、外汇管制及投资收益汇出的限制等。浮动汇率对贸易有着重要的影响,不利的浮动汇率能够削弱服务竞争的优势;外汇管制指的是政府对外汇在本国境内的持有、流通和兑换,以及对外汇出入境的控制,如对出国旅游者限制外汇购买额度;在对投资者投资收益汇回母国壁垒方面,如限制外国服务厂商将利润、版税、管理费汇回母国,或限制外国资本抽调回国,或限制汇回利润的额度等措施,也在相当程度上限制了国际服务贸易的发展。

3. 人员移动壁垒

在国际服务贸易中,人员移动作为生产要素的劳动力跨国移动是国际服务贸易的主要途径之一,对国际服务贸易的发展起到了重要的作用。同时,人员移动壁垒自然构成各国政府限制服务提供者进入本国或进入本国后从事经营的主要手段之一。种种移民限制和出入境的烦琐手续,跨国公司海外派遣人员签证、工作许可证等限制,以及由此造成的长时间的等待,都构成人员移动的壁垒形式。

4. 开业权壁垒

开业权壁垒又称商业存在壁垒。这种限制包括禁止某些服务输入的禁令和对东道国企业的所有权占有百分比的规定。例如,一些国家禁止国外银行、保险公司、大学、医院、影视公司等在本国设立分支机构或子公司;一些国家规定外国服务企业不能超过一定比例。

5. 政府垄断壁垒

在一些服务领域,如一些发展中国家政府对其一些服务公共部门进行垄断或严格的准入,如电信、广播、邮政等;许多国家通过直接拨款或税收优惠等方式,对本国的一些服务业给予补贴,这些行业包括运输、通信、水务、医疗卫生、教育、广播等基础和公用事业,而外国经营者得不到这些补贴。

二、国际服务贸易自由化

国际服务贸易自由化(liberalization of international trade in services)是指一国(或经济体)政府在国际服务贸易中,为提高经济效率、优化资源配置和实现经济福利最大化的经济目标,通过立法和国际协议,对服务和与服务有关的人、资本、信息等要素在国际间的提供或流动,逐渐减少政府的行政干预,放松对国际服务贸易的管制,建立并维护国际服务贸易自由、公平的市场竞争规则的过程。

(一)国际服务贸易自由化的表现形式及作用

1. 经济贸易集团内部国际服务贸易逐步自由化

在区域经济一体化内部,一般都对国际服务贸易实行一定程度的自由化。据统计,

2009年以来在全球170余个区域自贸易协定中，涵盖服务贸易规则的占比约为70%。例如，作为欧盟成立的基本条约——《欧洲联盟条约》的第三部分"共同体政策"中，专门有一章"服务"规定了要逐步废止成员国国民在共同体内自由提供服务的限制。要求自条约生效起，各成员国一般不得在提供服务方面对已实现的自由化采取新的限制条件，同时还规定了理事会要制定一个服务贸易自由化的总体计划。随后，欧盟在银行业、证券业、保险业及运输业都推行了自由化。

RCEP的15个成员均作出高于各自"10+1"自由贸易协定水平的服务开放承诺。中国的服务贸易开放承诺表现在服务部门数量的增加上，在加入WTO承诺的约100个部门开放的基础上，新增研发、管理咨询、制造业相关服务、空运等22个部门，并提高金融、法律、建筑、海运等37个部门的承诺水平。具体而言，中国在制造业相关服务、建筑设计和工程服务、所有环境服务方面允许外商独资；允许设立外商独资的营利性养老机构；银行业取消了外资持股比例上限和外资设立分行子行的总资产要求；保险业取消了人身险公司外资股比上限，放开了保险代理和公估业务，扩大了外资保险经纪公司经营范围以与中资一致，取消了在华经营保险经纪业务经营年限和总资产要求等；取消了证券公司、基金管理公司、期货公司的外资持股比例上限；国际海运取消了合资要求；取消董事会、高管必须为中方国籍的要求。

2. WTO成员的国际服务贸易自由化

首先，通过协定保证。1993年12月15日，乌拉圭回合谈判结束后，WTO成员达成了《服务贸易总协定》。此协定主要是为了在促进所有参与国的互惠互利和确保权利与义务总体平衡的基础上，为国际服务贸易逐步达到更高水平的自由化奠定基础。

其次，服务贸易具体承诺减让表。在服务贸易涉及的149个具体部门中，发达国家成员做出了64%的开放承诺；经济转型国家做出了一半以上的承诺；发展中国家只做出了16%的开放承诺。

3. 国际服务贸易自由化的作用

首先，国际服务贸易自由化能够带来竞争机制。一方面通过国际服务贸易自由化竞争能够提高国际服务的效率，改进管理，降低成本；另一方面，通过国际服务贸易自由化竞争能够引进先进的管理经验和技术，从而能够更好地提高国际服务的专业水平。

其次，通过国际服务贸易自由化，服务提供者能够便利地知晓国外消费者的需要，从而提高自身的服务质量，进而更加全面地保障国外消费者的权益。同时，通过国际服务贸易自由化，能够促进全球服务业的发展，提供更多的就业机会。

最后，推进国际服务贸易自由化，能够加强各国政策法规的可预测性和透明度，有利于全球服务贸易资源有效配置和利用。加快促进整个国际贸易的快速健康稳定发展。新近发布的WTO《服务贸易对发展的作用》指出，服务贸易已经成为增长战略的一个关键因素，成为近年来全球贸易中最有活力的组成部分，并创造了更高附加值的工作。

（二）国际服务贸易自由化的原因

1. 经济全球化的推动

经济全球化是国际服务贸易自由化发展的内部动力。经济全球化是以获得经济利益为动力,借助商品、资本、人员和劳务的自由流动实现技术和经济制度在全球内的传播和扩展,是世界各国经济高度相互依赖和融合的表现。

2. 多边贸易体制的推动

20世纪80年代后期,乌拉圭回合多边服务贸易谈判开始,尤其是1995年《服务贸易总协定》的签署和实行,标志着国际服务贸易自由化趋势的兴起。在多边贸易体制的推动下,以国际多边谈判和双边谈判为手段,形成了各国共同认可和遵循的国际服务贸易准则,各国均承诺开放某些服务部门,逐渐削弱服务贸易壁垒,使服务贸易自由化在全球范围内展开。

3. 货物贸易发展的基本需要

货物贸易的发展促进了与其相关的服务,如航运、港口服务、银行、商业保险等发展;跨国公司在按其全球生产经营战略进行商品的设计和销售时,需要获取国外市场各种特征的详细资料,需要通过各种服务解决在投资和生产中遇到的语言、习惯、法律和规则等限制,这在很大程度上推动了国际服务贸易向更广阔、更深入的方向发展。反过来,国际服务贸易的发展也能够促进货物贸易的发展。例如,集装箱和航空运输成本的下降,大大促进了世界货物贸易的发展。

4. 发达国家的倡导与推动

发达国家在服务业上具有绝对优势和比较优势,为了发挥这些优势,提高竞争力,它们积极提倡国际服务贸易自由化。其中,美国最为积极。其原因是国际服务贸易自由化能够给美国服务业带来巨大的利益。一方面,美国服务业在国内生产总值中的比重已达到70%以上,国际服务贸易自由化可以释放美国在服务业上的竞争优势,为美国跨国公司的扩张提供便利条件;另一方面,由此带来的国际服务贸易巨大顺差又可弥补美国在货物贸易上的巨大逆差。为此,美国商界和政界强烈要求其他国家开放服务市场,为国际服务贸易自由化扫除障碍。

(三)中国将推进国际服务贸易自由化、便利化

2019年11月6日,中国商务部与WTO在国家会展中心(上海)联合举办《2019年世界贸易报告》中文版发布会。中国常驻WTO大使张向晨在发布会上表示,服务贸易对全球贸易至关重要。面向未来,中国将继续推进国际服务贸易自由化、便利化,与各国构建高度融合、彼此相互依存的命运共同体。

"服务业在国际贸易中日益重要,比如全球货物价值链如果没有物流和通信服务便无法正常运转。"时任WTO总干事阿泽维多表示,尤其是随着数字化技术深入应用,原先需要面对面才能够开展的服务活动,现在也可以通过远程提供,即便是跨越国境也可以,这为国际服务贸易的开展提供了巨大空间。

《2019年世界贸易报告》所采用的新的统计方法使全球服务贸易的规模比传统的统计口径提高了20%,总值超过13.3万亿美元,更加准确地反映了服务贸易在全球贸易中的重要性。服务贸易已经成为最活跃、最有活力的贸易领域,发展中国家对此贡献巨大。其中,中国是服务贸易增长最快的经济体之一,中国在推进国际服务贸易发展和自由化方

面发挥了重要作用。

《2019年世界贸易报告》显示，服务贸易成本几乎是货物贸易的两倍，但由于数字技术的普及、政策壁垒的降低及基础设施投资的加大，2000—2017年服务贸易成本下降了9%。

张向晨表示，服务贸易中的包容性应得到更多关注。服务贸易对发展中成员和中小企业提高在全球贸易中的占比非常重要，但目前在国际服务贸易中，发展中国家和最不发达国家的占比仍然较低，WTO各成员应当共同努力。《2019年世界贸易报告》显示，2005—2017年，发展中经济体对服务贸易的贡献增长了10个百分点以上，但主要集中在五个经济体中。在发展中经济体中，中小微企业的服务贸易出口快于制造业企业。

中国推动高水平对外开放，推进国际服务贸易高质量发展是其重要方向。中国加快特色服务出口基地建设是推动中国服务贸易高质量发展的重要举措。中国的营商环境持续改善为外国企业进入中国市场提供了更多便利。第二届进口博览会专门设置了服务贸易展区，体现了中国对国际服务贸易的高度重视。同时，中国积极推进电子商务领域的全球合作。更重要的是，通过制度型开放与创新，在规则、规制、管理及标准上推进服务贸易开放与数字化水平提升。同时，中国在WTO推动服务贸易自由化、便利化中将发挥积极作用。

本章思考练习题

一、思考题

1. 国际服务贸易迅速发展的原因是什么？
2. 论述经济全球化与国际服务贸易自由化的关系。
3. 分析发达国家服务贸易的优势。
4. PPT：中国和印度服务贸易优势分析。

二、练习题

（一）名词解释题

国际服务贸易、国际服务贸易壁垒、国际服务贸易自由化。

（二）简答题

1. 简述当代国际服务贸易发展的特点。
2. 与有形的商品相比，服务有哪些特征？
3. 国际服务贸易壁垒的表现形式有哪些？
4. 推进中国服务贸易高质量发展的对策有哪些？

专栏13-2

美国服务贸易进出口均稳步增长

第十四章
与贸易有关的知识产权

学习目标

通过学习本章，使学生了解知识产权的特征，理解知识产权在国际贸易中的作用及主要交易方式，掌握知识产权侵权行为的特征，了解保护知识产权的主要国际协定，明确国际品牌在对外贸易中的作用。

本章重要概念

知识产权、与贸易有关的知识产权、专利权、商标权、"337"调查、"301"条款、许可证贸易

第一节 知识产权概述

一、知识产权的概念

知识产权，是指公民或法人等民事主体依据法律规定，对自己利用智慧创造的成果依法享有的专有权利。知识产权的英文为"Intellectual Property"，德文为"Gestiges Eigentum"，其原意均为"知识财产所有权"或者"智慧财产所有权"，也称为智力成果权。它有狭义、广义之分。广义上的知识产权包括一切人类智力创造的成果；狭义的知识产权仅包括工业产权和版权两部分，工业产权包含商标权、专利权等，版权，在我国也称为著作权，包含著作权、邻接权等。知识产权是指"权利人对其所创作的智力劳动成果所享有的独有的、专享的、不可分的权利"，包括人身权利和财产权利。所谓人身权利，是指权利同取得智力成果的人的人身不可分离，是人身关系在法律上的反映。例如，只有作者才有权在其作品上署名，或决定对其作品进行发表、修改等。所谓财产权利，是指取得智力成果的人可以凭借智力成果获得物质、金钱方面的经济利益。

二、知识产权的特征

(一) 客体的无形性

知识产权所保护的客体是一种没有形体的精神财富。客体的非物质性是知识产权的本质属性和基本特征,也是该项权利与有形财产所有权相区别的最根本的标志。

权利客体的非物质性是知识产权区别于财产所有权的本质特性。然而,在理论界也有学者对此提出异议,认为知识产权和物权在权利客体上的区别不是本质性的,传统民法理论中认为物权的标的是有形物,但"打破或者适当打破德国人在 100 年前创设的这种完全封闭的物权体制,确定有体物之外的某些无形财产得成为物权之标的,完全有可能正是民法及物权法的一种进步"。

(二) 主体的专有性

专有性,即独占性或垄断性,是指除权利人同意或法律规定外,权利人以外的任何人不得享有或使用该项权利。这表明权利人独占或垄断的专有权利受法律严格保护,不容他人侵犯,只有通过"强制许可""征用"等法律程序,才能变更权利人的专有权。

(三) 有效期的时间性

知识产权有法定的保护期限,有效期限一旦届满,权利人又没有申请展期,权利就自行终止,而进入公有领域,成为人类共享的公共知识,任何人都可以合法使用。由于各国对知识产权不同对象的保护期限存在差别,因而同一知识产权对象在不同国家获得的保护期限可能是不同的。例如,对发明专利的保护期有的国家为 15 年,有的国家则为 20 年。

(四) 专有权的地域性

地域性,是指依据一国法律所取得知识产权仅在该国范围内有效,除签有国际公约或双边互惠协定外,在其他国家不发生效力。

(五) 国家机构的认可性

知识产权没有形体,不占有空间,难以实际控制。因此,虽然法律规定知识产权是一种民事权利,但是并不意味着每个公民对自己头脑中的知识和聪明才智都享有民事权利,法律承认知识产权的客体是智力成果,而非智力本身。因而,知识产权的承认与保护通常需要法律上的直接具体的规定。

三、知识产权的产生和发展

(一) 知识产权的产生阶段

知识产权起源于欧洲,专利法最先问世。英国 1623 年的《垄断法规》(The Statute

of Monopolies》是近代专利保护制度的起点。之后,美国于 1790 年、法国于 1791 年、荷兰于 1817 年、德国于 1877 年、日本于 1885 年先后颁布了专利法。虽然 1618 年的英国首先处理了商标侵权纠纷,但最早的商标成文法应当被认为是法国于 1809 年颁布的《备案商标保护法令》。当时的欧洲大陆法系国家把知识产权称为无体财产权,列入财产权之中,与物权、债权并列。

(二)知识产权的发展阶段

随着国际经济与贸易交往的发展,知识和技术的交流也日趋国际化。对知识产权进行国际保护成为客观需要,1883 年制定的《保护工业产权巴黎公约》(简称《巴黎公约》)是知识产权跨国保护的开端。之后,《专利合作公约》、《商标国际注册马德里协定》(简称《马德里协定》)、《保护文学和艺术作品伯尔尼公约》(简称《伯尔尼公约》)、《保护表演者、音像制品制作者与广播组织罗马公约》(简称《罗马公约》)和《关于集成电路知识产权公约》等相继制定,知识产权的法律保护由过去的国内法保护发展成为跨国法律保护。

(三)知识产权的国际化阶段

特定知识产权国际公约、条约的制定对各国特定知识产权制度的建立和完善起到重要推动作用,同时这些特定国际公约本身又是特定知识产权法律制度的重要组成部分,也使特定知识产权制度逐步在世界范围设立和扩展开来。但因为特定知识产权国际公约的特定性,使不同知识产权的国际保护存在各种差异,不符合国际经济贸易一体化发展的客观需要。建立国际统一的知识产权制度摆上了知识产权发展的历史日程。世界知识产权组织(WIPO)成立及其制定的《成立世界知识产权组织公约》,以及 WTO 制定的《与贸易有关的知识产权协定》(Agreement on Trade-related Aspects of Intellectual Property Rights,TRIPs)完成了这一历史使命。《成立世界知识产权组织公约》和《与贸易有关的知识产权协定》称得上完整意义上的知识产权国际条约,它们覆盖了工业产权和版权等广泛的知识产权范围。

专栏14-1

2020年全球PCT专利申请量排名

第二节 与贸易有关的知识产权

一、WTO 与贸易有关的知识产权

知识产权保护是以智力成果为基础的国际分工及国际经济关系的反映,是新经济发展的必然产物。由于一些发达资本主义国家压低物质部门的产品价格,提高与智力成果相关

的非物质经济部门的价格，从而使智力成果等非物质经济因素在国际贸易中取得较为有利的地位，知识产权在国际贸易的地位越来越重要，国际上把知识产权贸易与货物贸易、服务贸易相提并论就是明证。为规范知识产权与国际贸易的相互关系，WTO 体系下的《与贸易有关的知识产权协定》专门规定了与贸易有关的知识产权，包括版权、商标权、专利权、地理标志权、工业品外观设计权、集成电路布图设计权、未披露信息的保护权。

二、知识产权在国际贸易中的作用

（一）积极作用

（1）有利于创造一个规范合理的国际知识产权市场秩序。因为知识产权保护与国际贸易之间存在着必然的联系，加上国际贸易中出现了许多假冒伪劣产品，侵害着消费者和知识产权拥有者的权利。据估计，每年全球假冒侵权商品的价值超过了 6 000 亿美元，相当于国际贸易总额的 7%，各国和国际知识产权保护制度的建立有助于提高政府、企业以及个人知识产权保护意识，让知识产权保护有法可依，从而使国际知识产权市场更加合理规范。

（2）有利于促进国际贸易竞争，保护厂商利益。目前，国际市场竞争已从价格竞争转向技术创新的竞争，拥有知识产权，就可以在国际市场上获得更多竞争优势，从而促进国际竞争。在进行知识产权的创新中，企业要投入大量的研发经费，所以，保护知识产权不受侵犯，才能使企业获得应有的利益。

（3）促进发展中国家，尤其是知识创新力度不足的国家，加大知识创新力度。因为知识产权保护已渗透到国际贸易中，而发展中国家出口的产品往往都是附加值较低的产品，产品利润不高，在进入发达国家市场时还要受到相关知识产权保护策略的阻碍，因此，知识产权成为发展中国家提高自身实力、提高出口产品的知识含量、增强在国际贸易市场中竞争的动力。

（二）消极作用

（1）知识产权保护制度存在的漏洞或者不完善容易被不当利用，形成贸易壁垒，影响国际贸易的正常秩序，也使得有关于知识产权的贸易摩擦不断升温。据统计，从 1995 年 1 月到 2002 年的 10 月，向 WTO 提出要求进行磋商的案件总共有 268 件，而因知识产权引起的贸易争端就有 19 起，占了总贸易摩擦数的 7.1%。

（2）知识产权保护的实施会使得国际贸易发展失去平衡，即技术差距使得发达国家与发展中国家在经济发展上的差距逐步扩大。据统计，全世界每年用于研发的支出中，发达国家占 95%，而发展中国家只占 5%；绝大部分优秀的技术人员在发达国家，发展中国家仅拥有 10% 的技术人员，这使得发展中国家无论在技术上还是在贸易上都受发达国家的制约，阻碍发展中国家缩小与发达国家的差距。

三、国际知识产权贸易的主要方式

知识产权贸易（trade of intellectual property rights），有广义与狭义之分。狭义的知识产权贸易是指以知识产权为标的物的贸易，主要包括知识产权许可、知识产权转让等内容，即企业、经济组织或个人之间，按照一般商业条件，向对方出售或从对方购买知识产权使用权的一种贸易行为。广义的知识产权贸易，是指含有知识产权的产品（知识产权产品、知识产品），特别是附有高新技术的高附加值高科技产品，如集成电路、计算机软件、多媒体产品、视听产品、音像制品、文学作品等的贸易行为。知识产权贸易方式主要有以下五种。

（一）许可证贸易

许可证贸易是知识产权贸易中使用最广泛和最普遍的一种形式。许可证贸易是以知识产权及相应产品的制造和销售权为内容，通过签订许可证协议而进行的技术贸易。目前专利、商标大多通过许可证贸易来进行。按照许可的范围和许可费的高低分为独占许可、排他许可、分许可、交叉许可。

（二）特许经营

特许经营是一种商业服务和技术体系的许可，是指已经取得成功经验的商业企业（特许方）将其商标、商号名称、服务标志、专利、专有技术及经营管理的方法或经验许可另一家商业企业（被特许方）使用。特许经营适用于商业、服务业与工业。被特许方使用特许方的商业名称经营业务，遵循特许方制定的方针和程序，特许方则从被特许方处收取特许费。对于特许方来说，除了直接收取特许费，还可以通过提供技术服务收取服务费，并阻止可能的竞争。对被特许方来说，可以解决技术能力不足、缺乏品牌优势等问题。

（三）合作方式

合作方式是指两个或两个以上国家的不同企业共同出资组建成一个新的企业。由于各方可以以知识产权进行出资，这种出资实际上是把出资方所拥有的知识产权转让给了新成立的企业，因此这种方式也成为国际知识产权贸易的一种形式。这种方式对于知识产权的供受双方都是有利的。受方可借此引进外国较先进的生产技术、管理技术和销售技术，培养自己的技术队伍，还可利用国外资金；供方则可利用受方的劳动力和资源，扩大海外市场，通过收取知识产权使用费回收设备与技术研发的费用。因此，这种方式受到了很多国家，尤其是发展中国家的欢迎。

（四）交钥匙合同

交钥匙合同是指供方为建成整个工厂，向受方提供全部设备、技术、经营管理方法，包括工程项目的设计、施工、设备的提供与安装，受方人员的培训、试车，直到能开工生产后，才把工厂交给受方。目前在知识产权贸易方面，更多体现在计算机应用领域。所谓计算机交钥匙合同就是指整个计算机系统的买卖与软件的转让。主要内容是：供方向受方出售硬件，提供软件许可证，完成计算机的安装与测试、软件的测试，提供对硬件、软件的维修服务并延续到开机后一段较长的时间。

（五）技术咨询与服务

技术咨询与服务是指技术提供方受另一方委托，通过签订技术咨询或服务合同，为委托方提供技术劳务，完成某项服务任务，并由委托方支付一定的技术服务费。

除上述几种知识产权贸易方式外，随着国际经济交往及各种第三产业的发展，还会出现新的国际知识产权贸易方式，如美国的一些银行开办的"存取技术"业务，知识产权所有人可以将知识产权存入银行，银行像贷款一样把它贷给需要的企业，收取利息。在中国加入WTO后，这些贸易方式必然会不断进入中国，而中国企业也应该了解和运用这些贸易方式，获取经济效益。

专栏14-2

2020年中国PCT国际专利申请量位居世界首位

四、国际知识产权贸易的发展趋势

据世界知识产权组织（WIPO）统计，2021年，通过《专利合作条约》（PCT）提交的国际专利申请量相比2020年增长了0.9%，达到27.75万件，为有史以来的最高水平。

（一）发达国家是国际专利申请的主体，中国位居第一

如表14-1所示，2020年和2021年中国PCT专利申请量继续保持全球第一，高达69 540件，占了世界PCT专利申请量的25.06%，紧随之后的则是：美国（59 570件，占比21.47%）、日本（50 260件，占比18.11%）、韩国（20 678件，占比7.45%）、德国（17 322件，占比6.24%）、法国（7 380件，占比2.66%）、英国（5 841件，占比2.10%）、瑞士（5 386件，占比1.94%）、瑞典（4 453件，占比1.60%）、荷兰（4 125件，占比）1.49%。

与2020年对比，来自中国、美国、日本、韩国、瑞士、瑞典、荷兰的PCT专利申请量都保持了不错的增长。另外，从表14-1中可以看出，在PCT专利申请数量排名前十的国家中，以发达国家为主，而中国作为唯一的发展中国家，连续三年PCT专利申请量排名第一。亚洲成为PCT国际专利申请的最大来源地，占2021年所有申请的54.1%，高于2011年的38.5%。说明尽管目前PCT专利申请量主要来源于发达国家，但是发展中国家PCT专利申请数量和比例呈不断上升趋势。

表14-1　2022年各国PCT专利申请数量排名表

国　　家	2020年（件）	2021年（件）	2021年约占比（%）
中国	68 923	69 540	25.06
美国	58 477	59 570	21.47

续表

国　　家	2020年（件）	2021年（件）	2021年约占比（%）
日本	50 578	50 260	18.11
韩国	20 045	20 678	7.45
德国	18 499	17 322	6.24
法国	7 782	7 380	2.66
英国	5 889	5 841	2.10
瑞士	5 119	5 386	1.94
瑞典	4 351	4 453	1.60
荷兰	3 996	4 125	1.49
全球共计	274 889	277 500	

注：2021年数据为估计值。
数据来源：世界知识产权组织（WIPO）。

（二）企业国际专利申请量增长快，中国企业成长迅速

如表14-2所示，在前二十的榜单当中，有7家中国企业上榜。其中，华为以6 952件PCT专利申请量排名第1；OPPO以2 208件PCT专利申请量排名第6；京东方则以1 980件PCT专利申请量排名第7。平安科技（1 564件）、中兴通讯（1 493件）、vivo（1 336件）、大疆创新（1 042件）也进入了前二十的榜单，分别排名第11、13、16、20位。

表14-2　2021年PCT专利申请数量排名前20企业

2021年排名	较上一年排名变化情况	企业名称	2020年（件）	2021年（件）
1	0	华为技术有限公司	5 464	6 952
2	3	高通公司	2 173	3 931
3	-1	三星电子	3 093	3 041
4	0	LG电子	2 759	2 885
5	-2	三菱电机	2 810	2 673
6	2	广东欧珀移动通信有限公司	1 801	2 208
7	0	京东方科技集团股份有限公司	1 892	1 980
8	-2	爱立信公司	1 989	1 877
9	0	索尼集团公司	1 793	1 789
10	0	松下知识产权管理公司	1 611	1 741
11	6	平安科技（深圳）有限公司	1 304	1 564
12	3	日本电信电话株式会社	1 372	1 508
13	3	中兴公司	1 316	1 493
14	-3	惠普公司	1 595	1 485
15	5	日本电气股份有限公司	1 121	1 350
16	7	维沃移动通信有限公司	955	1 336
17	-5	微软技术许可公司	1 529	1 303
18	-5	罗伯特博世公司	1 375	1 213

续表

2021年排名	较上一年排名变化情况	企业名称	2020年（件）	2021年（件）
19	0	富士胶片公司	1 128	1 095
20	1	深圳市大疆创新科技有限公司	1 073	1 042

数据来源：世界知识产权组织（WIPO）。

需要指出的是，在前20名的企业中，各企业的专利申请数量基本呈现上升趋势。其中，高通2021年的PCT专利申请数量是增长最快的，同比增幅高达80.9%，这也使得它从2020年的第5位上升到2021年的第2位。但就总量而言，中国华为公司PCT专利申请量连续5年位居全球第1；OPPO相比2020年提升了2位，这也是OPPO第三年位列PCT专利申请量排行榜前10。这说明在全球企业中，各国企业在专利研发方面投入呈不断上升趋势。

（三）大学在PCT专利申请中占有重要地位

在教育机构的PCT专利申请排名方面，2021年，美国加州大学以551件PCT专利申请量位居榜首。中国浙江大学以306件PCT专利申请量排名第2（在总排名中排名第64位）。其次是美国麻省理工学院（227件）、中国清华大学（201件）、美国斯坦福大学（194件）、美国得克萨斯大学（177件）、中国华南理工大学（169件）、新加坡国立大学（163件）、中国苏州大学（153件）、日本东京大学（150件）。前10名大学榜单中，包括4所中国大学和4所美国大学，日本和新加坡各1所。其中，新加坡国立大学则是首次跻身前10。

（四）PCT专利申请集中在计算机与数字技术领域

从2021年PCT专利申请所覆盖的领域来看，计算机技术占比约9.9%，占比最高。其次是数字通信（9%）、医疗技术（7.1%）、电机（6.9%）和测量（4.6%）。从各个技术领域的PCT专利申请量增长趋势来看，2021年，前10大技术领域中有6个领域保持了增长，其中制药领域增长得最快（+12.8%），其次是生物技术（+9.5%）、计算机技术（7.2%）和数字通信（+6.9%）。

（五）PCT专利申请周期延长影响了专利增长速度

另外，据世界知识产权组织估计，专利申请的增长导致积压了517万件未处理的专利申请。美国和日本的积压申请尤其多。美国PCT专利申请平均等待时间上升到32个月，比1996年的21.5月有所上升。专利申请时间的延长，会对各国的研发创新活动产生极为不利的影响。

第三节　与贸易有关的知识产权保护

一、国际贸易中的知识产权侵权行为

知识产权侵权行为是指未经知识产权权利人的许可，又无法律依据，擅自使用他人拥有知识产权的行为。按照知识产权的范围，任何侵犯版权、商标权、专利权、地理标志权、工业品外观设计权、集成电路布图设计权、未披露信息的保护权的行为都属于侵权行为。

知识产权侵权行为分为以下三类。

（一）著作权或版权侵权行为

著作权侵权行为是指未经著作权人许可，又无法律依据，擅自对拥有著作权的作品进行利用，以及其他擅自行使著作权的行为。

著作权侵权行为主要表现有：

（1）未经著作权人许可，发表其作品的。

（2）没有参加创作，为谋取个人名利，在他人作品上署名的。

（3）歪曲、篡改他人作品的。

（4）未经著作权人许可，以展览、摄制电影和以类似摄制电影的方法使用作品，或者以改编、翻译、注释等方式使用作品的。

（5）使用他人作品，应当支付报酬而未支付的。

（6）出版他人享有专有出版权的图书的。

（7）制作、出售假冒他人署名的作品的。

（二）商标权侵权行为

商标权侵权行为是指未经商标权人许可，又无法律依据，擅自使用注册商标的行为。

商标权侵权行为主要表现有：

（1）假冒注册商标的。

（2）销售侵犯注册商标专用权的商品的。

（3）伪造、擅自制造他人注册商标标识或者销售伪造、擅自制造的注册商标标识的。

（4）在同一种或者类似商品上，将与他人注册商标相同或者近似的标志作为商品名称或者商品装潢使用，误导公众的。

（5）故意为侵犯他人注册商标专用权行为提供仓储、运输、邮寄、隐匿等便利条件的。

（6）复制、摹仿、翻译他人注册的驰名商标或其主要部分在不相同或者不相类似商品上作为商标使用，误导公众，致使该驰名商标注册人的利益可能受到损害的。

（7）将与他人注册商标相同或者相近似的文字注册为域名，并且通过该域名进行相关商品交易的电子商务，容易使相关公众产生误认的。

（三）专利权侵权行为

专利权侵权行为是指未经专利权人许可又无法律依据，以营利为目的实施他人专利的行为。

专利权侵权行为主要表现有：
（1）未经专利权人许可，实施其专利的。
（2）假冒他人专利的。
（3）冒充专利的。
（4）侵夺发明人或者设计人的非职务发明创造专利申请权和其他权益的。
（5）管理专利工作的部门参与专利产品经营活动的。

二、知识产权的国际保护

对知识产权进行国际保护，是知识和技术交流日趋国际化的客观需要。1883年制定的《保护工业产权巴黎公约》是知识产权国际保护的开端。现行的知识产权国际公约主要有《保护工业产权巴黎公约》（简称《巴黎公约》）、《专利合作公约》《商标国际注册马德里协定》（简称《马德里协定》）、《工业品外观设计国际注册海牙协定》、《保护文学和艺术作品伯尔尼公约》（简称《伯尔尼公约》）、《保护表演者、音像制品制作者与广播组织罗马公约》（简称《罗马公约》）、《关于集成电路知识产权公约》、《视听表演北京条约》、《马拉喀什条约》、WTO的《与贸易有关的知识产权协定》和WIPO管理的知识产权国际公约体系等。其中WTO的《与贸易有关的知识产权协定》和WIPO管理的知识产权国际公约体系最值得高度重视。

（一）WTO的《与贸易有关的知识产权协定》

《与贸易有关的知识产权协定》（Agreement on Trade Related Aspects of Intellectual Property Rights，TRIPs）简称《知识产权协定》，是WTO管辖的一项多边贸易协定。《与贸易有关的知识产权协定》分为七部分，共73条。

主要条款有：一般规定和基本原则，关于知识产权的效力、范围及使用标准，知识产权的执法，知识产权的获得、维护及相关程序，争端的防止和解决，过渡安排，机构安排、最后条款等。协定的主要内容是：提出和重申了保护知识产权的基本原则，确立了知识产权协定与其他知识产权国际公约的基本关系。

协议保护的范围包括版权及相关权、商标、地域标识、工业品外观设计、专利、集成电路布图设计、未公开的信息（包括商业秘密）七种知识产权；规定了最低保护要求；并涉及对限制竞争行为的控制问题；规定和强化了知识产权执法程序；有条件地将不同类型的成员加以区别对待。该协定的宗旨是促进对知识产权在国际贸易范围内进行更充分、有效的保护，以使权利人能够从其创造发明中获益，受到激励，继续在创造发明方面的努力；减少知识产权保护对国际贸易的扭曲与阻碍，确保知识产权协定的实施及程序不对合法贸易构成壁垒。

与过去的知识产权国际条约相比，协定具有三个突出特点：

（1）它是第一个涵盖了绝大多数类型知识产权的多边条约。该协议保护的范围包括版权及相关权、商标、地域标识、工业品外观设计、专利、集成电路布图设计、未公开的信息（包括商业秘密）七种知识产权，几乎涵盖了知识产权的各个方面。

（2）它是第一个对知识产权执法标准及执法程序作出规范的条约。该协定既有实体性规定，也有程序性规定，对侵犯知识产权行为的民事责任、刑事责任及保护知识产权的边境措施、临时措施等都作了明确规定。

（3）它引入了 WTO 的争端解决机制，用于解决各成员之间产生的知识产权纠纷。过去的知识产权国际条约对参加国在立法或执法上违反条约并无相应的制裁条款，该协定则将违反协议规定直接与单边及多边经济制裁挂钩。

（二）WIPO 管理的知识产权国际公约体系

世界知识产权组织（World Intellectual Property Organization，WIPO）是世界各国政府间的国际组织机构，也是联合国的专门机构，总部设在日内瓦。早在 19 世纪 80 年代，世界上就有两个保护知识产权的重要国际条约，即《巴黎公约》和《伯尔尼公约》。这两个公约最初由瑞士政府代为管理。1893 年，《巴黎公约》和《伯尔尼公约》的管理机构进行合并，成立了保护知识产权联合国际局。1967 年，保护知识产权联合国际局提议建立世界知识产权组织。同年 7 月，召开了有 51 个国家参加的斯德哥尔摩会议，签订了《成立世界知识产权组织公约》并成立了该组织。

世界知识产权组织下设四个机构：

（1）大会。这是该组织的最高权力机构，由成员国中参加巴黎联盟和伯尔尼联盟的国家组成。

（2）成员国会议。由全体成员国组成，任务是讨论知识产权领域各国共同感兴趣的问题，制定法律并进行财政预算。

（3）协调委员会。由巴黎联盟和伯尔尼联盟执行委员会的成员国组成，职责是就一切有关行政财务问题提出意见，拟定大会的议程草案，提名总干事候选人，负责组织有关会议，准备有关文件和报告，收集来自各国提供的知识产权情报，出版有关刊物，办理国际注册等。

（4）国际局。该组织的常设办事机构，设总干事一人、副总干事若干人。国际局负责执行在知识产权领域内增进成员国国际合作的计划，并为会议提供必要的资料和其他服务。

世界知识产权组织鼓励制定保护知识产权的国际条约及各国的国内立法；鼓励发达国家先进技术向发展中国家转移，并向发展中国家提供知识产权方面的技术援助和咨询服务；办理国际知识产权注册登记；促进文件和专利程序的标准化；管理国际专利证件中心，为各成员国提供检索服务。

三、知识产权的国家保护

对当今的许多跨国企业而言，技术产品已不再是其利润的唯一创造力，在国家政府和世界知识产权保护联盟的树荫下，技术标准与知识产权已经成为企业竞争的核心竞争力，知识产权战略逐渐被搬上了企业发展战略舞台。一个国家拥有的专利权数量和质量在一定程度上决定了其在全球综合国力竞争中的地位。

（一）发达国家的知识产权保护

发达国家的知识产权保护上升到战略高度，从政府政策、企业管理及个人意识共同组成知识产权防护网，保护企业、国家利益，推动整体经济发展。

专栏14-3 美国"337"调查

一般说来，发达国家的知识产权保护呈现以下六个特点。

1. 根据国情选取保护重点与确立技术发展战略

美国、日本和德国的专利数量位列世界前三，但是，由于技术发展战略不同，三国的知识产权保护重点有所不同。

专栏14-4 2018年五大专利案件

美国的原创技术能力强，其知识产权制度重视保护发明专利。美国的专利分为发明专利和新式样专利两种，没有实用新型专利。为了保护本国企业的发明技术，2000年以前，美国一直实行批准公开制度，只有在专利获得批准后才公开专利内容。近年来，美国虽然开始实施早期公开制度，但仍给申请人留有选择的余地，即如果只申请美国或非早期公开国家的专利，申请人可以要求在未批准前不公开专利内容。美国的知识产权保护最著名的有《1930年关税法》的第337条款，即337条款。

德国的技术实力较强，原创技术也比较多，其专利制度重视发明专利。德国专利法中只包括发明专利（实用新型和新式样专利另有管理条例），而且对发明专利申请的审查最严，德国发明专利的技术先进性和实用性得到发达工业化国家的公认。

在一段时期内，日本技术开发以模仿跟随为主。因此，日本的专利制度实行鼓励本国企业申请专利和阻止外国企业利用专利占领市场相结合。一方面，鼓励企业围绕引进的基本专利技术开发中小专利，形成专利网。另一方面，通过延长审查时间和烦琐的申请程序把外国企业的专利挡在门外。因此，日本的专利制度特别注意保护国内小型专利，发明专利、实用新型和新型设计专利都实行实审制度。

2. 利用优先原则保护本国发明人和市场

美国的原创技术多，专利授权采取发明优先的原则。日本等其他国家大多采取申请优先的原则。有些国家和地区对一些小型专利采取使用在先的原则，通常不对小型专利申请进行实审，若有先使用者，可以对已经授权的专利提出无效请求。

3. 重视发明人权益保护

发达国家的知识产权权属政策突出发明人的地位，充分保护发明人的积极性。尽管各国的职务发明原始权归属不同，如德国和日本的职务发明原始权归发明人，美国的职务发明权属归雇主。但是，美国、日本、欧洲的专利法都规定，无论是职务发明还是非职务发明，其专利申请人都必须是发明人或其受让人。美国的专利制度还特别要求专利申请人必须是发明人。公司或机构雇员的职务发明均由发明人提出申请，然后再通过有关程序转让给雇主。

4. 专利制度区域化

英国的专利授权在英联邦等约 40 个国家有效；《欧洲专利公约》在 38 个缔约国、2 个延伸国、4 个生效国生效。欧洲专利协议遵循欧洲共同体统一市场的原则，为防止地区性垄断，在专利审查和批准过程中强调公平性，因此，欧洲专利协议的实审通常不如协议方国家那样严格。

5. 发达国家专利费用高

发展中国家的专利申请和维护费较低，发达国家的专利费用普遍较高。在日本，申请一项专利需 2 万美元，欧盟需 2 万美元，美国需 1.7 万美元；而在中国申请专利只需 3 000 元人民币。结果是发达国家企业的专利很容易进入发展中国家，不少发展中国家的企业却因为支付不起高额的专利费而无法申请发达国家的专利。

6. 利用强制授权措施，促进技术应用和转移

强制授权制度有利于技术利用和转移，特别是可以防止恶意闲置专利形成市场垄断。如韩国的专利法规定：对批准后三年内未实施的专利，可以要求其授权转让。有些国家通过启动"休眠"专利提高专利实施率，促进技术的利用和扩散。日本是世界上第三大专利国家，但实施率仅占 33%，大量专利无人使用，处于闲置状态。为了充分发挥和提升专利的价值，日本通产省、特许厅通过行政措施，要求大企业把"休眠"专利及周边专利无偿许可给中小企业使用，并结合产业振兴计划，对一些重点地区实施特别援助。

（二）发展中国家的知识产权保护

发展中国家的知识产权保护能否促进其技术进步与经济增长一直都是国际经济理论学界和国际政策谈判领域争论的焦点，作为 WTO 三大支柱之一的《与贸易有关的知识产权协定》的实施对发展中国家经济增长的影响，理论界一直存在较大的争议。

重视知识产权保护有利于发展中国家对外贸易的健康发展，但是知识产权保护对发展中国家也有不利影响。弗农的产品生命周期理论认为一个国家的工业都将经历以下四个阶段：第一阶段，创造新产品，进入国内市场；第二阶段，国内市场饱和，向国外市场出口；第三阶段，对外投资，向外国市场提供产品；第四阶段，外国生产，向母国市场出口。从发达国家角度说，当处于产品周期的第二、第三阶段时，它会极力支持自由贸易；而到了第四阶段，国内市场的产品为进口产品所替代时，该国产品的市场地位开始衰落，其市场占有率受到挑战。此时，它会转向知识产权保护，在贸易政策中会极力与知识产权保护挂钩，通过强制性措施来实施严格的知识产权保护，以设法减缓产品周期的步伐。这对在技术上处于相对落后的发展中国家而言，无疑是有失公平的。这样知识产权的保护无疑扩大了发达国家与发展中国家的差距，贫富差距愈加严重。

《与贸易有关的知识产权协定》是建立在发达国家知识产权保护水平基础上的。相对于发展中国家的经济发展水平而言，该协定所规定的知识产权保护标准和要求是相当苛刻的。发展中国家接受《与贸易有关的知识产权协定》的主要原因是：

（1）乌拉圭回合谈判的一揽子协议中，包括了发展中国家所希望得到的一些好处，如《纺织品与服装协议》强化的争端解决机制等，因而接受《与贸易有关的知识产权协定》实际上是一种交换。

（2）许多发展中国家从20世纪80年代开始大量引进外资，需要对知识产权加强保护。

（3）发达国家同意给发展中国家一些过渡期，以实施《与贸易有关的知识产权协定》。

（4）发展中国家还担心，没有《与贸易有关的知识产权协定》，美国国会将不会批准一揽子协议。

中国是一个区域经济发展不平衡的后发大国，改革开放以来，中国之所以能够大量成功地引进国外的先进技术，很大程度上依赖于中国建立并实行了知识产权制度，为正常的国际贸易活动和投资活动奠定了基础性的保障制度。随着国际贸易的发展，商品和服务的知识含量和技术含量越来越高，其中涉及知识产权的商品占有较大的比重，且这个比重还在不断攀升。研究TRIPs下知识产权保护，对于制定合理可行的知识产权保护法律和策略，更好地促进中国开放经济高质量增长，无疑具有重大的理论和实践意义。在2023年世界知识产权组织第六十四届成员国大会上，各方高度评价中国的发展成绩，认为中国已经成为全球知识产权工作的重要贡献者，并成功转型为世界领先的创新、创意和科技中心之一。在世界知识产权组织发布的2022年全球创新指数排名中，中国已名列第十一位。

四、国际品牌创立与管理

（一）国际品牌

国际品牌一般是指在国际市场上知名度、美誉度较高，产品辐射全球的品牌，一般具有品牌历史悠久、能引领行业的发展方向、有支撑品牌的企业文化这三个特征。

在国际贸易中，拥有国际品牌就有溢价的权利，在国际竞争中能够获得消费者的美誉度，企业能够获得较大的盈利。宝洁、联合利华、可口、百事、麦当劳、卡夫、星巴克、电子、数码、罗拉、惠普、诺基亚、飞利浦、爱立信、索尼、戴尔、三星、明基、惠而浦、三洋、松下、东芝、西门子、三菱、海尔、沃尔玛、家乐福、微软、甲骨文、思科、贝尔、丰田、大众、福特、奔驰、宝马、沃尔沃、本田、现代、迪士尼、耐克等国际品牌，很多都是全球500强企业经过多年的培育才享誉世界的。

（二）品牌管理

（1）品牌管理的定义：企业管理者为培育品牌资产而展开的以消费者为中心的规划、传播、提升和评估等一系列战略决策和战略执行活动。

案例14-1

国际奢侈品品牌50强

品牌管理是公司整体市场竞争战略的重要组成部分，随着市场成熟的逐步加强及竞争产品的同质化，品牌管理成为获取竞争优势和夺取市场份额的重要手段，品牌管理是现代企业发展的必由之路。

（2）品牌管理的因素：建立卓越的信誉、争取广泛的支持、建立亲密的关系、增加亲身体验的机会。

（3）国际品牌管理面临的问题：国际品牌管理在实践中要涉及多方面的因素，各国在政治体制、法律、人文地理环境等方面存在着差异。为预防国际品牌跨国营销时"水土不服"，要综合考虑各方面的影响因素，如使国际品牌在跨越文化壁垒和满足当地需求之间平衡，品牌政策的哪些方面可以在全球通用以及哪些方面应当保持灵活等。

本章思考练习题

一、思考题

1. 中国出口商品遭遇美国"337"条款调查的主要原因是什么？
2. 保护世界知识产权，加大国际专利申请的意义？

二、练习题

（一）名词解释题

知识产权、与贸易有关的知识产权、许可证贸易、"337"条款。

（二）简述题

1. 知识产权在国际贸易中有何作用？
2. 知识产权贸易的主要方式有哪些？
3. 创立国际品牌有何意义？

三、案例分析

在全球500强公司中，选择任一跨国公司的知识产权现状和品牌价值及文化。

协调治理篇

第十五章 区域经济一体化

学习目标

通过学习本章，使学生熟悉区域经济一体化的形式、区域经济一体化的发展及特点，了解区域经济一体化对国际贸易的影响，掌握关税同盟理论；了解欧洲联盟等几大区域经济一体化组织的发展趋势，熟悉协议的主要内容。

本章重要概念

区域经济一体化、自由贸易区、关税同盟、共同市场、经济同盟、贸易创造效应、贸易转移效应、贸易扩大效应

第一节 区域经济一体化概述

一、区域经济一体化的概念

区域经济一体化（Regional Economic Integration），是指一个地理区域内某些国家一致同意减少并最终消除关税壁垒和非关税壁垒，以便实现相互之间商品、服务和生产要素自由流动的状态或过程。在这一过程中，国家之间往往通过签订条约，成立区域性经济组织，建立超国家的决策和管理机构，并要求其成员国让渡部分国家主权，由一体化组织共同行使这一部分主权。同时，还会确定较为具体的共同目标，在某些方面制定共同的政策措施，实施共同的行为准则，实现成员国之间产品甚至生产要素的自由流动，促进区域内贸易和经济的持续增长。在成员国与非成员国之间则分别或统一采取贸易壁垒措施，限制货物、服务和生产要素的跨国界自由流动，以保护区域内市场、产业和企业。

二、区域经济一体化的主要特点

（1）具有地区性和集团性。

（2）建立超国家的共同机构和实施某些经济政策措施。
（3）参加区域经济一体化的成员国局部主权有一定程度的让渡。

三、区域经济一体化的形式

（一）按参与国家经济发展水平划分

按参与国家经济发展水平，可分为水平一体化和垂直一体化。水平一体化是指经济发展水平相同或接近的国家之间所形成的区域经济一体化组织（如欧盟），垂直一体化则是由经济发展水平不同的国家所形成的区域经济一体化组织（如北美自由贸易区）。

（二）按区域内经济一体化程度划分

依据区域内经济一体化程度或者商品和生产要素自由流动程度的差异，成员国的政策协调程度不同，区域经济一体化可以从低到高划分为6个层次。

1. 优惠贸易安排

优惠贸易安排（preferential trade agreement），是指成员国之间通过协定或其他形式，对全部或部分货物贸易规定特别的关税优惠，也可能包括小部分商品完全免税的情况。这是区域经济一体化程度最低、成员间关系最松散的一种形式。1967年成立的东南亚国家联盟就属于这种一体化组织。

2. 自由贸易区

自由贸易区（free trade area），是指各成员国之间取消货物和服务贸易的关税壁垒，使货物和服务在区域内自由流动，但各成员国仍保留各自的关税结构，按照各自的标准对非成员国征收关税。例如，欧洲自由贸易联盟和北美自由贸易区等。

3. 关税同盟

关税同盟（customs union），是指各成员国之间完全取消关税壁垒和其他壁垒，实现内部自由贸易，并对来自非成员国的货物进口实施统一关税。关税同盟在一定程度上排除了非成员国商品的竞争，使其成员国商品在统一关境以内的市场竞争中处于有利地位，它开始具有超国家性质。欧盟就是最著名的关税同盟。

4. 共同市场

共同市场（common market），是指除各成员国之间完全取消关税和数量限制，并建立对外统一关税，还取消了对生产要素流动的限制，允许劳动、资本等生产要素在成员国之间自由流动，甚至企业可以享有区内自由投资的权利。与关税同盟相比，理想状态的共同市场不仅对内取消关税、对外统一关税，实现货物和服务的自由流动，而且允许生产要素在成员国之间自由流动，对居民和资本的跨国移动不存在任何限制。

欧盟在统一货币之前的阶段属于共同市场，这是迄今为止唯一成功建立的共同市场，因为建立共同市场要求在财政政策、货币政策和就业政策等方面进行高度协调与合作。

5. 经济同盟

经济同盟（economic union），是指各成员国之间不但货物、服务和生产要素可以完全自由流动，建立对外统一关税，而且要求成员国制定并执行某些共同的经济政策和社会政策，逐步消除各国在政策方面的差异，使一体化程度从货物、服务交换扩展到生产、分配乃至整个国家经济，形成一个庞大的经济实体。欧共体各国于1992年签署了《欧洲联盟条约》，1993年生效后成为经济同盟。

6. 完全经济一体化

完全经济一体化（completely economic intergration），是指各成员国之间除具有经济同盟的特征之外，还统一重大经济政策，如财政政策、货币政策、福利政策、农业政策，以及有关贸易及生产要素流动的政策，并制定共同的对外经济政策。

完全经济一体化是区域经济一体化的最高级形式，具备完全的经济国家地位。因此，加入完全经济一体化组织的成员国损失的政策自主权最大。

随着2002年7月欧元成为欧元区唯一的合法货币，欧盟朝着完全经济一体化又进了一步。欧盟自1993年成立以来，先后经历多次扩张，但它仍然是一个向完全经济一体化组织推进的经济同盟。

前述分类显示了不同区域经济一体化形式的目标和程度，各种形式之间具体的异同见表15-1。

表 15-1　区域经济一体化系统图解

组织形式	内部自由贸易	设立共同壁垒	要素自由流动	统一经济政策	统一政治政策
优惠贸易安排	×	×	×	×	×
自由贸易区	√	×	×	×	×
关税同盟	√	√	×	×	×
共同市场	√	√	√	×	×
经济同盟	√	√	√	√	×
完全经济一体化	√	√	√	√	√

第二节　区域经济一体化的发展

20世纪90年代以来，区域经济一体化的发展越来越快，甚至超过了经济全球化发展的速度，越来越多的国家在参与多边贸易体系的同时也参与了不同的区域经济合作组织。

一、区域经济一体化的发展历程、原因

（一）区域经济一体化的发展历程

最早的区域经济一体化组织出现在欧洲。1775—1879年间，奥地利与其邻国建立了

五个关税同盟；1874 年瑞典与挪威建立了关税同盟；1921 年比利时与卢森堡建立了关税同盟；1944 年比利时、荷兰和卢森堡三国建立关税同盟。

区域经济一体化的迅速发展时期是从第二次世界大战后开始的。1949 年，苏联和东欧国家成立了经济互助委员会；1951 年，法国、联邦德国、意大利、比利时、荷兰和卢森堡在巴黎签约，决定建立煤钢共同体；1957 年，上述 6 国又签订《罗马条约》，决定成立欧洲原子能共同体和欧洲经济共同体；为与其抗衡，英国联合瑞典、丹麦、挪威、瑞士、奥地利和葡萄牙于 1959 年签约，决定于 1960 年成立欧洲自由贸易联盟。

20 世纪 60 年代以后，发展中国家也建立起 20 多个区域经济一体化组织，如东南亚国家联盟、南亚区域合作联盟、拉美一体化协会、安第斯条约组织、中美洲共同市场、西非国家经济共同体、海湾阿拉伯国家合作委员会等。

20 世纪 70 年代中期至 80 年代中期，区域经济一体化的发展速度放慢，一些发展中国家的一体化组织解体。

20 世纪 90 年代中期以后，区域经济一体化的发展出现新的高潮，一方面表现为欧盟一体化进程加快和成员国范围扩大，另一方面表现为北美自由贸易区、亚太经济合作组织等大型垂直一体化组织相继出现。

21 世纪以来，区域经济一体化的发展更是打破了时空界限，在更大的范围内和更宽领域开展经济联系，超过了经济全球化的发展。

（二）区域经济一体化发展的主要原因

（1）联合一致抗衡外部强大势力，是区域经济一体化的直接动因。例如，美国与苏联在欧洲的对峙迫使西欧联合起来成立了欧洲共同体。世界银行研究表明：区域贸易协议除了促进贸易流动，也对消除政治冲突起到了显著作用。欧洲合作的初始动机和最终目标就是政治联盟。经过两次世界大战的磨难，欧洲人意识到不能再发生战争，必须通过合作、一体化与联合，才能实现欧洲的长久稳定、安全和发展。

（2）科学技术和社会生产力的高速发展，是区域经济一体化的客观基础。生产力的高速发展及各国生产力非均衡发展是区域经济一体化的基础，通过区域内消除关税可以增强国民福利，降低成本。

（3）维护民族经济利益及政治利益是区域经济一体化形成与发展的内在动因。无论是发达国家的经济一体化，还是发展中国家的经济一体化，其根本原因都在于维护自身的经济、政治利益，为本国经济的发展和综合国力的提高创造更加良好的外部环境。

（4）贸易与投资自由化是区域经济一体化产生并持续发展的动力源泉。区域内实行自由贸易人人提升了经济联系的密切程度，产业链、供应链在区域内得到较大发展。

（5）贸易创造等各种积极的经济效应，是区域经济一体化产生并持续发展的重要原因。

（6）世界政治经济出现多极化，贸易大国的战略改变新一轮区域经济一体化浪潮有其深刻的政治和经济原因。一是当前全球范围内日益加深的市场化趋向改革，为区域经济一体化发展奠定了体制基础。二是 WTO 多边贸易体制本身的局限性，以及近年来多边贸易谈判所遭遇的挫折和困难，刺激了区域经济一体化的发展。

二、区域经济一体化对国际贸易的影响

（一）促进集团内部贸易的增长，改变国际贸易地区分布

区域经济一体化组织成立后，将消减关税壁垒和非关税壁垒的削减，使成员国之间的贸易环境比外部环境优越，促进成员国之间的贸易往来，提升集团内部贸易在成员国对外贸易总额中所占比重。例如，从美国知名智库对外关系委员会（Councilon Foreign Relations，CFR）的数据显示，自《美墨加协定》生效以来，美国与两个邻国之间的贸易增长超过 2 倍，远高于与其他国家的贸易增长速度。加拿大和墨西哥是美国两个最大的出口目的地，占其出口总额的 1/3 以上。1993—2016 年间，地区贸易总额从 2 900 亿美元急剧增长至 1.1 万亿美元，跨境投资大幅增加，墨西哥的对外直接投资存量从 150 亿美元飙升至 1 000 多亿美元。

在集团内部贸易迅速增长的同时，成员国与非成员国之间的贸易相对减少，从而改变了国际贸易地区分布。例如，2020 年，欧盟对美国出口下滑 8.2%，降至 3 530 亿欧元；欧盟从美国进口减少 13.2%，降至 2 020 亿欧元。

但同时也应注意，区域经济一体化组织各成员国在降低进口关税的同时，非关税壁垒措施在不断增加，贸易保护的主要手段也由以前的以关税为主转向以非关税为主。据 WTO 秘书处统计，全世界现在实行的非关税壁垒措施至少有 800 多种。各国和区域经贸集团对内自由、对外强化保护程度，使国与国之间的经贸竞争变成为区域经贸集团间的竞争。

（二）提高区域集团整体贸易地位

集团整体贸易地位的提高表现在两个方面：一方面，区域经济一体化促进了集团内部资源的合理利用和配置，并为集团内部的厂商实现规模经济提供了条件，使得各成员国国民收入水平有所提高，购买力增强，从而直接增加了市场容量。另一方面，区域经济一体化使原来一些单个经济力量较薄弱的国家以集团的形式出现，增强了这些国家的集体谈判能力，从而可以更好地维护它们的贸易利益。例如，在 GATT 和 WTO 的多边贸易谈判中，欧盟以集团身份与其他缔约方和成员国谈判，同任何一个大国或贸易集团抗衡，达到了维护自身贸易利益的目的。

（三）改变对外直接投资的地区流向

因为投资于集团内部可通过享受国民待遇而获得进入其他成员国市场的便利，因此，原来以出口方式进入集团市场的跨国公司，纷纷以直接投资取代出口，故对世界其他地区的投资则相应减少。例如，美国对欧洲共同体直接投资存量占其对外直接投资总额的比重，由 1957 年的 6.7% 增加到 1991 年的 41.9%。同期，美国对发展中国家的直接投资存量占

其对外直接投资总额的比重则由 40.6% 降至 24.7%。

（四）对非成员国的经济发展产生一定积极影响

对非成员国经济发展产生的积极影响主要表现为：成员国自身经济实力的增强促使其扩大对外需求，从而在一定程度上促进了世界贸易总量的增加，为各国经济发展提供了更多机遇，即产生"收入溢出效应"；此外，集团内部创新的技术和成果也会向外扩散，使得外部国家获益。例如，欧盟优惠的科技合作政策，汇集了成员国的科技精英，推动了新技术产品的联合开发，这些成果随着出口的增长逐渐转移到其他国家，从而提高了全世界的科技开发水平。

（五）不利于全球多边贸易体系的改进和完善，对全球贸易环境的挑战

在 WTO 有关协议中，将区域经济一体化的内部优惠排除在最惠国待遇条款范围之外，这实际上对非成员构成了不平等待遇，不利于全球资源合理配置；在区域经济一体化进程中，共同的决策机构会更多地偏向区域内的保护和干预。例如，在欧盟内部，若某一国家在欧盟委员会提出对某一具体领域进行保护的建议，所有成员国都有可能提出它们希望保护的领域，从而加重贸易保护的压力，给全球贸易环境的改善带来负面影响；此外，区域经济一体化的发展，使国家之间的经济协调转化为区域之间的经济协调，而集团内部错综复杂的利益格局，使任何一种国际经济协调都不可能完全符合各国经济利益，导致对多边贸易体系的改进和完善构成严重挑战。

第三节　主要区域经济一体化组织及协调治理机制

1948—1994 年，GATT 大约收到 124 份与货物贸易有关的区域贸易安排。进入 21 世纪后，更多国家逐步融入区域经济一体化。据 WTO 报道，截至 2007 年 8 月，几乎所有成员都向 WTO 通知至少参与了一项或一项以上的区域贸易安排。截至 2021 年 2 月，全球共有近 340 个区域贸易协议，其中亚洲经济体与区域内外经济体生效的区域贸易协定共有 186 个，占全球区域贸易协定总数的 54.9%。截至 2022 年 1 月，全球共签署区域贸易协定 583 个。其中，超过 400 个贸易协定是 1995 年以来签署的，70% 以上都是签署了自由贸易区协议。以下介绍主要区域经济一体化组织。

一、欧洲联盟

欧洲联盟（European Union，EU）是在欧洲共同体的基础上发展而来的，目前是世界上经济一体化程度最高的区域经济组织。1951 年 4 月 18 日，法国、联邦德国、意大利、荷兰、比利时和卢森堡在巴黎签订了建立欧洲煤钢共同体的条约，1952 年 7 月 25 日该条

约生效。1957 年 3 月 25 日，6 国又签订《罗马条约》，1958 年 1 月 1 日生效，欧洲原子能共同体和欧洲经济共同体成立。1965 年 4 月 8 日，上述 6 国签订《布鲁塞尔条约》，决定将 3 个共同体机构合并，统称欧洲共同体，但 3 个组织仍各自存在，并以独立的名义活动。《布鲁塞尔条约》于 1967 年 7 月 1 日生效。1986 年 2 月 17 日，欧洲共同体各成员国政府首脑在卢森堡签署了旨在建立欧洲统一大市场的《欧洲单一文件》。1991 年 12 月，欧洲共同体政府间会议通过签订《马斯特里赫特条约》，明确了成立政治及经济货币联盟的目标。1993 年 11 月 1 日，该条约获得所有成员国批准生效，欧盟正式成立，这标志着该组织从经济实体向经济政治实体过渡。

根据《马斯特里赫特条约》，欧盟的宗旨是通过建立无内部边界的空间，加强经济、社会的协调发展和建立最终实行统一货币的经济货币联盟，促进各成员国经济和社会的均衡与持久进步，并通过实行最终包括共同防务政策在内的共同外交和安全政策，在国际舞台上弘扬联盟的个性。欧盟的三大支柱包括经济货币联盟、共同外交和安全政策、内政和司法合作。除英国、希腊、瑞典和丹麦外的 11 国成为首批使用欧元的国家，2002 年 1 月 1 日零时，欧元正式流通。值得注意的是，并非所有欧盟成员国都加入了欧元区，截至 2022 年，欧元区共有 19 个国家，包括德国、法国、意大利、荷兰、比利时、卢森堡、爱尔兰、西班牙、葡萄牙、奥地利、芬兰、立陶宛、拉脱维亚、爱沙尼亚、斯洛伐克、斯洛文尼亚、希腊、马耳他、塞浦路斯，超过 3.2 亿人口；2023 年 1 月 1 日，克罗地亚也开始使用欧元。

2020 年 1 月 31 日 23 时，英国正式"脱欧"，结束其 47 年的欧盟成员国身份。欧盟现有 27 个成员国，包含 6 个创始成员国，分别是德国、法国、意大利、荷兰、比利时和卢森堡，其余成员国为奥地利、保加利亚、塞浦路斯、克罗地亚、捷克、丹麦、爱沙尼亚、芬兰、希腊、匈牙利、爱尔兰、拉脱维亚、立陶宛、马耳他、波兰、葡萄牙、罗马尼亚、斯洛伐克、斯洛文尼亚、西班牙、瑞典。

专栏15-1 欧盟的治理以及协调机构

欧盟统一的经济政策是由欧盟的相应超国家机构制定和实施的。这些机构包括欧洲理事会、部长理事会、欧洲委员会、欧洲议会、欧洲法院、欧洲审计院，以及欧洲中央银行等，各自拥有在欧盟的域内治理以及协调的职责。

二、北美自由贸易区—《美墨加协定》

1988 年 1 月 2 日，美国与加拿大签署自由贸易协定，并于 1989 年 1 月 1 日正式生效。1990 年美国与墨西哥进行有关两国自由贸易的磋商，1991 年 2 月加拿大也参与谈判，三国开始就建立北美自由贸易区问题进行谈判。1992 年 12 月 17 日，《北美自由贸易协定》签署，并于 1994 年 1 月 1 日正式生效。拥有 3.6 亿人口、国民生产总值达到 6 万多亿美元、贸易总额高出欧盟 25% 的全球最大的自由贸易区宣告成立。随着 1996 年加拿大和智利在渥太华签署自由贸易协定、2003 年美国与智利签订自由贸易协定，北美自由贸易区也走向扩张的道路。与欧盟不同，北美自由贸易区是由发达国家和发展中国家共同建立的一种垂直型的区域经济一体化组织。由于发达国家（如美国）和发展中国家（如墨西哥）经济发展水平存在较大差异，成员国在某些领域上出现较多的利益冲突，使得北美自由贸易区的发展存在一些难度。

美国、墨西哥、加拿大三国于 2018 年 9 月 30 日就更新《北美自由贸易协定》达成一致，新贸易协定被命名为《美墨加协定》（USMCA）。据称，《美墨加协定》将为工人、农民和公司提供高标准的贸易协议，它将促成更加自由的市场、更加公平的交易，以及更可持续的经济增长。《美墨加协定》将创造高薪就业机会，并为大约 5 亿人带来新的机会。2020 年 1 月 29 日，美国总统特朗普签署《美墨加协定》。

《美墨加协定》在一些方面进行了重大的改革：一是产业布局转变。《美墨加协定》在汽车、乳制品等条款上有较大更新，将之前的原产地规则进一步提升，即汽车零部件的 75% 必须在三国生产，才能享受零关税，高于此前 62.5% 的标准；到 2023 年，零关税汽车 40%～45% 的零部件必须由时薪不低于 16 美元的工人生产；同时，墨西哥和加拿大获得美国对两国汽车关税豁免的"单边保证"。此外，加拿大在乳制品条款上做出让步，向美国开放约 3.5% 的乳品市场份额。二是对非市场经济国家具有排他性。该协定中有一项"毒丸条款"，即第 32 章第 10 条规定，若三方中任何一方与非市场经济国家达成自由贸易协定，另外两方可将其踢出《美墨加协定》。美国借此条款约束墨西哥、加拿大两国与第三方非市场经济国家进行自由贸易合作，意在针对中国。这个严重的歧视性条款对中国与加拿大、墨西哥未来扩大经济与贸易合作将产生严重影响。三是争端解决机制。争端解决机制允许第三方投资者直接对东道国提起仲裁，该机制将投资者与东道国置于平等地位，可以保护投资者利益。但《美墨加协定》对三国之间的争端解决机制进行了实质性限缩，也是一种排他性的体现。

三、亚太经济合作组织

在澳大利亚的倡议下，亚太经济合作组织（Asia-Pacific Economic Cooperation，APEC）于 1989 年成立。截至 2022 年，亚太经济合作组织拥有 21 个成员：美国、日本、加拿大、澳大利亚、新西兰、韩国、马来西亚、泰国、新加坡、菲律宾、印度尼西亚、文莱、中国、中国台北、中国香港、墨西哥、巴布亚新几内亚、智利、秘鲁、俄罗斯和越南。此外，亚太经济合作组织还有 3 个观察员，分别是东盟秘书处、太平洋经济合作理事会和太平洋岛国论坛秘书处。亚太经济合作组织是当前规模最大的多边区域经济集团，其成员的广泛性是世界上其他经济组织所少有的。每年召开一次部长级会议，自 1993 年以来，每年还召开领导人非正式会议，讨论本区域内的经济贸易合作问题。

亚太经济合作组织的第一个贸易自由化目标是建立亚太自由贸易区，并在第二次非正式领导人会议上发表了《茂物宣言》，宣布了亚太经济合作组织的第一步长期目标：将加强亚太地区的经济合作，扩大乌拉圭回合谈判成果，以与 GATT 原则相一致的方式，进一步减少相互间的贸易和投资壁垒，促进货物、服务和资本的自由流通。《茂物宣言》中明确要求，发达经济体不迟于 2010 年实现贸易和投资的自由化，发展中经济体不迟于 2020

年实现贸易和投资的自由化。

目前亚太经济合作组织正在 10 大领域加强合作：贸易与投资数据处理、贸易促进、扩大投资和技术转让、人力资源开发、地区能源合作、海洋资源保护、旅游、通信、交通和渔业。从合作领域来看，亚太经济合作组织的目标不仅限于建立自由贸易区，而且还包括实现生产要素自由流动的经济一体化长期目标。

四、区域全面经济伙伴关系

《区域全面经济伙伴关系协定》（Regional Comprehensive Economic Partnership, RCEP）是 2012 年由东南亚国家联盟（以下简称"东盟"）发起，历时八年谈判，由包括中国、日本、韩国、澳大利亚、新西兰和东盟十国共 15 个成员方签订的协定。2020 年 11 月 15 日，第四次区域全面经济伙伴关系协定（RCEP）领导人会议以视频方式举行，会后东盟十国和中国、日本、韩国、澳大利亚、新西兰共 15 个亚太国家正式签署了《区域全面经济伙伴关系协定》（RCEP），2022 年 1 月 1 日正式生效，标志着当前世界上人口最多、经贸规模最大、最具发展潜力的自由贸易区正式启航。RCEP 拥有占世界总人口约一半的人口，生产总值占全球年生产总值的 1/3。

RCEP 是应对经济全球化和区域经济一体化的发展而提出的。由于推动全球自由贸易的 WTO 谈判受阻，面对经济全球化中的一些负面影响，要想在世界经济中立于不败之地并有新发展，就必须加强区域经济一体化。RCEP 涵盖了货物贸易、服务贸易、投资、贸易便利化、知识产权、电子商务、经济与技术合作、贸易措施（如贸易救济措施、技术性贸易措施等）、竞争、中小微企业、政府采购、争端解决等领域，内容广泛，经济合作前景远大。

RCEP 的目标是：共同建立一个现代、全面、高质量，以及互惠共赢的经济伙伴关系合作框架，取消货物贸易、服务贸易及投资壁垒实现自由化，以促进区域贸易和投资增长，并为全球经济增长与发展作出贡献。RCEP 的自由化程度高于东盟与这 5 个国家已经达成的协定，但会尽量考虑各成员国的舒适度和可行性，考虑到渐进性和过渡性安排。

在削减或取消对其他缔约方原产货物的关税方面，RCEP 的 15 个成员国之间采用双边两两出价的方式对货物贸易自由化作出安排，RCEP 生效后区域内 86%～90% 以上的货物贸易将最终实现零关税，降税的方式主要有立即降税到零和 10 年内降税到零两种方式。中国承诺会对 86%～90% 的产品实现零关税，其中，对东盟、澳大利亚、新西兰、日本和韩国承诺的 10 年内降税到零的关税税目比例分别为 90.5%、90%、90%、86% 和 86%。中国对东盟各国立即降税到零的比例均为 67.9%，对日本、韩国、澳大利亚和新西兰立即降税到零的比例分别为 25%、38.6%、64.7% 和 65%；而 RCEP 成员国中对中国立即降税到零比例最高的为新加坡，达到了 100%；最低的为柬埔寨，只有 29.9%。RCEP 规定要取消农业出口补贴，全面取消数量限制、进口许可程序管理，以及与进出口相关的费用和手续等非关税措施方面的约束。

在服务贸易开放方面，日本、韩国、澳大利亚、新加坡、文莱、马来西亚、印度尼西亚 7 个成员国采用负面清单方式承诺开放服务贸易，而包括中国在内的其余 8 个成员国采用正面清单承诺，并将于 RCEP 生效后 6 年内转化为负面清单。

RCEP 在最大限度地保证各方利益平衡和满足各方利益诉求的基础上，整合了区域内的经贸规则，使其更加统一与协调。在 RCEP 签订后，15 个成员国之间的优惠待遇和原产地规则将化繁为简，如 15 个成员国之间的货物贸易将逐渐降至零关税，原产地规则也将采用区域原产地累积原则，这些措施都将大大提高区域内货物贸易的便利化，降低企业运营与管理成本。

中国在 RCEP 谈判和签署中发挥了积极的作用。RCEP 无疑赋予了作为全球以及亚洲经济贸易支柱的中国更多通过国际机构发声的机会，为中国参与区域经贸治理体系改革带来了新的契机。中国要利用 RCEP 这一开放平台，与澳大利亚、日本等美国的追随者博弈，也要与韩国、新西兰及东盟各国加强沟通协调，构建合作高效共赢的区域经贸治理机制，在消弭单边和霸权主义障碍等方面发挥积极作用。

专栏15-2

世界最大的贸易协定——RCEP成功签署

五、中国－东盟自由贸易区

1. 东南亚国家联盟简介

1967 年 8 月 8 日，印度尼西亚、新加坡、泰国、菲律宾四国外长和马来西亚副总理在泰国首都曼谷发表《东南亚国家联盟成立宣言》，正式宣告东盟的成立。1984 年 1 月文莱独立后加入东盟，1995 年 7 月越南加入，1997 年 7 月老挝和缅甸加入，1999 年 10 月柬埔寨加入，从而实现了"十国大东盟"的构想。为了早日实现东盟内部的经济一体化，东盟自由贸易区于 2002 年 1 月 1 日正式启动，目标是在 2008 年建成东南亚自由贸易区。东南亚自由贸易区的目标是促进东盟成为一个具有竞争力的区域，以吸引外资；消除成员国之间关税壁垒与非关税壁垒，促进本地区贸易自由化；扩大成员国之间互惠贸易的范围，促进区域内贸易；建立内部市场。2007 年 1 月，第 12 届东盟首脑会议决定在 2015 年建成以安全、经济和社会文化共同体为支柱的东盟共同体。2008 年 12 月，《东盟宪章》生效，明确了建设东盟共同体的发展方向和目标。

作为一个重要的区域性组织，东盟在地区和国际事务中也发挥着越来越重要的作用。20 世纪 90 年代初，东盟率先发起东亚区域合作进程，逐步形成了以东盟为中心的一系列区域合作机制。其中，东盟与中日韩（10+3）、东盟分别与中、日、韩（10+1）合作机制发展成为东亚合作的主要渠道。此外，东盟还与美国、日本、澳大利亚、新西兰、加拿大、韩国、中国、俄罗斯、印度 9 国以及欧盟形成对话伙伴关系。

2. 中国－东盟自由贸易区

中国－东盟自由贸易区（CAFTA）是指在中国与东盟十国之间构建的自由贸易区，即"10+1"自由贸易区。中国－东盟自由贸易区是中国对外商谈的第一个自由贸易区，也是东盟作为整体对外商谈的第一个自由贸易区。自由贸易区覆盖 1 300 万平方公里，惠及 19 亿人口，年 GDP 达 6 万亿美元、年贸易总额超过 4.5 万亿美元，是当时世界人口最多的自由贸易区，也是世界上由发展中国家建立的最大的自由贸易区。

2000年11月，朱镕基总理在新加坡举行的第四次中国-东盟领导人会议上首次提出建立中国-东盟自由贸易区的构想。2002年11月，第六次中国-东盟领导人会议在柬埔寨首都金边举行，朱镕基总理和东盟十国领导人签署了《中国-东盟全面经济合作框架协议》，决定到2010年建成中国-东盟自由贸易区，这标志着建立中国-东盟自由贸易区的进程正式启动。该协议提出了中国与东盟加强和增进各缔约方之间的经济、贸易和投资合作；促进货物和服务贸易，逐步实现货物和服务贸易自由化，并创造透明、自由和便利的投资机制；为各缔约方之间更紧密的经济合作开辟新领域等全面经济合作的目标。2010年1月1日，中国-东盟自由贸易区全面建成。2015年11月，双方在马来西亚吉隆坡正式签署自由贸易区升级《议定书》，2019年10月22日起《议定书》对中国和东盟所有成员国全面生效。中国-东盟自由贸易区实施顺利，不断惠及双方企业和人民。据商务部发布，2020年，货物贸易优惠利用率高达85%，自东盟享惠进口占中国全部享惠进口的52%，双边货物贸易额达到6 846.0亿美元，增长6.7%。其中，中国对东盟出口3 837.2亿美元，自东盟进口3 008.8亿美元，中国与东盟双边货物贸易额首次超过中国与欧盟双边贸易额，东盟成为中国第一大货物贸易伙伴。2021年，中国与东盟货物贸易额达8 782亿美元，同比增长28.1%。其中，中国对东盟出口4 836.9亿美元，同比增长26.1%；自东盟进口3 945.1亿美元，同比增长30.8%。2023年上半年，中国与东盟双边贸易额连续呈增长态势。

2021年11月，习近平主席在中国-东盟建立对话关系30周年纪念峰会上表示，要尽早启动中国-东盟自由贸易区3.0版建设，提升贸易和投资自由化、便利化水平，拓展数字经济、绿色经济等新领域合作。上述倡议得到东盟国家领导人的积极响应。

六、区域经济一体化发展趋势

（一）欧盟向更高层次发展，地缘政治风险加大

欧盟正由经济同盟走向带有政治色彩的完全经济一体化，各成员让渡的国家权力范围不断扩大，从经济主权的让渡走向政治主权的让渡。同时，欧盟正在逐步东扩，欧盟成员从初期的6国扩大到27国。欧盟东扩涉及中东欧一批国家，目前已经被纳入欧盟的是保加利亚、克罗地亚、捷克共和国、爱沙尼亚、拉脱维亚、立陶宛、罗马尼亚、斯洛伐克、斯洛文尼亚；但继续东扩就将加大与俄罗斯的地缘政治关系风险。俄乌冲突于2022年2月24日爆发，欧盟、美国等西方国家对俄罗斯实施制裁，导致能源价格上涨，欧盟陷入高通胀之中，并引发经济衰退预期。

（二）区域经济一体化组织成员相互重叠交错

区域经济一体化蓬勃发展的结果，使得一些较大的区域经济组织内出现了次区域经济组织的现象，很多国家同时参加几个经贸集团。例如，亚太经合组织中就包括了北美自由

贸易区、东南亚国家联盟等区域组织国家；墨西哥不仅加入了北美自由贸易区和拉丁美洲一体化组织，还同欧盟和亚洲多个国家签订了自由贸易协定；中国既参加了由15国组成的RCEP，又与东盟建成了"10+1"自由贸易区，2021年9月16日，中国正式提出申请加入《全面与进步跨太平洋伙伴关系协定》（CPTPP）。在不同的区域经济一体化组织中，中国的朋友圈将进一步扩大，与成员国的经济贸易联系将更加紧密。

（三）区域经济一体化发展速度加快

区域经济一体化沿着三条途径不断发展：一是不断深化和升级现有的区域经济一体化组织；二是扩展现有组织的成员；三是缔结新的区域贸易协定。在上述背景下，区域经济一体化组织数目急剧增加，全球目前大大小小的区域经济一体化组织有500多个，其中规模、影响力较大的组织有欧盟、《美墨加协定》、亚太经合组织，以及2021年由中国、日本、韩国、澳大利亚、新西兰和东盟十国共15方成员签订的区域全面经济伙伴协定（RCEP）。

专栏15-3

深化区域经济一体化，加强全球治理

第四节　区域经济一体化理论

第二次世界大战后，区域经济一体化现象引起经济学术界的广泛关注，许多经济学家对其形成条件和效益进行了研究、探讨，并形成了一些理论。

一、关税同盟理论

关税同盟理论主要研究关税同盟成立后，对成员国及整个世界的经济福利产生的影响。对该理论研究较多的是美国学者范纳（J. Viner）和利普西（R. G. Lipsey）。范纳认为，完全形态的关税同盟应具备三个条件：一是完全取消成员国之间的关税；二是对成员国以外地区的进口设置统一的关税；三是通过协商方式在成员国之间分配关税收入。关税同盟成立后，会产生静态和动态两方面的效应。

（一）关税同盟的静态效应

1. 贸易创造效应

贸易创造（trade creating）效应，是指关税同盟成立后，在成员国之间创造了新的国际分工和国际贸易关系，将生产由成本高的成员国转向成本低的成员国，使资源的使用效率和社会福利水平提高。

根据利普西在《关税同盟理论的综合考察》中给出的简单例证，可以清楚地了解到贸易创造的含义。假设只存在A、B、C三国，三者都生产某一种产品，只存在关税一种贸易壁垒（假设其他贸易壁垒都关税化了）。A 国国内企业的生产成本是 P_1=35 美元 / 单位产品，B 国国内企业的生产成本是 P_2=26 美元 / 单位产品，C 国国内企业的生产成本是 P_3=20 美元 / 单位产品，因此各国的产品价格（假定一切成本都考虑到价格之中）如表 15-2 所示。在建立关税同盟前，C 国具有该产品的绝对优势，按照古典贸易理论，C 国应该出口该产品。

表 15-2　建立关税同盟前后的各国价格与税率情况表

国别	建立关税同盟前		A、B 两国建立关税同盟后	
	国内价格（美元 / 单位产品）	关税税率	国内价格（美元 / 单位产品）	关税税率
A	35	100%	26	成员间：0；对非成员：75%
B	26	75%	26	成员间：0；对非成员：75%
C	20	0	20	0

由于 A、B 两国存在较高的关税，三国之间不存在商品的流动。每个国家都只能在国内市场进行资源配置、生产和销售产品。在 A、B 两国建立关税同盟之后，在内部成员之间取消关税和其他壁垒，对外统一执行 75% 的关税措施。因为 B 国的产品价格是 26 美元 / 单位产品，低于 A 国的 35 美元 / 单位产品，也低于 C 国的税后价格，所以 B 国具备了绝对优势向 A 国出口产品。这一贸易活动在关税同盟建立前是不存在的，因此称之为贸易创造。

建立关税同盟后因取消关税和其他壁垒而增加的贸易，可以根据前文的数据假设，运用经济学的局部均衡分析方法，了解贸易创造效应给成员国带来的经济影响，以及社会的净福利影响。从图 15-1 的数据来看，A 国和 B 国组建关税同盟后，A 国对从 B 国进口的产品不再征收关税，国内市场价格从 P_1=35 美元 / 单位产品降低到 P_2=26 美元 / 单位产品，进口量增加到 200 单位（300-100），增加的进口量中有 100 单位是替代本国原来的高成本生产，另 100 单位则是因为价格下降带来的消费扩张。

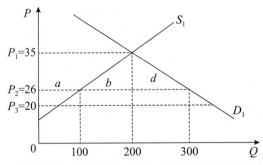

图 15-1　关税同盟对成员国（A 国）的贸易创造效应与社会福利

对于 A 国，消费者因为价格下降而获得消费者剩余的增加（a+b+d）；生产者剩余减少 a；净福利的增加是图 15-1 中的 b 与 d 面积之和（b+a）。其中，b 是指生产扭曲减少带来的福利增加，等于（200-100）×（35-26）× $\frac{1}{2}$ =450；d 是指消费扭曲减少带来的福利增加，等于 $(300-200) \times (35-26) \times \dfrac{1}{2} = 450$。

2. 贸易转移效应

贸易转移（trade diverting）效应，是指关税同盟成立后，成员国对某种商品的进口由全球生产效率最高、成本最低的非成员国转向同盟内生产效率最高、成本最低的国家，造成进口成本增加，社会福利水平降低的效应。

用利普西给出的简单例证，同样可以清楚地了解到贸易转移的含义。假设只存在 A、B、C 三国，三者都生产某一种产品，只存在关税一种贸易壁垒（假设其他贸易壁垒都关税化了）。A 国国内企业的生产成本是 $P_1=35$ 美元/单位产品，B 国国内企业的生产成本是 $P_2=26$ 美元/单位产品，C 国国内企业的生产成本是 $P_3=20$ 美元/单位产品，因此各国的产品价格（假定一切成本都考虑到价格之中）如表 15-3 所示。在建立关税同盟前，C 国具有该产品的绝对优势，而 A 国的关税税率为 50%，即使考虑关税的效应，C 国也具备出口优势，所以 C 国向 A 国出口。B 国因为存在 75% 的关税，考虑关税的影响，B 国和 C 国之间、A 国和 B 国之间是不存在贸易的。在 A 国和 B 国建立关税同盟之后，内部成员之间取消关税和其他壁垒，对外统一执行 50% 的关税措施。因为 C 国产品加上关税负担后价格是 30 美元，高于 B 国的 26 美元，所以 C 国丧失了绝对优势，原有的贸易受到了抑制。A 国和 B 国之间不存在贸易壁垒，因此 B 国向 A 国出口产品，这一贸易活动正是从原来 C 国的出口转移而来，因此称为贸易转移。

表 15-3 建立关税同盟前后的各国价格与税率情况表

国别	建立关税同盟前		A、B 两国建立关税同盟后	
	国内价格（美元/单位产品）	关税税率	国内价格（美元/单位产品）	关税税率
A	35	50%	26	成员：0；非成员：50%
B	26	75%	26	成员：0；非成员：50%
C	20	0	20	0

运用经济学的局部均衡分析方法，可以得到图 15-2。从数字与图形的分析中可以了解建立关税同盟后，贸易转移效应给成员国带来的经济影响，以及社会的净福利影响。在组建关税同盟前，A 国对进口产品征收 50% 的关税，且 C 国的产品价格为 $P_3=20$ 美元/单位产品，低于 B 国的价格 $P_2=26$ 美元/单位产品。征收 50% 关税后，A 国若从 C 国进口产品，则国内售价为 $P_3 \times (1+50\%)=30$ 美元/单位产品；若从 B 国进口产品，则国内售价为 $P_2 \times (1+50\%)=39$ 美元/单位产品，所以 A 国只从 C 国进口 100 单位（250-150）。在与 B 国建立关税同盟后，对内取消关税，对外统一关税，因此 A 国不再从 C 国进口，而从 B 国（无关税）以 $P_2=26$ 美元/单位产品进口 200 单位（300-100）。其中从 B 国的进口产品中有 100 单位是从原来 C 国的进口转移而来，这就是关税同盟的贸易转移效应；另外有 50 单位是 B 国替代 A 国的高成本生产，剩下 50 单位则是因为价格下降而新创造出来的贸易，这就是关税同盟的贸易创造效应。

对于 A 国，消费者剩余增加（$a+b+c+d$）；生产者剩余下降 a；国家关税收入减少（$c+e$）。A 国的净福利效应等于 $(a+b+c+d)-a-c-e=(b+d)-e$。其中，b 是指生产扭曲的减少，等于 $(150-100) \times (30-26) \times \frac{1}{2} = 100$；d 是指消费扭曲的减少，等于 $(300-250) \times (30-26) \times \frac{1}{2} = 100$；e 是指关税收入的减少，等于 $(250-150) \times (26-20) = 600$。A 国因为加入关税同盟而遭受整体福利下降 400 单位的损失。

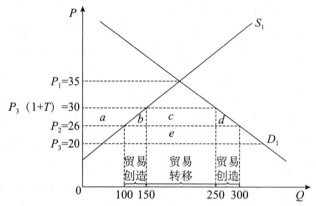

图 15-2 关税同盟对成员国的贸易转移效应与社会福利

从图 15-2 来看，对于 A 国，当同时存在贸易创造和贸易转移效应时，贸易创造效应带来了 (b+d) 面积的福利增加，贸易转移效应则带来 e 面积的福利减少。可见，关税同盟对贸易和福利产生的影响具有两种截然相反的效应。结成关税同盟是获得净利益还是带来净损失，取决于贸易创造效应和贸易转移效应的大小。而这两种效应的大小又取决于进口需求弹性和成员国与非成员国之间的成本差异。一般来说，一国进口需求的价格弹性越大，与成员国的成本差异越大，贸易创造效应越大，关税同盟所带来的收益就越大；相反，一国进口需求的价格弹性越小，与成员国的成本差异越小，而与非成员国的成本差异越大，贸易转移效应就越大，关税同盟所带来的损失也就越大。此外，在下列情况下关税同盟能更有效地扩大贸易创造效应而减少贸易转移效应。

（1）成立关税同盟前，各国之间的贸易壁垒越高，成立关税同盟后产生的贸易创造效应越大，且越能有效阻止从非成员国进口。

（2）关税同盟对外部征收的统一关税越低，越能减少贸易转移效应。

（3）关税同盟吸收的国家越多，覆盖范围越广，就越能将那些低成本、高效率的生产国包揽入围，从而增加贸易创造效应，减少贸易转移效应。

（4）成立关税同盟前贸易往来越密切的国家，成立关税同盟后增加的福利就越多。

3. 贸易扩大效应

贸易扩大（trade expansion）效应，是指关税同盟成立后，由于市场上商品的销售价格比原来低，当商品的需求弹性大于 1 时，商品的进口数量就会增加，因而成员国之间的贸易规模扩大。

从贸易创造效应和贸易转移效应所举的例子来看，关税同盟成立后，成员国之间进口和出口都会增加。可见，无论是在贸易创造效应还是贸易转移效应下，成立关税同盟都会产生贸易扩大效应。

4. 其他效应

（1）减少走私。关税同盟成立后，商品可在成员国之间自由流动，因而消除了走私的部分根源。

（2）减少行政开支。由于各成员国之间取消了关税，负责监督越过边境的成员国产品和服务的海关官员可以减少，相应地，某些海关也可以取消，由此带来的是整个行政费用和管理成本的下降。

（3）加强集体的谈判力量。关税同盟统一对外进行关税谈判，比单个成员国的经济实力增强许多，从整体上可提高其贸易地位和谈判力量。

（二）关税同盟的动态效应

关税同盟的动态效应又称次级效应，是指关税同盟可加速各成员国的经济增长，带来国民收入的持续增加。这种动态效应主要通过以下四个方面来实现。

1. 获得规模经济效应

规模经济效应是指企业规模扩大到一定程度时，单位产品的生产成本下降。从微观角度来看，区域经济一体化的一个动态效应是使区域内的很多企业实现了规模经济。因为在短期内（静态条件下），企业的经营资源是一定的，无法根据一体化内部市场的扩大及时地调整其生产结构和生产要素的投入。而从中长期来说，企业有足够的时间根据外部市场的这一变动情况改变其生产要素的投入量和比例关系，扩大产品的生产规模，从而降低平均成本，获得规模经济效应。由此可见，规模经济本身就意味着生产要素更大规模的投入。这些投资可能来自本国（如果该企业是本地的），也可能来自其他成员国或区域外的非成员国（如果该企业是外国跨国公司在本地的一个重要的分支机构）。那这些来自其他成员国或第三国的投入相当大一部分就是以国际直接投资的形式出现的。巴拉萨（Balassa）认为，建立关税同盟可以使生产厂商获得内部和外部规模经济效益。内部规模经济主要来自对外贸易的增加，以及随之带来的生产扩大和生产成本的降低。外部规模经济则来源于整个国民经济在一体化增长内的经济发展。关税同盟的建立使本国优势产品的市场扩大，将增加其在经济范围内或产业范围内实现规模经济的机会，随着对外贸易规模的扩大，将产生生产和流通的规模效益，并带来产业集聚效果。市场的扩大不仅可以使厂商逐步扩大，从而实现静态规模经济，而且能带来累计产量增加从而实现动态规模经济效应。但金斯伯格认为，如果成员国生产厂商原有的生产规模已经很大，关税同盟建立后生产规模的再扩大可能会使效率下降。

2. 刺激竞争效应

关税同盟成立后，区域内的保护关税取消，厂商面临的竞争对手由国内扩展到整个区域。市场竞争的加强可使资源得到更有效的配置，从而促进资源使用效率提高。西托夫斯基（Scitovsky）认为，关税同盟打破了垄断，加剧了激烈竞争，迫使生产者在一定程度上降低价格，扩大生产规模，从而提高各国的福利水平。

同时，竞争还会刺激厂商不断改进技术，并将新技术应用于生产中，以追求产品的领先或成本的降低，从而促进整个社会的技术进步。

但是，竞争加剧带来的另一个后果是：在与区域外的企业竞争时，区域内企业为了获得竞争优势会进行区域内的合并，有可能重新出现垄断行为。

3. 刺激投资效应

关税同盟的成立既可以刺激成员国的内部投资者增加投资，又可以刺激非成员国的外部投资者增加对成员国的投资。其原因是：一方面，关税同盟的成立使市场扩大、需求增加，从而吸引企业增加投资；另一方面，竞争的加剧迫使企业增加投资，以获得规模经济效益，或通过增加投资更新设备、开发新产品，提高自身的竞争地位。此外，非成员国为了消除贸易转移效应的消极影响，也会对成员国进行投资，以避开贸易壁垒。

也有经济学家指出，关税同盟的贸易创造效应会影响一些产业的投资减少，而且外资的投入会减少本国的投资机会。同时，因为存在经济发展水平的差异，有可能产生资本移动的"马太效应"，即投资涌向经济发达地区，而落后地区的投资不仅会减少，而且固有的投资也可能会流失。所以，关税同盟对投资的促进作用可能会出现一些偏差。

4. 提高生产要素的流动性

关税同盟成立后，为了适应激烈的竞争，生产要素必须得到合理的配置，因此要素的流动性加强，要素闲置的可能性降低。例如，低工资对资本投资的吸引、优厚的报酬对劳动力的吸引等，都会促使成员国之间的生产要素互相转移，以获得更合理的配置和更高的使用效率。

二、大市场理论

大市场理论是分析共同市场成立与效益的理论，其代表人物是西托夫斯基（T. Scitovsky）和德纽（J. F. Deniau）。大市场理论的核心是：共同市场导致市场扩大，促进成员企业竞争，达到资源合理配置、获得规模经济、提高经济效益的结果。

西托夫斯基提出，西欧存在着"小市场与保守企业家态度的恶性循环"。由于实行贸易保护政策，西欧各国市场狭小，竞争不激烈，使企业长期处于高利润状态并安于现状，没有进行研究开发和运用新技术的压力和动力。而商品价格的偏高，使许多耐用消费品的普及率较低，不能进行大量生产。因此，企业陷入高利润率、高价格、市场狭小、资本周转率低的恶性循环中。打破这种恶性循环的办法是建立共同市场，以创造良好的竞争环境。激烈的竞争会迫使企业家扩大生产规模，追求规模经济效益。经过优胜劣汰，当大部分企业实现规模经济效益时，还能带来各行业之间的互相促进，从而获得外部规模经济效益。而且，在竞争促使商品价格下降的同时，居民的收入水平也会增加，各种耐用消费品的消费需求随之增加，而需求的增加会刺激投资增加，这又进一步使竞争激化，从而出现积极扩张的良性循环。

德纽则认为，大市场可以充分利用机器设备进行大规模的生产、实现专业化、开发并利用新的技术和发明恢复竞争，所有这些因素都会使生产成本和销售价格降低。另外，取消关税也使商品价格降低，因此人们的购买力提高，生活水平得到改善。购买一种商品的人数增加后，投资会进一步增加，这样，经济就会开始滚雪球式扩张。消费的增长引起投资的增加，投资的增加又导致价格的下降、工资的提高、购买力的全面提高……只有市场规模迅速扩大，才能促进和刺激经济的扩张。

三、综合发展战略理论

研究发展中国家实行经济一体化的理论被称为"集体自力更生理论"。该理论又分为结构主义的中心－外围理论和激进主义的国际依附理论。中心－外围理论的代表人物是缪尔达尔、普雷维什和辛格，他们建议发展中国家必须实行进口替代的工业化战略，打破旧国际经济体系，以发展中国家合作的集体力量与"中心"国家的力量抗衡。国际依附理论的主要代表人物有巴兰、阿明、弗兰克、卡多佐、桑克尔、桑托斯和伊曼纽尔等。这些学者认为发达国家和发展中国家的关系是富国支配穷国、穷国依附于富国并受之剥削的"支配－依附"关系，因此他们建议发展中国家要实现真正的经济发展，必须进行内部彻底的制度和结构变革，彻底摆脱对发达国家的依附。

在对发展中国家进行经济一体化进行研究的理论中，最有影响力的是鲍里斯·塞泽尔基的"综合发展战略理论"。他的主要观点包括：

（1）把发展中国家的区域经济一体化视为一种发展战略。

（2）它不限于市场的统一。

（3）认为生产和基础设施是其区域经济一体化的基本领域。

（4）通过区域工业化来加强相互依存性。

（5）强调有效的政府干预。

（6）把区域经济一体化看作集体自力更生的手段和按照新秩序逐渐变革世界经济的重要要素。

综合发展战略理论突破了以往的区域经济一体化理论的研究方法，把区域经济一体化视为发展中国家的一种发展战略，不限于市场的统一，不必在一切情况下都追求尽可能高级的其他一体化。它把区域经济一体化看作集体自力更生的手段和按新秩序逐渐变革世界经济的重要要素。另外，区域经济考虑了经济、政治和机构等多种要素，而不是从贸易、投资等层面来考虑区域经济一体化的效应。综合发展战略理论为我们进一步探讨发展中国家的区域经济一体化问题提供了参考的框架。

专栏15-3

英国脱欧对欧盟服务贸易竞争力的影响机制

本章思考练习题

一、思考题

1. 当前欧盟面临的主要问题是什么？
2. 亚太经合组织的前景如何？
3. 中国企业如何利用好 RCEP 开拓日本、韩国、新西兰和澳大利亚市场？

4. 简述关税同盟的贸易转移效应、贸易创造效应、贸易扩大效应的核心思想。

5. 中国应如何进一步探索与"一带一路"沿线国家或非洲签订自由贸易区协议？

6. 中国－东盟进出口贸易现状与问题分析。

二、练习题

（一）名词解释题

区域经济一体化、自由贸易区、关税同盟、共同市场、经济同盟、贸易创造效应、贸易转移效应、贸易扩大效应。

（二）简述题

（1）比较自由贸易区、关税同盟、共同市场、经济同盟的异同。

（2）当代区域经济一体化有哪些特点？

（3）区域经济一体化的出现和发展对集团内外分别产生了什么影响？

（4）中国加入 RCEP 的现实意义是什么？

第十六章 国际经济与贸易组织

学习目标

通过学习本章，使学生理解 WTO 的宗旨、职能与基本原则，掌握 WTO 的组织机构与法律框架，了解 WTO 全球治理与协调机制的作用；同时，了解对全球经济与贸易治理、协调起重要作用的国际货币基金组织、世界银行、联合国下属相关组织、经济合作与发展组织、石油输出国组织的基本运行机制。

本章重要概念

关贸总协定、世界贸易组织、最惠国待遇、国民待遇

第一节 世界贸易组织

一、关税及贸易总协定的产生与职能

（一）GATT 的产生

关税及贸易总协定（GATT），简称关贸总协定，是第二次世界大战后美国从其自身经济利益出发，联合世界上 23 个国家于 1947 年 10 月 30 日在日内瓦签订的一个临时性国际多边贸易协定。

第二次世界大战结束后，曾作为主战场的欧洲，经济遭受重创。各国为了实现经济重建，纷纷实行贸易保护主义，以保护本国生产和就业，而同为战胜国的美国却是另一番景象。由于战争远离本土，加之受到战时军需品的刺激，美国经济急剧膨胀，成为第二次世界大战后最强大的国家。第二次世界大战后，美国拥有西方世界一半以上的生产能力、出口贸易的 1/3 和黄金储备的 3/4。凭借雄厚的经济实力，美国积极倡导自由贸易，以便为自己谋取更多的利益。为了打破其他国家的贸易保护，美国积极推动建立一个其战争结束前就拟订的全球性国际贸易组织，在国际经济领域专门协调各国间的贸易关系。1945 年 12 月，美国发表了《扩大世界贸易与就业法案》，呼吁召开一次联合国贸易与就业会议，以便缔

结一项国际贸易条约并建立一个世界性贸易组织。在美国的提议下，联合国经济与社会理事会于 1946 年 2 月召开了第一次会议，通过了由美国提出的召开"世界贸易和就业会议"的决议草案，并成立了由 19 国组成的筹备委员会，着手筹建国际贸易组织。由于当时关税壁垒盛行，为了尽快解决各国在国际贸易中的摩擦，包括美国、英国、法国、中国、印度在内的 23 个国家便主张将在联合国经济与社会理事会第二次筹委会通过的由美国起草的《国际贸易组织宪章草案》中的贸易政策部分，和它们各自在双边谈判基础上达成的关税减让协议加以合并，形成了关税与贸易总协定，作为国际贸易组织成立之前各国相互处理国际贸易纠纷的临时性根据。1947 年 10 月 30 日，23 个国家在日内瓦正式签署了《临时适用议定书》，决定 GATT 从 1948 年 1 月 1 日起临时生效。

后来，由于在 1947 年 11 月哈瓦那联合国贸易与就业会议上通过的《国际贸易组织宪章》对美国原先的草案作了大量修改，与美国的利益相去甚远，美国国会没有通过，美国政府也就放弃了成立国际贸易组织的努力。其他国家受美国影响也持观望态度，致使有关国际贸易组织建立的努力流产。但 GATT 作为一个临时性的应急协定一直沿用至 1994 年年底，并且成员国在此期间举行了 8 次多边贸易谈判，进一步降低了关税壁垒和非关税壁垒，为 1995 年建立 WTO 打下了基础。

（二）GATT 的主要职能

1. 组织多边贸易谈判

贸易壁垒包括关税壁垒和非关税壁垒两种，它们通过各种关税和非关税措施阻碍别国产品的进口，对此，GATT 通过组织多边贸易谈判打破这些障碍。从成立到被 WTO 取代，GATT 共组织了 8 轮多边谈判，使发达国家的平均关税税率从 1948 年的 36% 降至 20 世纪 90 年代中期的 3.8%，发展中国家和地区同期降至 12.7%，关税壁垒的作用大为降低。从东京回合谈判起，非关税壁垒也被纳入减让谈判的范围并达成了《技术性贸易壁垒协议》《进口许可证制度协议》等一系列协议，非关税壁垒的使用受到一些限制。

2. 协调缔约方之间的贸易关系

由于国际贸易关系到各国的切身利益，国际贸易中难免存在各种冲突和纠纷。GATT 通过主持冲突各方的谈判、协商，努力化解这些纠纷，避免冲突各方的利益一损俱损。一般来说，GATT 虽然是一个临时协定，其条文不具法律强制性，但由于其协调机制的权威性，它能使绝大多数的贸易纠纷得到解决。

3. 制定国际贸易的新规章

1948—1994 年，随着世界经济、科技的发展，国际贸易的领域不断扩展，服务贸易、投资及环保等领域的问题日益突出，GATT 不断制定新的规章以明确各方的权利和义务。如第 8 次乌拉圭回合谈判首次涉及知识产权、与贸易有关的投资和服务贸易等领域，并纳入纺织服装、农产品等长期游离于 GATT 之外的部门，所通过的"一揽子协议"中包括了《服务贸易总协定》《与贸易有关的投资措施协议》《与贸易有关的知识产权协定》等前所未有的内容，极大推动了国际贸易的发展。

4. 研究和促进各缔约方经济和贸易的发展

GATT 随时关注各缔约方经济和贸易的发展情况,并及时发表各种年度经济数据和经济发展报告,以便为缔约方的经济发展提供决策参考。同时,GATT 还通过一定的优惠措施,促进发达国家协助发展中国家的经济发展。

GATT 的这些职能在其存在的 47 年间得到了充分的体现,对世界经济和国际贸易的发展起到了巨大的推动作用。

二、世界贸易组织的宗旨、职能与基本原则

早在 20 世纪 50 年代后期,联合国经济与社会理事会就重新提出建立国际贸易组织的构想。1955 年 7 月,苏联在第 20 届理事会上提出了一项决议草案。在 1962 年的开罗会议上,其倡议得到发展中国家的支持。1963 年 7 月,苏联在联合国经济与社会理事会第 36 届会议上提出了关于国际贸易组织主要规定的初步设想的备忘录。同时,东欧国家也就该组织问题提出了一份草案,建议成立一个联合国主持下的处理贸易问题的单一国际组织。1964 年联合国第一届贸易和发展会议审查了建立国际贸易组织的可能性,专家小组认为 GATT 因缺乏执法权力而有严重缺陷,它既不能涉及整个国际贸易,又不能调节处于不同经济发展阶段的国家间的贸易问题,需要"建立一个没有这些缺陷的新国际贸易组织"。此后的几届贸易和发展会议又提出了不少有关该组织的体制、原则等的设想。1983 年,鉴于东京回合谈判的成果及其对国际贸易制度的影响,第六届贸易和发展会议专门研究了国际贸易制度的发展,提出了加强和改进这个制度的政策建议。但尽管联合国范围内对建立国际贸易组织的讨论非常热烈,GATT 在 1989 年前却从未就此进行过商讨。直到 1990 年,随着乌拉圭回合谈判的进展,加拿大、瑞士、当时的欧洲共同体和美国等才先后提出有关成立世界贸易组织的设想。经过多次谈判,终于在第 8 次乌拉圭回合谈判中达成了《关于建立世界贸易组织的协定》,宣布在 1995 年 1 月 1 日成立 WTO,取代 GATT。

(一) WTO 的宗旨

WTO 的宗旨体现在序言部分,它规定:WTO 全体成员在处理贸易和经济领域的关系时,应以提高生活水平、确保充分就业、大幅稳定地增加实际收入和实际需要、持久地开发和合理地利用世界资源、拓展货物和服务的生产和贸易为准则;必须积极努力,确保发展中国家在国际贸易增长中得到与其经济发展相适应的份额;通过签订旨在大幅削减关税和其他贸易壁垒,以及在国际贸易关系中取消这些歧视待遇的议定书和互惠安排,为这些目标作出贡献;维护 GATT 的基本原则和进一步完成 GATT 的目标,发展一个综合性的、更加有活力的、持久的多边贸易制度,包括经过修改过的 GATT 和它主持下达成的所有守则和协议,以及乌拉圭回合谈判的全部成果。

(二) WTO 的职能

1. 实施协议

由于 WTO 本身是根据《建立世界贸易组织的协定》而建立的，因此该协定第三条规定，WTO 的第一项职能也是最主要的职能就是"便利本协议和多边贸易协议的履行、管理和实施，并促进其目标的实现"，以及"为诸边贸易协议的履行、管理和实施提供框架"。

2. 作为贸易谈判的场所

WTO 的第二项职能是提供谈判场所。在这个谈判场所的谈判包括两类：第一类谈判包括对该协议附件所列各项协议所涉事项的多边谈判，即对 GATT 和乌拉圭回合谈判已经涉及的议题进行谈判；第二类谈判是 WTO 部长级会议可能决定的有关多边贸易关系的进一步谈判，如果进行此类谈判，WTO 也可以提供使谈判结果生效的框架。

3. 解决贸易争端

WTO 的第三项职能是管理《关于建立世界贸易组织的协定》附件 2 所列的安排，即解决成员间可能产生的贸易争端。由于世界上存在不同的国家、民族，也就存在着各类文化上、经济上的纠纷和冲突。在当前经济全球化越来越广泛的背景下，这些冲突会更加频繁出现。WTO 的贸易争端解决机制则可以名正言顺地对成员间的贸易争端进行调解和裁决，也就可以尽量避免贸易问题政治化的倾向，避免世界和平局势被打破。

4. 审议各成员的贸易政策

WTO 的第四项职能是管理《关于建立世界贸易组织的协定》附件 3 所列的安排，即按照规定的时间期限对各成员的贸易政策进行审议，其中全球贸易中份额在前 4 位的成员每 2 年审议一次，第 5 到第 20 位的成员每 4 年审议一次，对余下成员每 6 年审议一次，对最不发达成员的审议可以间隔更长。

5. 通过技术援助和培训在贸易政策上帮助发展中国家

《关于有利于最不发达国家措施的决定》中规定，只要属于最不发达国家类别，"只需承担与其各自发展、财政和贸易需要或其管理和机构能力相符合的承诺和减让"，且协议中的规则和过渡期"应以灵活和有支持作用的方式适用于最不发达国家"。这一决定给予最不发达国家额外一年的时间提交货物贸易和服务贸易减让表，其他条款要求定期审议以保证有利于最不发达国家的特殊和差别措施得到及时实施；鼓励发达国家尽早采取行动，减少对发展中国家有利产品的贸易壁垒；并要求发达国家注意针对最不发达国家出口产品采取的任何进口补救措施或其他措施的影响。该决定最后保证实质性增加给予最不发达国家在生产和出口的发展、增强和多样化方面的技术援助，并继续审议它们的特殊需求。给予发展中国家的特殊待遇和差别待遇，包括在乌拉圭回合谈判达成的大多数单独协议和安排中，通常是规定发展中国家不必承担像发达国家那么严格的义务。

6. 与其他国际组织进行合作

WTO 的第六项职能是"为实现全球经济决策的更大一致性"，将酌情与国际货币基金组织（IMF）和世界银行（IBRD）进行合作。《建立世界贸易组织协定》第三条的补充文件之二是《关于世界贸易组织对于实现全球经济决策更大一致性所作贡献的宣言》，也就是针对 WTO 在与其他国际经济组织合作时应该有哪些作用,以及如何合作进行了说明。

(三)WTO 的基本原则

1. 非歧视待遇原则

非歧视待遇原则,又称无差别待遇原则。它要求缔约双方在实施某种优惠和限制措施时,不要对缔约对方实施歧视待遇。在 WTO 中,非歧视待遇原则由最惠国待遇和国民待遇原则体现出来。

(1)最惠国待遇

所谓最惠国待遇,就是缔约一方现在和将来给予任何其他第三方的任何优惠、特权都必须自动、无条件地给予缔约另一方。《建立世界贸易组织协定》规定,成员间不能歧视性地对待它们的贸易伙伴。WTO 一旦授予某些成员一项特殊优惠(如给予某种产品更低的关税),就必须给予所有其他成员。换而言之,就是 "Favour one, favour all"(优惠一个成员,就必须优惠全部成员)。

最惠国待遇原则体现在《关税与贸易总协定》(GATT 1994)第 1 条、《服务贸易总协定》(GATS)第 2 条、《与贸易有关的知识产权协定》(TRIPs)第 4 条,尽管各协定的规定有些区别,但是足见该原则的重要性。

从货物贸易领域来看,最惠国待遇主要适用于八个方面:

①进口关税。
②对进出口本身征收的费用,包括进口附加税、出口税等。
③与进出口相关的费用,如海关手续费、质量检验、卫生检疫费等。
④与进出口国际支付及转账征收的费用。
⑤征收上述税费的方法。
⑥与进出口相关的各种规则和手续。
⑦对进口货物直接或间接征收的税费,如销售税等。
⑧有关进口产品在境内销售、购买、运输、分销等方面的法律、法规、规章和政策措施。

(2)国民待遇

WTO 规定,进口产品和本地生产的产品应该受到同等的待遇,而且至少应该在外国产品进入进口国市场之后给予同等待遇。对于外国和本土的服务、商标、版权和专利也应该享受同等的待遇。这就是国民待遇原则,它规定在《GATT 1994》的第 3 条、GATS 的第 17 条、TRIPs 的第 3 条中。

具体而言,国民待遇原则包括以下内容:

①不能直接或间接地对进口产品征收高于对境内相同产品征收的税费。
②给予进口产品在境内销售、购买、运输、分销等方面的待遇,不得低于给予境内相同产品的待遇。
③不得直接或间接地对产品的加工、使用规定数量限制,不得强制规定优先使用境内产品。

④不得利用税费或者数量限制等方式为境内产业提供保护。

对于国民待遇原则应该注意以下三个方面的内容：第一，适用对象涉及货物、服务和知识产权三个方面，但适用的范围、具体规则有所差别；第二，只涉及其他成员方的产品、服务或服务提供者、知识产权所有者和持有者在进口国关境内所享有的待遇；第三，成员方的产品、服务或服务提供者、知识产权所有者和持有者在进口成员方境内享有的待遇不应该低于进口成员方同类产品、服务及相关对象所享有的待遇。

2. 贸易自由化原则

贸易自由化原则是指通过多边贸易谈判，实质性削减关税和减少贸易壁垒，扩大成员方之间的货物和服务贸易。

降低贸易壁垒，消除贸易扭曲，是促进国际贸易自由流动的主要措施之一。贸易壁垒不仅包括关税壁垒，还包括一切存在贸易效应的非关税壁垒，如进口禁令、进口配额等有选择的数量限制措施及其他的贸易政策措施。随着时间的推移，大部分的非关税壁垒措施，像汇率政策、技术标准、环境保护、生态安全等都纳入了WTO的谈判范畴，有不少已经达成了多边协议。

总而言之，本原则要求各成员通过谈判逐渐降低贸易壁垒，开放市场，促进商品与服务的自由流动。对于各个成员来说，就是削减关税，控制非关税壁垒措施的实施。但是，贸易自由化并不意味着完全的自由贸易，而是在某些情况下允许一定程度的保护。例如，当某成员出现因进口商品的倾销而受到损害时可以提起反倾销诉讼，征收反倾销税；当受到补贴产品的损害时可以寻求反补贴诉讼和反补贴措施，甚至在进口商品因正常贸易，即使没有受到不公平竞争而出现某些问题时，也允许寻求保障措施的保护。另外，WTO要求一般取消数量限制，禁止出口补贴，但是在农产品、纺织品领域还存在不少例外。

3. 可预见性原则

对于从事国际贸易业务的企业来说，进口国政府保证不提高贸易壁垒有时可能与降低贸易壁垒同样重要。这主要是因为WTO并不是一个完全禁止贸易保护的组织，它本身允许存在各种贸易救济措施，而且它的基本原则中也存在不少例外，并由此形成了诸多履行过程中的法律漏洞。因此，WTO各成员承诺不会无故提高贸易壁垒，这有助于提供一个清晰的、透明的商务环境。因为商务环境具有稳定性和可预见性，国际投资就会相应增加，就业也能增加，消费者也同样会拥有更多更好的选择。当然，各成员政府推动多边贸易体系的建立健全，这本身就是期望获得稳定而又可预见的商务环境。

在WTO中，只要成员同意开放其商品或服务市场，它们就受到了自己承诺的约束。对于货物贸易来说，这些约束就是承诺关税税率的上限，也就是说成员征收的关税税率不会高于自己的承诺水平，但允许降低。一旦成员要求改变约束的关税税率，它必须与其他成员协商之后，才有可能采取。乌拉圭回合谈判的成就之一就是扩展了受约束的贸易范围。在货物贸易领域，GATT一直对一些敏感性商品没有达成协议，也就是农业、纺织品与服装一直游离于GATT规则管辖之外，而经过乌拉圭回合谈判后签订的《建立世界贸易组织协定》中包括《农业协议》，对100%的农产品贸易达成了关税约束；《纺织品与服装协议》则将纺织品与服装纳入了WTO的管辖范围。由于关税约束的存在，给贸易和投资者提高了市场保证的程度。

除关税约束外，WTO 的多边贸易体系也通过其他方式改进自己的可预见性和稳定性。一种方法是减少使用进口配额和其他措施来设立进口数量限制，因为通过经济学分析我们了解到，进口配额对一国经济的扭曲程度更高。另一种方法是使成员的贸易规则尽量清晰和公开，也就是保证透明度。《建立世界贸易组织协定》要求成员公开其政策，既可以在境内公开，也可以通知 WTO。WTO 贸易政策审议机制对成员贸易政策的常规监督也鼓励各成员提高政策的透明度。

4. 鼓励公平竞争原则

WTO 并不是一个"自由贸易"机构，即使 WTO 所管理的多边贸易体系确实允许进行关税保护，但在某些情况下也允许其他形式的保护。因此准确地说，WTO 是一个致力于公正、公平和无扭曲竞争的贸易体系。例如，在货物贸易方面，WTO 允许在国际收支恶化的情况下不履行承诺的义务；在一国因出现倾销损害、他国补贴损害时允许征收进口附加税；尤其是允许在特定条件下采取保障措施。尽管保障措施与反倾销和反补贴措施同属贸易救济措施，但前者与后者最大的区别就在于：保障措施是针对正常贸易行为采取的措施。WTO 的《反倾销协议》和《补贴和反补贴协议》都是针对存在不公平竞争行为时，就进口方遭受损害的情况达成的成员共识。在服务贸易领域，各成员开放市场依据的是自己的承诺表。换言之，成员可以对没有列入承诺表中的行业采取保护措施。在知识产权方面，由于知识产权有别于一般的商品和服务，其价值保存的前提就是采取一定的手段进行保护，以维持知识产权方面的公平竞争，所以签订相关协议的主要目的是加强全球范围内对知识产权的保护，而不是促进降低保护。

许多 WTO 协议中都有支持公平竞争的内容，如农业、知识产权、服务方面的协议。政府采购协议（是一个诸边协议，只有部分 WTO 成员签署）将竞争规则拓展到成千上万的政府机构的采购之上。

5. 鼓励发展和经济改革原则

WTO 鼓励发展，因此允许发展中国家在履行协议内容时拥有更大的弹性。同时 WTO 协议一般都继承了 GATT 对发展中国家提供特殊援助和贸易减让的条款。

WTO 成员中有 3/4 是发展中国家和转型国家。在乌拉圭回合谈判中，这些国家中有近 60 个执行了贸易自由化计划。同时，发展中国家和转型国家比以往更积极地参与乌拉圭回合谈判，在多哈回合谈判中也是如此。

在乌拉圭回合谈判后期，发展中国家准备接受发达国家提出的绝大多数义务。但是，协议也确实给予它们一段过渡时间来进行调整，以适应其不熟悉甚至是困难的 WTO 条款，尤其对那些最不发达国家而言。考虑到发展中国家成员的具体利益和要求，WTO 确立了对发展中国家成员的特殊待遇原则。这包括允许发展中国家成员的市场保护程度可以高于发达国家成员；通过"授权条款"规定各成员可以给予发展中国家成员差别及更加优惠的待遇，而不必将这种待遇延伸到其他成员；GSP 制度的存在为发展中国家的工业制成品出口提供了单方面的优惠待遇；在知识产权协议的实施方面，发展中国家有更长的时间安排；在争端解决机制方面，也要求 WTO 秘书处对发展中国家提供技术援助和法律援助。

三、WTO 的运行机制

（一）WTO 的组织机构

WTO 的组织机构如图 16-1 所示，概要叙述如下：

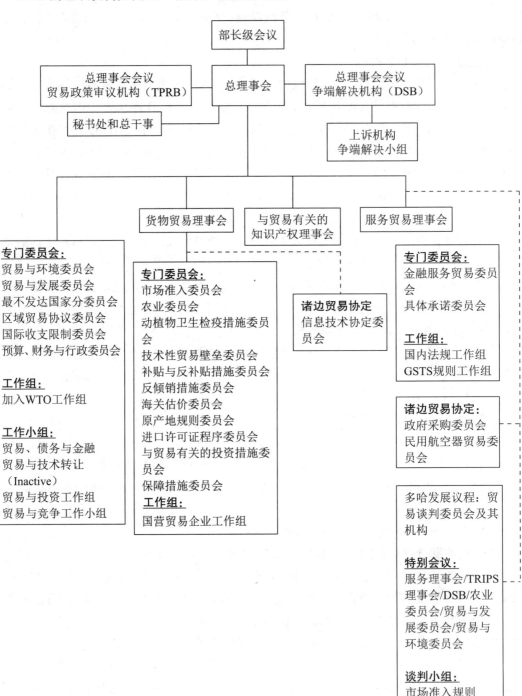

图 16-1　WTO 的组织机构

1. 部长级会议

由全体成员方代表组成，是 WTO 的最高权力机构，拥有对重大事务的决策权，至少每两年召开一次。部长级会议的主要权力有：

（1）有权对 WTO 的各项协定做出修改和权威性解释。

（2）对成员方之间发生的争议或其贸易政策是否与 WTO 规定一致做出裁决或提出修改意见。

（3）在特定情况下豁免某个成员的义务。

（4）批准 WTO 的新成员或观察员。在部长级会议休会期间，其职能由总理事会代为行使。

2. 总理事会

由各成员方代表组成，负责日常监督各项协议和部长会议所作决定的贯彻执行情况，并作为统一的争端解决机构和贸易政策评审机构发挥作用。总理事会定期召开会议，通常每两月召开一次。

总理事会下设货物贸易、服务贸易和知识产权 3 个分理事会，负责监管各自领域内协议执行情况，并履行总理事会所赋予的其他职责。此外，总理事会还设立若干负责处理相关事宜的专门委员会，如监督委员会、贸易与发展委员会、与贸易有关的投资措施委员会等。3 个分理事会也设立其相应的附属机构——次一级专门委员会，以处理更为具体的专门问题和监督协议的履行。总理事会、分理事会及专门委员会视需要还可设立临时性工作组或专家小组。

3. 秘书处和总干事

秘书处由总理事会设立，以处理 WTO 的日常事务，其领导人由总理事会指派一名总干事担任。总干事的权限、任期等由总理事会决定。总干事根据总理事会的规定任命秘书处的工作人员。

（二）WTO 的法律框架

世界贸易组织的法律框架（图 16-2），是在 1948 临时适用的关贸总协定（GATT）基础上，经过历次多边贸易谈判，修改、增加、补充了一系列协定、议定书，特别是在乌拉圭回合谈判所达成的"一揽子协定"的基础上而最终形成的。因此，WTO 的法律体系基本框架及其内容集中体现在《乌拉圭回合多边贸易谈判的最后文本》《建立世界贸易组织协定》及其四个附件组成了世界贸易组织的法律体系。附件一是《货物贸易多边协定》《服务贸易总协定》《与贸易有关的知识产权协定》，附件二是《关于争端解决规则与程序的谅解》，附件三是《贸易政策审议机制》，附件四是《民用航空器贸易协议》《政府采购协议》《国际奶制品协议》《国际牛肉协议》。其中，《国际奶制品协议》和《国际牛肉协议》已于 1997 年 12 月 31 日终止。附件一、附件二和附件三所有成员都必须接受，称为一揽子协定或多边贸易协定。附件四属于诸边贸易协定，仅对签署方有约束力，成员可以自愿选择是否参加。

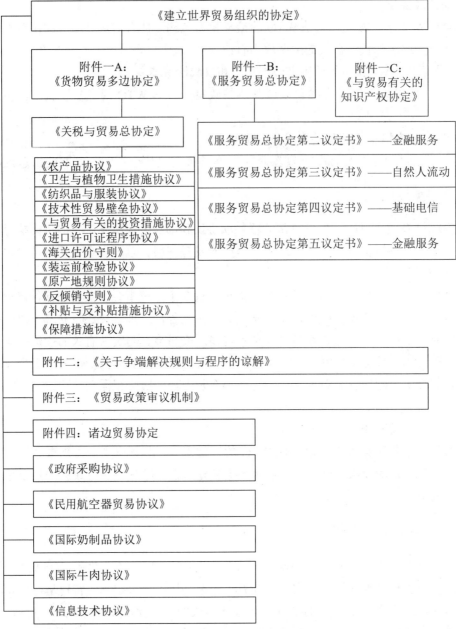

图 16-2　WTO 的法律框架图

（三）加入、退出和决策机制

1. 加入机制

WTO 的成员根据加入的方式不同分为两类：创始会员和非创始会员。

截至 1997 年 3 月，所有符合创始会员条件的缔约方都成为 WTO 的创始会员。在此之后的成员都是以加入的方式进入 WTO 的。加入 WTO 的程序可分为四个阶段：

第一阶段：申请与受理。申请加入的国家或地区向 WTO 的总干事递交正式信函以表明其加入 WTO 的愿望。WTO 的秘书处负责将申请函发送给全体成员，并把审议加入申请列入总理事会会议议程。总理事会审议加入申请并设立相应的工作组。

第二阶段：审议和双边谈判。其主要工作是审议申请加入方的外贸制度和进行与成员国之间的双边市场准入谈判，这是加入程序中的重点阶段。在此阶段，申请加入国要向工作组提交外贸制度备忘录、现行关税税则及相关的法律和法规，接受工作组的审议，并且要对工作组要求其进一步说明和澄清的关于其外贸制度运作情况的问题作出书面答复。在审议工作的后期，申请加入方要同提出双边市场准入谈判要求的所有成员方进行双边货物贸易和服务贸易的市场准入谈判。一般情况下，谈判双方需要在申请加入方加入前达成双边市场准入协议。

第三阶段：多边谈判和起草入世文件。在双边谈判的后期，多边谈判开始，工作组着手起草"加入议定书"（申请加入方与工作组成员议定的加入条件，并附有货物贸易和服务贸易减让表）和"工作组报告书"（工作组讨论情况总结）。在工作组举行的最后一次正式会议上，工作组成员协商一致通过上述文件，达成关于同意申请加入方加入WTO的决定并提交部长级会议审议。

第四阶段：表决和生效。WTO部长级会议会对加入议定书、工作组报告书和决定草案进行表决，超过2/3的多数同意即被通过。表决通过后，申请加入方要以签署或其他方式向WTO表示接受加入议定书。在WTO接到申请加入方表示接受文件之日起第30天，有关文件开始生效，申请加入方正式成为WTO的成员。

2. 退出机制

任何成员都有权退出WTO。在WTO的干事收到书面通知之日的6个月期满后，退出开始生效。退出同时适用于《建立世界贸易组织协定》和其他多边贸易协定。

3. 表决机制

WTO的决策机制沿用GATT的惯例，主要遵循"协商一致"原则，在无法协商一致时通过投票表决决定。1995年11月，WTO总理事会对有关决策规则作出重要说明，强调在讨论有关义务豁免或加入请求时，总理事会应寻求协商一致以达成协议，在无法协商一致的情况下进行投票表决。

"协商一致"，是指所有缔约方对一项提议或拟提议都表示支持，或者没有缔约方反对。无法达成"协商一致"的提议提交部长级会议或总理事会进行投票表决，总体原则是：每一成员拥有一票，根据议题的不同，分别以2/3、3/4多数或全体通过作出决定，除非《建立世界贸易组织的协定》或有关多边贸易协定另有规定。一般而言，进行投票表决的主要议题包括对《建立世界贸易组织的协定》和多边贸易协定条款的解释和修正问题，以及成员方的义务豁免问题。

（四）WTO的争端解决机制

WTO的争端解决机制是在GATT的基础上进一步发展完善的，主要表现在以下四个方面：

1. 争端解决机构

WTO建立了争端解决机构（DSB），负责处理因WTO规则引起的贸易争端。这个机构有权成立专家组，由专家组对贸易争端进行审议和裁决，必要时还可以授权损害方实施报复措施。

2. 争端解决程序

WTO 争端解决机构的裁决，除非全体成员一致反对，否则将视为自动通过，从而克服了某些成员常常阻挠设立专家组、阻挠通过裁决的问题。对此，《关于争端解决规则与程序的谅解》第 16 条规定："在向各成员分发专家组报告的 60 天内，该报告在 DSB 的会议上应予以通过，除非某一当事方向 DSB 正式通报其上诉的决定，或者 DSB 一致决议不通过该报告。"

3. 争端解决机制的权威性和独立性

WTO 为增强争端解决机制，增设了一个常设的上诉机构，使争端方可以就专家组报告中涉及的法律及相关解释问题提出上诉，上诉机构可以提出自己的报告，从而形成 WTO 独特的两审终审制，这是 GATT 机制中所没有的。

对上诉机构报告的通过，《关于争端解决规则与程序的谅解》第 17 条规定："上诉机构报告应在该报告向各成员分发的 30 天内由 DSB 通过，并由争端各当事方无条件地接受，除非 DSB 一致决议不通过该报告。"

4. 报复措施

如果 DSB 通过了专家组或者上诉机构的报告，有关成员必须执行报告中的建议或者裁决。如果有关成员不履行报告中的建议或裁决，胜诉方经 DSB 授权可以采取必要的报复措施。

对此，《关于争端解决规则与程序的谅解》第 21～25 条作了明确规定。第 23 条规定，应按照有关程序"为有关成员履行各项建议和裁决确定合理的期限；以及获得 DSB 授权，以对那些未能在合理期限内履行建议和裁决的有关成员作出反应"。

需要指出的是，WTO 的争端解决机构不同于普通法院或者仲裁机构，它只受理政府间与 WTO 规则有关的贸易争端。如果一个国家或地区的个人、企业与另一国家或地区的个人、企业发生贸易争议，只能按有关规定向有管辖权的法院起诉或按照当事人的约定向仲裁机构申请仲裁，而不能直接提请 WTO 的争端解决机构进行处理。如果一个国家或地区的个人、企业认为其贸易争端是由于另一国家和地区的有关法律制度违反 WTO 规则或者因其不履行承诺所造成的，可以向本国（地区）政府反映，由政府决定是否诉诸 WTO 争端解决机制。

四、WTO 的作用

WTO 的成立是国际经济贸易机构体制的重大变革。从 GATT 到 WTO 的转变，对世界经济贸易的影响意义深远。从《建立世界贸易组织的协定》和三大协定及其各项附属协议的内容、范围和体制职能，以及对今后国际经济贸易发展的影响来看，与 1947 年 GATT 相比较，它在强化和完善世界多边贸易体制职能作用和规范国际贸易竞争规则方面取得了许多新的进展，其作用主要表现在 6 个方面。

（一）负责 WTO 多边协议的实施、管理和运作

WTO 的主要职能是负责协定和多边贸易协议的实施、管理和运作，并促进其目标的实现，同时为诸边贸易协议的实施、管理和运作提供框架。多边贸易协议是所有成员都需要承诺的，而诸边贸易协议虽然处于 WTO 的框架内，但各成员方可有选择地参加。

（二）确立了比较完整的国际贸易法律框架

WTO 的一系列协议被世界上绝大多数的国家和地区接受，这套贸易规则成为世界各国从事国际贸易所不得不遵守的国际规范，是各国制定相关法律、法规和政策措施的最基本的参考依据。在经济全球化不断发展的今天，即使不是 WTO 成员的国家，只要从事国际贸易活动，也不得不被动遵守这套规则。这标志着一套比较完整的国际贸易法律体系的确立，也可以说基本形成了统一的国际贸易法。

（三）拓宽了 WTO 的职责范围

WTO 扩大和拓宽了多边贸易体制的协调领域和范围，不仅把以协调货物贸易（除农产品和纺织品外）为宗旨的 GATT 多边贸易体制的管理权限扩展到服务贸易、知识产权、与贸易有关的投资措施，以及农产品和纺织品等领域，而且将传统商品领域发展到高新技术产品和电子商务及环境保护等领域，还要不断地向新的与国际贸易有一定直接或间接关系的领域拓展。

增强和延长了 WTO 在世界多边贸易关系中的管理"触角"，即新多边贸易体制不仅调整与进出口贸易有关的关税与非关税的边境措施，而且还涉及各成员的宏观调控措施，包括在货物、服务、投资、知识产权及产业与税收、财政与货币政策等方面的国内政策与国内法律法规的制定与执行。

WTO 具有健全的机构和组织规则，各项工作，如现有协议的修改、新协议的谈判等可以持续不断地进行。这种机制对随时推进开放市场，拓展贸易，及时处理国际经济贸易中的重大问题，进而健全国际贸易制度提供了充分的条件和机会。

（四）强化了解决成员间贸易争端的机制

WTO 的争端解决机制，适用范围广泛，负责审理争端的专家条件严格，具有明确的、统一的程序、规则和时间限制，审理较为公正、迅速，呈现出多边化和司法化趋势。反向协商一致通过的规则，有利于评审组的成立、上诉机构裁决的通过，报复和补偿相当于自动通过、生效，从而增强了 WTO 争端解决机制的权威。

（五）完善了贸易政策审议制度

WTO 进一步完善了贸易政策审议机制，使之制度化、法律化，增强了各成员贸易政策的透明度，减少了贸易摩擦，有利于维护多边贸易体制的稳定性。WTO 成员间的相互审议，鼓励各成员政府更加严格地遵守 WTO 的规则和纪律，并履行其承诺。实际上审议

已取得两个明显的效果,一方面使外界能够理解一成员的政策和情况,另一方面又为受审议的成员提供了关于其在贸易体制中表现的反馈。

(六)考虑了发展中国家成员的利益

WTO 的各项协议在一定程度上反映和体现了发展中国家特别是最不发达国家在经济发展水平和资金贸易方面的需要,就发展中国家的特殊和差别优惠待遇作了较明确的法律表述。

五、WTO 的一揽子协议

(一)有关货物贸易的协议

有关货物贸易的协议主要包括《1994 年关税与贸易总协定及有关谅解》《农产品协议》《实施卫生与动植物检疫措施协议》《纺织品与服装协议》《技术性贸易壁垒协议》《与贸易有关的投资措施协议(TRIMS)》《关于实施 1994 年关税与贸易总协定第 6 条的协定》《关于实施 1994 年关税与贸易总协定第 7 条的协定》《装运前检验协议》《原产地规则协议》《进口许可程序协议》《补贴与反补贴措施协议》《保障措施协议》等。

1.《GATT 1994》

《GATT 1994》主要是在乌拉圭回合谈判对《GATT 1947》作了较大修改的基础上形成的。实质上是继承了后者的原本及附件,外加一个修正说明。《GATT 1994》随着 WTO 的成立而具有法律效力。

2.《农产品协议》

该协议规定,将原有农产品的非关税壁垒先按规定方式全部予以关税化,然后进行削减。发达国家在 6 年内平均削减 36%,发展中国家在 10 年内平均削减 24%。

对于农产品出口补贴,以 1986—1990 年为基期,各国在 6 年内须将实施补贴的农产品出口减少 21%,并保证农产品进口额由占本国农产品消费总量的 3% 逐步扩大到 5% 以上。该协议对最不发达国家予以减让义务的免除,并对作为粮食净进口国的发展中国家可能遭受的损失予以资金等方面的支持。

对于国内支持,协议将各成员为支持农业生产而采取的措施分为绿箱政策和黄箱政策两类。按照绿箱政策,各成员在农业科学研究、粮食安全保障、自然灾害救济、农民收入保障和地区发展等方面采取的措施,可以免除削减义务;按照黄箱政策,各成员在农产品价格支持、补贴及对农民带有补贴性质的贷款等方面采取的措施,应当作出减让承诺。

3.《纺织品与服装协议》

该协议确定了将纺织品与服装贸易逐步置于 WTO 管辖的总体框架,规定自 1995 年 1 月 1 日 WTO 运行之日起的 10 年内分三个阶段逐步取消发达国家按原"多种纤维协定"(MFA)对纺织品和服装进口的配额限制,实行贸易自由化。

该协议无疑对发展中国家有利,便于其纺织品进入西方市场,促进发展中国家纺织服装业的发展。同时通过过渡期的规定也照顾到了发达国家的利益。

4.《与贸易有关的投资措施协议》

该协议要求各缔约方将其与贸易有关的投资措施中易引起贸易限制或扭曲的规定（如当地成分、出口比例、外汇平衡等方面的要求）通知货物贸易理事会，并要求发达国家在2年内、发展中国家在5年内、最不发达国家在7年内取消这些规定。

协议也有例外规定。比如，允许发展中国家和地区享受特殊优待，特别是考虑到最不发达国家在贸易、发展和金融方面的特殊要求，允许它们为扶持本国（地区）特定工业（即幼稚产业）而修改、撤销已达成的关税减让或者采取数量限制措施。货物贸易理事会可以应发展中国家和地区的要求，在申请方充分证明其实施协议的特殊困难后，延长其过渡期。

5.非关税措施方面

通过《原产地规则协议》《装运前检验协议》《技术性贸易壁垒协议》等一系列文件，对原产地规则、装运前检验、海关估价、反倾销、技术性贸易壁垒、进口许可证等非关税壁垒进行进一步规范。《原产地规则协议》规定，各缔约方应遵循可预见性、客观性、非歧视性和连续性的原则，并决定成立技术委员会，以协调各方对此标准的不同规定，同时规定了争议处理的程序安排。

（二）《服务贸易总协定》

在乌拉圭回合谈判中，服务贸易首次纳入GATT讨论范围，它涉及国际运输、国际旅游、国际金融与保险、国际电讯、国际工程承包、视听服务、国际文教卫生交流等。服务贸易在国际贸易中的地位日益重要，《服务贸易总协定》（GATS）就是要通过制定服务贸易的多边规则来推动服务贸易的自由化，以促进所有国家的经济发展。它不仅要求各缔约方按透明度原则对其他缔约方给予最惠国待遇和国民待遇，而且要求按市场准入原则承担开放市场的义务。

市场准入和国民待遇是《服务贸易总协定》中最重要的条款。但与货物贸易不同的是，《服务贸易总协定》没有将市场准入和国民待遇作为各成员必须履行的普遍义务，而是要求各成员在平等协商的基础上按照大多数成员的市场开放程度通过谈判达成协议，根据协议在不同行业实行不同程度的国民待遇。

《服务贸易总协定》还鼓励发展中国家的更多参与，规定发达国家应采取措施，为发展中国家服务出口提供市场准入条件，并允许发展中国家按具体情况逐步开放市场和为外国服务业进入本国市场设置条件。《服务贸易总协定》规定："自由化的过程应对各成员的国家政策目标和个别服务部门的发展水平给予应有的尊重。应给予个别发展中国家成员适当的灵活性，开放较少的部门，开放较少类型的交易，根据它们的发展状况，逐步扩大市场准入，并且当允许外国服务提供者进入其市场时，对该准入附加条件以实现第四条所述目标为准"（即发达国家多承担义务，帮助发展中国家）。

此外，《服务贸易总协定》还包括人员流动、航空运输、金融服务、电讯服务、最惠国待遇例外申请等5个附录，这些附录对服务贸易领域如何实施WTO规则作了更具体的规定。在 WTO 运行后，在服务贸易方面还达成了两个重要协议，即《金融服务协议》和《信息技术产品协议》。

《金融服务协议》(Agreement on Financial Services) 是 1997 年 12 月 13 日经 WTO 84 个成员经谈判达成，1999 年 3 月生效。其主要内容是：允许外国公司在国内设立金融服务公司并按竞争规则运行；外国公司享受与国内公司同等的市场进入权利，取消跨边界服务的限制；允许外国资本在投资项目中的比例超过 50%。其意义在于，它初步确立了世界金融服务领域贸易自由化的框架，使全球 95% 左右的金融市场获得开放，同时也推动了发展中国家的金融开放（例如，泰国、印度和巴西等国家承诺不同程度对外开放）。

《信息技术产品协议》(Information Technology Agreement) 于 1996 年 12 月在 WTO 新加坡第一次部长会议上由 28 个国家签署，1997 年 3 月 26 日共有 41 个国家和地区宣布加入。它属于诸边协议，而非多边协议。《信息技术产品协议》涉及计算机、电信产品、半导体及其制造设备、软件和科学仪器等范围的产品。41 个参加方同意将 1997—2005 年分为 4 个阶段，每个阶段各将信息产品的进口关税降低 25%，2005 年实行零关税。这一协议涉及全球 92% 左右的 IT 产品。

（三）《与贸易有关的知识产权协定》

《与贸易有关的知识产权协定》主要反映了以美国为首的发达国家的利益。它是一个高标准、高水平的知识产权保护协议，明确了知识产权保护的目标、原则、范围、措施、处罚、透明度及对发展中国家的特殊优惠等问题，要求各方按照 GATT 和有关知识产权的国际公约的基本原则，对著作权、商标权、专利权、工业设计及有关外观设计等知识产权进行有效保护。《与贸易有关的知识产权协定》要求各国国内立法和行政程序与其保持一致，并允许司法当局采取及时有效的强制性措施。对于发展中国家和经济体制转型国家，允许推迟 4 年实施该协议。

六、WTO 面临的挑战与机遇

（一）WTO 面临的挑战

WTO 自 1995 年成立以来，将调整范围从传统的货物贸易扩展到了服务贸易、投资、知识产权等领域，并建立了具有强制管辖权的争端解决机制，克服了 GATT 时期争端解决机制软弱无力的缺陷，在促进国际贸易发展方面作出了显著贡献，但当前 WTO 也面临了一系列的挑战。

(1) 谈判效率低。WTO 奉行"协商一致"的原则，所有多边协议必须获得所有成员同意才能通过，因此，多哈回合仅收获《贸易便利化协定》《信息技术产品协议》扩围等成果。2021 年 12 月，中国、美国、英国及欧盟等 67 个成员达成了《服务贸易国内规制协定》，这是以诸边协议方式推进的议题。

（2）争端解决程序有其局限性。虽然WTO争端解决机制的实践运行得到了WTO成员方的普遍认可，但是其上诉机构裁决的一致性和连贯性却引发担忧，公平与合理的问题也在实践操作中不断显现。由于美国阻挠，WTO上诉机构2019年12月11日停摆，截至2023年2月，美国已63次否决上诉法官遴选程序的提案。

（3）制度漏洞凸显。当一套国际制度确立之后，各成员都会寻找既定制度中的漏洞，WTO的宗旨是降低关税壁垒，促进自由贸易，但许多国家采用的关税政策虽然没有违反WTO的法律，但同样会扭曲贸易，破坏了多边贸易体系的稳定。

（二）WTO面临的机遇

（1）WTO改革机遇。各成员方意识到WTO运行中存在的挑战性问题后，应该积极进行改革，以努力维护WTO的有效性和权威性。

（2）发展中国家应团结起来积极参与。WTO的一揽子协议更多的是代表发达国家在贸易自由化上的成果，发展中国家因为谈判地位低下，并没有获得更多的话语权和决策权。面对WTO的改革，应发挥更加积极的作用，努力维护发展中国家的利益。中国作为最大的发展中国家，应提出中国方案，表达中国的合理关切，积极维护WTO作为全球贸易治理与协调的权威性和公正性。

专栏16-1

各方对WTO当前危机的看法及其深层次原因

第二节　其他国际经济与贸易组织

一、国际货币基金组织

国际货币基金组织（International Monetary Fund，IMF）是根据1944年7月在布雷顿森林会议签订的《国际货币基金组织协定》，于1945年12月27日在华盛顿成立的组织。其首要使命是确保全球货币稳定。成员国共同努力，促进全球货币合作，确保金融稳定，促进国际贸易，促进就业和经济增长。它还旨在减少世界各地的贫困。目前有190个成员国。

国际货币基金组织的职能主要包括经济监督、贷款和技术援助三个方面。首先，它跟踪全球经济及其成员国的经济状况。国际货币基金组织雇用了一些经济学家，他们负责监测成员国的经济健康状况——识别潜在的稳定性风险，提出适当的政策调整建议，以维持经济增长，促进金融和经济稳定。国际货币基金组织每年向每个国家提供一份经济评估。其次，国际货币基金组织向国际收支困难的国家提供贷款，满足成员国的融资需求，改善国际收支失衡问题，努力恢复可持续的经济增长。只要借款国执行国际货币基金组织提出的倡议，它就提供这种财政援助。最后，国际货币基金组织提供技术援助和培训，帮助各国建立有效的经济机构，实施正确的政策。这些能力建设工作有助于各国实现其增长和发展目标，并为实现可持续发展目标作出重大贡献。

2015年11月30日,国际货币基金组织执董会批准人民币加入特别提款权(SDR)货币篮子,新的货币篮子于2016年10月1日正式生效。国际货币基金组织当天发表声明说,执董会当天完成了五年一度的SDR货币篮子审议,认为人民币符合"入篮"的所有现有标准。自2016年10月1日起,人民币被认定为可自由使用的货币,并将与美元、欧元、日元和英镑一道构成SDR货币篮子。国际货币基金组织认为,人民币"入篮"将使货币篮子多元化并更能代表全球主要货币,从而有助于提高SDR作为储备资产的吸引力。国际货币基金组织总裁拉加德说,人民币"入篮"是中国经济融入全球金融体系的重要里程碑,也是国际货币基金组织对中国过去几年改革货币和金融体系取得进展的认可。2022年5月,国际货币基金组织将篮子货币的权重调整为:美元占43.38%,欧元占29.31%,人民币占12.28%,日元占7.59%,英镑占7.44%。

二、世界银行

世界银行(The World Bank)是世界银行集团的简称,国际复兴开发银行的通称,也是联合国的一个专门机构。其目的是长期援助发展中国家经济发展,减少发展中国家的贫困,它通过提供技术和财政支持来实现这一目标。1945年12月27日,世界银行在布雷顿森林会议后正式宣告成立,总部在美国华盛顿,截至2022年已拥有189个成员国。

世界银行并不是一家常规意义上的银行,实际上其是由国际复兴开发银行(IBRD)和国际开发协会(IDA)等五家机构组成。

(1)国际复兴开发银行(IBRD)。向包括中国在内的中等收入国家和一些借贷信用良好的贫困国家提供各种贷款和发展方面的援助。其中,从国际金融市场借款是国际复兴开发银行资金的主要来源。在国际金融市场借款的主要途径是发行证券和推销债券。国际复兴开发银行可以直接向会员国的政府机构和中央银行发行证券和推销债券。

(2)国际开发协会(IDA)。国际开发协会的会员国分为两类:第一类是经济上较发达或收入较高的国家,这是国际开发协会资金的主要提供者;第二类为发展中国家,是国际开发协会信贷的接受国,国际开发协会援助的对象是一些最贫困国家,它向这些国家提供无息贷款和扶贫方面的服务。国际开发协会的资金主要包括会员国认缴的股金、会员国和其他资助国提供的捐款、世界银行及其从业务收益中拨来的赠款、国际开发协会的资金回流。

(3)国际金融公司(IFC)。国际金融公司联合商业伙伴,它的主要工作职责是为私营部门提供投资所需的资金,投资发展中国家的私营企业并且为它们提供贷款方面的服务,以此带动发展中国家的经济增长。

(4)多边投资担保机构(MIGA)。多边投资担保机构一方面为发展中国家的对外直接投资的项目提供政治方面的风险担保,另一方面协助成员国政府传播有关投资的信息,并解决投资者和东道国政府之间的纠纷。

(5)解决投资争端国际中心(ICSID)。解决投资争端国际中心的宗旨是:为各缔约国国民之间的投资争端提供调停和仲裁的便利，促进相互信任的气氛，借以鼓励私人资本的国际流动。

2022 年 10 月 26 日，世界银行发布的《大宗商品市场展望》报告称，大多数发展中经济体的货币贬值正在提高食品和燃料价格，这可能会加剧许多发展中经济体已经面临的粮食和能源危机。

三、联合国下属相关组织

（一）联合国贸易和发展会议

联合国贸易和发展会议（United Nations Conference on Trade and Development，UNCTAD），简称贸发会议，成立于 1964 年，是联合国大会常设机构之一。中国于 1972 年参加贸发会议，是贸发会议、贸发理事会及所属各主要委员会的成员。

贸发会议是审议有关国家贸易与经济发展问题的国际经济组织，是联合国系统内唯一综合处理发展和贸易、资金、技术、投资和可持续发展领域相关问题的政府间机构，总部设在瑞士日内瓦，有成员国 192 个。

1. 贸发会议的宗旨

贸发会议的宗旨是促进国际贸易，特别是加速发展中国家的经济和贸易发展，制订国际贸易和有关经济发展问题的原则和政策；推动发展中国家和发达国家在国际经济、贸易领域的重要问题谈判的进展；检查和协调联合国系统其他机构在国际贸易和经济发展方面的各项活动；采取行动以便通过多边贸易协定；协调各国政府和区域经济集团的贸易和发展战略。

2. 贸发会议的目标

贸发会议的主要目标是帮助发展中国家增强国家能力，最大限度地获取贸易和投资机会，加速发展进程，并协助它们应对全球化带来的挑战和在公平的基础上融入世界经济。贸发会议通过研究和政策分析、政府间审议、技术合作以及与非政府机构企业部门的合作实现其目标。其当前的工作领域涉及贸易、资金、技术、企业、可持续发展，以及南南合作和最不发达国家等问题。

（二）联合国粮食及农业组织

联合国粮食及农业组织（Food and Agriculture Organization of the United Nations，FAO）简称"粮农组织"，于 1945 年 10 月 16 日正式成立，是联合国系统内最早的常设专门机构，是各成员国间讨论粮食和农业问题的国际组织。总部设在意大利罗马，共有 194 个成员国、1 个成员组织（欧洲联盟）和 2 个准成员（法罗群岛、托克劳群岛）。

1. 粮农组织的宗旨

保障各国人民的温饱和生活水准；提高所有粮农产品的生产和分配效率；改善农村人

口的生活状况,促进农村经济的发展,并最终消除饥饿和贫困。

2. 粮农组织的主要职能

(1) 搜集、整理、分析和传播世界粮农生产和贸易信息。

(2) 向成员国提供技术援助,动员国际社会进行投资,并执行国际开发和金融机构的农业发展项目。

(3) 向成员国提供粮农政策和计划的咨询服务。

(4) 讨论国际粮农领域的重大问题,制定有关国际行为准则和法规,谈判制定粮农领域的国际标准和协议,加强成员国之间的磋商和合作。

3. 粮农组织的工作重点

(1) 加强世界粮食安全。

(2) 促进环境保护与可持续发展。

(3) 推动农业技术合作。

2021年6月14日,联合国粮农组织大会第42届会议以视频方式召开,围绕"农业粮食系统转型"主题,共享经验、共商对策、共话合作。中国农业农村部部长唐仁健出席会议并作视频发言,粮农组织总干事屈冬玉出席会议。唐仁健表示,中国政府高度重视粮食和农业生产,始终把保障粮食安全作为治国理政的头等大事,深入实施"藏粮于地、藏粮于技"战略,取得了显著成效。中国将以更有力的举措,着力提升农业综合生产能力,深化农业供给侧结构性改革,推进农业产业链供应链现代化。围绕实现碳达峰、碳中和目标,构建资源节约、环境友好、绿色导向的气候智能型农业。来自194个成员国的代表团团长参加会议。

(三)世界卫生组织

世界卫生组织(World Health Organization,WHO)简称"世卫组织",是联合国下属的一个专门机构,总部设置在瑞士日内瓦,只有主权国家才能参加,是国际上最大的政府间卫生组织。

1. 世卫组织的宗旨

世卫组织的宗旨是使全世界人民获得尽可能高水平的健康,其中世卫组织将健康定义为"身体、精神以及社会活动中的完美状态"。世卫组织的主要职能包括:促进流行病和地方病的防治;提供和改进公共卫生、疾病医疗和有关事项的教学与训练;推动确定生物制品的国际标准。

2. 世卫组织的目标

(1) 世卫组织的目标是为世界各地的人们创造一个更美好、更健康的未来。

(2) 世卫组织共有六个区域,194个成员国,2个准成员,其工作人员在150多个办事处开展工作,共同致力于增进世界各地每一个人的健康。

(3) 世卫组织一起努力防治疾病,包括流感和艾滋病毒等传染病及癌症和心脏病等非传染性疾病。

(4) 世卫组织帮助母亲和儿童生存、繁荣,使他们能期待一个健康的老年。世卫组织确保人们呼吸安全的空气，食用安全的食物，饮用安全的水，并确保他们使用安全的药物和疫苗。

（四）联合国工业发展组织

联合国工业发展组织（United Nations Industrial Development Organization，UNIDO）是联合国大会的多边技术援助机构，简称工发组织，成立于1966年，1985年6月正式改为联合国专门机构。总部设在奥地利维也纳。任务是"帮助促进和加速发展中国家的工业化和协调联合国系统在工业发展方面的活动"。

1. 工发组织的宗旨

通过开展技术援助和工业合作促进发展中国家和经济转型国家的经济发展和工业化进程。除作为一个全球性的政府间有关工业领域问题的论坛外，其主要活动是通过一系列综合服务，在政策、机构和企业三个层次上帮助广大发展中国家和经济转型国家提高经济竞争力，改善环境，增加生产性就业。

2. 工发组织的机构构成

工发组织的机构包括：大会、工业发展理事会、方案预算委员会和秘书处。工发大会是该组织的最高决策机构，每两年举行一届全会，由全体成员国参加，负责讨论方针政策并作出决策；工业发展理事会是常设决策机构，由53个成员国组成，每年召开两次常会，负责审议行政、业务、人事和财政预算等重大问题并提交大会通过；方案预算委员会是理事会的附属机构，每年举行一次会议，协助理事会编制和审查工作方案、预算和其他财务事项。秘书处的主要职能和任务是处理该组织的日常事务。秘书处由总干事和三名执行干事及其他工作人员组成。

2021年11月30日，由工发组织主办的第五届全球科技创新大会，在上海以线下加线上的方式顺利召开，中国将筹备《可持续发展投资基金》，紧紧围绕联合国2030年可持续发展议程和中国政府可持续发展目标要求，锚定中国重点发展产业和有关国家发展需求，推动基础设施建设和科技产业升级，促进绿色、低碳、有韧性和包容性可持续发展。

四、经济合作与发展组织

经济合作与发展组织（Organization for Economic Co-operation and Development，OECD）于1961年成立，总部设在法国巴黎，是由36个市场经济国家组成的政府间国际经济组织，旨在共同应对全球化带来的经济、社会和政府治理等方面的挑战，并把握全球化带来的机遇。成员国的代表在经济合作与发展组织的专业委员会上提出看法并评论有关政策领域的发展，包括经济、贸易、科学、就业、教育及金融市场，一共有大约300个委员会、工作组和专家组。经济合作与发展组织汇编的统计数据涵盖34个成员国及其他一些国家，既有这些国家的年度数据和历史数据，也包括主要经济指标数据，如经济产出、就业和通货膨胀等。

经济合作与发展组织提供了一个平台，政府可以借此平台展开合作，分享经验并寻求共同问题的解决方案。经济合作与发展组织与政府合作，探究经济、社会和环境变化的推动力量；衡量生产力及全球贸易和投资流；分析并比较数据以预测未来趋势；从农业和税收到化学制品安全性，对范围广泛的事务制定国际标准。

五、石油输出国组织

石油输出国组织（Organization of the Petroleum Exporting Countries，OPEC）简称欧佩克，是由伊朗、伊拉克、科威特、沙特阿拉伯和委内瑞拉五国于1960年9月14日在巴格达成立的一个政府间组织，总部位于维也纳，其目的是利用成员国丰富的石油资源禀赋与产量，同西方石油公司争取市场主导权，为成员国争取石油利益。

（1）成员国。截至2020年6月，石油输出国组织拥有13个成员国，分别是伊朗、伊拉克、科威特、沙特阿拉伯、委内瑞拉、阿尔及利亚、阿拉伯联合酋长国、安哥拉、赤道几内亚、加蓬、利比亚、尼日利亚、刚果共和国。根据美国能源信息管理局（EIA）2016年统计报告，石油输出国组织成员国约共占世界石油储量的73%，世界石油产量的44%。

（2）组织目标。协调统一成员国的石油政策与价格、确保石油市场的稳定，以确保为石油消费国提供有效、经济和稳定的石油供应，为产油国提供适度的尊重和稳定的收入，为投资于石油行业的资本提供公平的回报。

（3）"欧佩克+"。"欧佩克+"指自2016年起，欧佩克成员国与非欧佩克成员国所构成的产油国家松散管理体系，前者以沙特阿拉伯为首，后者以俄罗斯为首，还包括了墨西哥、马来西亚、阿塞拜疆、阿曼、巴林等国家。

获益于页岩油气革命，美国油气产量逐年攀升，开始影响到全球能源格局。全球石油价格从2014年初的114美元/桶下跌至2016年的27美元/桶。2016年9月，沙特阿拉伯与俄罗斯同意就石油价格方面展开合作，形成了"欧佩克+"对话机制，在组织内设置减产目标以保证石油市场的价格稳定。2020年3月6日，欧佩克成员国沙特阿拉伯与非欧佩克成员国俄罗斯无法就石油减产达成新一轮协议。鉴于俄方态度十分强硬，以及打击成本较高的美国开采商的市场，沙特阿拉伯决定报复性增加石油开采量，日开采量将增至1 200万桶，创下日产量新纪录，同时消费市场受新冠病毒疫情影响萎靡不振，全球原油价格大幅下跌，全球股市亦同步大跌。俄乌战争后，全球原油价格上涨，欧佩克面对国际市场价格大幅波动的态势，在维也纳召开部长级联席会议，一致决定自2022年11月起，将该组织的石油产量在8月的产量水平上下调至200万桶/日，这一决定导致美国政府对欧佩克采取反制措施。新格局下，欧佩克面临着新的挑战。

案例16-1

入世20年，中国与世界共赢

本章思考练习题

一、思考题

1. 多哈回合谈判包括了哪些主要内容？谈判陷入僵局的主要原因是什么？
2. 世界贸易组织在国际贸易中发挥了哪些作用？
3. 中国在全球贸易治理中应如何发挥积极的作用？
4. PPT：中国加入WTO后取得的成就分析（团队研究性学习）。

二、练习题

（一）名词解释题

关税与贸易总协定、世界贸易组织、最惠国待遇、国民待遇。

（二）简述题

1. 简述关税与贸易总协定产生的背景。
2. WTO一揽子协议有哪些？
3. 世界贸易组织有哪些基本原则？
4. 世界贸易组织改革的障碍有哪些？

参 考 文 献

[1] 马克思，恩格斯. 马克思恩格斯选集（第 2 卷）[M]. 北京：人民出版社，1972.
[2] 孙玉琴. 中国对外贸易史教程 [M]. 北京：对外经济贸易大学出版社，2005.
[3] 马克思，恩格斯. 马克思恩格斯全集·第 25 卷 [M]. 北京：人民出版社，1972.
[4] 海闻·P. 林德特，王新奎. 国际贸易 [M]. 上海：上海人民出版社，2012.
[5] 胡亦盛，楼儒铠，章豪锋. 价值链、供应链与产业链的概念辨析 [J]. 现代物业（中旬刊），2010，9（06）：22-23+105.
[6] 张二震，马野青. 当代国际分工新特点与马克思国际价值理论新发展，社会主义经济理论研究集萃——全国高校社会主义经济理论与实践研讨会第 21 次会议论文（2007）：58-68.
[7] 宣善文. 全球价值链视角下中国服务贸易国际竞争力研究 [J]. 统计与决策，2020，36（17）：101-105.
[8] 亚当·斯密. 国民财富的性质与原因的研究 [M] 麦休因出版公司，1904.
[9] 西德尼·J. 韦尔斯. 国际经济学 [M] 乔治·阿伦—安文出版公司，1969.
[10] 约翰·威廉斯，克利斯·米勒. 世界经济 [M] 哈夫斯特·惠特谢夫出版公司，1991.
[11] 亚当·斯密. 国民财富的性质与原因的研究 [M] 麦休因出版公司，1904.
[12] 埃尔斯沃斯，克拉克·利思. 国际经济学（中译本）[M]. 北京：商务印书馆，1992.
[13] 李嘉图. 政治经济学及赋税原理 [M]. 北京：商务印书馆，1979.
[14] 约翰·S. 穆勒. 政治经济学原理 [M] 朗曼·格林出版公司，1909.
[15] A. 马歇尔. 货币信用与商业 [M] 麦克米兰出版公司，1923.
[16] 马克思，恩格斯. 马克思恩格斯全集（第 12 卷）[M]. 北京：人民出版社，1962.
[17] 马克思，恩格斯. 马克思恩格斯选集（第 1 卷）[M]. 北京：人民出版社，1972.
[18] 马克思，恩格斯. 马克思恩格斯全集（第 25 卷）[M]. 北京：人民出版社，1962.
[19] 马克思，恩格斯. 马克思恩格斯全集（第 23 卷）[M]. 北京：人民出版社，1962.
[20] 马克思，恩格斯. 马克思恩格斯选集（第 1 卷）[M]. 北京：人民出版社，1995.
[21] 马克思，恩格斯. 马克思恩格斯全集（第 22 卷）[M]. 北京：人民出版社，1958.
[22] 马克思，恩格斯. 马克思恩格斯全集（第 23 卷）[M]. 北京：人民出版社，1972.
[23] 马克思，恩格斯. 马克思恩格斯全集（第 4 卷）[M]. 北京：人民出版社，1962.
[24] 布哈林：世界经济与帝国主义 [M]. 北京：中国社会科学出版社，1983.
[25] 马克思，恩格斯. 马克思恩格斯全集（第 30 卷）[M]. 北京：人民出版社，1995.
[26] 马克思，恩格斯. 马克思恩格斯全集（第 29 卷）[M]. 北京：人民出版社，1972.
[27] 马克思，恩格斯. 马克思恩格斯全集（第 30 卷）[M]. 北京：人民出版社，1995.
[28] 马克思，恩格斯. 马克思恩格斯全集（第 4 卷）[M]. 北京：人民出版社，1958.
[29] 马克思，恩格斯. 马克思恩格斯文集（第 5 卷）[M]. 北京：人民出版社，2009.
[30] 马克思. 资本论（第 1 卷）[M]. 北京：人民出版社，1975.
[31] 马克思. 资本论（第 3 卷）[M]. 北京：人民出版社，1975.
[32] 马克思，恩格斯. 马克思恩格斯文集（第 2 卷）[M]. 北京：人民出版社，2009.
[33] 马克思，恩格斯. 马克思恩格斯文集（第 7 卷）[M]. 北京：人民出版社，2009.
[34] 马克思，恩格斯. 马克思恩格斯文集（第 8 卷）[M]. 北京：人民出版社，2009.
[35] 托马斯·孟. 英国得自对外贸易的财富 [M]. 北京：商务印书馆，1997.

[36] 帕尔格雷夫经济学大辞典（中译本）[M]. 北京：经济科学出版社，1992.

[37] 华民. 国际经济学 [M]. 2版. 上海：复旦大学出版社，2010.

[38] 罗伯特·斯基德尔斯基. 凯恩斯传（1883—1946）[M]. 相蓝欣，储英，译. 北京：生活·读书·新知三联书店，2006.

[39] 董国辉. 劳尔·普雷维什经济思想研究 [M]. 天津：南开大学出版社，2003.

[40] 白宏丽. 从规模经济看中国汽车产业国际竞争力 [J]. 中国证券期货，2013（1）：140.

[41] 新冠肺炎疫情下进口限制措施对农业贸易的影响与思考 [J]. 世界农业，2021，5.

[42] 黄天华. 试论中国关税制度的起源 [J]. 社会科学，2008，8：158

[43] 刘莲娜，朱明侠. 中俄贸易中的"灰色清关"问题研究 [J]. 经济师，2013（1）：10-12.

[44] 俞正梁，等. 全球化时代的国际关系 [M]. 上海：复旦大学出版社，2000：208.

[45] 郑功. 企业多元化经营与专业化经营的选择探讨 [J]. 经济师，2012（12）：262-263.

[46] 蒋娟娟，李志明. 分析华为全球化中的战略特征及启示 [J]. 中国乡镇企业会计，2018（4）.

[47] 孙秀丽. 英国脱欧对欧盟服务贸易竞争力的影响分析 [J]. 国际经贸探索，2022，38（2）：22-35.

[48] 韩玉军. 国际商务 [M]. 2版. 北京：中国人民大学出版社，2017.

[49] 薛荣久. 国际贸易 [M]. 2版. 北京：清华大学出版社，2020.

[50] 邹忠全. 中国对外贸易概论 [M]. 大连：东北财经大学出版社，2017.

[51] 保罗·克鲁格曼，茅瑞斯·奥伯斯法尔德. 国际经济学 [M]. 北京：中国人民大学出版社，2008.

[52] 埃尔斯沃斯，克拉克·利思. 国际经济学 [M]. 北京：商务印书馆，1992.

[53] 陈宪，张鸿. 国际贸易——理论·政策·案例 [M]. 上海：上海财经大学出版社，2004.

[54] 赵春明. 国际贸易学 [M]. 北京：石油工业出版社，2005.

[55] 赵亚平. 国际贸易：理论、案例与分析 [M]. 北京：清华大学出版社，2010.

[56] 朱钟棣. 国际贸易学 [M]. 上海：上海财经大学出版社，2005.

[57] 冯宗宪. 国际贸易理论和政策 [M]. 西安：西安交通大学出版社，2009.

[58] 王林生. 世界贸易组织百科全书 [M]. 北京：中国大百科全书出版社，2007.

[59] 亚当·斯密. 国富论 [M]. 北京：华夏出版社，2009.

[60] 刘立平. 国际贸易：理论与政策 [M]. 合肥：中国科学技术大学出版社，2007.

[61] 黄天华. 试论中国关税制度的起源 [J]. 社会科学，2008，8：158

[62] 保罗·克鲁格曼. 战略性贸易政策与新国际经济学 [M]. 海闻，等译. 北京：中国人民大学出版社，2010.

[63] 佟家栋，海闻：国际经济学评论 [M]. 北京：中国财政经济出版社，2007

[64] 林季红. 跨国公司战略联盟与并购肋比较研究 [J]. 中国经济问题，2008（1）.

[65] 郑飞虎，史潇潇. 新经济地理学视角下的R&D投资集聚与创新研究——来自北京地区的经验数据 [J]. 国际贸易问题，2010（08）.

[66] 范黎波，杨震宁. 新国际分工体系下跨国公司的战略演进与转型 [J]. 国外社会科学，2010（6）.

[67] 蒲明. 跨国公司归核化战略的理论探究与启示 [J]. 对外经贸实务，2007（12）：16-18.

[68] 张相文，曹亮：国际贸易学 [M]. 武汉：武汉大学出版社，2004.

[69] 郑志海，薛荣久. 世界贸易组织知识读本 [M]. 北京：中国对外经济贸易出版礼，1999.

[70] 张艳丽. 浅析国际服务贸易壁垒与自由化 [J]. 现代营销（学苑版），2011（8）.

[71] 陶林. 国际服务贸易自由化的特点与发展趋势 [J]. 生产力研究，2009.

[72] 尹翔硕. 国际贸易教程 [M]. 上海：复旦大学出版社，2000.

[73] 朱钟棣，郭羽诞，兰宜生. 国际贸易学 [M]. 上海：上海财经大学出版社，2005.

[74] 张二震，马野青. 国际贸易学 [M]. 南京：南京大学出版社，2003.

[75] Baldwin R E, Jones R W, Kenen P B, et al. Trade Policies in Developed Countries[M]. Handbook of

International Economics, Amsterdam: North-Holland, 1984.

[76] Sachs J D, Warner A. Economic Reform and the Process of Global Integration[J]. Brookings Papers on Economic Activity, 1995, 1995(1):1-118.

[77] GEREFFI G. Commodity chains and global capitalism[M]. Praeger Publishers, 1994

[78] STURGEON T J. How do we define value chains and production networks[J]. Institute of Development Studies Bulletin, 2001.32(3).

[79] UNIDO. Industrial development Report 2002—2003: competing through innovation and learning[R]. Vienna: U.N.I.D. Organization, 2002.

[80] POL A. Global production: firms, contracts and trade structure[M]. Princeton: Princeton University Press,2015.

[81] GEREFFI G,HUMPHREY J,STURGEON T.The governance of global value chains[J]. Review of International Political Economy, 2005, 12(1).

[82] Adam Smith. The Wealth of Nations[M]. London: Cambridge Drive, 1910.

[83] David W, Pearce. The Dictionary of Modern Economics[M]. MIT Press, Cambridge, Massachusetts, 1983.

[84] S. J. Wells. International Economics[M]. London: Cambridge Press, 1969.

[85] Alfred Marshall. Money Credit and Commerce[M]. MacMillan & CO., Limited, London, 1923.

[86] Samuelson, Paul A. Bertil Ohlin: 1889—1979[J]. Journal of International Economics, 1982(12).

[87] Leontief W. Domestic Production and Foreign Trade; The American Capital Position Re-Examined[J]. Proceedings of the American Philosophical Society, 1953, 97(4).

[88] Minhas. The Homophypallagic Production Function, Factor Intensity Reversals and the Heckscher-Ohlin Theorem[J]. Journal of Political Economy, 1962,70(2).

[89] Wassily L. "book-review" An International Comparison of Factor Costs and Factor Use: A Review Article[J]. The American Economic Review, 1964, 54(4).

[90] Ball S D. Factor-Intensity Reversals in International Comparison of Factor Costs and Factor Use[J]. Journal of Political Economy, 1966, 74(1).